Lorünser, Maier • Online Day Trading für Einsteiger

Marc Lorünser
Andreas Maier

Online Day Trading für Einsteiger

Der schnelle Weg
in die Zukunft des
Wertpapierhandels

FinanzBuch Verlag München

Die Deutsche Bibliothek – CIP-Einheitsaufnahme
Ein Titeldatensatz für diese Publikation ist bei
der Deutschen Bibliothek erhältlich

E-MAIL: MAIER@FINANZVERLAG.COM

Gesamtbearbeitung: volkverlag.de
Druck:Wiener Verlag GmbH, Himberg
Umschlaggestaltung: Christian Weiß

2. Auflage 2001
FINANZBUCH VERLAG GMBH MÜNCHEN
LANDSHUTER ALLEE 61 • 80637 MÜNCHEN
TEL.: 089/65 12 85-0 • FAX: 089/65 20 96

ISBN 3-932114-67-1

Inhaltsverzeichnis

Vorwort zur zweiten Auflage

Die Anpassung der Bruchdarstellungen auf das erst vor kurzem einge-
führte Dezimalsystem der US Börsen, die Öffnung des XETRA Orderbuchs für private Investoren in Deutschland und Österreich, neue Anbieter im Bereich DirectAccess Trading und Online Brokerage haben
die Börsenlandschaft in den letzten Monaten verändert. Grund genug
für uns, das vorliegende Buch auf diese Veränderungen zu aktualisieren, um Sie als Leser auf dem neuesten Stand der Dinge zu halten.

Die wohl entscheidenste Veränderung finden Sie in der **kompletten
Umstellung aller Bruchzahlen in den angeführten Beispielen auf
Dezimalzahlen**. Die US-Börsen AMEX und NYSE haben diesen
Schritt Ende Februar 2001 abgeschlossen, die NASDAQ wenige Wochen später. Diese Umstellung verlief ohne nennenswerte Schwierigkeiten, der Day Trader wurde davon in keinster Weise tangiert. Alle
Handelsinstrumente sind mittlerweile an die dezimale Darstellungen
angepasst, die Brüche und die oft damit verbundenen Schwierigkeiten einiger Börseninteressierter sind von der Bildfläche ver-
schwunden.

Nur in manchen Abbildungen werden Sie noch Bruchzahlen vorfinden, die aber das Verständnis des Erklärten nicht beeinträchtigen
sollten. Alle Rechenbeispiele und Quotendarstellungen wurden angepasst oder umgearbeitet, um die Anwendung der diversen Taktiken in
der neuen Umgebung zu erklären. Da sich das ursprüngliche Zwölfer-
system in ein Dezimalsystem änderte und die kleinste handelbare
Einheit dabei auf 0,05 Dollar (5 Cent) festgesetzt wurde, gehören somit Sechzehntel und Achtel endgültig der Vergangenheit an. Die Ge-

9

wöhnungsphase für Trader und Investoren wird ein paar Monate in Anspruch nehmen, danach wird niemand mehr darüber ein Wort verlieren.

Viele deutsche Trader werden diese Umstellung natürlich sehr begrüßen, da hier eine bisher nicht unbedeutende Barriere abgeschafft wurde und dies, zusammen mit unzähligen anderen Vorteilen, verstärkt zum Day Trading an den US Börsen animieren sollte.

US-Broker drängen auf den europäischen Markt, die deutsche Börse reagiert: XETRA, das elektronische Handelssystem der Gruppe Deutsche Börse öffnet sein Orderbuch für private Trader. Das ist ein wichtiger Schritt, der uns dem Standard des professionellen Day Trading nach amerikanischen Vorbild an den eigenen Märkten enorm näher bringt. Auch die Broker und Onlinebanken hierzulande haben sich verändert, neue Anbieter sind hinzugekommen, andere mussten ihre Türen wohl für immer schließen.

Nicht zuletzt mussten viele Investoren in den vergangenen Monaten eine Zeit von Verlust und von Depression durchleben, die gut informierten und effizient arbeitenden Day Tradern erspart blieben. Diejenigen, die bereits an den US-Märkten handelten, entgingen nicht nur den Unbillen eines Bärenmarktes, sondern konnten den starken Abwärtstrend natürlich hervorragend für profitable Shortpositionen nutzen. Nicht zuletzt darin besteht einer von vielen Vorteilen des Trading an den US-Märkten.

Day Trading, immer populärer und immer öfter in aller Munde, entwickelt sich zusehends zu einer Disziplin im Wertpapierhandel, die sich immer größerer Breitenwirkung erfreut. Ein Grund mehr, Sie mit dem vorliegenden Buch auf dem Weg durch den ständig anwachsenden Dschungel von Informationen und Angeboten auf die Straße zum Erfolg zu begleiten.

Andreas Maier / Marc Lorünser
Bregenz am Bodensee, 01.06.2001

Einleitung

Versuchen Sie einmal, sich zwanzig Jahre in die Vergangenheit zurückzuversetzen. Betrachten Sie ihren Arbeitsplatz, Ihr Heim, Ihr Lieblingsrestaurant oder den Supermarkt an der Ecke. Denken Sie daran, wie Sie Ihre Rechnungen bezahlt, Ihre tägliche Post bearbeitet oder wie Sie Ihren Lohn bekommen haben. Die Menschen waren wahrscheinlich größtenteils dieselben, und doch haben gerade in diesen letzten zwanzig Jahren große Veränderungen stattgefunden.

Einige Visionäre haben diese Veränderungen bereits früh vorausgeahnt, ja, sie ermöglichten sogar, dass diese umwälzenden Veränderungen Realität wurden. Die Rede ist von einer Revolution! Der Revolution der Personalcomputer, die das Leben von Millionen Menschen verändert haben und die aus unserer heutigen Welt nicht mehr wegzudenken sind. Schritt für Schritt sind sie bei uns eingezogen, haben uns die Arbeit erleichtert und uns Möglichkeiten eröffnet, die wir uns damals nicht hätten träumen lassen. Mit rasender Geschwindigkeit wurden sie in vielen Bereichen unseres Lebens zur Notwendigkeit, um Schritt halten zu können mit der technischen Entwicklung, die um uns herum stattfand.

Mit ihnen kam die Vernetzung, die Möglichkeit, global zu kommunizieren, sich ohne Verzögerungen die ganze Welt ins Wohnzimmer zu holen. Das Internet!

Die Verbindung von Millionen PCs, Hochleistungsservern, Notebooks und Kommunikationsgeräten durch Telefonkabel, Glasfaserleitungen oder Satellitensignale ermöglicht es uns, in Sekundenbruchteilen weltweit Informationen aus allen Bereichen abzurufen, zu bearbeiten und wieder zu versenden.

Auf dieser Tatsache baut der Inhalt des vorliegenden Buches auf – auf der Möglichkeit, sich an den internationalen Finanzmärkten mittels Internet zu beteiligen, in sie vorzudringen, sich darin zu bewegen, als wären Sie live an einem der wohl aufregendsten Orte, den die Wirtschaftswelt zu bieten hat: der Börse – jenem geheimnisvollen Platz, an dem die Dynamik von Aktienkursen, Optionsscheinen, Rohstoffen und Währungen der ganzen Welt das Maß aller Dinge bedeutet.

Erst vor wenigen Jahren, im Januar 1997, ermöglichte die damals bereits vollelektronisch vernetzte, amerikanische Technologiebörse NASDAQ (National Association of Securities Dealer Automatic System), auch privaten Investoren den direkten Zugriff auf ihr Handelssystem, über so genannte ECNs, elektronische Kommunikations-Netzwerke. Dadurch wurde ein immenser Anstieg im Aktienvolumen erzielt, der die NASDAQ innerhalb kürzester Zeit, nach dem New York Stock Exchange und der Japanischen Börse, zum zweitgrößten Aktienmarkt der Welt werden ließ.

Noch bedeutender erscheint jedoch die Tatsache, dass durch diese Faktoren der weltweit am schnellsten wachsende Markt entstand.

Und Wachstum ist in der Börsenlandschaft der Garant für Gewinne.

Wir können Ihnen nicht die Verantwortung abnehmen, die Sie für Ihre Transaktionen, Trades und Investments tragen. Aber wir sind überzeugt, dass wir Ihnen mit dem vorliegenden Buch einen hervorragenden Leitfaden mit dem nötigen Know-how für Ihren Einstieg in den Aktienhandel per Internet mit auf den Weg geben können.

Zu diesem Zweck erläutern wir Ihnen in den folgenden elf Kapiteln nicht nur alle Voraussetzungen, die für einen guten Start in die Welt des Onlineinvestments notwendig sind, sondern zeigen Ihnen auch, wie Sie Ihre wachsende Erfahrung Schritt für Schritt zum erfolgreichen und vollkommen unabhängigen Day Trading leiten wird.

Sie werden feststellen, dass sich viele Dinge, die Sie lesen, in den darauf folgenden Abschnitten in der einen oder anderen Form wiederholen. Dies ist durchaus beabsichtigt, da Ihnen alle Grundlagen unbedingt in Fleisch und Blut übergehen müssen, damit Sie in kritischen Situationen einen klaren Kopf bewahren können.

Kapitel 1 befasst sich mit den technischen, finanziellen und mentalen Voraussetzungen, die erfüllt sein sollten, damit Sie gut vorbereitet an die Arbeit gehen können. Wir nennen Ihnen die schnellsten Netzwerkverbindungen, weisen Sie auf die notwendigen finanziellen Mittel hin und helfen Ihnen, an Ihrer mentalen Einstellung zu arbeiten, bevor Sie beginnen.

In Kapitel 2 führen wir Sie in die Sprache der Börse ein. Sie werden sich mit vielen, wahrscheinlich völlig unbekannten Fachbegriffen auseinander setzen müssen, die wir Ihnen detailgenau erklären und so langsam näher bringen werden.

In Kapitel 3 finden Sie Hinweise zur Wahl des richtigen Onlinebrokers – Ihrer Eingangstür zu den Weltmärkten.

Eine Erläuterung der unterschiedlichen Reglements und Handelsverfahren an den Börsen finden Sie in Kapitel 4. Außerdem erfahren Sie hier alles über die Tipps und Kniffe, die es Ihnen erlauben, aus diesen Unterschieden Ihre finanziellen Vorteile zu ziehen.

Kapitel 5 gibt Ihnen einen Überblick über herkömmliche und moderne Informationsquellen, die Sie als Day Trader verwenden sollten, um immer *up to date* zu sein, während sich Kapitel 6 mit Quoten- und Tickerprogrammen befasst, die Ihnen notwendige Informationen in Echtzeit auf Ihren Monitor liefern.

Elektronische Kommunikationsnetzwerke – ECNs, die Ihre Orders an den Börsen erst sichtbar machen – stehen im Mittelpunkt von Kapitel 7.

In Kapitel 8 und 9 erläutern wir Ihnen die verschiedenen Strategien und Möglichkeiten des Day Trading, über Scalping und Swing-Trading bis hin zum Handel mit Optionen und Futures.

Wir machen Sie mit den Regeln vertraut, an die Sie sich halten müssen, um in Zukunft erfolgreich Ihrem Handwerk nachgehen zu können.

Das zehnte, elfte und zwölfte Kapitel widmen sich schließlich ganz den verschiedenen Methoden zur Analyse von Börsendaten. Neben einer Einführung in die Technische Analyse von Aktien – in der Sie vom Umgang mit Aktiencharts bis hin zur Erkennung von Tendenzen im Kursverhalten alles Notwendige lernen – bieten diese Kapitel auch einen Einblick in weitere Methoden wie die Dow-Theorie und die Elliott-Wellen-Theorie.

Im Glossar finden Sie Übersetzungen und Erklärungen, die Ihnen den Weg durch den Fachwort-Dschungel erleichtern und zum allgemeinen Verständnis beitragen werden.

Außerdem finden Sie im Anhang umfassende Kurslisten der wichtigsten Aktienindices sowie die interessantesten Internetadressen zu den einzelnen Kapiteln.

Wir freuen uns, Ihnen mit diesem umfassenden Angebot an Informationen den Einstieg in die Welt der Online-Trader erleichtern zu können, und sind davon überzeugt, dass Sie mit entsprechender Ruhe und Sorgfalt Ihre ganz persönliche Strategie entwickeln werden, die Sie zum Erfolg führen wird.

Begleiten Sie uns in die aufregende Dimension der Finanzmärkte, die nun nicht mehr allein den Spezialisten vorbehalten ist.

Grundlagen

Das Internet

Erste Überlegungen zur Vernetzung von Computern gab es bereits in den 60er Jahren, als Techniker in den USA die so genannten Automationsinseln – Rechenanlagen, die in den einzelnen Abteilungen von Firmen eingesetzt wurden – entwickelten. Schon damals dachte man aber darüber nach, wie man diese Anlagen zugunsten eines Datenaustausches untereinander verbinden könnte. Verschiedene Unternehmen begannen unabhängig voneinander, Netzwerke zu entwickeln, mit deren Hilfe einzelne Firmencomputer mit außen stehenden Filialen verbunden werden konnten. Allerdings war dabei eine gewisse Abhängigkeit von den Herstellerfirmen gegeben, die die Verbindung verschiedener Netze untereinander verhinderte. Anfang der 70er Jahre begann die amerikanische Regierung – aus Angst vor einem thermonuklearen Angriff –, die Entwicklung der technischen Voraussetzungen für die Zusammenarbeit von Computerverbindungen verschiedener Produzenten zu unterstützen, um so ein sicheres Kommunikationsnetz zu schaffen, mit dem im Ernstfall der Datentransfer aufrechterhalten werden könnte. Das Ergebnis waren einheitliche Normen, Protokolle und Hardware sowie das erste Paketvermittlungsnetzwerk, das *ARPANET* (Advanced Research Projects Agency – eine Abteilung des amerikanischen Verteidigungsministeriums). ARPANET, zu dem nur Forscher und Regierungsangehörige Zugang hatten, verband zunächst diverse Universitäten, militärische Einheiten sowie das Pentagon miteinander. Weiterentwicklungen erlaubten bald die kontrollierte Dateiübertragung und das Versenden von elektronischen Nachrichten. Im Laufe der Jahre wurden immer mehr Computeranlagen miteinander verbunden. Ziel war es nun, die unterschiedlichen Netzwerke so zu verknüpfen, dass diese uneingeschränkt untereinander kommunizieren konnten. Rasch wurde ein systemunabhängiges Übertragungsprotokoll entwickelt, das auf allen Rechnern installiert wurde, die in dieses Netz eingebunden werden sollten. Ein Protokoll ist nichts anderes als eine Abfolge von Regeln, die genau festlegen, wie Daten zwischen zwei Computern zu übertragen sind. Erst mit der Entwicklung dieses einheitlichen Protokolls entstand die Möglichkeit, verschiedene Netzwerke auch weltweit miteinander zu verbinden. Die so verknüpften Computersysteme standen nun nicht mehr ausschließlich den Militärs und Forschern zur Verfügung, sondern wurden jetzt von so genannten *Providern*, immer mehr Privatanwendern zugänglich gemacht. Mit der festen Einbindung der einheitlichen Übertragungsprotokolle in die verschiedenen PC-Betriebssysteme war die Basis für das Internet geschaffen.

Heute ist das Internet ein globaler Verbund verschiedener Netzwerker, welcher uns erlaubt, zu jeder Zeit, von jedem beliebigen Ort aus, in Sekundenschnelle, die Informationen abzurufen, die wir benötigen. Daher die Bezeichnung *WWW* (World Wide Web, "Weltweites Netz"). Das Internet dient unserer Gesellschaft nicht nur als unerschöpfliche Informationsquelle. Wenn wir jedoch in weiterer Folge über die kommerziellen Nutzungsmöglichkeiten des Internets sprechen, dann reden wir nicht über private Seiten, so genannte *Homepages*. Vielmehr beziehen wir uns auf die Präsenz bestimmter Anbieter und auf bestimmte Aktivitäten im Netz. Der eigentliche Grund, warum das Internet eine so wichtige Rolle für uns spielt, sind die riesigen Mengen an gespeicherter Information, die uns hier zur Verfügung stehen. Diese Datenmengen würden den Rahmen jeder Bibliothek und jedes Zeitungsarchivs sprengen, Sie wären als Nutzer niemals in der Lage, aus den Letzteren etwas Spezielles auf herkömmliche Weise abzufragen. Anders im World Wide Web. *Search Engines* (so genannte *Suchmaschinen*) ermöglichen es Ihnen, präzise nach Begriffen zu forschen und die Ergebnisse an Ihrem Rechner auszuwerten. Sie allein entscheiden über Qualität und Quantität der gelieferten Informationen. Und das Angebot wächst in rasantem Tempo.

Was aber treibt diese Maschine Internet so unaufhörlich an? Profit! Wir alle verbringen die meiste Zeit unseres Leben damit, Geld zu verdienen.

Mit der Popularisierung des Internet, wurden schnell die markwirtschaftlichen Nutzungsmöglichkeiten erkannt, und eine Reihe neuer Wirtschaftszweige entstand wie aus dem Nichts. *E-Commerce, Business to Business* und *Onlineauktionen* sind nur ein paar Beispiele, die auf dem Weg sind, Geschichte zu schreiben. Die Entwicklung schnellerer Verbindungen, erweiterter grafischer Darstellungsmöglichkeiten, des Abspielens von Videos und die Entstehung von sich selbstständig aktualisierenden Programmen (so genannten *Applets*) führten rasch dazu, dass sich das Netz als gigantischer Marktplatz präsentierte. Der geringe Aufwand für die technischen Voraussetzungen – ein Telefonanschluss, ein Modem und ein Personalcomputer – gepaart mit den immer günstigeren Kosten für die Onlineverbindungen lassen nun laufend ein schier unerschöpfliches Kundenpotential entstehen. Jede Nische des Internets ist 24 Stunden am Tag geöffnet, Sie können sich bedienen, wann immer Sie wollen. Genau hier liegen die Vorteile, die wir ausnützen, um erfolgreich von den Chancen der Aktienmärkte profitieren zu können.

Die Anbindung der elektronischen Kommunikationsnetzwerke der amerikanischen Börsen an das Internet erfolgte im Jahre 1997. Die *ECNs, Instinet, Island, Selectnet* und *SOES* (das NASDAQ Small Order Entry System) haben so genannte *Gateways*, also Eingangstüren, via Internet geöffnet, die uns, in Verbindung mit einer entsprechenden Zugangsberechtigung, über einen Onlinebroker den Aktienhandel von zu Hause aus ermöglichen. Die wichtigsten Vorteile liegen dabei in der hohen Geschwindigkeit der Datenübertragung, in den geringen Kosten der Transaktionen sowie in der Vielfalt an Informationen, die uns zur Verfügung steht. Und diese Informationen sind der springende Punkt: Würden Sie einen Gebrauchtwagen für 25.000 Euro kaufen wenn der Händler Ihnen das Fahrzeug nicht einmal zeigt und Ihnen keinerlei Auskunft über den Zustand des Autos gibt? Wohl kaum. Beim Aktienkauf verhalten sich die Menschen jedoch anders: Millionen Menschen kaufen ihre Wertpapiere heute noch über ihre Hausbanken, überlassen die Entscheidungen, wie und wo sie ihr Geld in-

vestieren, fremden Personen, und bezahlen eine Menge Provisionsge-
bühren dafür. Sie informieren sich so gut wie gar nicht über die Qualität des von ihnen erworbenen Produktes. Der Grund hierfür liegt
wahrscheinlich darin, dass es sich bei einem Wertpapier um eine Art
imaginäre Anschaffung handelt, von der die Käufer glauben, sie ent-
zöge sich ihrer Begutachtung. Aus welchen Quellen können Sie nun in
Erfahrung bringen, wie es um ein Unternehmen, in das Sie investieren
wollen, bestellt ist? Ob Sie Ihr Geld auf einen Sieger oder auf einen
Verlierer setzen werden? Ein schwieriges Unterfangen, wie Sie rasch
merken werden. Geht es dabei noch dazu um eine Firma, mit Sitz im
Ausland, werden Sie feststellen, dass Sie schnell an die Grenzen der
herkömmlichen Informationsbeschaffung stoßen. Sie denken also
jetzt, dass Sie gezwungen sind, nur aufgrund spärlicher Information
aus zweiter Hand, ihre Entscheidung zu treffen.

Weit gefehlt!

Wie beim Autokauf sollten Sie genau hinterfragen, wie die Zu-
kunftschancen Ihres Papiers aussehen, bevor Sie sich zum Kauf
entscheiden. Den Schlüssel hierfür finden Sie in den Informations-
möglichkeiten, die Ihnen das Internet eröffnet. Unzählige Webseiten
bieten Ihnen eine Vielzahl von detaillierten Analysen, die Sie sich zu
Nutze machen können. Diese Informationen verwenden wir, um uns
ein Bild von unseren bevorstehenden Aktionen zu machen, um abzu-
wägen, wo die Vor- und Nachteile einer eventuellen Investition liegen.
Sicherheit ist ein entscheidender Faktor, d. h. Sie müssen alle Vorteile,
die sich Ihnen bieten, bis zum Letzten ausnutzten, um bestehen zu
können. Die niedrigen Kosten dafür werden uns durch den geringen
Aufwand der Anbieter zuteil, die ihre detaillierten Angebote hauptsächlich durch Werbung finanzieren.

Das Tempo der Datenübertragung spielt eine große Rolle, denn an
den Börsen bewahrheitet sich die Aussage „Zeit ist Geld" wie nirgends
sonst. Viel zu oft mussten wir schmerzlich erfahren, wie Sekunden-
bruchteile über Sieg oder Niederlage entscheiden können, aber Sie
werden lernen, damit umzugehen und sich den Umständen anzupassen. Sie müssen akzeptieren, dass Sie immer nur auf Platz zwei operieren, denn die Spitze der Pyramide beherrschen die Wall-Street-Broker,
jene Institutionen, die durch ihre Entscheidungen ganze Länder in

Wirtschaftskrisen stürzen können oder über Aufstieg und Fall kompletter Industriezweige bestimmen. Mit ihnen gilt es, am selben Strang zu ziehen, zu erkennen, wie sie sich verhalten. „Swimming with the Sharks", mit den Haien schwimmen, lautet die Parole, wenn Sie erfolgreich im Spiel der Spiele agieren wollen. Die Mittel, die Sie dazu benötigen, haben wir bereits kurz angesprochen, die Strategien werden wir Ihnen später erläutern. Das Internet bietet Ihnen die Basis, um überhaupt dort mitmischen zu können, wo bis vor wenigen Jahren nur die Angestellten der Investmentgesellschaften, also die so genannten Trader und Broker ihre Arbeit verrichteten. Sie haben jedoch, dank dem Internet, jetzt die Möglichkeit, auf neue, junge Techniken zuzugreifen, die es Ihnen leicht machen, Ihr sauer verdientes Geld profitabel zu investieren und vielleicht sogar bald ausschließlich davon, ihren Lebensunterhalt zu bestreiten. Aber mehr dazu später.

Kommen wir zunächst noch einmal auf den Motor des Internet zu sprechen: den Profit. Wovon können Sie tagtäglich profitieren? Zum Beispiel von Informationen, die Ihnen sagen, wo Sie das von Ihnen benötigte Produkt am billigsten erwerben können. Aber genauso wichtig ist die Tatsache, dass Sie über das Produkt selbst gut informiert sind; schließlich wollen Sie doch wissen, was Sie da kaufen. Das bringt uns zu einem entscheidenden Punkt im Zustandekommen eines Handels: Ein Ungleichgewicht an Produktinformationen zwischen Käufer und Verkäufer gefährdet den Geschäftsabschluss. Das führt zu einer ineffizienten Marktsituation, in der beide Partner auf ihren Gewinn verzichten müssen, weil es ihnen an der notwendigen Information fehlt und weil die Kosten für deren Beschaffung den Profit, den sie aus dem Handel erwirtschaften würden, aufzehren würden.

Nehmen wir uns als Beispiel nochmals den Gebrauchtwagen vor: Sie würden das Auto nicht kaufen, wenn Sie nichts über seinen Zustand in Erfahrung bringen könnten. Der Verkäufer informiert Sie, Sie wollen diese Informationen jedoch auf ihre Richtigkeit überprüfen. Also ermöglicht er Ihnen eine Probefahrt, lässt Sie einen Blick unter die Motorhaube werfen usw. Diese günstigste Art, Ihren Informationsstand dem seinen anzugleichen, führt dazu, dass Sie den Wagen kaufen, wenn Sie mit dem Ergebnis Ihrer Inspektion zufrieden sind. Es entstehen keine zusätzlichen Kosten, der volle Profit ist gesichert.

Der Verkäufer bietet also Informationen, damit er verkaufen kann, der Käufer braucht Informationen, damit er kaufen kann. Diese Tatsache erkannten verschiedene Internetbroker und starteten eine Revolution im Aktienhandel. Viel mehr Menschen sind gewillt, ein Wertpapier zu kaufen, wenn ihnen die Möglichkeit geboten wird, ihre Investition zuerst auf Herz und Nieren zu prüfen. Wir kaufen nicht, wenn wir uns nicht sicher fühlen, wenn es uns an Informationen fehlt. Deshalb liefert uns der Internetbroker gratis jene Auskünfte, die wir benötigen, um einen *Trade* zu machen. Das wiederum bringt ihm den Profit ein, den er von einem Aktienkauf erwarten kann. Die Kosten der Informationsbeschaffung sind im Internet weit geringer als der Gewinn, der durch den Handel erzielt wird. Somit macht das Internet dem Mangel an Information ein Ende, behebt das vorhin angesprochene Ungleichgewicht und sorgt dafür, dass immer mehr gehandelt wird, immer mehr Profit entstehen kann. Der Motor läuft und die Drehzahl steigt.

Ähnlich verhält es sich bei den virtuellen Dienstleistungen, die uns angeboten werden. ,Virtuell', weil sie nicht von Menschen, sondern von Hochleistungsservern abgewickelt werden, ein Umstand, der die Kosten minimiert. Computer verlangen eben keine Überstundensätze oder Nachtzuschläge. Für uns ein klarer Vorteil! Aber natürlich auch für die Anbieter. Reduzierte Kommissionen für diverse Geschäfte führen zu einem automatischen Anstieg der Transaktionen. Das wiederum steigert die Umsätze, der Profit wächst. Aber: Es ist nicht alles Gold, was glänzt. Die Vielzahl der Anbieter bringt auch minderwertige Information, schlechte Aufbereitung, unübersichtliche Gliederungen, langsame Verarbeitung und sogar Betrugsgefahr mit sich. Im Internet, dem liberalsten aller Medien, kontrolliert bislang noch niemand die Inhalte, die ins Netz eingespeist werden. Dadurch können leicht auch falsche Informationen auftauchen, die in betrügerischer Absicht gesetzt werden, um einen persönlichen Vorteil daraus zu ziehen. So berichtete der STERN in seiner Ausgabe 3/2000, dass ein findiger Amerikaner 1999 die Webseite des Finanzdienstleisters *Bloomberg* imitierte. Mit der Erfindung einer Firmenübernahme trieb er den Kurs seiner Aktien in die Höhe – Tausende Anleger fielen auf diesen Schwindel herein.

Damit Sie sich im Dschungel der angebotenen Leistungen zurechtfinden und damit Sie feststellen können, wo und womit Sie effizient im Internet Aktien handeln können, werden wir Ihnen die besten und sichersten Wege zeigen, die Ihnen derzeit im WWW offen stehen. Befahren müssen Sie diese allerdings allein; und seien Sie versichert: Unfälle und Staus, Baustellen und Geschwindigkeitsbegrenzungen sind auf dem Datenhighway genauso verbreitet wie auf unseren Autobahnen.

Aus unserer langen Erfahrung im Online-Trading, wissen wir über die Unterschiede in Qualität, Kosten und Geschwindigkeit der diversen Anbieter bestens Bescheid. Dies ist der Grund, warum wir uns entschlossen haben, unser gesammeltes Know-how in dieses Buch zu packen, und damit dem interessierten Leser die Steine aus dem Weg räumen, um so ein ungehindertes und erfolgreiches Vorankommen zu ermöglichen. Wenn Sie also den Mut besitzen, etwas Neues zu versuchen, sich die Zeit nehmen wollen, in die Welt der Technologie und der Finanzwirtschaft einzusteigen, dann überlegen Sie nicht mehr lange, sondern starten Sie. Wir stehen in Europa noch ganz am Anfang, das Internet, die Verbindungen, die PCs, die Onlinebroker sind unsere Verbündeten auf dem Weg zu einer selbstständigen Position im Aktienhandel. Nutzen Sie die Möglichkeiten – let´s trade with the big ones!

Hardware-Voraussetzungen

Es ist 20:34 Uhr, Freitagabend, ich sitze bereits sechs Stunden an meinem PC und habe eigentlich einen erfolgreichen Tag hinter mir. Doch seit zwei Minuten werde ich vom Stress beherrscht, kämpfe mit allen Mitteln dagegen an.

Vor eben diesen zwei Minuten habe ich eine Kauforder für 200 Stück YHOO (YHOO.com – ein weltweiter Portalanbieter für den Internetzugang) zum Limitpreis von $43,55, bei meinem Onlinebroker platziert. Eine Fortsetzung der plötzlichen Aufwärtsbewegung des Aktienkurses würde meine Tagesbilanz um etliche Dollar erhöhen.

Doch mit dem Mausklick auf das Bestätigungsfeld verabschiedet sich mein Browserfenster mit der Meldung „System Override" von meinem Bild-

schirm. Mit einem Schlag bin ich blind und taub, weiß nicht, ob diese Order nun tatsächlich angekommen ist, ob ich die 200 Stück YHOO nun erworben habe oder nicht. Letzteres wäre zu diesem Zeitpunkt noch nicht so tragisch, ist der Trade jedoch erfolgt, so werde ich in den nächsten Minuten keinerlei Information über die Kursentwicklung bekommen, keine Kontrolle über Gewinn oder Verlust des Deals besitzen. Wendet sich das Interesse an YHOO zum Verkauf und beginnt der Kurs zu fallen, würde das bedeuten, dass ich diesen Titel auf dem Weg nach unten kaufe und nicht verfolgen kann, wie lange sich dieser Trend setzt.

„System Reboot", die Zeit drängt, Betriebssystem geladen, den Browser öffnen, die Standard-Links klicken, das dauert alles viel zu lange. Ich spüre wie meine Körpertemperatur ansteigt, wie mein Puls zu rasen beginnt. Username und Passwort – Order Status laden, währenddessen die Echtzeitkurse auf Fenster 2.

YHOO 44,50 US$, Tendenz steigend, zurück zum Status meiner Kaufaufträge. Open! Immer noch offen, nicht ausgeführt!

Also gut gegangen. Ich war zu spät, der rapide Preisanstieg für meine Platzierung zu schnell erfolgt, die Händler hatten bereits bessere Angebote vorliegen, ich wurde ignoriert.

Die Anspannung fällt von mir ab, ich muss die Order nur noch rechtzeitig stornieren, bevor die Verkäuferseite die Oberhand gewinnen. Denn sonst würde der Kurs mein Limit auf dem Weg nach unten erreichen und irgendjemand würde mir die Aktie mit Gewinn verkaufen.

„Cancel Open Order", einen Sekundenbruchteil später erhalte ich die Bestätigung. Order Cancelled ! Ich atme auf. Der Kurs steht nun auf 44,95. Mein Gefühl hatte mich nicht getäuscht, wäre ich nicht durch eine Speicherüberfüllung getrennt worden, hätte mir dieser Trade bis jetzt schon $280 eingebracht. Ich weiß, am nächsten Morgen wird mich dieser Umstand direkt zu meinem Hardwarehändler führen, um dieses Problem ein für alle Mal auszuschalten.

Wie schon angesprochen, ist das Tempo, mit dem Sie arbeiten, einer der wichtigsten Faktoren für Ihren Erfolg beim Trading. Sie müssen sich vorstellen, dass gemeinsam mit Ihnen Tausende anderer Menschen im selben Augenblick dieselbe Aktie zum selben Preis erwerben wollen. Wie also sollen gerade Sie diesen Wettlauf gewinnen können? Logischerweise indem Sie am schnellsten am Ziel sind. Denn führen

Sie sich bitte auch vor Augen, dass der Wert der Aktie dann steigt, wenn die Nachfrage die Angebote übertrifft.

Also müssen Sie gut ausgerüstet ans Werk gehen.

Die richtige Ausstattung

Generell kann gesagt werden, dass sich bei Ihrer Ausstattung alles um eine möglichst hohe Leistungsfähigkeit dreht. Wenn Sie bereits einen PC besitzen, können Sie selbstverständlich zuerst versuchen, ob Sie mit den zur Verfügung stehenden Komponenten ausreichend ausgerüstet sind. Ansonsten sollten Sie bei der Entscheidung für einen neuen Computer besonders auf dessen Eignung für die im nächsten Abschnitt besprochene Software achten, auf eine hohe Geschwindigkeit in der Datenverarbeitung (mind. 500 Megahertz) und ausreichend Arbeitsspeicher (mind. 64 Megabyte, optimal: 256 Megabyte) bzw. Festplattenspeicher (mind. 10 Gigabyte, optimal: 10-20 Gigabyte). Da Sie mit Ihrem Einstieg ins Day Trading in Zukunft wahrscheinlich täglich einige Zeit vor dem Bildschirm Ihres Computers verbringen werden, empfehlen wir Ihnen die Anschaffung eines größeren (mind. 17 Zoll, besser 19 oder 21 Zoll) und qualitativ hochwertigen Monitors. Sparen Sie nicht an der falschen Stelle! Nichts ist für einen Trader unangenehmer, als wenn er sich mit überanstrengter Netzhaut von seinem Bildschirm verabschieden muss. Sie können sich dadurch ernstliche gesundheitliche Schäden einhandeln. Hilfreiche Extras wie z. B. einen zweiten Monitor zur gleichzeitigen Darstellung verschiedener Fenster oder eine TV-Karte, die Ihnen den Empfang von Nachrichtensendern mit internationalen Börsendaten auf Ihrem Computerbildschirm ermöglicht, können Sie natürlich nach Belieben hinzufügen.

Da im Day Trading wie gesagt der Faktor Geschwindigkeit das Maß aller Dinge ist, sollten Sie besonderen Wert auf die richtige Wahl Ihres Modems legen. Bei analogen Modems via Telefonleitung sind 56,6 Bits/sec das absolute Minimum, und daher nicht empfehlenswert. Die diversen Telekommunikationsgesellschaften bieten heutzutage Internetzugänge über Telefonleitungen (Analog-, ISDN- sowie ADSL-Verbindungen), Fernsehkabelbetreiber Zugänge über die von ihnen verlegten Antennenleitungen an. Es gibt auch Provider, die Ihre Daten über Fernsehsatelliten und Telefonleitung übertragen können. Diese

Technik wird wahrscheinlich in Zukunft die Internetanbindung revolutionieren, die Anschaffungskosten sind allerdings momentan noch sehr teuer.

Ein paar Gedanken sollten Sie sich auch über die Wahl Ihres Internetproviders – der Firma, die Ihnen die Anbindung an das Internet erst ermöglicht – machen. Achten Sie besonders auf die Kosten und die Serviceleistungen, die hier angeboten werden. Am wichtigsten für Sie ist aber, dass eine hohe Datenübertragungsrate und eine stabile Verbindung gewährleistet werden. Je nach Ihren technischen Voraussetzungen, müssen Sie selbst entscheiden, welchem Provider und welchem System Sie den Vorzug einräumen.

Von der Verwendung von Laptops, so genannten Notebooks, also transportablen Computern, raten wir Ihnen im Anfangsstadium Ihrer Tradingtätigkeit ab, und zwar aus Gründen der Übersichtlichkeit. Sie können, wenn Sie die verschiedenen Anwendungen vollständig beherrschen, später selbstverständlich auf Laptops zurückgreifen, wenn Sie zum Beispiel auf Reisen sind oder den Tag einmal im Freien verbringen wollen. Doch zu Beginn sollten Sie auf jeden Fall mit einem Desktopcomputer arbeiten, da er über bessere Handhabungsmöglichkeiten verfügt. Die Type und die Bauart des verwendeten Modems hängen in erster Linie von der Art der Verbindung, die Sie zu Ihrem Internetprovider benutzen, ab.

Wie gesagt: Wenn Sie bereits einen Computer besitzen, sollten Sie dessen Ausrüstung auf ihre Tauglichkeit für das Day Trading überprüfen. Das Aufrüsten Ihrer Arbeitstation im einen oder anderen Bereich, je nach Bedarf, ist natürlich die sinnvollste Alternative zu einem Neukauf. Dasselbe gilt für Ihren Internetzugang. Sprechen Sie zuerst mit Ihrem Provider, bevor Sie einen Wechsel in Erwägung ziehen. Vielleicht bietet er mittlerweile eine der neuen Technologien an, Sie können so Ihre E-Mail-Adressen und Ihre Einstellungen beibehalten.

Sehen wir uns nun an, welche Programme Sie auf Ihrem PC installieren müssen, um Ihre Hardware sinnvoll ausnutzen zu können.

Software-Voraussetzungen

Betriebssystem

Die Softwareindustrie ist heute mit einer Reihe leistungsfähiger Betriebssysteme am Markt vertreten, welche größtenteils mit Komplettangeboten von PCs zusammen verkauft werden. Wir arbeiten mit dem Betriebssystem *Microsoft Windows 98,* weil wir, wie schon erwähnt, mit vielen Programmen zu tun haben, die auf diesem Betriebssystem aufbauen. Auch hier folgen wir dem Grundsatz, mit dem populärsten Anbieter zusammenzuarbeiten, da er uns die meisten Zusatzmöglichkeiten offeriert.

Sollten Sie ein anderes System bevorzugen, müssen Sie selbst prüfen, ob die Software, die Sie verwenden wollen, damit kompatibel ist.

Browser

Integriert in *Windows 98* finden wir den *Internet Explorer 5.0,* ein so genanntes Browserprogramm, welches Sie benötigen, um die aus dem Internet geladenen Informationen anzeigen zu können. Alle Applikationen, die Sie für eine reibungslose Darstellung von Daten aus dem Netz brauchen, sind ebenfalls bereits im *IE 5.0* fester Bestandteil. Hierbei handelt es sich in erster Linie um *JAVA*, eine Programmiersprache, die in unserem Fall hauptsächlich von den so genannten Quoten- und Ticker-Programmen verwendet wird. Diese Anwendungen werden Sie benötigen, um die Kursveränderungen in Echtzeit auf Ihrem Bildschirm anzuzeigen. Verschlüsselungszertifikate, die eine abhörsichere Übertragung gewährleisten, sind ebenso integriert wie *Bookmarks*, also Lesezeichen, die Ihnen das dauernde Eintippen der Kontaktadressen ersparen.

Als Alternative zum Internet Explorer bietet sich der *Netscape Navigator* an, der über dieselben Features verfügt.

Beide Browser können in der neuesten Version im Internet kostenlos heruntergeladen bzw. auf den aktuellen Stand gebracht werden.

Finden Sie heraus, welches der Browserprogramme Ihnen am sympathischsten erscheint, indem Sie mit den diversen Angeboten experimentieren. Wenn Sie sich für eines entschieden haben, empfehlen wir Ihnen, daran festzuhalten, da Sie sich ein System aufbauen sollten, mit

25

dessen Hilfe Sie den Überblick behalten können. Dazu schlagen wir Ihnen vor, dass Sie die am meisten verwendeten Adressen in den *Links* abspeichern. Das erleichtert Ihnen das Aufrufen Ihrer täglich benötigten Seiten, indem Sie nur einen Klick auf das entsprechende Link setzen müssen. Diese Vorgangsweise dient der besseren Orientierung und somit einer schnelleren Zugriffsgeschwindigkeit auf Ihre Standardseiten. Stellen Sie außerdem die Startseite Ihres Browser so ein, dass z. B. beim Öffnen sofort die Seite Ihres Onlinebrokers oder Ihre Quoteninformationen am Bildschirm erscheinen.

Ihre anderen Webseiten, die Sie für die Analyse und die weitläufigen Untersuchungen Ihrer Aktientitel, Indices und Unternehmensdaten verwenden, speichern Sie bitte in den Lesezeichen Ihres Browsers. Verwenden Sie auch hier von Anfang an eine logische und übersichtliche Gliederung, mit der Sie die Verzeichnisse und Unterverzeichnisse aufbauen.

Legen Sie sich auch einen temporären Ordner an, in den Sie die Seiten speichern, die Sie erst noch analysieren müssen, um herauszufinden ob sie relevante Informationen enthalten.

Auf die entsprechenden Adressen kommen wir später zu sprechen, wenn wir Ihnen selbstverständlich auch eine Vielzahl von Kontakten und Tipps an die Hand geben, mit denen Sie operieren können (siehe Anhang 3: Internet-Adressen).

E-Mail-Programme
E-Mails (elektronische Nachrichten) verwenden wir heutzutage für die Kommunikation via Internet. Sie können damit Briefe, Fotos, Grafiken, Audio- und Videodateien blitzartig versenden und empfangen. Diese einfache und sichere Art, persönliche und geschäftliche Korrespondenz abzuwickeln, hat in letzter Zeit großen Anklang gefunden und ist mittlerweile einer der größten Anwendungsbereiche im Internet. Im Zusammenhang mit unserer Tätigkeit als Day Trader bietet uns die E-Mail die Möglichkeit einer schnellen Kommunikationsform mit unserem Onlinebroker, mit Day-Trader-Kollegen oder diversen Informationsdiensten, die uns per elektronischer Post die neuesten Börsenupdates zukommen lassen. Auch hier nutzen wir die Tatsache, dass in den modernen Internetbrowsern die E-Mail-Programme bereits einge-

bunden sind. Die Daten, die Sie zum Aktivieren Ihres Mailprogramms benötigen, bekommen Sie von Ihrem Internetprovider. Die Kontaktadressen der Gesellschaften mit denen Sie kommunizieren wollen, finden Sie auf deren Webseiten. E-Mail-Adressen können Sie leicht über das eingefügte „@"-Symbol identifizieren. Sie müssen bei Anmeldungen und Registrierungen fast immer Ihre E-Mail-Adresse angeben, darum empfehlen wir Ihnen, sich mindestens zwei bis drei solcher Anschriften über so genannte *Free Mail Provider* zu besorgen, damit Ihr Hauptposteingang nicht mit unwichtigem Werbematerial überfüllt wird. Bei Ihrem Onlinebroker und bei Serviceprovidern, zu denen Sie eine geschäftliche Beziehung unterhalten, geben Sie natürlich die Standardadresse an. Für andere Gratisanbieter verwenden Sie eine anonyme Zweitadresse; dadurch ist Ihr System nicht gefährdet, und Sie können diese Adresse guten Gewissens verwerfen, wenn Sie mit den gelieferten Daten nicht zufrieden sind.

Sie haben auch die Möglichkeit, sich mit einem selbst gewählten E-Mail-Programm auszustatten. Viele davon werden in verschiedenen Ausführungen im Internet zum Gratisdownload angeboten. Als Unterstützung beim Day Trading reichen aber die browserintegrierten Versionen voll und ganz aus.

Eingehende E-Mails werden durch ein optisches Signal in der Statuszeile Ihres Browserfensters angezeigt, Sie müssen also das Mailprogramm nicht dauernd geöffnet haben.

Virenschutz-Programme

Diese Programme dienen dazu, Ihren Rechner vor Attacken durch Computerviren zu schützen. Ein solches Virus reicht aus, um erheblichen Schaden an Ihrer Software und sogar an Ihrer Hardware anzurichten, darum ist es unbedingt nötig, entsprechende Vorsichtsmaßnahmen zu ergreifen. Die bewährteste Variante ist eine Anti-Virus-Software, die Sie auf Ihrem System installieren können. Solche Programme bieten optimalen Schutz, wenn sie regelmäßig auf den neuesten Stand gebracht werden. Entsprechende Updates finden Sie auf der Webseite des jeweiligen Herstellers. Dort können Sie, meist unentgeltlich, auch aktuelle Virenbibliotheken herunterladen. Zahlreiche Programme sind auch gratis, als Shareware, im Internet oder in

Softwaresammlungen auf CDs aus Fachzeitschriften erhältlich. Wir weisen Sie jedoch darauf hin, dass ein hochwertiges Anti-Virenprogramm auf jeden Fall einer Shareware-Variante vorzuziehen ist. Sparen Sie hier bitte nicht am falschen Ort, denn Sie können es sich nicht leisten, dass Ihr System plötzlich unbrauchbar ist, wenn Sie in einen Aktientitel investiert haben.

Tool-Programme

Diese hilfreichen Softwarewerkzeuge können Sie zur Verbesserung Ihrer Rechner-Geschwindigkeit und zum Aufräumen Ihres Systems verwenden. Wie bei den Antiviren-Programmen gilt die Devise: Greifen Sie ruhig etwas tiefer in die Tasche – es lohnt sich. Der Softwaremarkt bietet diese Tools oft in Verbindung mit Virenschutzprogrammen an, so können Sie zwei Fliegen mit einer Klappe schlagen. *Norton system works 2001* zum Beispiel vereint zahlreiche nützliche Hilfsprogramme mit einer hervorragenden Anti-Virensoftware in einem Paket.

Verwenden Sie die Tools zum Überprüfen Ihrer Systemeinstellungen, zum Ordnen Ihrer Festplattendaten (was zu kürzeren Zugriffszeiten führt), zur automatischen Fehlerbehebung oder zum Erstellen Ihrer Sicherungskopien. Die Hersteller haben bei der Entwicklung dieser Software wirklich an alles gedacht, damit Sie Ihr System optimal in Schwung halten und so Geschwindigkeitseinbußen vorbeugen können.

Übersetzungsprogramme

Wenn Sie in der englischen Sprache noch nicht so bewandert sind und das eine oder andere Wort Sie dazu veranlasst, zum Wörterbuch zu greifen, dann laden Sie sich doch eine Übersetzungs-Software aus dem Internet auf Ihren Computer. *Babylon Translator,* ein kostenloses Übersetzungstool für mehrere Sprachen, kann Ihnen mit einem Mausklick auf das entsprechende Wort auf Ihrem Bildschirm die deutsche Bedeutung in einem kleinen Fenster anzeigen. Damit können Missverständnisse vermieden werden, die Sie zu falschen Entscheidungen verleiten könnten. Das Programm finden Sie unter http://www.babylon.com im Internet zum freien Download. Sie werden schnell zu schätzen wissen, wie hilfreich und nützlich so ein kleines Tool sein kann.

Chat-Programme

Bei *Chat Clients* handelt es sich um Programme, die Ihnen den Zugang zu Tausenden virtuellen Treffpunkten von Menschen aus aller Welt ermöglichen. In diesen so genannten *Chatrooms* können Sie zu allen möglichen Themen Informationen und Meinungen mit anderen interessierten Personen austauschen. In unserem Fall widmen wir uns natürlich ausschließlich den Diskussionsforen über Aktienhandel und Day Trading. Eines der weltweit am häufigsten verwendeten IRC-Programme ist *mIRC*, eine kostenlose Chat-Software, die bereits eine große Anzahl von einschlägigen Day Trader Chatrooms in ihrem Adressbuch eingebunden hat. Sie müssen sich nach dem Installieren nur noch mit einem Spitznamen, den Sie frei wählen können, eintragen und können sofort mit Day Tradern in der ganzen Welt in Verbindung treten. Die Adresse zum Gratisdownload lautet: http://www.mirc.co.uk/, einer der beliebtesten Day Trader Channels darin ist *Activetraders*.

Wenn Sie mit einem Bekannten, der zur selben Zeit mit Ihnen online ist, eine private Verbindung aufbauen wollen, bietet Ihnen mIRC die Möglichkeit, individuelle Informationen auszutauschen, die nur Sie beide zu sehen bekommen. Das kann sich als sehr praktisch erweisen, denn vier Augen sehen mehr als zwei.

Auf die Vor- und Nachteile solcher Chatrooms gehen wir später noch genauer ein (siehe Kapitel über Informationen).

Abbildung 1.1 zeigt Ihnen die Bildschirmansicht eines Day Trader Channels in *mIRC*.

Wir sind jetzt an dem Punkt angelangt, an dem wir die computertechnischen Voraussetzungen ausreichend erläutert haben. Mit der besprochenen Hard- und Software sind Sie nun in der Lage loszulegen. Natürlich fehlt es Ihnen noch an entscheidenden Informationen zum Thema Aktien und Day Trading, am Know-how über Börsen, Broker etc.

Mit dem nächsten Abschnitt tauchen wir nun langsam in die eigentliche Materie ein, nähern uns Schritt für Schritt dem Stoff, der Ihr täglicher Begleiter sein wird. Die nachstehenden Kapitel beinhalten die Dinge, die Sie lernen müssen, die Sie begreifen und verstehen müssen, damit Sie in der Praxis erfolgreich konkurrieren können. Nehmen Sie

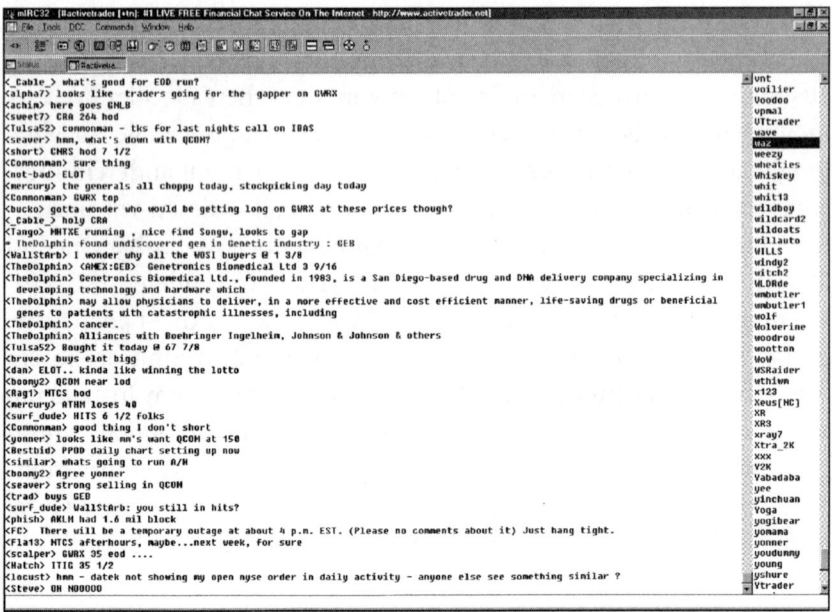

Abbildung 1.1

sich die folgenden Seiten zu Herzen, trainieren Sie, was Sie gelesen haben, üben Sie und arbeiten Sie hart an sich. Glauben Sie uns, es lohnt
sich.

Somit kommen wir zu dem Punkt, um den sich letztlich alles dreht:
zum Geld.

Finanzielle Voraussetzungen

Startkapital

Wie bei allen Investitionen, die man zu tätigen beabsichtigt, ist auch
beim Day Trading der finanzielle Background ein elementarer Aspekt
aller Überlegungen. Modernes persönliches Finanzmanagement setzt
als Grundlage immer die Absicherung der Lebenshaltungskosten voraus. Das bedeutet, dass Sie ein Polster von mindestens drei Monatsge-
hältern, angelegt in einer sicheren, vollkommen ungebundenen Form,

30

besitzen müssen, bevor Sie daran denken können, Geld auf eine spekulative Art zu investieren. Dies ist deshalb so wichtig, weil Sie nie vorausahnen können, was Ihnen die Zukunft an bösen Überraschungen zu bieten hat. Haben Sie diese Absicherung bereits getroffen, so können Sie sich nun Gedanken über die Höhe Ihres benötigten Startkapitals für das Day Trading machen.

Dabei gilt es, zu unterscheiden, welche Strategie Sie ins Auge fassen wollen, die des *Part Time Traders* (Teilzeit-Trader) oder des *Full Time Traders* (Vollzeit-Trader). Der Unterschied hängt in erster Linie von Ihrer finanziellen und beruflichen Situation ab, denn für jede der beiden Varianten benötigen Sie sowohl Geld als auch Zeit. Ihren Start machen Sie auf jeden Fall als Teilzeit-Trader, da Sie die erforderlichen Kenntnisse ja erst erwerben und perfektionieren müssen. Es ist schließlich noch kein Meister vom Himmel gefallen. Aber wenn Sie merken, dass Sie immer besser werden und Sie sich auf Ihre Entscheidungen und Ihr Gefühl verlassen können, dann wird es vermutlich nicht lange dauern, bis Sie den Wunsch verspüren, Day Trading zu Ihrer Haupteinkommensquelle zu machen. Sie werden die meiste Zeit damit verbringen wollen, Kurse und Charts zu studieren und Informationen zu analysieren; und wenn Sie so erfolgreich werden, dass Sie bei 70 % Ihrer Trades Gewinne erzielen und die Verluste beim Rest begrenzen können, dann steht der Entscheidung zum Full Time Trading nichts mehr im Wege. Sie haben dann einen modernen, aufregenden Weg gefunden, mehr Geld in einem Monat zu verdienen als manch anderer in einem ganzen Jahr. Aber seien Sie nochmals gewarnt: Sie müssen herausfinden, ob Sie alle Risiken und Schwierigkeiten tragen können, die Ihnen dieser Weg beschert. Die größte Gefahr, alles zunichte zu machen, was Sie sich aufgebaut haben, liegt darin, seine Gewinne zu begrenzen und andererseits seinen Verlusten freien Lauf zu lassen. Das passiert genau dann, wenn Sie es sich nicht leisten können. Verlust ist die Basis zu Ihrem Erfolg. Sie müssen ihn kennen lernen, ihn in all seiner Härte und seinen Nuancen zu spüren bekommen. Nur so sind Sie in der Position, richtig mit ihm umzugehen, denn der Verlust, nicht der Gewinn, bestimmt, ob Sie ein erfolgreicher Day Trader werden. Das mag eigenartig klingen, entspricht aber den Tatsachen. Gewinne können Sie jederzeit und überall machen, den Verlust aber kriegen Sie immer dann zu spüren, wenn Sie am wenigsten damit rechnen. Darum ist es so wichtig, dass Sie mit ihm umzugehen lernen, und das können Sie nur, wenn Sie ihn oft genug am eigenen Leib erfahren haben. Glauben Sie uns, wir wissen genau, wovon wir hier sprechen. Sich von einer Aktie nicht trennen zu können, obwohl alles darauf hindeutet, dass der Kurs noch weiter fällt, die Hoffnung nicht aufgeben zu können, an seiner ursprünglichen Entscheidung ewig festzuhalten, diese Faktoren haben uns viel Geld, Zeit und Nerven gekostet. Aber wie schon gesagt: Sie müssen diese Erfahrungen selbst machen, um zu verstehen, wie irrational Menschen in solche Situationen handeln, um aus diesen Fehlern lernen zu können.

Ein weiser Mann sagte einmal: „Wenn du erfolgreich sein willst, dann verdopple deine Misserfolge!" Nur so können Sie die Wege vermeiden, die Sie nicht ans Ziel führen. Sie werden mindestens ebenso viele finden, auf denen Sie Ihr Ziel erreichen können. Seien Sie sich nur im Klaren darüber, dass Sie einen riskanten Boden betreten, der mit Gefahren übersät ist, wenn Sie Ihr Geld im Day Trading investieren. Um diesen Gefahren standhalten zu können und um den Verlust ausreichend kennen zu lernen, benötigen Sie einen langen Atem und ausreichend Kapital. Nur wenn Sie es sich leisten können, einen Titel auch im Minus zu verkaufen, sind Sie in der Lage, Ihren Verlust zu begrenzen, anstatt auf der Aktie in den Abgrund zu reiten. Sie dürfen von dem eingesetzten Geld in keiner Form abhängig sein, es ist Ihr Tradingkapital und nicht dazu bestimmt, Rechnungen zu bezahlen oder Ihren nächsten Urlaub zu finanzieren. Betrachten Sie es wie eine Investition in ein neues Geschäft, das Sie eröffnet haben. Wenn Sie eine Tischlerei eröffnen, können Sie auch nicht Ihre Holzbearbeitungsmaschinen verkaufen, um die Miete zu bezahlen. Sie würden sich auf diese Weise die Basis Ihrer Arbeit entziehen. Ein frei verfügbares Grundkapital in einer gewissen Höhe muss also vorhanden sein. Letzteres ist eine Voraussetzung, die auch die Onlinebroker von Ihnen verlangen, damit Sie überhaupt ein entsprechendes Konto eröffnen können. Das liegt unter anderem daran, dass Sie natürlich für Ihre Entscheidungen geradestehen müssen, auch wenn Sie einmal die falsche getroffen haben. Das Letzte, was ein Onlinebroker akzeptiert, ist, dass er die Verluste für eine Ihrer Fehlentscheidungen tragen soll.

Außerdem müssen Sie in der Lage sein, gewisse Mindeststückzahlen von Aktien zu erwerben. Immerhin befinden wir uns hier im Big Business. Darum müssen Sie mit einer Ersteinlage von mindestens $10.000 - 25.000 rechnen, um den Anforderungen zu entsprechen und um die finanziellen Voraussetzungen für erfolgreiches Part Time Trading zu erfüllen. (Die SEC hat die Mindesteinlage für Day-Trading-Konten ab Herbst 2001 auf mindestens $ 25.000 festgelegt.) Sollten Sie später Ihren Job kündigen, um nur noch dem Day Trading nachzugehen, dann erhöhen Sie diesen Betrag. $50.000 können als Mindestsumme angesehen werden, um eine sinnvolle Basis für das Full Time Trading zu besitzen. Sie werden sich nun sagen, dass es sich hierbei um eine Riesensumme Geld handelt – dem stimmen wir zu. Sie werden überrascht sein, dass in Wirklichkeit sogar die doppelte Summe notwendig ist, wobei das restliche Geld aber nicht von Ihnen stammen muss. Das liegt daran, dass Sie mit Ihrer Mindesteinlage zur Eröffnung eines so genannten *Margin Accounts,* eines Kontos mit entsprechendem Überziehungsrahmen berechtigt sind. Der große Vorteil dabei ist, dass Sie in einem Zeitraum von 24 Stunden keinerlei Zinsen für den von Ihnen in Anspruch genommen Betrag bezahlen müssen. Dieser Service bildet eine wesentliche Grundlage des Day Trading.

Die Mindesteinlagen liegen bei den meisten Onlinebrokern bei ca. $2.000. Wir raten Ihnen jedoch vom Day Trading mit dieser geringen Summe ab, da Sie mit $4.000 nicht in der Lage sind, ein brauchbares Risikomanagement aufzubauen. Darüber werden Sie später noch Genaueres erfahren.

Zu Ihrem erforderlichen Startkapital sei noch eines gesagt:

Spekulieren Sie NIEMALS mit fremdfinanziertem Kapital!
Das ist der fatalste Fehler, den Sie beim Day Trading bzw. bei jeder spekulativen Form der Geldanlage begehen können. Sie begeben sich dadurch in Teufels Küche, und schon mancher, der auf diese Weise den schnellen Profit suchte, fand den Weg nicht mehr heraus. Day Trading ist eine Form der Spekulation auf hochvolatile Aktientitel und unterliegt somit allen Regeln der Irrationalität und der Unberechenbarkeit. Verwerfen Sie also auf der Stelle jeglichen Gedanken an eine Kreditfinanzierung Ihrer Investitionen. Sie werden unter Garantie Schiffbruch

erleiden und lange mit den Folgen zu kämpfen haben. Verwechseln Sie dies bitte nicht mit den Vorteilen der vorhin angesprochenen Rahmenkonten. Hierbei handelt es sich zwar um eine ähnliche Form der Finanzierung, allerdings mit dem kleinen Unterschied, dass der Broker die volle Handhabe über Ihre Aktientitel besitzt und bei entsprechender Gefahr keine Sekunde zögern würde, Ihre Anteile zu barem Geld zu machen, um der Gefahr eines Bankrotts vorzubeugen.

Fassen wir abschließend die notwendigen finanziellen Voraussetzungen noch einmal zusammen:

Part Time Trading (wenn Sie die erforderliche Zeit aufbringen können und sich auf diese Weise etwas dazuverdienen wollen): Ersteinlage mindestens $10.000 - 25.000.

Full Time Trading (wenn Sie Ihren gesamten Lebensunterhalt ausschließlich aus den daraus erzielten Gewinnen bestreiten können): Ersteinlage mindestens $50.000.

Day Trader aus der ganzen Welt sind hinsichtlich dieser Mindesterfordernisse einer Meinung, wenn Sie sich daran orientieren, haben Sie eine ausreichende Basis für Ihren Einstieg geschaffen.

Wenden wir uns nun einer der wichtigsten Grundlagen des Day Trading zu: Der mentalen Einstellung, welche Sie sich aneignen müssen, um nicht durch Stress und Fehlschläge aus der Fassung zu geraten.

Mentale Voraussetzungen

Was ist ein Trader?

Ein Trader ist jemand, der Wertpapiere innerhalb eines engen Zeitrahmens und unter Umständen auf höchst spekulativer Basis kauft und verkauft. Wir unterscheiden zwischen zwei Arten von Tradern: Der professionelle Trader verdient seinen Lebensunterhalt mit dem Traden von Wertpapieren. Der Amateurtrader „spielt" neben seiner Hauptbeschäftigung an der Börse. Wir treffen diese Unterscheidung, weil sich beide oft auf entgegengesetzten Seiten eines Trades befinden. Der professionelle Trader hat sich meist schon in jungen Jahren mit dem Studium der Börse und ihrer Psychologie beschäftigt, suchte sich Arbeit

34

bei einer Brokerfirma, um Kontakte zu knüpfen und die Fähigkeiten zu entwickeln, die man braucht, um im Laufe der Karriere konsistent Gewinne zu machen. Der Amateurtrader hat meist einen Hauptberuf und ein wenig erspartes Kapital, das er mit Fortunas Hilfe vermehren möchte.

Die unterschiedlichen Ansichten der beiden sind von Anfang an klar: Der Profi glaubt, dass das Traden eine erlernte Fähigkeit ist, die auf der disziplinierten Anwendung von Wissen, Risiko und Geldmanagement basiert. Der Amateur sieht das Ganze mehr wie ein Spiel, also zockt er, was das Zeug hält mit dem Geld, das zu verlieren er sich leisten kann. In diesem Spiel gibt es viele Spieler und wenige Profis. Kein Wunder, dass die Börse von der Mehrheit als Glücksspiel angesehen wird.

Disziplin

Was braucht man, um ein guter Trader zu sein? Manche meinen, ein umfassendes Wissen über den Aktienmarkt, vielleicht gute Kontakte, viel Geld und Geduld. Die technischen Voraussetzungen und eine ausreichend schnelle Ausführung der Orders sind wichtig. Aber die eine Sache, die wichtiger ist als alle anderen, hört sich sehr einfach an: Disziplin.

Disziplin ist das größte Problem der Trader, die an der Börse Geld verlieren. Erfolgreiche Trader wissen, dass sie nicht immer gewinnen können. Manche sehr erfolgreiche Trader schließen weniger als die Hälfte ihrer Trades erfolgreich ab. Aber sie sind trotzdem erfolgreich, weil sie ihre Verluste begrenzen und ihre Gewinne laufen lassen. Sie haben die Disziplin, die Notbremse zu ziehen, wenn sich eine Entscheidung als falsch herausstellt.

Rechnungen werden mit realisierten Gewinnen bezahlt. Realisierte Gewinne werden durch disziplinierten Umgang mit Risiko und Geld erzielt, egal, wie gut Sie sich auskennen oder welche Analysemethode Sie verwenden. Halten Sie sich an die Disziplin, damit Ihre Gewinne nicht von Ihren Gefühlen weggespült werden. Wir müssen nicht der ganzen Welt zeigen, dass wir Gewinner sind. Wir müssen keine Helden sein. Wir gewinnen, solange unser Kapital jeden Tag ein wenig mehr wird. Die Angst, einen Verlust hinzunehmen oder einen Aufwärtsschwung zu verpassen, macht viele Trader zu Investoren auf verlorenem Posten. Meistens sagen sich diese Trader, „Ich verkaufe die Aktie, wenn sie auf diesen bestimmten Punkt gefallen ist." Wenn das passiert, werden sie einen Grund finden, ein neues, tieferes Verkaufslimit festzulegen. Sie geben zu wenig Acht auf die Botschaft, die ihnen der Markt schickt. Wenn Sie einen Trade eingehen, müssen Sie den Punkt festlegen, an dem Ihnen der Markt sagt, dass Sie im Unrecht sind. Egal ob dieser Punkt auf Widerstand- und Unterstützungsniveaus beruht, auf Neuigkeiten oder der generellen Marktrichtung – wenn er erreicht ist, zeigt er einen schlechten Verlauf Ihrer Entscheidung an. Das Schild mit der Aufschrift „Ausgang" blinkt dann schon hektisch. Verlassen Sie das einstürzende Gebäude!

Sollten Sie kleine Verluste nicht hinnehmen können, wird das zwei Auswirkungen haben: Einerseits werden Sie aus einem kleinen Verlust wahrscheinlich einen großen machen. Vergessen Sie nicht: Erfolgreiche Trader akzeptieren kleine Verluste. Ein großer Verlust bindet wertvolles Tradingkapital. Andererseits werden Sie Angst bekommen. Sie sehen Profit und wollen das Gefühl des Verlierens nicht wieder erleben. Um dann nicht die potentielle Enttäuschung eines Verlustes erleiden zu müssen, werden Sie Ihren Gewinn zu früh realisieren. Wenn Sie ein erfolgreicher Trader sein wollen, sollten Sie lernen, Verluste einzuschränken und Gewinne laufen zu lassen. Wenn Sie aber kleine Gewinne und große Verluste haben, werden Sie nicht lange im Spiel bleiben.

Disziplin ist beim Traden also unerlässlich für den Erfolg. Wenn Sie Disziplin haben, brauchen Sie nur noch ein paar relativ einfache Regeln. Eine davon lautet: Seien Sie stark!

Innere Einstellung

Sagen Sie „Nein" zu Ihrem Ego. Jeder Trade wird an einem bestimmten Punkt geschlossen. Der erfolgreiche Trader wird gerne „ausgestoppt", d. h. er lässt es zu, dass seine Stop-Order ausgeführt wird, und beweist damit die Disziplin, seinen Gewinn oder Verlust zur richtigen Zeit zu realisieren. Brüsten Sie sich nicht mit guten Trades. Haben Sie genug Selbstwertgefühl, um mit schlechten Trades zurechtzukommen. Die Kontrolle Ihres Ego ist eine wichtige Voraussetzung für Erfolg in diesem Geschäft.

Wählen Sie „Ihre" Methode und bleiben Sie dabei. Es gibt unzählige Methoden, um die Situation für einen Trade einzuschätzen. Finden Sie die Methode, die für Sie funktioniert, und bleiben Sie ihr treu. Berücksichtigen Sie dabei immer, dass Menschen Herdentiere sind. Schwimmen Sie mit den Haien. Folgen Sie dem Trend. Eine alte Spekulantenweisheit besagt: „The trend is your friend". Beim Traden ist Massenpsychologie wichtiger als wirtschaftliche Daten. Während eines Trends wird die Masse größtenteils Recht behalten. Erst ab dem Umkehrpunkt wird sie im Unrecht sein.

Die zwei Faktoren, die das Traden am meisten beeinflussen, sind Angst und Gier. Sie beruhen auf dem Einsatz von Geld bei einem Trade. Das verändert alles. Das bewegt die Herde. Lernen Sie, mit der Angst vor Geldverlust und der Gier nach größeren Gewinnen umzugehen, indem Sie Ihren Regeln für Risiko und Geldmanagement mit religiösem Eifer folgen.

Setzen Sie das Traden in die richtige Perspektive. Manchmal hat man das Gefühl, es sei eine unglaublich ernste Angelegenheit, weil man ansehnliche Summen verschiebt. Aber im Grunde ist das Traden keine große Sache. Wir tauschen nur Papiere hin und her und versuchen, aus Angst und Gier Profit zu schlagen. Machen Sie sich gleich zu Beginn Ihrer Karriere als Trader eines klar: Sie werden Fehler machen und damit Geld verlieren. Wenn Sie nicht über die Dummheit lachen können, die Sie zu diesem Fehler verleitet hat, wird es Ihnen nicht gelingen, ein günstiges psychologisches Umfeld für Ihren Erfolg zu schaffen. Niemand findet es besonders lustig, Geld zu verlieren, aber nehmen Sie es mit Humor, und versuchen Sie zu verstehen, warum der Trade nicht gut ausgegangen ist, dann werden Sie viel über sich selbst und Ihre Tradingmethode lernen. Wut und Depression blockieren diese Gelegenheiten zum Lernen.

Unsere Aufgabe ist es, Geld zu verdienen. Das heißt, wir wollen nur auf der Gewinnerseite kämpfen und wechseln so schnell wie möglich die Seiten, wenn wir erkennen, dass wir auf die Verliererseite geraten sind. Ob wir kaufen oder verkaufen macht keinen Unterschied, nur dass der Chart verkehrt herum steht. Wir fällen keine moralischen Urteile.

Wir müssen ein Fundament haben, auf das wir unsere Trades aufbauen können. Fundamentalanalyse und Technische Analyse geben uns die Werkzeuge in die Hand, um dieses Fundament zu errichten. Wenn unser Trade nicht funktioniert, geben wir sofort zu, dass wir Unrecht haben, denn der Markt kann unlogisch sein und von den Fundamentaldaten deutlich länger abweichen, als wir glauben oder finanzieren können.

Jeder Trade, der von jemandem eingegangen wird, der etwas weiß, läuft über den Ticker und findet seinen Weg auf einen Chart. Im Chart liegt also die Summe aller Informationen. Wir kämpfen nicht gegen den Ticker. Wir streiten nicht mit dem Markt.

Eine weitere Weisheit der Börsianer: Kaufe hoch, verkaufe höher. Verkaufe tief, kauf tiefer. Wir können nicht tief kaufen und hoch verkaufen, weil wir ganz einfach nicht wissen, was hoch und tief ist. Das entscheidet der Markt. Wir können nur wissen, wie der Trend aussieht, wo die Unterstützung und der Widerstand liegen. Wir traden mit dem Markt. Versuchen Sie nie, ein fallendes Messer zu fangen, Sie werden sich verletzen.

Risikomanagement

Dieser Punkt ist der wichtigste, der Ihnen jemals beim Traden unterkommen wird, wichtiger als alle Tradingtechniken. Wenn Ihr Risikomanagement schlecht funktioniert, können Sie das beste Tradingsystem der Welt haben und Sie werden trotzdem Verluste machen. Studien haben ergeben, dass bis zu 90 % der Unterschiede in der Performance der besten Fondsmanager der Welt größtenteils vom Risikomanagement abhängen.

Mein Hauptziel beim Traden ist, dass ich morgen noch dabei bin. Und übermorgen. Und wenn ich jeden Tag dafür sorge, mache ich damit auch noch ansehnliche Gewinne. Ich denke nicht darüber nach, in einem Jahr Millionen zu verdienen, sondern versuche, mit kleinen, wohlüberlegten Trades mein Kapital kontinuierlich zu vermehren. Versuchen Sie nicht, den Krieg mit einer gewaltigen Schlacht zu gewinnen, sondern begnügen Sie sich damit, den Großteil der kleinen Schlachten für sich zu entscheiden, und Sie werden letztlich der Sieger sein.

Versuchen Sie, nicht mehr als 2 % Ihres Kapitals bei einem Trade zu riskieren. So sorgen Sie dafür, dass Sie, auch wenn Sie zehnmal hintereinander falsch liegen, noch über 80 % Ihres Kapitals verfügen. Ein Beispiel: Sie riskieren 2 % Ihres Tradingkapitals von $10.000, d. h. $200 bei einem Trade. Also kaufen Sie die Aktie XYZ bei einem Kurs von $25 und die Stop-Loss-Grenze liegt $ bei 23,75. In diesem Fall sollten Sie nicht mehr als 150 Aktien um $3.750 kaufen, da Sie einen Verlust von $1,25 pro Aktie oder $187,5 hinnehmen müssen, wenn das Stop Limit erreicht würde. Angenommen, der Stopp wird ausgeführt und Ihr Kontostand beläuft sich jetzt auf $9812,5. Beim nächsten Trade könnten Sie also $196,25 riskieren. Sie kaufen 250 ABC um $31,50 mit einem engen Stop-Limit von $31,0 und riskieren dabei den Verlust von $125. Dieser Trade verläuft positiv und Sie verkaufen ABC zwei Stunden später bei $ 34. Ihr Kontostand erhöht sich auf $10.437,5. Verfahren Sie weiterhin nach diesem Prinzip und wählen Sie Ihre Trades gut aus, dann werden Sie mit kleinen Verlusten und guten Gewinnen eine prozentuale Kapitalsteigerung erreichen, für die viele Fondsmanager ihren rechten Arm geben würden.

Dieser Teil ist vielleicht der wichtigste, weil es hier darum geht, nicht Pleite zu machen. Das Geschäft eines Traders ist es, im Geschäft zu bleiben. Trader werden nicht in kürzester Zeit zum Millionär. Traden ist eine professionelle Beschäftigung und man sollte auch professionell damit umgehen. Das verlangt vor allem richtiges Risikomanagement.

Wie viel Risiko sollten Sie also bei einem Trade eingehen? Halten Sie Ihr Risiko gering. 2 % genügen vollauf. Damit sichern Sie Ihr Kapital ab und vermeiden es, emotional an einen Trade gebunden zu sein.

Allgemeines zum Day Trading

Day Trading hat nicht nur Einfluss auf bestimmte Aktien. Die gesamte Marktlandschaft wurde dadurch verändert. Nirgends ist diese Entwicklung offensichtlicher als an der amerikanischen Technologiebörse NASDAQ. *Microsoft*, *Oracle* oder *Cisco Systems*, die heißen Werte vergangener Tage sind mittlerweile schon zu *Blue Chips* geworden. Wir sprechen hier von den Aktien in der Stratosphäre des NASDAQ, Aktien wie *JDS Uniphase* (JDSU) oder *Broadvision* (BVSN). Technologiewerte, die fast alle mit dem Wachstum des Internets zu tun haben, sind für Day Trader und auch für institutionelle Trader unwiderstehlich. So hat z. B. JDSU einen Markwert von über $90 Milliarden, gegenüber den fast $60 Milliarden der Nummer 1 des *Fortune 500*. Obwohl über 60 % der Aktien von JDSU von Institutionen gehalten werden, profitieren Trader von den wilden Preisschwankungen dieses Wertes. Im Januar 2000 war die durchschnittliche Stückzahl ungefähr 300 pro Trade, weit entfernt von den 10.000 oder 20.000 Stück, die normalerweise von institutionellen Tradern gehandelt werden.

Aber die Leidenschaft des Day Trading hat nicht nur auf ein paar einzelne Werte Auswirkungen. Die gesamte Marktlandschaft wird dadurch verändert. Seit 1996 verringerte sich die durchschnittliche Stückzahl pro Trade um 50 %, auf knapp unter 700 Stück. Die alte Strategie des „Kaufen und Behalten" ist in den Hintergrund getreten. Im Durchschnitt werden NASDAQ-Aktien heutzutage nur 5 Monate lang gehalten, vor zehn Jahren waren es noch 2 Jahre. Dabei hat sich das Volumen der gehandelten Aktien pro Tag extrem gesteigert und damit verstärkte sich auch die Volatilität: an zehn von 21 Börsentagen im Januar 2000 veränderte sich der NASDAQ-Index um mehr als 2 %.

Die Auswirkungen des Day Trading sind in erstaunlichem Maß gewachsen. Neben unzähligen Teilzeit-Day-Tradern gibt es derzeit in den USA nur ungefähr 5.000 hauptberufliche private Day Trader, aber trotzdem sind Day Trader für ein Drittel des gesamten Volumens am NASDAQ verantwortlich. Sogar professionelle Trader und Fondsmanager, die Day Trading früher als ein riskantes Spiel ansahen, verfolgen die Nachrichten in den diversen Chaträumen und auf den *Message Bo-*

ards. Die Anzahl und Meinungen der Day Trader sind mittlerweile einfach zu wichtig geworden, als dass man sie ignorieren könnte. Wenn aber ein Fondsmanager, der mehrere Millionen Dollar verwaltet, und ein privater Trader, der seine paar Tausend Dollar zu vermehren versucht, auf dieselben Informationsquellen und Tradingsysteme zurückgreifen, ist es ziemlich offensichtlich, dass sich etwas verändert hat. Die Masse der Investoren und Trader hat nun Zugang zu fast denselben Möglichkeiten, die früher der Wall Street vorbehalten waren. Bewaffnet mit blitzschnell verbreiteten Informationen und professionellen Tardingplattformen machen sie der Aristokratie des Geldmarktes Konkurrenz. Die Markenzeichen dieses neuen Marktes sind die wilde Volatilität und bisher nie da gewesene Gewinne und Verluste.

Wenn Sie etwas Geld übrig haben und ein bisschen zum Privatvergnügen traden wollen, dann ist es ganz in Ordnung, wenn Sie nach Lust und Laune kaufen und verkaufen. Wenn aber Ihre Absicht beim Traden darin liegt, Geld zu verdienen, unter Umständen sogar davon leben zu können, ist ein gut organisierter Plan absolut notwendig. Das ist kein Scherz. Ohne guten Plan werden Sie Geld verlieren. Alle erfolgreichen Spekulanten traden diszipliniert und mit System.

Die folgenden Schritte sollen Ihnen helfen, Ihren Plan zu erstellen.

Definieren Sie Ihre Trading-Philosophie
Wie treffen Sie Ihre Entscheidungen beim Traden? Wenn Sie Ihre Entscheidungen aufgrund der heißen Tipps eines Freundes, basierend auf irgendwelchen Zeitungsartikeln oder je nach Gefühl fällen, dann sind Sie noch nicht bereit fürs Traden. Ihre Entscheidungen sollten auf mehr beruhen, sei es auf Fundamentalanalyse, technischer Analyse oder einer Kombination aus beidem. Sie müssen nicht alle Ihnen zur Verfügung stehenden Mittel nutzen, aber Sie müssen wissen, warum Sie ein bestimmtes Wertpapier zu einer bestimmten Zeit kaufen oder verkaufen wollen. Wenn Sie z. B. aufgrund von „heißen Tipps" traden, erfahren Sie zwar, wann es schlau wäre, einen bestimmten Trade einzugehen, aber erfahren Sie dabei auch immer rechtzeitig, wann Sie den Trade beenden sollen? Wahrscheinlich nicht. Dieser Gefahr setzen Sie sich natürlich auch aus, wenn Sie heißen Tipps aus Chaträumen folgend auf einen fahrenden Zug aufspringen und erst erkennen, dass

dem Zug der Dampf ausgeht, wenn es schon zu spät ist. Deshalb ist es wichtig, Entscheidungen selbst zu treffen. Beim Traden geht es um Ihr Geld, also sollte es auch Ihre eigene Entscheidung sein, was zu tun ist. Machen Sie nie den Markt für einen Misserfolg verantwortlich. Der Markt ist kein lebendes Wesen, das Ihnen Ihr Geld wegnehmen möchte, um Sie zu ärgern. Nur Sie allein sind verantwortlich für Erfolg und Misserfolg. Wenn Sie z. B. nach den Prinzipien der Chartanalyse traden wollen, ist es unerlässlich, dass Sie sich mit allen Kauf- und Verkaufsignalen vertraut machen. Dasselbe gilt natürlich auch für die Fundamentalanalyse. Nur so können Sie sicher sein, dass Sie aus einem Trade aussteigen können, sobald die ursprünglichen Gründe für den Trade nicht mehr gegeben sind.

Wählen Sie Ihren Markt aus
Nachdem Sie sich entschieden haben, nach welchen Gesichtspunkten Sie ihre Trades auswählen, sollten Sie einen Markt wählen. Wollen Sie Aktien oder Optionen traden? Entscheiden Sie sich für den NYSE, die NASDAQ, einen der europäischen Märkte?

Meist werden die zur Verfügung stehenden Mittel sowie Zeitmangel die Anzahl der näher verfolgten Werte und Märkte automatisch einschränken. Day Trading ist eine amerikanische Erfindung, daher sind die beliebtesten Day-Trader-Märkte der NYSE und der NASDAQ. Allerdings entwickelt sich langsam in Europa eine Day-Trader-Gemeinschaft, die sich auf den deutschen Markt spezialisiert. Bei der Auswahl des richtigen Marktes oder Sektors eines Marktes sollten Sie sich auch nach Ihrem Interesse und bereits angeeignetem Wissen richten. Traden Sie in einem Sektor, den Sie aus irgendeinem Grund bereits etwas kennen (sei es durch Ihre Arbeit oder ein Hobby); es wird Ihnen leichter fallen, Informationen einzuschätzen und danach zu handeln.

Surfen Sie oft im Internet, beschäftigen Sie sich mit Computern und interessieren Sie sich generell für neue Entwicklungen der Technologie, dann werden Sie Neuigkeiten in diesen Bereichen leichter und besser auf ihre Marktwirksamkeit einschätzen können als ein Laie. Machen Sie sich in jedem Fall genau mit den Regeln des Marktes vertraut, an dem Sie Ihre Trades ausführen wollen (siehe Kapitel 4: Spezialisten-System und Market-Maker-System). und beobachten Sie den Markt genau.

Erstellen Sie einen Plan zur Risikokontrolle

Eine der wichtigsten, wenn nicht überhaupt die wichtigste Grundlage für erfolgreiches Traden ist die Risikokontrolle. Seien Sie sich immer bewusst, dass Sie beim Traden Geld verlieren werden. Niemand gewinnt immer. Aber es gibt viele erfolgreiche Trader, die weniger als die Hälfte ihrer Trades positiv abschließen. Wie kann das sein? Ganz einfach: Begrenzen Sie Ihre Verluste und lassen Sie Ihre Gewinne laufen! Geht der Trade gegen Sie, steigen Sie aus. Geht der Trade in Ihre Richtung, bleiben Sie dabei, bis sich das Blatt wendet. Das hört sich einfacher an, als es ist.

Um Ihre Verluste einzuschränken, sollten Sie sich über den folgenden Punkt Gedanken machen:

Stop-Loss-Strategie – Seien Sie sich im Klaren, an welchem Punkt Sie aussteigen, bevor Sie einsteigen! Sie müssen schon vor dem Trade wissen, was Sie davon erwarten! Setzen Sie sich Grenzen und bleiben Sie dabei! Das kann man gar nicht oft genug betonen. Ohne einen vorher festgelegten Ausstiegspunkt laufen Sie Gefahr, Verluste ansteigen zu lassen, nur weil Sie hoffen, dass sich das Wertpapier gleich wieder erholen wird. Eine alte Trader-Regel besagt, dass es höchste Zeit ist, eine Position zu schließen, wenn man zu hoffen anfängt. Ein gravierender Fehler in dieser Art kann Sie Ihr ganzes Tradingkapital kosten.

Im Idealfall platziert ein Trader eine *Good-till-cancelled Stop-Order*, gleich nachdem er eine Aktie gekauft hat, damit die Position automatisch geschlossen wird, falls der Trade nicht positiv verläuft. Setzen Sie die Stop-Order auf dem Niveau, das Sie als maximalen Verlust hinzunehmen bereit sind. Wie viel Sie verlieren können, hängt meist von Ihrem Tradingkapital und von Ihrem Stolz ab. Oft fehlt dazu aber die Zeit, also ist es unerlässlich, mental einen Punkt zu fixieren, der nicht unterschritten werden darf. Tut er dies doch, so muss die Position sofort geschlossen werden. Damit nehmen Sie zwar momentan einen kleinen Verlust in Kauf, verhindern aber in vielen Fällen einen größeren. Wir haben es uns zur Regel gemacht, bei besonders volatilen Aktien ein Browserfenster offen zu halten, in dem schon alle notwendigen Daten für den Ausstieg aus einer Position eingegeben sind. Sollte der Trade sich ungünstig entwickeln, ist es so am leichtesten, schnell die

Position zu schließen, ohne wertvolle Zeit mit dem Eintippen der Stückzahl und des Passwortes zu vergeuden. Bei weniger volatilen Werten empfiehlt es sich, eine Stop-Order einzugeben und diese gegebenenfalls zu erhöhen. So sichern Sie sich nach unten ab, schützen Ihre Gewinne und verhindern, dass aus einem profitablen Trade ein Verlust wird.

Versichern Sie sich immer, dass Sie den Kauf einer Aktie wirklich bestätigt haben, bevor Sie sie wieder verkaufen, ansonsten könnten Sie eine Aktie leerverkaufen, ohne es zu wollen. Lassen Sie sich nicht von Ungeduld zu falschen Entscheidungen hinreißen, besonders, wenn Ihr Adrenalinspiegel den roten Bereich erreicht hat.

Wählen Sie Ihre Trades gut aus

Es macht nichts, wenn Sie einen Trade nicht durchführen. Ein Trade, den Sie nicht gemacht haben, kann Sie kein Geld kosten. Aber ein verpasster Trade kann eine große Lernerfahrung sein, wenn Sie das Ergebnis betrachten (Gewinn oder Verlust), ohne dafür Ihr Geld riskiert zu haben. Besonders als Neuling unter den Day Tradern sollten Sie die absolut besten Voraussetzungen für einen Trade abwarten, bevor Sie anfangen. Während Sie nach diesen Voraussetzungen Ausschau halten, können Sie viel lernen und dabei verhindern, dass Sie Ihr Kapital verringern.

Überlassen Sie das *Shortgehen*, *Scalpen* und extrem kurzfristige Traden den erfahreneren Tradern. Kaufen Sie eine Aktie, die Ihren Kriterien entspricht. Erwarten Sie nicht, ein Monatsgehalt in 30 Minuten zu verdienen. Bleiben Sie bei kleinen Stückzahlen, damit Sie emotional nicht ins Wanken geraten, wenn die Aktie ein wenig nachgibt. Vergessen Sie nicht: Am Anfang ist das Lernen Ihr Ziel. Beobachten Sie, wie sich eine Aktie verhält. Beobachten Sie, wie sich der Markt verhält. Seien Sie aufmerksam. Versuchen Sie zu erkennen, warum Sie einen Gewinn oder Verlust gemacht haben. Lernen Sie daraus. Letztendlich werden Sie bestimmte Muster erkennen und ein Gefühl für den Markt entwickeln.

Vermeiden Sie am Anfang die Aktien, die z. B. von den Kommentatoren auf CNBC besprochen werden oder auf Newschannels auftauchen.

Für den Neuling bedeuten diese Aktien normalerweise Verlust. Sie müssen extrem schnell sein, um Ihre Orders vor denen der Unmengen anderer Trader zu platzieren, die ebenfalls dieselbe Meldung gelesen oder gehört haben. Die meisten von ihnen werden schneller sein als Sie. Verschwenden Sie Ihre Zeit und Ihr Geld nicht damit. Haben Sie besser ein Auge auf Aktien, die sich in einem allgemeinen Aufwärtstrend befinden und derzeit gerade kurzfristig einen geringen Preiseinbruch bis auf ihr Unterstützungsniveau erleiden. Außerdem empfiehlt es sich, starke Aktien in einem Sektor zu kaufen. Kaufen Sie keine Aktien, nur weil sie billiger sind als andere. Hoffen Sie nicht darauf, dass diese Aktien bald zum Rest des Sektors aufholen werden. Das tun sie meistens nicht. Billige Aktien sind aus bestimmten Gründen billig.

Jeder Tag ist ein neuer Tag

Es ist egal, ob der Technologiesektor gestern schlecht lief oder Aktien von Fluglinien gestiegen sind. Wichtig ist das Feststellen der Gruppen, die heute aktiv sind. Begehen Sie nicht den Fehler, sich zu lange auf eine bestimmte Gruppe von Aktien zu konzentrieren. Das Tagesgeschehen könnte sich inzwischen ganz woanders abspielen.

Hält ein Trader eine Position über Nacht, so hat er auch eine bestimmte Meinung und ist damit nicht mehr frei genug, um den Markt zu nehmen, wie er ist. Daher sollten längere Positionen nur aus guten Gründen eingegangen werden. Vermeiden Sie es, Positionen über Nacht zu halten, wenn Sie damit schon Verlust gemacht haben. Ist der Trader andererseits *all cash*, kann er die Marktsituation unvoreingenommen einschätzen und dem Markt entsprechend traden. Was in Asien oder Europa los war, kann ihm egal sein, denn er kann darauf reagieren, sobald sein Markt geöffnet ist.

Tipps für Einsteiger

Seien wir ehrlich: für den Einsteiger ins Day Trading stehen die Chancen nicht besonders gut. Wahrscheinlich die Hälfte aller Day Trader verlieren ihr ganzes Kapital gleich zu Beginn ihrer Karriere. Der Großteil der anderen Hälfte verliert ihr Geld etwas langsamer. Die wenigen, die profitabel arbeiten, halten sich an strikte Regeln, besonders im Bereich der Risikokontrolle.

Der Anfänger muss viele Lektionen lernen. Die erste und wichtigste ist, im Spiel zu bleiben. Das bedeutet, nicht schnell sein ganzes Geld zu verlieren. Das ist noch wichtiger, als viel Geld zu verdienen, denn irgendwann kommt auch für den größten Glückspilz die Zeit, in der er ein paar falsche Entscheidungen trifft. Diese dürfen weder seinem Konto noch seinem Ego zu sehr schaden.

Lassen Sie sich Zeit. Am schnellsten verlieren Sie Geld, wenn Sie schnell und wahllos traden. Ihr erstes Ziel sollte es sein, nicht möglichst viele Trades zu machen, sondern möglichst viel aus wenigen Trades zu lernen und dabei nicht Ihr letztes Hemd zu verlieren. Wahrscheinlich werden Sie in den ersten drei Monaten nichts oder wenig verdienen. Das ist gar nicht schlecht, denn wenn Sie gleich zu Beginn große Gewinne erzielen, werden Sie mehr Selbstvertrauen bekommen, als gut für Sie ist, und längerfristig wird Ihr Lehrgeld (Verluste beim Traden) viel höher sein.

Day traden Sie nicht, wenn Sie nicht verlieren können. Das ist aus zwei Gründen wichtig. Erstens: Die meisten Day Trader verlieren! Zweitens: Wenn Sie es sich nicht leisten können, das Geld auf Ihrem Tradingkonto zu verlieren, werden Sie nicht in der Lage sein, unvoreingenommene Entscheidungen zu treffen. Wenn Sie beim Traden dauernd an die nächste Ratenzahlung für Ihr Auto oder die Miete denken müssen, werden Sie wahrscheinlich kein erfolgreicher Trader werden.

Lesen Sie alles. Im Internet und in Büchern über Day Trading finden Sie gewaltige Mengen an Informationen, die Ihnen helfen können, ein besserer Trader zu werden. Bücher oder Diskussionsgruppen werden Ihnen nicht den richtigen Weg zum schnellen Reichtum zeigen, aber Sie können aus den Fehlern lernen, die andere gemacht haben, und von den Erfahrungen anderer Trader profitieren.

Werden Sie nicht emotional. Wenn sich Ihre Gefühle ins Trading einmischen, wird es nur schwieriger. Nehmen Sie Trades, die danebengehen, nicht persönlich. Viele Trader durchleben Phasen, in denen sie glauben, der Markt habe etwas gegen sie. „Sobald ich eine Aktie kaufe, fällt der Kurs. Und sobald ich verkaufe, steigt der Kurs wieder." Das liegt natürlich nicht daran, dass jemand Ihnen Böses will, sondern daran, dass Sie Ihre Strategie vielleicht neu überdenken und Ihre Ein- und Ausstiegspunkte besser wählen müssen.

Versuchen Sie es mit Papertrading. Dabei traden Sie nicht mit Ihrem Kapital, sondern protokollieren Ihre potentiellen Trades. Vergessen Sie aber nicht, alle Käufe und Verkäufe genau auszuschreiben, mit allen Gewinnen und Verlusten. Ansonsten vergessen Sie leicht die schlechten Trades und erinnern sich nur an die gewinnbringenden. Legen Sie sich nicht selbst herein und halten Sie sich an die Fakten. Übersehen Sie dabei auch nicht, dass es viel leichter ist, profitabel zu Papertraden als wirklich zu traden. Das liegt hauptsächlich an der Geschwindigkeit, mit der Ihre Orders beim richtigen Traden ausgeführt werden, und an den emotional bedingten Fehlern, die Sie beim risikofreien Papertraden nicht machen.

Ein schlechter Trader
– experimentiert mit Trades, über deren Ergebnis er sich unklar ist;
– gibt nicht zu, dass er eine schlechte Entscheidung getroffen hat;
– lernt nicht aus Fehlern und wiederholt sie;
– geht Trades mit schlechtem Gewinn/Risiko-Verhältnis ein;
– wird immer nur raten, wie sich eine Aktie in der Zukunft verhalten wird;
– spielt mit seinem Kapital.

Ein guter Trader
– ist geduldig und wählt seine Trades gut aus;
– begrenzt seine Verluste;
– weiß, was er tut, wenn er einen Trade eingeht;
– wartet ab, wenn der Markt sich verändert, und versucht, Muster zu erkennen;
– probiert keine neuen Methoden aus, ohne sie nicht mit Papertraden getestet zu haben.

Ein sehr guter Trader
- führt seine Trades, ohne zu zögern, schnell aus;
- weiß genau, welche Stückzahl er bei einem Trade handeln sollte;
- folgt seinen Regeln, ohne zu zögern;
- schließt eine Position schnell, wenn der ursprüngliche Grund zur Eröffnung des Trades nicht mehr gegeben ist;
- erkennt die Veränderungen des Marktes und reagiert entsprechend;
- tradet in ungewissen Situationen nicht, um sein Kapital nicht zu gefährden;
- weiß im Voraus, wie sein Trade verlaufen wird, und kann somit bei Abweichungen schnell die Position schließen;
- geht nur Trades mit gutem Gewinn/Risiko-Verhältnis ein.

Steuerliche Hinweise

Haben Sie mit Aktien schon Gewinne gemacht? Dann wissen Sie ja: Wann immer Sie eine Aktie kaufen oder verkaufen, das Finanzamt tradet mit.

Spekulationsgewinne

Für Spekulationsgewinne aus Wertpapierverkäufen gilt ab dem 1.1.99, dass sie versteuert werden müssen, wenn zwischen Kauf und Verkauf weniger als zwölf Monate liegen (vorher sechs Monate). Die Versteuerungspflicht beginnt aber erst, wenn die Spekulationsgewinne im Kalenderjahr 999 DM übersteigen. Verluste, die durch Spekulationen entstehen, dürfen gegengerechnet werden, allerdings nur bis zur Höhe des Spekulationsgewinnes des gleichen Kalenderjahres. Spekulationsverluste können nicht mit anderen Einkunftsarten verrechnet werden. Für die korrekte Abführung im Rahmen der Einkommensteuererklärung ist der Anleger selbst zuständig. Es gibt keinen festgelegten Steuersatz dafür. Die Höhe der Einkommensteuer richtet sich nach Ihrem persönlichen Einkommensteuersatz.

Die Kapitalertragsteuer (KESt) liegt bei 25 % bis 35 %, je nach Ertragsart der Anlage (z. B. Dividende). Die KESt ist eine Quellensteuer und wird erhoben, wenn dem Anleger Kapitalerträge zufließen. Sie wird auf die Einkommensteuer angerechnet. Die KESt wird aber nicht abgezogen, wenn ein entsprechender Freistellungsauftrag erteilt wurde oder vom Anleger eine Nichtveranlagungsbescheinigung eingereicht wurde.

Darüber hinaus gibt es den Solidaritätszuschlag (SolZ), der 5,5 % der zu entrichtenden Kapitalertrag- oder Körperschaftsteuer beträgt, d. h. von den Steuern auf die Dividenden und Zinserträge (KSt und ZaSt) werden noch einmal 5,5 % einbehalten.

Seit 1.1.99 können Verlustvorträge mit in das nächste Jahr genommen werden. Hat man z. B 1999 einen Verlust von 3.000 DM realisiert, kann dieser im nächsten Finanzjahr gegen die dann eventuell erzielten Gewinne gegengerechnet werden.

Sollte man von der Qualität und zukünftigen Entwicklung einer Aktie sehr überzeugt sein, hat man aber zu einem ungünstigen Zeitpunkt gekauft und steht mit dem Wert im Minus, empfiehlt es sich unter Umständen, diese Aktie zu verkaufen, den Verlust zu realisieren und dann wenig später wieder zurückzukaufen. Achten Sie allerdings darauf, einen gewissen Abstand zwischen An- und Verkauf zu halten, damit Sie bei eventuellen Nachfragen besser argumentieren können (z. B.: Im Internet habe ich interessante Neuigkeiten gelesen, darum meine Verkaufsentscheidung bereut und den Wert wieder zurückgekauft).

Steuerfreiheit

Kursgewinne aus Wertpapiergeschäften sind steuerfrei, wenn die so genannte Spekulationsfrist eingehalten wird. Das bedeutet seit 1.1.99, wenn zwischen An- und Verkauf der Aktien mehr als ein Jahr liegt. Ist die Zeitspanne kürzer und waren die Gewinne höher als 999 DM, sind sie zu versteuern.

Eine Dividende ist eine Gewinnausschüttung der Unternehmen, die normalerweise einmal pro Jahr erfolgt. Dividenden werden wie Zinsen von festverzinslichen Wertpapieren behandelt. Ein Beispiel: Siemens bezahlt 1999 100 DM Dividende. Ohne Freistellungsauftrag bekommt der Aktionär 51,53 DM ausgezahlt. Sollte der Aktionär keinen Freistellungsauftrag haben, ist nun sein persönlicher Einkommensteuersatz entscheidend. Liegt dieser z. B. bei 20 %, bekommt der Aktionär am Jahresende 28,47 DM pro Aktie seiner Vorauszahlung wieder zurück. Liegt sein Einkommensteuersatz hingegen bei z. B. 50 %, müsste er noch 1,53 DM nachzahlen! Mit noch nicht ausgeschöpftem Freistellungsauftrag bekommt der Aktionär 100 DM ausgezahlt.

Aber es gibt auch Möglichkeiten, der Steuerpflicht für Dividendenzahlungen zu entgehen. Um einer Steuerzahlung aus dem Weg zu gehen, muss die Aktie vor dem Tag der Dividendenausschüttung verkauft werden. Dadurch bekommt man die Dividende nicht ausbezahlt, aber in der Regel fällt ein Aktienkurs auch in Höhe der Dividende. Nach der Ausschüttung kann der Wert wieder zurückgekauft werden. Diese Umgehung funktioniert aber nur alle zwei Jahre, da man sonst innerhalb der Spekulationsfrist verkauft.

Freistellungsauftrag

Der Freistellungsauftrag schützt den Kapitalanleger vor dem Abzug der Zinsabschlagsteuer, der Kapitalertragsteuer und des Solidaritätszuschlags und ermöglicht die Gutschrift des Körperschaftsteuerguthabens. Durch Erteilung eines Freistellungsauftrages an ein oder mehrere Kreditinstitute innerhalb der Freibeträge (6.000 DM/12.000 DM zuzüglich 100 DM bzw. 200 DM Werbungskostenpauschale) bewirkt der Steuerpflichtige, dass ihm bis zu dem im Freistellungsauftrag angegebenen Betrag Kapitalerträge aus deutschen Wertpapieren ohne Abzug von Kapitalertragsteuer, Zinsabschlagsteuer, Solidaritätszuschlag und unter Gutschrift des Körperschaftsteuerguthabens ($3/_7$ der Bardividende) gutgeschrieben werden. Jeder Steuerpflichtige kann das ihm zur Verfügung stehende Freistellungsvolumen auf mehrere Kreditinstitute verteilen, darf jedoch die entsprechenden Höchstgrenzen nicht überschreiten.

Nichtveranlagungsbescheinigung

Sie wird auf Antrag erteilt, wenn der Freistellungsauftrag voraussichtlich nicht in Betracht kommt. Das gilt für Personen, die kein bzw. ein geringes Einkommen von 13.067 DM, für Singles oder 26.134 DM für Ehepartner im Kalenderjahr erwarten, welches nicht zu versteuern ist. Die Nichtveranlagungsbescheinigung (NVB) erfüllt den gleichen Zweck wie der Freistellungsauftrag, hat aber keine Betragsbegrenzung.

Sie kann nur vom Wohnsitzfinanzamt und für das laufende und die beiden darauf folgenden Jahre ausgestellt werden. Eine Zinsabschlagsfreistellung durch die NVB gilt nur für deutsche Wertpapiere.

Anlagen im Ausland

Bei ausländischen Wertpapieren fällt die Quellensteuer an, außer beispielsweise in Großbritannien und Irland. Auf Antrag bieten z. B. die USA und Japan eine ermäßigte Quellensteuer an. Falls deutsche Einkommensteuer auf die Auslandsdividenden entfällt, wird die Quellensteuer darauf angerechnet.

Werbungskosten

Werbungskosten, die bei Einkünften aus Kapitalvermögen berücksichtigt werden, sind Aufwendungen, die dem Erwerb, der Sicherung und dem Erhalt von Kapitaleinnahmen dienen. Es gilt ein Pauschalbetrag von 100 DM, wenn keine höheren Werbungskosten nachgewiesen werden. Bei Zusammenveranlagung 200 DM.

Werbungskosten beinhalten zum Beispiel:
* Internet-, Porto- und Telefonkosten;
* Informationsquellen, beispielsweise Börse-Online, Handelsblatt, Börsenbücher, Wirtschaftszeitschriften;
* Kosten, die bei Wertpapier-Verwahrung (Bankgebühren) und -Verwaltung (Depotgebühren) entstehen, und Kosten für Kauf- und Verkauf von Wertpapieren, die in der Spekulationsfrist gehandelt werden;
* Schuldzins-Zahlungen, wenn die Kredit-Aufnahme im Zusammenhang mit Spekulationsgewinnen steht, d. h., wenn der Kredit beispielsweise dazu verwendet wird, Wertpapiere zu kaufen, die innerhalb der Spekulationsfrist auch wieder verkauft werden. Ob die Schuldzinsen als Werbungskosten geltend gemacht werden können, wird im einzelnen Fall entschieden. Werbungskosten können nicht geltend gemacht werden, wenn eine Kapitalanlage hauptsächlich erworben wird, um nicht steuerbare Wertsteigerungen zu erzielen, d. h., wenn die Aktien erst nach der Spekulationsfrist verkauft werden;
* Beiträge (z. B. für Schutzvereinigungen für Wertpapieranleger).

Beim Spekulieren sollten Sie die Steuer nicht zu sehr im Auge behalten, da dies auf Kosten einer gewissen Spontaneität gehen könnte, die teurer kommen könnte als die gesparte Steuer, die Sie an das Finanzamt abzuführen haben. Für das gezielte Sparen von Steuern bei großen Geldanlagen empfiehlt sich immer der Rat eines Fachmannes.

Begriffserklärungen

In diesem Abschnitt möchten wir kurz die wichtigsten Grundbegriffe des Aktienhandels erklären, damit das Verständnis der nachfolgenden Ausführungen gewährleistet ist.

Aktien

Eine Aktie ist ein Wertpapier, ein Dokument, das dem Besitzer einen Anteil am Grundkapital, den Gewinnen und gewissen damit verbundenen Rechten an einer so genannten Aktiengesellschaft bescheinigt. Zu den mit dem Kauf von Aktien erworbenen Rechten gehören der Anspruch auf Anteil am Reingewinn sowie das Stimm- und Auskunftsrecht in der Hauptversammlung. Wenn Sie also Aktien längere Zeit in Ihrem Portfolio halten, so werden Sie hin und wieder Rechenschaftsberichte bzw. Einladungen zur Teilnahme an Aktionärsversammlungen von den entsprechenden Firmen erhalten. Selbstverständlich erwachsen Ihnen dadurch keinerlei Pflichten. Sollte eine Aktiengesellschaft eine Kapitalerhöhung planen, so bekommt der Aktionär ein Bezugsrecht für neue, „junge Aktien". Der Kurs einer Aktie kann sich in Sekundenbruchteilen gravierend ändern und hängt von vielerlei Faktoren ab, z. B. davon, wie die künftige ökonomische Entwicklung einer bestimmten Aktiengesellschaft eingeschätzt wird. Aktien werden in der US-Börsensprache „Stocks" oder „Securities" genannt.

Splits

Bei US-Aktien kann man in den letzten Jahren immer häufiger eine Tendenz zum Aktiensplit feststellen. Das bedeutet, dass die Anzahl aller aufgelegten Wertpapiere vergrößert wird, der Preis der Aktie sich hingegen entsprechend verringert. Diese Splits können in verschiedenen Verhältnissen angesetzt werden, etwa: 3:1, 3:2, 2:1 etc.

Der Grund hierfür liegt hauptsächlich darin, dass eine Aktie durch ein ständig anhaltendes Kaufinteresse einen sehr hohen Preis erlangen kann, wodurch für den Kauf von ein paar Stück dieser Aktie ein großer Kapitaleinsatz notwendig wird. Das wäre rein rechnerisch vollkommen egal, hätte aber eine negative psychologische Auswirkung auf die Käufer. Ein daraus resultierender Aspekt ist die Tatsache, dass ein angekündigter Aktiensplit vor allem bei Day Tradern oft zu einer abrupten Steigerung im Kaufverhalten führt und somit einem raschen Kursanstieg Vorschub leistet. Im Internetaktienbereich entstand ein richtiger Boom, Stocksplits schon kurz nach der Emission anzukündigen, um so den Kurs weiter nach oben zu schrauben und dadurch Aufmerksamkeit zu erlangen. Auf diese Weise kann eine wahre Kursspirale in Gang gesetzt werden.

Neuemissionen – IPOs

Wenn sich eine Firma zu einem Börsengang entschließt, wird ein Spezialistenteam zusammengestellt, das einen Bericht über alle entscheidenden Wirtschaftsdaten der Firma erstellt, anhand dessen die Firma bewertet wird. Diese Bewertung bestimmt dann in weiterer Folge den Wert der Aktie dieses Unternehmens. Die Ausgabe dieser Aktien wird als „Emission" bezeichnet. *IPOs (Initial Public Offerings)* sind Neuemissionen von Aktien, d. h. Aktien, die zum ersten Mal öffentlich gehandelt werden. Solche IPOs werden durch Investmenthäuser oder Banken emittiert, d. h., sie werden von einem so genannten *Lead Underwriter* zu einem bestimmten Ausgabekurs angeboten und in den offiziellen Handel gebracht. Dabei erhalten die Banken eine Art Ausgabeaufschlag von ca. 15 % des Erstausgabepreises. Sie können IPOs nicht über herkömmliche Onlinebroker zum Ausgabekurs kaufen, au-

ßer Sie melden sich bei einem IPO-Trader an, z. B. bei *Net IPO.COM*.
Es kann durchaus vorkommen, dass eine IPO mit $12–$14 bewertet
und zum Kauf angeboten wird, bei ihrem ersten Handel an der Börse
allerdings bereits mit einem Kurs von $75 eröffnet. Dies ist ein gutes
Beispiel für die Auswirkung von Angebot und Nachfrage auf die
Kursbildung einer Aktie. Ob solche Preisdifferenzen gerechtfertigt
sind, sei dahingestellt. Fakt ist, dass sie häufiger vorkommen, als Sie
vielleicht denken, besonders bei Internet- und Technologiewerten.
Wenn ein Firmensektor wie z. B. Halbleiterhersteller einen starken
Aufschwung erleben, und zu diesem Zeitpunkt eine neue, viel ver-
sprechende Firma ihren Börsenstart erlebt, kann es zu einem wahren
Kursfeuerwerk kommen. Ein Leckerbissen für einen gut informierten
Day Trader, aber seien Sie vorsichtig – oft fallen die Kurse noch am
selben Tag bis auf das Tagestief zurück. Solche Kursexplosionen sind
hauptsächlich im Technologiebereich zu beobachten, dem Tanzboden
der Day Trader, die immer wieder für Überraschungen bei IPOs sorgen. Ein wichtiger Punkt bei IPOs, den es zu beachten gilt, ist die
Short-Sell-Regel. Sie schützt IPOs 30 Tage lang vor Short-Verkäufen
durch Trader.

Blue Chips

Ein *Blue Chip* ist eine Aktie einer großen, nationalen Gesellschaft, die
auf stabiles Einnahmen- bzw. Dividendenwachstum zurückblicken
kann und deren Management und/oder Produkte einen guten Ruf genießen. Dieser Ausdruck wird auch allgemein für Aktien hoher Qualität angewendet. Ein Beispiel für eine der bekanntesten Blue-Chip-
Aktien ist *General Electric (GE)*: Wenn Sie den Kursverlauf von GE über
die letzten fünf Jahre betrachten, so sehen Sie sofort, woran man einen
Blue Chip erkennen kann. Blue Chips eignen sich hervorragend für
längerfristige Anlagen, sind jedoch für Day Trader weniger interessant,
da sich die Kurse zwar stetig, aber langsam nach oben bewegen.

Portfolio

Ein Portfolio ist die Sammlung aller Investitionen einer Einzelperson oder einer Institution. Wenn Sie eine oder mehrere Aktientitel, Fonds oder Optionen besitzen, so sehen Sie diese im Überblick in Ihrem Portfolio. Ihr Onlinebroker zeigt Ihnen dort alle Stückzahlen, Kurse, Veränderungen und den Gesamtwert Ihres Depots an.

Optionen und Futures

Der Handel mit Optionen geht bis ins 17. Jahrhundert zurück, als man in Holland zur Zeit der Tulpenspekulation davon erstmals intensiv Gebrauch machte. Züchter, die aufgrund von Verträgen verpflichtet waren, ganze Schiffsladungen voll Tulpenzwiebeln zu liefern, sich aber um deren sichere Ankunft sorgten, kauften gegen Bezahlung einer Prämie von anderen Züchtern Optionen in Höhe ihrer Verpflichtungen, um innerhalb einer bestimmten Frist darüber verfügen zu können. Bei Verlust einer Schiffsladung hatten die Züchter die Möglichkeit, sich zu einem vorher abgesprochenen Preis wieder einzudecken und somit ihre Verträge erfüllen zu können. Der Optionsabschluss kam also einer Versicherung gleich. Im Laufe der Zeit trat jedoch der Versicherungsgedanke immer mehr in den Hintergrund und der Optionshandel wandelte sich zur reinen Spekulation.

Je nach Optionsbörsen unterscheidet man amerikanische und europäische Optionen. Die erste Variante kann bis zum Verfallstag ausgeübt werden, die zweite ausschließlich am Verfallstag. Aktienoptionen werden normalerweise zu 100 Stück gehandelt, d. h., ein Kontrakt beinhaltet das Kaufs- oder Verkaufsrecht für 100 Aktien.

Es gibt im Bereich der Optionen eine große Anzahl theoretischer Berechnungen über Gewinnspannen, Hebelwirkungen etc., die aber selten mit der Praxis in Einklang stehen, da die Optionsmärkte ständig neue Signale geben und dadurch die Entwicklung maßgeblich beeinflussen. So wird die tatsächliche Hebelwirkung, die eine Option steigen oder fallen lässt, ausschließlich durch Angebot und Nachfrage beeinflusst und nicht durch irgendwelche Theorien. Sie werden auch feststellen, dass sich Optionen nicht direkt proportional zu den tatsächlichen Aktienkursen entwickeln, da es bei Aktien keine Verfallszeitpunkte gibt. Optionen können über gewisse Onlinebroker gehandelt werden, wir empfehlen Ihnen aber, sich ausführlich mit diesem Thema auseinander zu setzen, bevor Sie mit dem Traden von Calls und Puts beginnen. Seien Sie sich bewusst, dass Options-Trading eine der spekulativsten Formen des Day Trading ist und Sie hier, anders als bei gut selektierten Aktien, Ihren gesamten Einsatz verlieren können.

Optionen und Futures (Derivate) sind Finanzprodukte, die ihren Preis aus dem Wert eines anderen Gutes ableiten. Dieses Gut muss als einzige Voraussetzung einen beobachtbaren Preis aufweisen.

Optionsscheine

Ein Optionsschein ist ein Wertpapier, das dem Besitzer gegenüber dem Emittenten (Herausgeber) ein Recht einräumt. Gegenstand dieses Rechts ist in der Regel ein Objekt, das an der Börse einer Preisbildung unterliegt. Dies können z. B. Aktien oder Rohstoffe sein. Darüber hinaus gibt es auch Spezial-Optionsscheine, die z. B. auf einen Wahlausgang zielen. Diese werden jedoch im Weiteren nicht berücksichtigt. Den Wert, auf den sich der Optionsschein bezieht, nennt man „Underlying" (zugrunde liegend).

Das Recht, das der Optionsschein begründet, besteht in der Regel daraus, dass der Besitzer des Scheines, eine bestimmte Menge des Underlying an einem bestimmten Tag oder während einer bestimmten Zeitspanne zu einem bestimmten Preis handeln darf.

Die Konditionen des Optionsscheines legen fest, wie dieser bestimmte Preis und die bestimmte Menge und der bestimmte Zeitraum aussehen.

Die erste Kondition des Optionsscheines, die vereinbart wird, ist die Art des Handels. Will der Besitzer des Optionsscheines die bestimmte Menge des Underlying kaufen oder verkaufen? Hiernach unterscheidet man Calls (Kaufoptionen) und Puts (Verkaufsoptionen). Mit einem Call erwirbt der Besitzer des Scheins das Recht, die bestimmte Menge des Underlying zu einem bestimmten Zeitpunkt zu einem bestimmten Kurs zu kaufen. Dieses Recht ist unabhängig von dem tatsächlichen

Kurs des Underlying an diesem Tag oder dieser Zeitspanne. Gibt der Optionsschein das Recht, eine Aktie zum Kurs von 100 zu kaufen, und liegt der tatsächliche Kurs der Aktie bei 150, so muss der Emittent die Aktie auch für 100 verkaufen. Diese Transaktion nennt man das „Ausüben einer Option". Normalerweise werden bei der Ausübung der Option nicht tatsächlich Aktien gehandelt, sondern einfach der Differenzbetrag, d.h. die 50 an den Besitzer des Optionsscheins ausgezahlt. Im Falle eines Puts verhält es sich natürlich exakt umgekehrt. Gibt hier der Schein das Recht, die Aktie für 100 zu verkaufen, und der tatsächliche Kurs der Aktie liegt bei 50, so müsste der Besitzer des Scheins auch zu diesem höheren Kurs an den Emittenten verkaufen dürfen. Auch hier findet diese Transaktion in der Regel nicht statt. Ansonsten müsste der Besitzer des Puts auch die entsprechende Menge an Aktien tatsächlich besitzen, um sie verkaufen zu können. Er müsste sie dann z. B. am Tag vor der Fälligkeit kaufen (zu 50), nur um sie dann am nächsten Tag zum Kurs von 100 verkaufen zu können. Auch in diesem Fall wird normalerweise einfach der Differenzbetrag ausgezahlt.

In den beiden obigen Beispielen wird der Besitzer des Optionsscheins natürlich von seinem Recht, die Option auszuüben, Gebrauch machen, denn er macht in beiden Fällen Gewinn. Die Ausübung eines Optionsscheins ist jedoch nicht verpflichtend. Würde im obigen Beispiel der Kurs des Underlying bei 90 liegen, so müsste der Besitzer des Calls dennoch zu einem Kurs von 100 kaufen. Er kann die Option ausüben und einen Verlust von 10 realisieren. Er kann jedoch auch auf das Recht der Ausübung verzichten. In diesem Fall verfällt der Schein wertlos.

Den bestimmten Kurs, zu dem dieser Handel (im obigen Beispiel 100) vereinbart wurde, nennt man den „Bezugspreis" (Strike) des Optionsscheins. Der Strike eines Optionsscheins bleibt normalerweise während der gesamten Laufzeit konstant.

Bleiben wir bei diesem Beispiel: Der Strike des Calls liegt bei 100. Der Kurs des Underlying liegt bei 50. Zu diesem Zeitpunkt könnte ein interessierter Anleger das Underlying zu einem wesentlich günstigeren Kurs (50) an der Börse beziehen, als wenn er zum Strike des Optionsscheins (100) kaufte. In diesem Fall nennt man diesen Optionsschein „aus dem Geld", d.h. eine Anlage in diesen Schein ist unattraktiv. In umgekehrtem Fall (Underlying 150, Strike 100) spricht man von einem Optionsschein der (weit) „im Geld" ist.

Der nächste Punkt, der in den Bedingungen eines Optionsscheins geregelt wird, ist das so genannte „Bezugsrechtsverhältnis", das die Menge des Underlying regelt, welche pro Optionsschein gehandelt werden darf. Im einfachsten Fall ist dieses Verhältnis 1:1, d. h., der Besitzer eines Optionsscheines darf eine Einheit des Underlying handeln. Dies ist oft bei Aktien der Fall, deren Börsennotierung unter 100 DM/50 EURO liegt. Das Bezugsrechtsverhältnis orientiert sich stark am Kurs des Underlying. Bei sehr hohen Börsenkursen des Underlying (z. B. einige Schweizer Aktien, bei denen eine Aktie für mehrere Tausend Franken gehandelt wird) wird das Bezugsrechtsverhältnis in der Regel bei 1:1.000 oder 1:100 liegen. Das heißt, der Anleger benötigt 1.000 bzw. 100 Optionsscheine, um eine Einheit des Underlying zu handeln. Bei einigen wenigen Underlyings (z. B. italienische Aktien, die zu Kursen von wenigen Tausend Lire gehandelt werden) kann das Bezugsrechtsverhältnis auch 2:1 oder 10:1 lauten. In diesem Fall berechtigt ein Optionsschein zum Handel mit 2 bzw. 10 Einheiten des Underlying. Mit Einführung des Euro ist aber hier eine weitgehende Harmonisierung eingetreten.

Amerikanische Optionsscheine stehen meist im Verhältnis 1:100, d. h. ein Optionsschein (*Contract*) berechtigt zum Kauf oder Verkauf von 100 Einheiten des Underlying.

Der letzte Bestandteil der Ausstattung eines Optionsscheins ist die Laufzeit. Bei der Ausgabe neuer Optionsscheine legt der Emittent eine Frist fest, die die Laufzeit des Optionsscheins, in der Regel auf einen Zeitraum von 6 Monaten bis zu 2 Jahren, begrenzt.

Der Anleger muss sich immer bewusst sein, dass am Ende der Laufzeit das Leben seines Optionsscheins endet! Ob der Schein für ihn attraktiv ist, lässt sich nur entscheiden, wenn die Kursentwicklungen, die der Anleger für das Underlying erwartet, auch innerhalb dieser Frist eintreten. Der größte Boom oder Crash lässt den Besitzer eines Optionsscheins völlig kalt, wenn er nicht innerhalb der Laufzeit stattfindet.

Die gängigste Form unter den Optionsscheinen ist die amerikanische Option (Ausübung). Der Besitzer eines Optionsscheins nach amerikanischer Ausübung ist während der Laufzeit jederzeit berechtigt, seine Option auszuüben. Meint der Besitzer eines Calls, dass der momentane Kursstand während der verbleibenden Laufzeit nicht mehr übertroffen werden wird, so übt er seine Option aus, bekommt den Differenzbetrag ausgezahlt und die Option erlischt.

Das Gegenstück zur amerikanischen Ausübung ist die europäische Ausübung. Bei Scheinen nach europäischer Ausübung kann die Option nur am Verfallstag ausgeübt werden.

Zusätzlich zu dem Verfallstag der Option kann in den Bedingungen des Optionsscheins auch eine Frist angegeben werden, die den Zeitraum zwischen der Ausübung der Option und der Übertragung der Aktien bzw. des Differenzbetrages festlegt. Diese Frist, „Valuta" genannt, liegt in der Regel zwischen zwei und sieben Tagen.

Futures

Die Idee, die hinter Futures steckt, ähnelt der des Optionsscheines: Sie bezahlen heute einen bestimmten Preis für eine Ware, die Sie an einem bestimmten Zeitpunkt in der Zukunft geliefert bekommen. Der wesentliche Unterschied besteht darin, dass der Futures ein börsengehandeltes Papier mit entsprechender Standardisierung ist und immer die Börse als Gegenpartei aufweist. Dies bedeutet, dass der verantwortliche Handelsplatz sowohl Lieferdaten und -orte festlegt, als auch Umfang und Qualität des zu liefernden Gutes. Darüber hinaus bestimmt die Börse die Quotierung der Preise für jede Gruppe von Kontrakten. Futures sind aufgrund ihrer Standardisierung ein vereinheitlichtes Produkt. Dies erhöht die Transparenz und somit die Preisfindung um ein Vielfaches. Weiter kommt hinzu, dass die Börse für jeden Händler ein Konto führt, in dem sie alle seine offenen Positionen auflistet. Bei jedem Geschäftsabschluss muss der Käufer eine *Marge* (Margin) einzahlen, damit die Börse auch bei Zahlungsunfähigkeit eines Kunden ihre Verbindlichkeiten gegenüber allen anderen Händlern erfüllen kann. Das Gegenparteirisiko wird dadurch auf ein Minimum reduziert, müsste doch ein ganzer Börsenplatz zahlungsunfähig werden.

Risiko

Das Risiko von Futures ist ungleich höher als bei Optionen. Vor dem Kauf von Futures, natürlich auch von Optionen, sollte man sich unbedingt eingehend über die Risiken derartiger Geschäfte beraten lassen. Beim Eingehen eines Futures-Kontraktes muss ein bestimmter Betrag entrichtet werden. Dieser stellt eine so genannte Teildeckung für das Risiko dar, falls der Kontrakt eine unerwartete Entwicklung aufweist.

Jeder Futures-Kontrakt wird täglich bewertet Je nach Marktentwicklung werden Gewinne und Verluste dem Konto gutgeschrieben bzw. angelastet. Dieser tägliche Ausgleich der Wertveränderung wird als „Variaton Margin" bezeichnet.

Fälligkeit

Bei Fälligkeit eines Futures-Geschäftes erfolgt die Lieferung der Ware. Wer einen Kontrakt gekauft hat, muss die Ware zum vereinbarten Preis annehmen, der Verkäufer eines Futures muss die Ware liefern. Eine Befreiung aus diesen Verpflichtungen ist nur durch „Glattstellen" (Kauf oder Verkauf eines entsprechenden Gegengeschäftes auf dem Sekundärmarkt) möglich. Bei manchen Futures (z. B. Index-Futures) kommt es allerdings nicht zu einer Lieferung, sondern zu einem Ausgleich in Bargeld.

Risikomanagement

Verwendete man in der Anfangszeit Derivate hauptsächlich zur Absicherung von Getreide- und anderen Rohstoffpreisschwankungen, so kam es im auslaufenden 18. Jahrhundert in Amerika zunehmend auch zum Handel mit Optionen, die auf Aktientitel geschrieben wurden. Mit zunehmendem Außenhandel stieg auch das Bedürfnis, sich gegenüber Wechselkursrisiken abzusichern. Daraus entstand ein neuer Markt für Optionen und Futures. Die fixe Anbindung der wichtigsten Währungen an den US-Dollar nach dem Zweiten Weltkrieg ließ jedoch diesen Markt bis zur erneuten Freigabe der Wechselkurse im Jahre 1971 verschwinden. Weil in fast allen westlichen Ländern die öffentliche Hand immer mehr Geld brauchte, entstanden zudem derivative Produkte auf Staatsanleihen, mit dem Zweck der Absicherung gegen Zinsschwankungen.

Mit der zunehmenden Liberalisierung der Finanzmärkte, dem Fallen von Handelsbarrieren und der rasanten Entwicklung der Informationstechnologie stiegen in den vergangenen drei Jahrzehnten die Unsicherheiten im täglichen Wirtschaftsgeschehen erheblich an. Umso höher ist das Verlangen der Unternehmen, gewisse Risiken an den Markt abzutreten. So muss sich ein Unternehmen die Frage stellen, wieso es Wechselkurs- und Zinsrisiken auf sich nehmen soll, wenn es mit der Produktion von Konsumgütern bereits ein Absatzrisiko eingeht. Es ist deshalb sinnvoll, wenn solche Risiken von Marktteilnehmern übernommen werden, zu deren Kernkompetenz das *Risk Management* gehört. Mittels eines Optionskontraktes kann eine Firma z. B. ihr Wechselkursrisiko an eine Bank abtreten, ohne dabei auf die Vorteile einer für sie positiven Entwicklung der Kurse zu verzichten. Die Bank wiederum erhält eine dem Risiko entsprechende Prämie. Zudem kann sie einen gewissen Teil der übernommenen Unsicherheiten selber tragen oder am Markt weiter veräußern, je nach ihrer Risikofähigkeit und Risikoneigung.

Hedging

Für Day Trader ist der Handel mit Derivaten insofern interessant, als Derivate auf starke Preisschwankungen des Underlying reagieren. Man kann also mittels Optionen von einem deutlichen Kursanstieg einer Aktie profitieren, ohne die Aktie selbst zu kaufen. Dies ist vor allem dann lohnenswert, wenn der Preis der Aktie im Verhältnis zu Ihrem Tradingkapital sehr hoch ist und sie dadurch nur geringe Stückzahlen der Aktie handeln können.

Nehmen wir als Beispiel Yahoo!:

Am 11.02.2000 fiel der Kurs von Yahoo! von \$365 auf \$342,75, also um \$22,25 . Wären Sie bei Eröffnung in 100 Stück Yahoo! short gegangen, hätten Sie einen Gewinn von über \$2.200 gemacht. Allerdings verlangen die meisten Onlinebroker, dass Sie mindestens 50 % des Wertes des Short-Verkaufes auf Ihrem Margin Account haben. In diesem Fall müssten Sie den Short mit mindestens \$18.250 besichern. Am selben Tag stieg der Februar-2000-Put mit einem Strike von 340 bei sehr aktivem Handel um \$5,15. Der Eröffnungspreis des Puts lag bei 4,65. Um den entsprechenden Gewinn von \$2.200 zu erzielen, hätte man mit einer Summe von nur $2.000 diese Puts kaufen können.

Sollten Sie die Absicht haben, sich näher mit dem Handel von Derivaten zu beschäftigen, finden Sie in der Literaturliste ausreichende Referenzen..

Quoten

Quoten, die Sie über spezielle Quotenprogramme und Quotenwebseiten abrufen können, stellen eine der wichtigsten Informationen für Ihre Entscheidungen dar.

Damit Sie in der Lage sind, Quoten zu verstehen und richtig zu interpretieren, müssen Sie sie lesen können. Deshalb wollen wir Ihnen hier genau erklären, wie sich eine Quote zusammensetzt, denn darin liegt die Grundlage für das Verständnis der Preisbewegungen einer Aktie.

Sehen wir uns zu diesem Zweck einmal die Quote der Aktie „ABC" an. Sie rufen also diesen Titel als Echtzeitquote über Ihren Onlinebroker auf, indem Sie das Symbol „ABC" eingeben. Sie erhalten eine vollständige *Level-I-Quote* dieser Aktie zum aktuellen Zeitpunkt, die etwa so aussehen könnte:

Symbol	Bid	Ask	Bidsize	Asksize	Volume
ABC	32,50	33	5.000	10.000	50.200

Diese Quote sagt nun eine Menge über die Aktie ABC aus, lassen Sie uns die einzelnen Parameter einmal genauer betrachten.

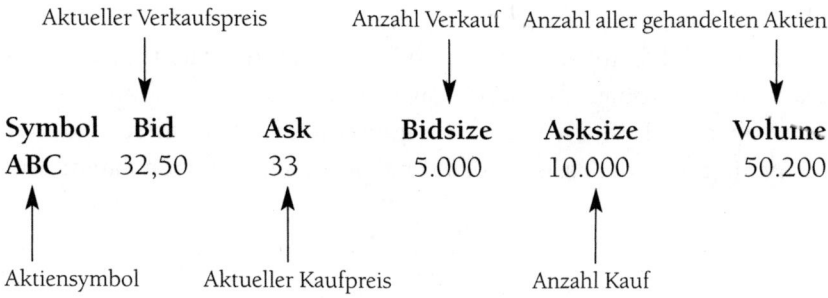

63

Sie finden im obigen Beispiel unter „Symbol" die Abkürzung, unter der die Aktie ABC an der Börse geführt und gehandelt wird. Die entsprechenden *Shortcodes* können Sie über die Quotenseite herausfinden, indem Sie den Firmennamen eintippen.

Der *Bid* zeigt Ihnen an, wie viel ein Käufer im Moment gewillt ist, für die Aktie ABC zu bezahlen, nämlich $32,50 und keinen Cent mehr.

Der *Ask* sagt Ihnen, dass ein Verkäufer im Moment dieselbe Aktie für nicht weniger als $33 verkaufen will.

Die *Bidsize* gibt Ihnen Aufschluss über die Menge, die der Käufer um $32,50 kaufen will, in unserem Beispiel 5.000 Stück.

Die *Asksize* lässt Sie erkennen, wie viele Stück der Verkäufer im Moment um $33 anbietet, in diesem Fall 10.000 Stück.

Das *Volumen* zeigt Ihnen, wie viele Aktien von ABC seit der Eröffnung der Börse am heutigen Tag bereits gehandelt, also gekauft und verkauft wurden.

Die Quotendarstellung weist je nach Anbieter hin und wieder kleine Differenzen in Form und Umfang auf, die grundlegenden Angaben, die Sie gerade gesehen haben, müssen aber auf jeden Fall enthalten sein, um die notwendige Aussagekraft zu gewährleisten.

Eine oft verwendete Form wäre z. B. auch:

ABC   32,50 – 33   50 x 100   50.200

Wie Sie leicht erkennen können, sind hier Bid und Ask sowie Bid- und Asksize einfach zusammengefasst dargestellt. Bei genauem Hinsehen fällt jedoch auf, dass die Angabe der Stückzahlen in Hundert angegeben ist, d.h., „50" steht für „5.000". Darauf müssen Sie achten, denn diese Darstellungsform ist sehr gebräuchlich, um Zeit bei Ansagen und Platz auf Anzeigen zu sparen.

Bid und Ask beinhalten für einen Day Trader die wichtigsten Informationen, egal ob er als *Scalper*, *Swingtrader*, long oder short in einer Aktie operiert. Deshalb werden Sie immer wieder über diese Faktoren lesen. Sie bilden die Basis für das Verständnis aller anderen Parameter.

NASDAQ-Level-I, Level-II und Level-III

Während Sie vor Ihrem Bildschirm sitzen, wird eine Flut von Informationen über Sie hereinbrechen. Eine der von Day tradern meistverwendeten Informationsquellen ist der *Level-II-Screen*. Dieser gibt Auskunft über die Käufer und Verkäufer, über die Preise und die Mengen, die Sie handeln möchten.

Der *Level-I-Screen*, die Quote, die Sie auf Seite 62 sehen konnten, ist also eine Momentaufnahme der derzeitigen Situation einer Aktie, d. h. eine Angabe über Preis, Bid, Ask, Bidsize, Asksize und Volumen zu einer bestimmten Zeit. Sie erhalten zwar die aktuelle Information, aber im Gegensatz zum Level-II-Screen sehen Sie nicht, was danach kommt.

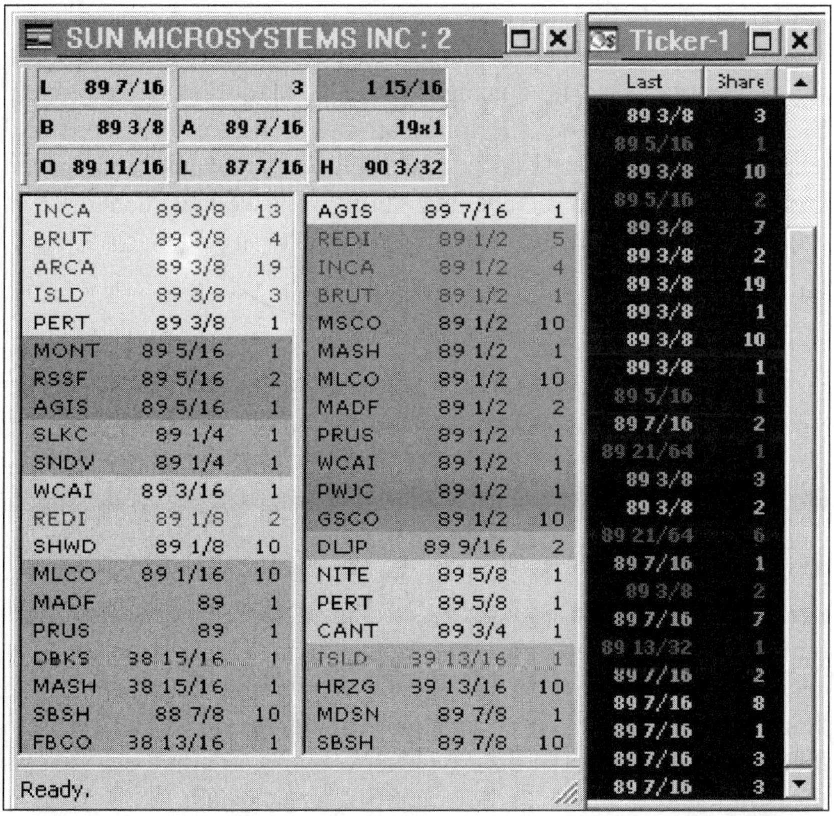

Abbildung 2.1

Der Level-II-Screen (Abbildung 2.1) zeigt Ihnen die Tiefe des Bid und Ask in einer Aktie, d. h, Sie sehen die Bids und Asks, die sich hinter dem höchsten Gebot und dem tiefsten Angebot aufreihen. Auf der linken Seite sehen Sie den Bid, auf der rechten den Ask. Vor jedem Bid oder Ask steht ein Kürzel, der *MMI* (*Market Maker Indentifier*), der Ihnen sagt, wer hier auf dem Bid oder Ask steht. Dieser MMI identifiziert eindeutig, von welchem *ECN* oder Market Maker die Order stammt. Eine Liste der gängigsten MMIs finden Sie im Anhang.

In der rechten, schwarz hinterlegten Spalte sehen Sie, welche Stückzahl auf welchem Preisniveau gehandelt wurde.

Die verschiedenen Hintergrundfarben erleichtern den Überblick über die Preisniveaus. Der höchste Bid und der tiefste Ask (der *Inside Market*) sind gelb hinterlegt, Grün zeigt das zweitbeste Gebot an usw.

Der Level-III-Screen ist nur Mitgliedern des *NASD* (*National Association of Securities Dealers*) zugänglich, die als Market Maker auftreten. Dieser Screen beinhaltet alle Informationen des Level-II-Screens und erlaubt es dem Market Maker zusätzlich, Orders direkt einzugeben und Informationen zu verschicken. Mittlerweile werden auch im Level II Fenster die Kurse in Dezimalform dargestellt.

Der Bid

Der Bid (das Kaufgebot) liegt in unserem ersten Beispiel der Aktie ABC bei $32,50. Dies ist also der höchste Preis, zu dem jemand bereit ist, die Aktie im Moment zu kaufen. Von allen an ABC interessierten Käufern auf der ganzen Welt steht dieses Gebot von $32,50 an der Spitze einer langen Reihe von Geboten. Dieser potentielle Käufer versucht durch die Eingabe seiner Limit-Order die entsprechende Anzahl Aktien zu erwerben, hat jedoch keine Garantie, dass seine Order ausgeführt wird. Durch die Limit-Order zeigt er lediglich eindeutig an, welchen höchsten Preis er zu zahlen gewillt ist. Danach befindet er sich in Warteposition, bis ein Verkäufer auftaucht, der seine Aktien zu diesem Preis verkaufen will, oder bis das Gebot von $32,50 durch ein höheres überstimmt wird und er an die zweite Stelle zurückfällt.

Der Ask

Der Ask (das Verkaufsangebot) steht bei $33 pro Aktie. Das ist im Moment der absolut niedrigste Preis, zu dem die Aktie ABC von einem potentiellen Verkäufer angeboten wird. Diese Limit-Order zeigt Ihnen also an, dass der Verkäufer $33 und keinen Cent weniger für jede seiner Aktien der Firma ABC bekommen möchte. Da es sich um eine Limit-Order handelt, hat er allerdings keine Garantie dafür, dass es zu einer Ausführung der Transaktion zu diesem Preis kommt.

Wenn Sie eine Aktie für einen bestimmten Preis kaufen oder verkaufen wollen, dann haben Sie nur durch das Setzen einer Limit-Order die Möglichkeit dazu. Die Garantie einer Orderausführung erhalten Sie dadurch aber nicht.

Bid und Ask repräsentieren den Markt jeder Aktie. Der tiefste Ask gibt uns Aufschluss darüber, wie viel wir im Moment pro Stück bezahlen müssten, um sie zu erwerben; der höchste Bid sagt uns, wie viel wir für ein Stück erhielten, wenn wir sie in diesem Moment verkaufen würden. Beide entscheiden darüber, zu welchem Preis eine Aktie gehandelt wird. In unserem Beispiel steht ABC nach Bid und Ask im Moment bei $32,50 zu $33. Wir haben also durch den Unterschied in der Preisvorstellung des Käufers und des Verkäufers eine Divergenz im Preis von einem halben Dollar. Der Anbieter ist aus einem bestimmten Grund der Meinung, seine Aktie sei genau $33 wert, der Interessent jedoch ist nicht gewillt, mehr als $32,50 dafür zu bezahlen. Solange sie sich nicht über einen Preis einig werden, erlangt keiner der beiden eine Ausführung seiner Order. In dieser Situation müssen sich die Parteien damit abfinden, zu warten, bis eine von ihnen das Angebot der anderen akzeptiert. Kommen jedoch andere Käufer oder Verkäufer ins Spiel, die bereit sind, mehr als $32,50 zu zahlen oder die Aktie um weniger als $33 zu verkaufen, so würden sich Bid oder Ask sofort ändern und der Markt würde die neue Situation in ABC widerspiegeln. Der Markt in ABC wäre dann nicht mehr „32,50 zu 33."

Natürlich gibt es wahrscheinlich zu diesem Zeitpunkt Hunderte Kauf- und Verkaufsangebote für ABC. Da sie allerdings in der Quote nicht zu sehen sind, sprechen wir von Preisen, die „außerhalb des Marktes" liegen. Die Quote stellt also immer nur den zur Zeit höchsten

Kauf- und den niedrigsten Verkaufspreis einer Aktie dar. Erinnern Sie sich noch an das Beispiel mit dem Gebrauchtwagen? Sie möchten einen Wagen erwerben, ein anderer bietet ihn zum Verkauf an. Während Sie den Wagen für 25.000 Euro gekauft haben, hat es wahrscheinlich andere Interessenten gegeben, die für dasselbe Fahrzeug nur 20.000 Euro geboten hätten, und viele Verkäufer, die dafür vermutlich 30.000 Euro verlangt hätten. Sie alle waren mit ihren Preisvorstellungen aber zu weit von dem reellen Marktpreis entfernt, also außerhalb des aktuellen Marktes, und kamen deshalb nicht zum Zug.

Dieselbe Situation finden wir auch am Aktienmarkt. Viele Käufer liegen mit ihren Preisvorstellungen weit über dem aktuellen Ask, viele Verkäufer mit ihrem Abgabepreis unter dem momentanen Bid. Es gibt möglicherweise jemanden, der gewillt wäre, 10.000 Stück von ABC um $30 zu kaufen, und sicher auch jemanden, der davon 20.000 Stück um $36 an den Mann bringen möchte. Keiner der beiden hat jedoch im Moment die Chance auf eine Ausführung seiner Order, denn ABC liegt jetzt bei einem Preis um $33. So weit außerhalb des Marktes sind diese Orders vollkommen bedeutungslos für den momentanen Handelsverlauf von ABC, egal wie viele Aktien dort angeboten werden. Wenn jemand die Aktie zu diesem Zeitpunkt handeln möchte, wird er nicht warten, bis sie einen Preis von $30 oder $36 erreicht.

Der Bid-Ask Spread

Die Differenz zwischen Bid und Ask nennt man „Spread". Der Spread zeigt an, wie weit Käufer und Verkäufer in ihren Preisvorstellungen für ABC voneinander entfernt sind. Beide können sich nicht einig werden; wenn sie auf ihrem Standpunkt beharren, wird es zu keiner Ausführung ihrer Orders kommen. Beachten Sie bitte, dass Bid und Ask durch Limit-Orders gebildet werden, ein entscheidender Faktor, wie Sie bald erkennen werden.

Beim Spread unterscheiden wir drei verschiedene Begriffsarten:

Inside Spread: Differenz von Bid und Ask am Inside Market, d. h. in der ersten Zeile der Level-II-Quote.

Dealer Spread: Differenz von Bid und Ask eines Market Makers, d. h., wenn ein Market Maker auf beiden Seiten der Level-II-Quote steht, errechnet man die Differenz vom Preis seiner Kauforder zum Preis seiner Verkaufsorder.

Actual Spread: Da Trades auch zwischen dem Inside Spread direkt mit einem Market Maker stattfinden können, kann der tatsächliche Spread geringer sein als der Inside Spread. Das heißt also, der Dealer Spread ist immer größer oder gleich dem Actual Spread, der wiederum ist immer kleiner oder gleich wie der Inside Spread.

Die Bidsize

Aus der Bidsize können Sie auf einen Blick ersehen, wie viel Stück ABC der Käufer erwerben möchte. Im vorangegangenen Beispiel waren es 5.000 Stück, in der besprochenen Kurzform als „50" dargestellt. D.h. also, jemand möchte 5.000 Stück ABC-Aktien zum Preis von $32,50 erwerben. Wichtig ist für uns auch zu wissen, dass zwar für eine Gesamtanzahl von 5.000 Stück ein Angebot besteht, wir aber nicht wissen, ob es sich dabei um einen oder mehrere Käufer handelt, die bereit sind, $32,50 zu bezahlen, da die Stückzahlen aller Orders, die sich auf dem gleichen Preisniveau befinden, addiert werden.

Die Asksize

Die Asksize ist die Anzahl der Aktien, die der Verkäufer zum Kauf anbietet. In unserem Beispiel 10.000 Stück zu einem Preis von $33. Wiederum wissen wir hier nicht, ob es sich dabei um einen oder mehrere Verkäufer handelt, die zu diesem Preis anbieten.

Entscheiden wir uns zum Kauf von ABC, so müssen wir natürlich nicht die ganzen 10.000 Aktien erwerben. Wir legen fest, wie viel Stück es sein sollen. Dasselbe gilt selbstverständlich auch für den Verkauf unserer Aktien. Es ist wichtig, dass Sie die Bid- und Asksize genau beobachten, da Sie daran eine eventuelle Tendenzentwicklung erkennen können. Nimmt nämlich die Bidsize oder die Asksize kurzzeitig auffallend überhand, so deutet das möglicherweise auf eine *Rally* oder einen *Sell Off* in dem Titel hin. Der Markt gerät also auffallend aus dem Gleichgewicht, ein Umstand der für einen Day Trader sehr entscheidend werden kann.

Volumen

Das Volumen resultiert aus der Anzahl aller an diesem Tag gehandelten Aktien, von Eröffnung der Vorbörse bis zum aktuellen Zeitpunkt. Jedes Stück von ABC, das ge- oder verkauft wurde, wird im Volumen erfasst und angezeigt. Das Volumen gibt Ihnen also Aufschluss darüber, wie groß das allgemeine Interesse an ABC an diesem Tag ist. In unserem Fall wechselten bis dato schon 50.200 Stück ihren Besitzer. Jetzt werden Sie sich allmählich fragen, wie es zu so einer großen Anzahl von gehandelten Aktien kommen konnte, wo sich doch Käufer und Verkäufer möglicherweise nicht über den Preis einig werden können. Es käme ja in diesen Fällen nicht zu einem Geschäftsabschluss.

Warum aber trotzdem ein reger Handel stattfinden kann, erklären wir Ihnen anhand der verschiedenen Orders, die Sie setzen können.

Die Order

Der richtige Kauf und Verkauf einer Aktie ist zum Großteil verantwortlich für einen erfolgreichen Trade. Darum ist es unerlässlich, die verschiedenen Arten der Orders zu kennen, mit denen Sie Ihren Trade beginnen und beenden.

Die Market-Order

Mit einer *Market-Order* geben Sie Ihrem Broker die Anweisung, eine Aktie zum derzeit bestmöglichen Preis zu kaufen oder zu verkaufen. Diese Order hält den Markt in Bewegung. Wie Sie im Abschnitt über Bid und Ask erfahren haben, würde der Markt in dem Augenblick, wo Käufer und Verkäufer sich nicht über einen Preis einigen können, regelrecht erstarren. Die Market-Order aber ignoriert den Spread und wird automatisch zum augenblicklich höchsten Angebot oder Gebot ausgeführt. Der Trader, der diese Order gesetzt hat, kümmert sich nicht darum, ob er einen halben Dollar mehr oder weniger für die Aktie bezahlen muss. Hauptsache ist, dass er die von ihm gewünschten Aktien sofort bekommt, egal zu welchem Preis. Die Market-Order bietet die Sicherheit einer vollständigen und sofortigen Ausführung ohne Preisgarantie, und dieser Umstand hält den Markt in Schwung. Da die Market-Order die gängigste Anweisungsform ist, wird sie von guten Tradern, die sich den Luxus leisten, den Markt genau zu beobachten, nicht oft verwendet. Die Market-Order sollte selten und nur dann verwendet werden, wenn der Markt bereits geöffnet und die Aktie gehandelt wird. Den Fehler, eine Market-Order aufzugeben, bevor der Markt geöffnet ist, begehen manche unerfahrene Trader, wenn sie zu sehr auf den Erwerb einer bestimmten Aktie erpicht sind. Professionelle Trader kaufen oder verkaufen keine Aktie, ohne darauf zu achten, bei welchem Preis die Order ausgeführt wird. Eher nehmen sie die Gefahr in Kauf, die Gelegenheit für einen guten Kauf vorbeiziehen zu lassen, da nicht verdientes Geld besser ist als verlorenes Geld. Market-Orders sollten nur unter ruhigen Markverhältnissen zur Anwendung kommen.

Die Limit-Order

Die Limit-Order haben wir bereits im Abschnitt „Quoten" kurz betrachtet. Sie spiegelt sich in Bid oder Ask wider, wenn Sie den höchsten oder niedrigsten Preis über- oder unterbieten. Sie gibt Ihrem Broker die Anweisung, eine Aktie erst dann zu kaufen oder zu verkaufen, wenn sie einen bestimmten Preis erreicht. Diese Order wird von professionellen Tradern am häufigsten verwendet. Wenn Sie z. B. die Aktie ABC kaufen wollen, geben Sie mittels der Limit-Order bekannt, wie viel Sie für diese Aktie zu bezahlen bereit sind. Der Kauf der Aktie erfolgt dann zu Ihrem Limit-Preis oder darunter. Das kann bei volatilen Aktien dazu führen, dass nicht die gesamte gewünschte Stückzahl gekauft wird, denn, wie bereits erwähnt, beinhalten Limit-Orders keine Garantie für eine Ausführung.

Orderbeispiele

Um Ihnen die Veränderungen der Quote beim Setzen und Ausführen der verschiedenen Orderformen zu verdeutlichen, gehen wir nun etwas genauer darauf ein. Als Erstes rufen wir uns die Quote von ABC in Erinnerung und betrachten noch einmal die aktuelle Situation.

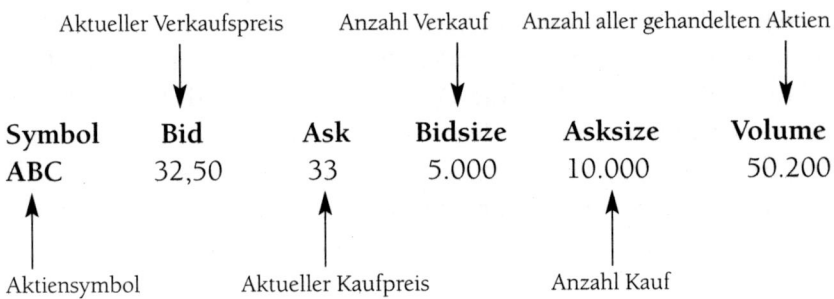

Symbol	Bid	Ask	Bidsize	Asksize	Volume
ABC	32,50	33	5.000	10.000	50.200

Aktueller Verkaufspreis → Bid
Anzahl Verkauf → Bidsize
Anzahl aller gehandelten Aktien → Volume
Aktiensymbol ← Symbol
Aktueller Kaufpreis ← Ask
Anzahl Kauf ← Asksize

Verkaufsorder – At-the-Market

Wir wissen also, dass die Aktie 32,50 / 33,50 x 100 quotiert wird, und sehen uns nun an, was mit dieser Quote passiert, wenn ABC gehandelt wird. Die besten Limits für Kauf und Verkauf stehen fest, nun nehmen wir an ein, Investor entschließt sich, 100 Stück seiner Aktien ABC aus seinem Bestand zu verkaufen. Er kann jetzt zwischen zwei Möglichkeiten wählen: Entweder er setzt einen Preis in Form einer Limit-Order fest und wartet ab, ob ABC seiner Preisvorstellung im Laufe der Zeit gerecht wird, oder er akzeptiert das momentan beste Angebot und verkauft mittels einer Market-Order. Der Einfachheit halber gehen wir davon aus, dass er sich zu Gunsten der zweiten Möglichkeit entscheidet und *at the Market* verkaufen will, um eine sofortige und garantierte Ausführung seiner Order zu erreichen. Er akzeptiert also eine Durchführung des Verkaufs, bei der nicht feststeht, zu welchem Preis der Handel erfolgen wird, wobei er aber damit rechnen kann, dass er in wenigen Sekunden seine 100 Stück verkauft hat. Egal auf welchem Preisniveau die Aktie gehandelt wird: Für die Ausführung einer Market-Order wird immer ein Preis gefunden. Dies ist auch der Grund, weshalb die meisten Investoren ihre Aktien mittels einer Market-Order kaufen und verkaufen: Es ist ihnen so wichtig, die gewünschten Stückzahlen garantiert zu erhalten oder abzustoßen, dass sie sogar einen höheren Preis dafür zahlen, als möglicherweise notwendig wäre.

In unserem Beispiel erfahren wir aus der Quote den besten im Moment veranschlagten Preis zum Kauf von 10.000 Stück ABC, welcher bei $32,50 hält. Der Verkäufer setzt nun seine Market-Order indem er über das Internet die Anweisung

SELL – 100 – ABC – MARKET

eingibt und bestätigt. Diese Order wird von seinem Onlinebroker direkt an den entsprechenden Handelsplatz weitergeleitet und augenblicklich über einen potentiellen Käufer abgewickelt. Wenn Sie Ihre Echtzeitquote von ABC in dieser Zeit beobachten, können Sie sogleich folgende Änderungen erkennen.

Symbol	Bid	Ask	Bidsize	Asksize	Volume
ABC	32,50	33	4.900	10.000	50.300

Die Änderung schlägt sich unverzüglich sowohl in der Anzahl der jetzt auf dem Bid stehenden Aktien als auch im Volumen nieder. Die Bidsize nimmt von 5.000 auf 4.900 Stück ab, das Volumen erhöht sich auf 50.300 Stück. Die Market-Order ist in diesem Moment also ausgeführt, die 100 Stück ABC sind an den Meistbietenden verkauft. Der Verkäufer hat den Bid bei $32,50 getroffen, der oder die Käufer haben 100 Stück ABC von ihm erworben, das Kaufangebot, die Bidsize, verringert, das Volumen wächst exakt um diese Anzahl. Die anderen Parameter der Quote bleiben von der Orderausführung unberührt.

Kauforder – At the Market

Entschließt sich ein Investor nun, 100 Stück ABC zu erwerben, so findet in unserer Quote eine weitere Veränderung statt. Wiederholen wir noch einmal: Die Preisparameter in einer Aktie sind vom höchsten Bid (dem höchsten Preis, zu dem jemand kaufen will) und dem tiefsten Ask (dem tiefsten Preis, zu dem jemand verkaufen möchte) bestimmt. Die Differenz zwischen Bid und Ask bezeichnen wir als „Bid-Ask Spread". Bidsize und Asksize geben uns Aufschluss über die Mengen, die zu diesen Preisen gehandelt werden möchten; die Summe aller gehandelten Aktien ist das Volumen.

Nehmen wir an, unser Investor kümmert sich nicht weiter um einen festgelegten Kaufpreis für ABC, er geht langfristig von enormen Kursgewinnen in ABC aus, aber es ist für ihn entscheidend, die Aktie jetzt zu bekommen. Also entschließt er sich zur Eingabe einer Market-Order, um diesen Kauf sicherzustellen.

Symbol	Bid	Ask	Bidsize	Asksize	Volume
ABC	32,50	33	4.900	10.000	50.300

Unser Investor möchte unbedingt sofort 100 Stück ABC kaufen, um nicht eventuell ein gutes Geschäft zu verpassen, nur weil er zu lange auf einen besseren Kaufpreis gewartet hat. Die Eingabe seiner Order muss also folgendermaßen aussehen:

BUY – 100 – ABC – MARKET

um sicherzustellen dass die Order augenblicklich, zu einem nicht festgelegten Preis, ausgeführt wird. Die Market-Order erreicht wieder über den Onlinebroker die Händler am entsprechenden Börsenplatz und wird umgehend zum besten Ask-Preis ausgeführt. Wie beeinflusst nun diese Aktion die Quote?

Symbol	Bid	Ask	Bidsize	Asksize	Volume
ABC	32,50	33	4.900	9.900	50.400

Sie können sicherlich schon selbst erkennen, was sich an der Quote geändert hat. Die Asksize, die Anzahl der zum Kauf angebotenen Aktien, verringert sich um 100 Stück, sobald die Market-Order ausgeführt wird. Es sind nun nur noch 9.900 ABC zum Preis von $33 verfügbar. Das Gesamtvolumen erhöht sich um die gehandelte Stückzahl auf 50.400.

Kauforder – Limit

Betrachten wir nun einmal, wie die Eingabe einer Limit-Order aussehen müsste und welchen Einfluss sie auf die Quotenparameter nimmt, wenn ein weiterer Investor die Absicht hat, 1.500 Anteile an ABC zu erwerben.

Die Quote hält unverändert bei:

Symbol	Bid	Ask	Bidsize	Asksize	Volume
ABC	32,50	33	4.900	9.900	50.400

In unserem Beispiel gehen wir davon aus, dass es sich bei dem Interessenten um einen Day Trader handelt, der nicht gewillt ist, zum Ask-Preis von $33 zu kaufen, sondern versucht, die Aktien billiger zu erwerben. Wie kann er das anstellen? Ganz einfach: Durch das Setzen einer Limit-Order, mit der er, seiner persönlichen Vorstellung entsprechend, den Preis vorgibt, den zu bezahlen er bereit ist. Er geht dadurch natürlich ein gewisses Risiko ein, denn wie Sie bereits wissen, garantiert ihm eine Limit-Order nicht, dass sie auch zur Ausführung gelangt. Anderseits lohnt es sich für ihn, bei einer großen Stückzahl schon beim Kauf darauf zu achten, den Zuschlag möglichst günstig zu bekommen. Selbst auf die Gefahr hin, dass er noch mehr für ABC bezahlen muss, wenn der Kurs rasch steigen sollte, versucht er 1.500 Stück ABC um 0,25 Dollar billiger zu kaufen, und setzt seine Limit-Order in folgender Form:

BUY – 1.500 – ABC – 32,75 – LIMIT – DAY

Durch das Setzen dieser Order zeigt der Trader eindeutig an, dass er den momentanen Inside Market in ABC nicht akzeptieren will, sondern darauf warten möchte, bis sich jemand seiner Preisvorstellung anpasst und er zum Zuge kommt.

Sehen wir uns jetzt genau an, was aus der Eingabe dieser Limit-Order resultiert. Der Day Trader weiß, dass die Aktie ABC zur Zeit um $33 zum Verkauf angeboten wird und dass soeben 100 Stück zu diesem Preis gehandelt wurden. Er erkennt auch, dass ein oder mehrere Käufer bereit wären, $32,50 für ABC zu bezahlen, diese Order im Moment aber keine Reaktionen hervorruft. Er ist jedoch davon überzeugt, dass mit etwas Geduld eine gute Chance besteht, ABC um weniger als $33 zu erwerben. Wenn es sich zum Beispiel um einen Scalper handelt, so wird er vermutlich die billiger erworbenen Aktien so rasch wie möglich wieder verkaufen und so vielleicht 0,20 oder 0,25 Dollar Gewinn dabei in die Tasche stecken. Natürlich wäre es für den Interessenten besser, ABC noch billiger zu erwerben, aber Sie müssen beachten, dass er sich nicht zu weit vom aktuellen Bid-Ask-Spread entfernen kann, da seine Order sonst ins Abseits gedrängt wird und er die Chance auf eine baldige Ausführung verliert. Die aktuelle Situation erfordert somit eine entsprechende Platzierung innerhalb des Spread, um eine reelle Chance auf Ausführung zu bewahren. Die Quote verändert sich nach Eingabe der Limit-Order wie folgt:

Symbol	Bid	Ask	Bidsize	Asksize	Volume
ABC	32,75	33	1.500	9.900	50.400

Der Trader verändert mit seiner Limit-Order nun den Bid um 0,25 von 32,50 auf 32,75, gleichzeitig verliert die Bidsize ihre ursprüngliche Größe von 4.900 Stück und das neue Angebot unseres Investors von 1.500 Stück erscheint. Er nimmt also mit seinem momentan besten Angebot die oberste Stelle in einer langen Reihe von Kaufangeboten ein und offeriert damit einen neuen Kaufpreis von $32,75.

Obwohl keine einzige Aktie gehandelt wurde, verändern sich also Bid und Bidsize, alle anderen Parameter der Quote bleiben gleich. Sie werden sich jetzt vielleicht fragen, warum es zu keinem Handel gekommen ist? Die Erklärung liegt auf der Hand: Bei Limit-Orders besteht keinerlei Anspruch auf eine Ausführung, die Aktien sind immer noch zum Preis von $33 zum Verkauf angeboten, und nicht zu $32,75. Findet sich ein Verkäufer zu dem von ihm gebotenen Preis, so macht er vermutlich ein gutes Geschäft. Es kann aber auch ohne weiteres vorkommen, dass der Preis weiter nach oben steigt und die Limit-Order überhaupt nicht zur Ausführung gelangt, dieses Risiko muss eingerechnet werden. Der Vorteil liegt vor allem darin, dass in diesem Fall keinerlei Schaden entsteht, im schlimmsten Fall verpasst man den Trade.

Bei wenig volatilen Aktien kann an einer Veränderung in der Quote, wie Sie sie hier gesehen haben, eine Tendenz im Preisverhalten abgelesen werden. Durch die Veränderung im Bid fällt nämlich bereits ein Ungleichgewicht in ABC auf, bevor überhaupt eine Aktie gehandelt wurde. Ist jemand der Meinung, dass die Aktie mehr wert ist als $32,50, dann wird durch das Setzen seiner Order mit $32,75 deutlich, dass das Kaufverlangen im Markt um ABC zunimmt, obwohl noch kein Stück zu diesem Preis gehandelt wurde. Diese Tatsache wird vor allem durch die Scalper ausgenutzt, die einen speziellen Platz unter den Day Tradern einnehmen. Auf die Facetten dieser Day-Trading-Methode, deren Erfolg vor allem auf dem Erkennen des eben genannten Tendenzverhaltens basiert, werden wir später noch zu sprechen kommen.

Verkaufsorder – Limit

Wenden wir uns jetzt einer neuen Situation zu: dem Verkauf von Aktien mittels einer Limit-Order. Hier stehen mehrere Varianten zur Verfügung.

Will ein Investor seine ABC-Aktien so rasch wie möglich veräußern und dabei eine garantierte Ausführung erhalten, so muss er sie *at-the-Market* verkaufen. Nur dann kann er relativ sicher sein, dass der Käufer, der auf der Bidseite steht, seine Order um $32,75 erfüllen wird und seine Aktien in Sekundenschnelle verkauft sind. Möchte er aber zu diesem Zeitpunkt eine gewisse Anzahl von ABC zu einem festgelegten Preis zum Verkauf offerieren, so muss er dies durch das Setzen einer Limit-Order einleiten. Nehmen wir an, der Investor möchte – ähnlich wie im vorigen Beispiel – 2.000 Stück ABC aus seinem Portfolio verkaufen, ist aber der Meinung, dass er einen höheren Preis dafür erzielen kann als den aktuellen Bid. Er oder sie entschließt sich dazu, das Risiko einzugehen, im schlimmsten Fall billiger verkaufen zu müssen, falls die Order unterboten wird und der Preis von ABC fällt. Es gibt nun in diesem Fall drei Möglichkeiten, um eine Limit-Order zum Verkauf der 2.000 Stück zu setzen:

Die erste Variante wäre, den momentan höchsten Ask zu überbieten, z. B. mit der Eingabe der Limit-Order

SELL – 2.000 – ABC – 33,15 – LIMIT – DAY

Natürlich könnte die Order auch noch viel höher gesetzt werden, wodurch sie jedoch immer weiter aus dem Markt von ABC wandern und ihre Ausführung in nächster Zeit immer unwahrscheinlicher werden würde.

Eine weitere Möglichkeit wäre das Setzen einer Limit-Order zum Ask, gemeinsam mit dem oder den anderen Verkäufern, die folgendermaßen aussehen würde:

SELL – 2.000 – ABC – 33 – LIMIT – DAY

Bei dieser Variante ist zu beachten, dass die Order, die als letzte eingeht, auf demselben Preisniveau hinten angereiht wird, d. h., es müssen zunächst die 9.900 Stück einen Abnehmer finden, bevor die 2.000 Stück der neuen Order an die Reihe kommen.

Die dritte Methode wäre, den aktuellen Ask zu unterbieten, was natürlich zur Folge hätte, dass die Order somit den neuen Ask bildet. Diese Variante würde wie folgt platziert werden:

SELL – 2.000 – ABC – 32,95 – LIMIT – DAY

Selbstverständlich könnte der Preis auch noch tiefer angesetzt werden, auf $32,90 oder $32,85.

Keine dieser drei Varianten beinhaltet jedoch eine Garantie für die Ausführung der Order. Der einzige Preis, der einen sicheren Verkauf zur Folge hätte, wäre $32,75, also der aktuelle Bid. Der Verkäufer von ABC entscheidet sich, den Verkaufspreis auf $32,95 festzulegen und eine Gesamtanzahl von 2.000 Stück zu veräußern. Die Limit-Order sieht wie folgt aus:

SELL – 2.000 – ABC – 32,95 – LIMIT – DAY

Diese Order erreicht den Börsenplatz Sekunden nach Betätigen der Entertaste und verändert sofort die Quote in ABC.

Die aktuelle Quote von ABC stand bisher bei

Symbol	Bid	Ask	Bidsize	Asksize	Volume
ABC	32,75	33	1.500	9.900	50.400

Durch das Unterbieten des Askpreises um 0,05 Dollar erzielt der Investor einen wesentlichen Vorteil. Sein Angebot wird in der Quote sichtbar und bildet einen neuen Ask, somit verdrängt er die 9.900 Stück auf den zweiten Rang und positioniert sich selbst an der Spitze aller Verkaufspreise. Dieser Schritt kostet allerdings Geld, in unserem Fall 100 Dollar, die der Verkäufer durch das Unterbieten des Ask von seinem Verkaufsertrag abziehen muss. Die Quote in ABC sieht nun so aus:

Symbol	Bid	Ask	Bidsize	Asksize	Volume
ABC	32,75	32,95	1.500	2.000	50.400

Sowohl Ask als auch Asksize haben sich verändert, die Limit-Order bewirkte keinen effektiven Handel in ABC, sondern veränderte lediglich die Preiskonditionen innerhalb des Bid-Ask-Spread.

Wenn Ihnen die 0,05 Dollar-Abstände im Detail nicht bedeutend erscheinen mögen, so bedenken Sie bitte, dass gerade diese 5 Cents bei entsprechenden Stückzahlen gewaltige Summen bilden können. Nehmen wir an, Sie traden 2.000 Stück 10 mal pro Tag an 200 Tagen im Jahr und setzen Ihre Orders mit 0,05 statt 0,10 Abständen. Was glauben Sie, wie viel Geld Sie sich ersparen würden? Es sind unglaubliche $200.000 Differenz, die Ihnen nur durch diese 0,05 Dollar-Sprung entstehen, ein Betrag, auf den niemand einfach so verzichten würde. Also verschenken Sie nichts, wenn es sich vermeiden lässt.

Wir haben Ihnen nun verschiedene Ordervarianten und deren Auswirkung auf die Quote einer Aktie erläutert. Sicherlich werden Sie bemerkt haben, dass trotz eines beachtlichen Interesses an der ABC-Aktie keine Preisveränderung stattgefunden hat. Wir hatten Kauf und Verkaufsangebote, in einem Beispiel kam es zum Handel, es gab Veränderungen im Volumen – aber weder durch Erhöhen des Bid noch durch Senken des Ask kam es zu einer Veränderung des Kurses von ABC. Wenn Sie jedoch die Kurse von Aktien betrachten, werden Sie sehr wohl Veränderungen im Kurs feststellen: Die Preise steigen und fallen. Haben Sie sich jetzt vielleicht Gedanken gemacht, warum sich die Kurse eigentlich bewegen? In unseren Beispielen ist schließlich nichts von dem passiert. Was ist also notwendig, um einen Aktienkurs steigen oder sinken zu lassen?

Die Antwort liegt wieder im Bid-Ask Spread. Was Sie tun müssen, um einen Aktienkurs nach oben zu treiben, ist Folgendes: Alle Aktien, die zum momentanen Ask angeboten werden, aufkaufen, danach alle Aktien zum nächsten Preisniveau usw. Hier liegt der Schlüssel zur Bewegung einer Aktie. Interessanterweise wissen nur wenige Investoren darüber Bescheid, wie diese Bewegung eigentlich zustande kommt. Um dieses Phänomen vollständig erläutern zu können, müssen wir zunächst einige Details genauer unter die Lupe nehmen. Wir nehmen an, dass sich für die ABC-Aktien im Laufe des Tages eine Reihe an Interessenten auf verschiedenen Preisniveaus zusammengefunden haben, die ihre Gebote per Limit-Orders platziert haben. Die Quote ist unverändert geblieben, aber dahinter steht auf der Askseite eine Reihe von Verkäufen, die wir in einer kurzen Tabelle zusammenfassen:

Asksize	Askpreis
2.000	32,95
9.900	33
1.000	33,10
400	33,20
2.500	33,30

Ganz oben sehen Sie die letzte Limit-Order

SELL – 2.000 – ABC – 32,95 – LIMIT – DAY

die wir bereits besprochen haben. Dahinter befinden sich die natürlich immer noch gültigen Limit-Orders jener Investoren, die zu hohe Preisniveaus festgesetzt haben bzw. durch nachfolgende Limit-Orders unterboten wurden. Wenn diese Limit-Orders nicht von den Investoren gelöscht werden, bleiben sie weiter offen, also vergessen Sie nicht, alte Orders zu löschen, da Sie sonst böse Überraschungen erleben können. Wir gehen jetzt davon aus, dass ein Investor zum Beispiel aufgrund gewisser Informationen der Meinung ist, dass ABC ein massiver Kursanstieg bevorsteht und die Aktie bald bei $40 halten wird. Er entschließt sich dementsprechend, eine bedeutende Stückzahl von ABC zu erwerben, und zwar sofort und ohne Rücksicht auf eventuelle Preisverluste beim Kauf der Aktien. Der Investor setzt also folgende Market-Order zum Kauf von 13.000 Stück:

BUY – 13.000 – ABC – MARKET

Wenn die Order an der Börse eintrifft, wird sie, wie wir bereits wissen, als Market-Order sofort ausgeführt. Wenn wir nochmals auf unsere Quote in ABC zurückblicken, so können wir gleich einige Veränderungen beobachten:

Symbol	Bid	Ask	Bidsize	Asksize	Volume
ABC	32,75	32,95	1.500	2.000	50.400

Wir wissen, dass der niedrigste Preis für 2.000 Stück ABC momentan bei $32,95 liegt und dass der Investor 13.000 Stück davon erwerben möchte. Genau in diesem Moment setzt seine Market-Order eine Reihe von Transaktionen in Gang. Als Erstes trifft die Order auf den Ask zu $32,95 und der Kauf von 2.000 Stück wird ausgeführt. Für die Quote bedeutet dies folgende Änderung:

Symbol	Bid	Ask	Bidsize	Asksize	Volume
ABC	32,75	33	1.500	9.900	52.400

Der Ask steigt durch die Ausführung auf das nächsthöhere Niveau, das wir in unserer Tabelle sehen können; gleichzeitig wird die exekutierte Asksize gelöscht und alle angebotenen Stückzahlen zum neuen Ask werden wieder sichtbar. Das Volumen steigt um die gehandelten 2.000 Stück auf 52.400 an. Der Investor hat also eine Teilausführung seiner Order bei einem Preis von $32,95 erhalten und noch 11.000 Stück offen, die nun zur nächsten Veränderung beitragen. Durch die Market-Order werden die 9.900 Stück zum Ask von $33 gekauft, da dies der nächste verfügbare Preis zum Kauf von ABC-Aktien ist. Wenn Sie jetzt die Tabelle betrachten, können Sie bereits die neue Quote für ABC bestimmen. Sie sieht folgendermaßen aus:

Symbol	Bid	Ask	Bidsize	Asksize	Volume
ABC	32,75	33,10	1.500	1.000	62.300

Sie haben sicher richtig erkannt, dass die Order nun auf den Ask zu $33 trifft und sämtliche zu diesem Preis offerierten Aktien mit einem Schlag gekauft wurden. In unserer Tabelle rutschen wir wieder eine Zeile nach unten, der Ask erhöht sich auf das nächste Angebot von $33,10 für eine Asksize von 1.000 Stück. Das Volumen steigt selbstverständlich um die zuletzt gehandelten Stück ABC von 52.400 auf 62.300. Sie können nun erkennen, dass in der aktuellen Quote der Askpreis bereits um 0,15 Dollar höher liegt, als er vor Eingabe der Market-Order war, welche zum jetzigen Zeitpunkt immer noch nicht vollständig durchgeführt ist. Mit dem Kauf der nächsten Ebene, nämlich der 1.000 Stück zu einem Ask von $33,10 hat der Investor nun eine Gesamtanzahl von 12.900 Stück ABC erworben, es fehlen also noch 100 Stück, um die Market-Order abzuschließen. Diese Aktion wird wieder auf dem nächsten Niveau durchgeführt. Wenn Sie die obige Tabelle zu Hilfe nehmen, können Sie folgende neue Quote als Basis bilden:

Symbol	Bid	Ask	Bidsize	Asksize	Volume
ABC	32,75	33,20	1.500	400	63.300

Auf diesem Niveau finden wir einen oder mehrere Anbieter, die 400 Stück von ABC um $33,20 zum Verkauf anbieten. Hier kommt es also noch einmal zu einer Transaktion, die als Teilausführung durchgeführt ist. Der Kauf von 100 Stück zu einem Ask von mittlerweile $33,20 schließt die Market-Order „BUY – 13.000 – ABC – MARKET" ab, die Quote in ABC verändert sich ein weiteres Mal.

Symbol	Bid	Ask	Bidsize	Asksize	Volume
ABC	32,75	33,20	1.500	300	63.400

Der Kauf der letzten 100 Stück reduziert die Asksize auf 300 Stück, das Volumen wächst auf 63.400 an. Wenn Sie die Quote nun betrachten, sehen Sie auf einen Blick, dass die ABC-Aktien innerhalb weniger

Sekunden einen Kursanstieg von 0,25 Dollar nur durch die Ausführung einer einzigen Market-Order erfahren haben. Aufgrund der großen Stückzahl, die der Investor geordert hat, waren insgesamt vier Teilausführungen nötig, um die Order vollständig durchzuführen. Der Käufer erhielt 2.000 ABC zum Preis von $32,95, 9.900 Stück ABC zu $33, 1.000 Stück zu $33,10 und schließlich 100 Stück zu $33,20. Sie sehen also, wie die Aktie schrittweise an Wert zugenommen hat, der Preis also gestiegen ist. An diesem Beispiel können Sie erkennen, dass, wenn ein Investor gewillt ist, mehr Aktien zu kaufen, als zum momentanen Preisniveau verfügbar sind, der Preis zwangsläufig steigen muss. Dieser Käufer hebt den Preis von einem Niveau auf das nächste, bis seine Order vollständig durchgeführt ist. Sie können auch sehen, dass der Spread im Zuge der Entwicklung wieder größer wurde: Er liegt am Ende bei einem halben Dollar. In dieser großen Spanne zeichnet sich deutlich ein Ungleichgewicht in der Interpretation des Aktienwertes ABC ab. Stellen Sie sich vor: Würden Sie jetzt kaufen und sofort wieder verkaufen, müssten Sie einen Verlust von fast einem halben Dollar hinnehmen. Hier sehen Sie, warum Sie besonders darauf achten sollten, immer nur mit Limit-Orders in das Marktgeschehen einzugreifen: Das macht oft den Unterschied zwischen Gewinn und Verlust aus.

Mit Limit-Orders können Sie zu besseren Preisen kaufen und verkaufen als mit Market-Orders, auch wenn Sie unter Umständen einmal nicht zum Zug kommen. In diesem Wissen um die Zusammenhänge und um die Abläufe am Aktienmarkt sowie im Verständnis für oft irrational erscheinende Vorgänge bei Kursbildungen liegt der Vorteil, den wir als Day Trader im Vergleich zur allgemeinen Öffentlichkeit beim Aktienkauf ausspielen können. Das Know-how ist unser wichtigstes Ass im Ärmel, wenn wir in diesem Spiel gewinnen wollen. Nutzen Sie also Ihre bereits erworbenen Kenntnisse und beobachten Sie genau, warum manche Entwicklungen anders verlaufen, als es auf den ersten Blick aussieht.

Gültigkeitsdauer der Order
Sie haben sicher bemerkt, dass in unseren Beispielen für die Eingabe von Limit-Orders die Bezeichnung „– DAY –" angefügt war. Das hat

folgenden Grund: Wenn Sie eine Limit-Order setzen, geben Sie, wie Sie wissen, einen von Ihnen bestimmten Fixpreis an, zu dem Sie die Aktien handeln wollen. Nun ist nicht absehbar, wann der Aktienkurs sich mit Ihrer Preisvorstellung decken wird. Deswegen bietet Ihnen Ihr Onlinebroker zwei Möglichkeiten, zu bestimmen, wie lange Sie Ihre Order aufrechterhalten möchten. Die Eingabe „DAY" führt dazu, dass Ihre Limit-Order am Ende des Börsentages automatisch Ihre Gültigkeit verliert und gelöscht wird. Sollte also der Aktienkurs im Laufe des Tages den von Ihnen gesetzten Kauf oder Verkaufspreis nicht erreichen, wird Ihre Order hinfällig. Gehen Sie allerdings davon aus, dass es unter Umständen in den nächsten Tagen zu einer Deckung des Aktienkurses mit Ihrem Preis kommt, so können Sie mit dem Zusatz „GTC" Ihre Limit-Order so lange aufrechterhalten, wie Sie wollen. GTC bedeutet „good till canceled", also Gültigkeit bis zur manuellen Löschung der Order durch den Investor. Normalerweise werden diese GTC-Zusätze für einen Zeitraum von 30 Tagen aufrechterhalten, danach werden auch sie automatisch gelöscht, da man davon ausgeht, dass die Order von Ihnen vergessen worden ist. Wenn Sie GTC-Orders setzen, so sollten Sie auf jeden Fall die Kursentwicklungen laufend kontrollieren und hin und wieder Ihre Limits editieren.

In Abbildung 2.2 sehen Sie einen typischen *Orderscreen*, die Eingabemaske eines Onlinebrokers. Im Fenster „Expire" haben Sie die Möglichkeit, zwischen den verschiedenen Gültigkeitszeiträumen Ihrer Order zu wählen. Außer GTC und DAY bieten Ihnen manche Broker noch eine zusätzliche Möglichkeit an. Hierbei handelt es sich um die Option „EXTENDED HOURS", die Sie dazu berechtigt, Aktien über die normalen Börsenöffnungszeiten hinaus zu traden. Das stellt einen sehr großen Vorteil für Sie dar, da diese Option vielen Investoren versagt bleibt und sie ihre Aktien somit nur zu den in den regulären Börsenzeiten zustande kommenden Kursen handeln können. Das mag auf den ersten Blick nicht als Nachteil erscheinen, aber in den so genannten *Pre-* und *After Hours Trading Sessions* bewirken die Day Trader oft enorme Kursanstiege oder Abfälle, die dann bei Eröffnung der Börse zu einem sehr differenten Kurs im Vergleich zum Vortag führen kön-

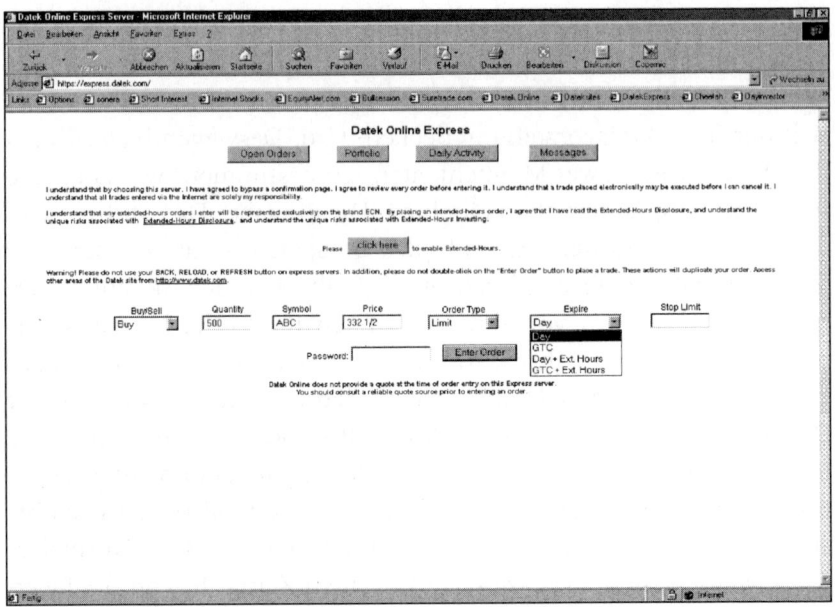

Abbildung 2.2

nen. Wenn Sie eine Aktie kaufen möchten, die gestern bei $10 ge-
schlossen hat und heute bei $15 eröffnet, so haben unter Umständen
die Day Trader durch massiven Handel im After Hours Trading diesen
Anstieg bewirkt und es wäre vielleicht riskant, die Aktie nach diesem
50%igen Anstieg zu kaufen.

Die Stop-Order

Die Stop-Order ist ähnlich der Limit-Order eine Anweisung an Ihren
Broker, eine bestimmte Aktie erst dann zu kaufen oder zu verkaufen,
wenn sie einen festgelegten Wert erreicht hat. Im Unterschied zur Limit-Order wird aber der Kauf erst dann durchgeführt, wenn der fest-
gelegte Preis durchbrochen wird. Eine Stop-Order ist eine häufig verwendete Form einer Limit- oder Market-Order, die wir hauptsächlich
dazu benutzen, um entweder unsere Verluste zu begrenzen oder eine
Kursumkehr so rasch wie möglich abzufangen, um nicht auf bereits
gemachte Gewinne verzichten zu müssen. Die Stop-Option bewirkt
nichts anderes als eine automatische Aktivierung einer Verkaufsorder,

wenn der Aktienkurs im Abwärtstrend einen bestimmten Wert erreicht. Betrachten wir zum besseren Verständnis noch einmal die Quote von ABC:

Symbol	Bid	Ask	Bidsize	Asksize	Volume
ABC	32,75	33,20	1.500	300	63.400

Nehmen wir an, ein Investor hat vor kurzem 5.000 Stück der Aktie ABC zum Preis von $30 gekauft und kann sich bis jetzt über einen Gewinn von rund $3 pro Stück freuen. Nun ist der Investor zwar der Meinung, dass ABC noch weiter steigen könnte, möchte aber, für den Fall, dass er sich irrt, nicht mit weniger als $2,50 Gewinn aussteigen. Er beschließt also, seinen bereits erwirtschafteten Profit abzusichern, und setzt eine Stop-Order. Diese Order, die auch oft *Stop-Loss*, also „Gestoppter Verlust" genannt wird, könnte z. B. so aussehen:

SELL – 5.000 – ABC – 32,50 – STOP – MARKET– GTC

Mit Eingabe dieser Stop-Order erklärt der Investor, dass er einer Abwärtsbewegung von ABC nicht weiter als bis zu einem Askpreis von $32,50 folgen will. Sollte der Kurs diesen Preis wirklich erreichen, so aktiviert sich seine Market-Order zum Verkauf der 5.000 Stück ABC und der Trader wird ausgestoppt. Erfolgreiche Day Trader lassen sich nicht ungern aus einer Position stoppen, da dies automatisch zu einer Gewinnrealisierung führt. Bei Stop-Orders können aber auch noch zusätzliche Parameter bestimmt werden. Sie haben die Möglichkeit, einen Limitpreis festzusetzen, der beim Erreichen des Stop-Preises aktiviert wird, können also eine zweite Preiskomponente einbringen, durch die Ihre Stop-Order beim Erreichen des Stop-Preises automatisch in eine Limit-Order umgewandelt wird. Eine solche Order könnte wie folgt gesetzt werden:

SELL – 5.000 – ABC – 32,50 – STOP – LIMIT– 32 – GTC

In diesem Fall bestimmt der Trader durch die Angabe eines Stop-Preises von $32,50 einen Aktivierungspunkt seiner Limit-Order, die einen Punkt darunter liegt, d. h. sollte der Preis von ABC fallen und dabei die $32,50 treffen bzw. durchschreiten, so tritt eine Limit-Sell-Order in Kraft, die zum Limitpreis ausgeführt wird.

Short-Sale-Order

Ein *Short Sale* ist der Verkauf einer Aktie, die sich nicht im Portfolio des Traders befindet und deshalb aus dem Bestand des Brokers ausgeliehen und zu einem späteren Zeitpunkt zurückgekauft wird. Diese Transaktion erfolgt in der Absicht, das Wertpapier zu einem geringeren Preis zurückzukaufen, als man es gekauft hat. Im deutschen Börsenjargon spricht man in diesem Fall von einem „Leerverkauf". Der Leerverkauf ist eine Option, die normalerweise einem Privatinvestor nicht zur Verfügung steht. Amerikanische Onlinebroker bieten sie jedoch ihren Kunden an. Short Selling gibt Ihnen also die Möglichkeit, eine Aktie zu verkaufen, die Sie gar nicht besitzen. Fällt der Kurs der Aktie wie erwartet, können Sie die Preisdifferenz nutzen und die Aktie zurückkaufen. Auf diese Art sind Sie in der Lage, in einem schwachen Markt oder bei schlechten Nachrichten für einen bestimmten Aktientitel Gewinne zu erwirtschaften. Sehen wir uns einmal an, wie Sie eine Short-Sell-Order platzieren.

Internetbroker bieten Ihnen entweder einen speziellen Parameter in Ihrem Orderscreen an oder ermöglichen die Short-Sell-Order durch Eingabe eines simplen Verkaufs der Aktien. Nehmen wir z. B. an, ABC konnte seine Umsätze im letzten Quartal nicht halten und muss für die kommende Saison mit Verlusten rechnen. Diese Nachricht wird wahrscheinlich dazu führen, dass der Kurs von ABC fällt und sich ein Investor in dieser Situation für einen Short Sale, also einen Leerverkauf von 5.000 Aktien entscheidet. Durch die Eingabe der Order

SELL – 5.000 – ABC – MARKET – SHORT

erteilt dieser Investor dem Internetbroker die Anweisung, 5.000 Stück von ABC zu verkaufen. Wenn der Broker Aktien dieses Unternehmens in seinem Besitz hält, leiht er sie dem Verkäufer, da dieser keinerlei Anteile an ABC hat. Hat Ihr Broker die Aktie nicht im Angebot, erhalten Sie statt einer Bestätigung Ihrer Order z. B. die Meldung „Stock cannot be borrowed". In unserem Beispiel gehen wir aber davon aus, dass genügend ABC für einen Short Sale vorhanden sind und die Order problemlos erfüllt werden kann. Der Broker erfüllt also den Verkauf sofort, da es sich um eine Market-Order handelt. Der Investor sieht in seiner Kontoaufstellung, dass sich sein Kontostand um den Verkaufswert der 5.000 Stück erhöht hat. Dabei handelt es sich allerdings um einen imaginären Wert, da er bei seinem Broker natürlich mit 5.000 Aktien ABC in der Schuld steht. Hier liegt nun die große Gefahr des Short Selling im Vergleich zu einem Aktienkauf: Wenn Sie eine Aktie kaufen, überweisen Sie dafür einen bestimmten Betrag von Ihrem Konto an den Broker, der den Kauf durchführt. Fällt der Aktienkurs danach auf null, haben Sie ihr Geld zwar verloren und werden sich über Ihre Fehlentscheidung ärgern, aber dieses Risiko können Sie nicht ausschließen. Beim Short Selling sieht die Sache jedoch anders aus: Hier ist keine Begrenzung Ihres Verlustes vorgegeben, denn der Kurs einer Aktie kann unbegrenzt nach oben steigen. Direkt proportional dazu steigt natürlich die Schuld, die Sie Ihrem Broker gegenüber tilgen müssen, wenn der entstandene Verlust Ihren Kontorahmen übersteigt oder Sie die Aktie zurückkaufen müssen. Die Aufforderung zum Rückkauf einer leerverkauften Aktie erhalten Sie im Regelfall von Ihrem Broker per E-Mail und per Post. Es werden Ihnen immer zwei Möglichkeiten angeboten: zum einen, Ihr Konto durch eine Überweisung aufzustocken und dadurch Ihren Rahmen zu erhöhen, zum anderen, einen Teil oder sämtliche Aktien zurückzukaufen, um die Schulden glattzustellen. Sollten Sie einer dieser Aufforderungen nicht zur angesetzten Frist nachkommen, so ist der Internetbroker berechtigt, Ihre Anteile sofort zurückzukaufen und Ihr Konto bis zur endgültigen Glattstellung zu sperren. Short Sales sind also mit Vorsicht zu behandeln und erfordern einige Erfahrung im Trading, um keine bösen Überraschungen zu erleben. Sie können bei einem Short Sale selbstverständlich auch die Möglichkeit einer Limit-Order nutzen, die Sie entsprechend den schon erklärten Limit-Order-Varianten setzen können. Bedenken Sie aber, dass Sie verkaufen und nicht kaufen, sich also Ihre Preisfestlegung für Ihre Limit-Order am Ask und nicht am Bid orientiert. Eine wichtige Regel für Leerverkäufe besagt, dass Sie Aktien nur im *Uptick* (=*Plustick*), also in dem Moment, in dem der Aktienkurs nach oben tendiert, leerverkaufen können bzw. zu einem Preis, der höher als der zuletzt gehandelte steht. Der Short Sale darf also nur auf einem Plustick oder einem *Zero-Plustick* erfolgen. „Zeroplustick" bedeutet, dass der letzte Trade zum selben Preis wie der vorangehende stattfand, aber höher als der Trade davor.

Ein Trade auf 50,05 nach einem Trade auf 50 wäre ein Plustick. Läge der nächste Trade wieder auf 50,05, wäre das ein Zeroplustick. Der Tick ist somit die Differenz zwischen den Preisniveaus, auf denen die letzten Transaktionen stattgefunden haben. Wichtig ist die Richtung, in der sich der Tick-Indikator entwickelt: Ein schnell fallender Tick zeigt einen nachgebenden Markt an.

Mit der Shorttick-Regel wird verhindert, dass unzählige Trader eine fallende Aktie durch Short Selling weiter nach unten treiben. Den entsprechenden Tick können Sie in den Quotenprogrammen an einem kleinen Pfeil (grün = nach oben; rot = nach unten) ablesen.

Buy to cover Short

Buy to cover Short ist die Transaktion, die einen Short Sale schließt. Auch hier haben Sie wiederum verschiedenen Möglichkeiten zur Auswahl, um einen Short Sale zu schließen. Entweder bietet Ihr Onlinebroker die Option „Buy to cover Short" als eigenen Parameter im Orderfenster an oder Sie kaufen Ihren Leerverkauf einfach mittels einer Kauforder zurück. Bei beiden Varianten können Sie je nach Ihrer Preisvorstellung die Zusätze „Market", „Limit" oder „Stop" anfügen. Seien Sie aber auf jeden Fall sehr vorsichtig bei Short-Positionen, da das Risiko wirklich beträchtlich sein kann. Ein Ausbruch einer Aktie kann sehr schnell Ihre erarbeiteten Gewinne zunichte machen. Beobachten Sie also die Kursentwicklung ständig, damit Sie im Notfall rechtzeitig in der Lage sind, Ihren Short zu schließen und den Verlust einzudämmen.

Qualifiers

Mittels der *Qualifier*, so genannten „Orderzusätzen", können Sie an Ihre Orders spezielle Befehle anfügen, mit denen Sie den Internetbroker über bestimmte, von Ihnen gewünschte Abwicklungsvorgänge informieren. Auf diese Befehle wollen wir hier kurz eingehen. Allerdings möchten wir darauf hinweisen, dass nicht alle hier beschriebenen Optionen auch von jedem Internetbroker angeboten werden.

AON

AON ist die Abkürzung für „all or none", womit Sie ausdrücken, dass die von Ihnen gewünschte Anzahl an Aktien auf einmal gekauft oder verkauft werden muss, also eine teilweise Ausführung ausgeschlossen ist. Diese Option kann sowohl einer Buy- als auch einer Sell-Order angefügt sein, die Stückzahl Ihrer Order muss hierbei allerdings mindestens 101 betragen, darunter verliert der Qualifier seine Gültigkeit. Dabei können Sie unter Umständen Gefahr laufen, dass Ihre Order nicht ausgeführt wird, wenn die entsprechende Stückzahl zu groß ist, um en block für einen Trade verfügbar zu sein.

OPG

OPG bedeutet „at the opening". Damit wird Ihre Order zum ersten gebildeten Preis bei der Eröffnung der Börse ausgeführt. Sollte es durch mangelnde Gebote oder durch zu schnelle Preisentwicklung zu keiner Ausführung zum Eröffnungskurs kommen, so wird diese Order automatisch gelöscht. Dieser Qualifier kann nur auf NYSE-Aktien angewendet werden, muss mindestens fünfzehn Minuten vor Börseneröffnung platziert werden und eine Mindeststückzahl von 100 Aktien beinhalten. Da zum effektiven Eröffnungskurs gekauft oder verkauft wird, gilt dieser Zusatz nur für Market-Orders.

CLO

Das Gegenstück zum OPG-Qualifier ist der *CLO* (at the close), der die

Ausführung Ihrer Order so nahe wie möglich am Schlusskurs des entsprechenden Tages verlangt. Sie besitzen allerdings keine Garantie dafür, dass der Preis sich exakt mit dem Schlusskurs deckt, die Eingabe der Order muss in der Zeit von 3:00pm bis 3:40pm, also mindestens zwanzig Minuten vor Börsenschluss gesetzt werden.

FOK

„Fill or kill", ausführen oder löschen, erfordert eine unverzügliche Ausführung (Fill) Ihrer Order, und zwar der gesamten Stückzahl, die Sie kaufen oder verkaufen möchten. Wenn nötig, kann die Order auch zu verschiedenen Preisen exekutiert werden. Die Order wird automatisch gelöscht (Kill), wenn sie nicht ausgeführt werden kann. Diesen Qualifier können Sie nicht für Market-Orders verwenden, die Mindeststückzahl an georderten Aktien muss 100 oder größer sein. Eine Anwendung dieses Zusatzes ist nur für OTC-Werte, so genannte *Over-The-Counter-Aktien* zulässig.

IOC

Nicht für die Anwendung auf OTC-Aktien bestimmt ist der Qualifier *IOC*, „immediate or cancel" (sofort oder löschen). Diese Option erfordert eine sofortige Exekution aller oder wenigstens eines Teils der von Ihren georderten Aktien. Die nicht sofort ausführbaren Stückzahlen Ihrer Order werden direkt gelöscht und verlieren ihre Gültigkeit. Sie können diesen Parameter nur für Limit-Orders verwenden. Verwendet wird die Option hauptsächlich, wenn Sie einen sehr begehrten Titel in einer großen Stückzahl per Limit-Ordern wollen, die Chance auf den Erhalt jedoch gering ist.

Der richtige Onlinebroker

Sie sollten nun mit den Grundlagen des Day Trading soweit vertraut sein, dass Sie in der Lage sind, den Schritt zur Wahl Ihres Internetbrokers anzutreten. Das Angebot an verschiedenen Anbietern wächst rapide, was den Kunden in aller Welt zugute kommt, da sich der Konkurrenzdruck hauptsächlich durch geringere Kosten und ein erweitertes Angebot manifestiert. Doch dadurch entsteht dem Laien natürlich auch die Qual der Wahl. Aus diesem Grund möchten wir Sie bei der Auswahl Ihres Internetbrokers unterstützen. Welchen der Anbieter Sie tatsächlich für sich in Anspruch nehmen, bleibt natürlich vollkommen Ihnen überlassen, wir wollen lediglich auf die Unterschiede zwischen semiprofessionellen und professionellen Internetbrokern aufmerksam machen und Ihnen die momentane Kosten-Nutzen-Situation beschreiben. Wir beginnen mit den US-Anbietern, die für Day Trader die notwendige Praktikabilität, Transparenz und Liquidität garantieren.

Amerikanische Onlinebroker

Amerikanische Brokerfirmen erkannten sehr früh die technischen Möglichkeiten, die ihnen das Internet eröffnet und die es ermöglichen, über die ECNs direkt Orderplatzierungen an den elektronischen Börsen durchzuführen. Aus diesen Firmen lösten sich engagierte Mitarbeiter heraus, die sowohl über das entsprechende Know-how im Aktientrading als auch über die nötige Erfahrung in der Informationstechnologie verfügten. Sie gründeten neue Unternehmen, die ihren Kunden die ersten Wertpapiertransaktionen via ECN an der Börse ermöglichten. Die so genannten *Type I Accounts* (browserbasierende Handelsplattformen) wurden privaten Tradern über das Internet zugänglich gemacht. Im Laufe der letzten Jahre nahm das Angebot immer mehr zu und die Zahl der Onlinetrader und Day Trader wächst nun mit unglaublicher Geschwindigkeit. Aufgrund der zunehmend professionellen Anforderungen, die Day Trader an ihre Internetbrokerfirmen stellten, entstanden immer bessere und umfangreichere Softwarepakete, die möglichst viele Echtzeitinformationen liefern können und eine möglichst schnelle und sichere Orderausführung gewährleisten. Mit der Entwicklung der *TAL Tradingtools* der Firma *Townsend Analytics* entstand eine neue Generation von Internet-Tradingplattformen, die heute von den so genannten *Direct-Access-Brokern* angeboten wird. Damit war der Schritt zum professionellen Trading getan – die so genannten *Type II Accounts* (Direct-Access-Broker) waren geboren. Bei einem Direct-Access-System läuft die Handelsplattform-Software auf Ihrem Rechner zu Hause und wird nicht, wie bei den Type I Accounts, im Browserfenster durch wiederholtes Downloaden immer wieder neu aufgebaut. Die genauen Unterschiede zwischen den beiden Zugängen erläutern wir Ihnen in den nächsten Abschnitten.

Type I Accounts

Diese Trading-Accounts bieten für Einsteiger oft ausreichende Möglichkeiten. Sie können einen Type I Account bereits mit einem Grundkapital von $2.000 eröffnen und bekommen damit elektronischen Zugang zu allen gehandelten Aktien und vielen Optionen an den amerikanischen Hauptbörsen. Die Orderausführungen erfolgen schnell und die Informationen sind umfangreich. Der Hauptvorteil dieser Onlinebroker liegt eindeutig im Preis. Sie müssen keinerlei zusätzliche Kontoführungsgebühren, Depotgebühren oder Informationskosten bezahlen; alle Angebote, die Sie nutzen können, sind durch die Kommissionen, die Sie für die einzelnen Trades bezahlen, abgedeckt. Selbst wenn Sie keine Trades ausführen, können Sie alle Informationsquellen voll ausnutzen, ohne dass Ihnen Kosten dadurch entstehen. Die zur Verfügung stehenden Informationen werden wir später noch genauer erläutern.

Sie bekommen natürlich, wie auf Ihrer Bank, abhängig von der aktuellen amerikanischen Zinssituation, Zinsen für das von Ihnen eingezahlte Kapital bzw. für die von Ihnen erwirtschafteten Gewinne auf Ihrem Konto. Teil des ausgezeichneten Service ist auch die sehr übersichtliche und präzise ausgearbeitete Kontoführung. Prompte Zustellung der Kontoauszüge und monatlichen Kontoübersichten per Post sind normal und erfolgen innerhalb von drei bis fünf Tagen nach einer Transaktion. Die Kontoauszüge werden von automatisierten Abrechnungsstellen in Europa generiert und verschickt. Somit haben Sie jederzeit Belege über Ihre Trades und Kontobewegungen zur Verfügung, was Ihnen die Übersicht über Ihre Performance erleichtert. Sie können diese Informationen bei den meisten Brokern auch online abrufen, downloaden und auf Ihrem Computer abspeichern. Ihre Orderbestätigungen erhalten Sie bereits Sekunden nach Ausführung des Trades per E-Mail. Sollte eine Ihrer Orderausführungen einmal länger dauern, als vom Broker beworben, so bezahlen Sie bei den meisten Brokern keine Gebühren für diesen Trade.

Sie finden außerdem sehr detaillierte Hilfekataloge auf den entsprechenden Webseiten; einige Anbieter verfügen mittlerweile sogar über Direkthilfen, bei denen Sie online mit einem Mitarbeiter im Hilfe-Center verbunden werden und Ihre Probleme besprechen können. Alle Anfragen werden nach unseren Erfahrungen zuvorkommend und genau behandelt, scheuen Sie sich also nicht vor Nachfragen. Sie können auch einen Margin Account eröffnen. Dadurch erhalten sie vom Broker einen Überzugsrahmen von 100 % auf Ihr Konto, d.h., wenn Ihr Tradingkapital $ 10.000 beträgt, erlaubt Ihnen ein Margin-Konto Trades bis maximal $20.000. Der Vorteil liegt auf der Hand: Sie können pro Trade mehr Aktien handeln. Aber natürlich ist dabei größte Vorsicht geboten, da Sie ja zum Teil mit fremdem Geld spekulieren. Außerdem könnten Sie z. B. eine mittelfristige Position mit $5.000 eingehen und hätten durch den Überzugsrahmen noch immer $10.000 für kurzfristige Trades zur Verfügung. Wenn Sie Ihre Trades noch am selben Tag schließen, wird Ihnen für diese Überziehung Ihres Kontos kein Aufschlag berechnet. Sollten Sie aber eine oder mehrere Positionen über Nacht in Ihrem Depot halten und dabei mehr als Ihr tatsächliches Guthaben einsetzen, so werden Ihnen Zinsen in entsprechender Höhe verrechnet. Der jeweilige Zinssatz, die Margin Rates, auf den Webseiten der diversen Anbieter ausgewiesen. Die Möglichkeit, einen Trade auf Margin-Basis durchzuführen, stellt einen enormen Vorteil dar, da Sie einerseits einen schnellen Kauf nicht exakt kalkulieren müssen, bevor Sie ihn ausführen, und andererseits eine viel größere Stückzahl kaufen können, die bei geringen Kurssteigerungen schon Gewinnmitnahmen profitabel machen kann. Bedenken Sie in diesem Zusammenhang jedoch die Punkte *Moneymanagement* und *Risikomanagement*, auf die wir später noch eingehen. Wir raten Ihnen, immer einen Margin Account zu eröffnen, da der Cash Account ausschließlich auf Ihre tatsächliche Bargeldeinlage begrenzt ist.

Eine weitere wichtige Frage für jeden Trader ist, wie er zu seinen erwirtschafteten Gewinnen kommt bzw. welche Arten von Abhebungen von seinem Konto möglich sind.

Der einfachste Weg ist ein Scheckbezug von Ihrem Konto, den Sie auf der Webseite über eine sichere Verbindung anfordern können. Im Regelfall erhalten Sie Ihren Dollarscheck innerhalb von fünf bis sieben Tagen per Post zugeschickt. Manche Internetbroker sind mittlerweile auch zu der Möglichkeit einer direkten Banküberweisung an Ihre Hausbank übergegangen, wobei diese Option jedoch ein Fremdwährungskonto in US-Dollar bei Ihrer Bank erfordert. Die Transfers funktionieren unserer Erfahrung nach einwandfrei und sehr rasch, Zeitverzögerungen entstehen meistens nach Erhalt des Schecks beim Einlösen auf der Bank. Als so genannter *Devisenausländer* ohne Wohnsitz in den USA sind Sie verpflichtet, bei allen Kontoeröffnungen entsprechende Formulare auszufüllen und an Ihren Onlinebroker per Post zu übermitteln. Diese Prozedur werden wir Ihnen im Anschluss genau erklären sie ist für Type I als auch für Type II Accounts identisch. Eine Liste mit den Internetadressen der bekanntesten Internetbroker finden Sie im Anhang. Sehen Sie sich die Webseiten der Broker zuerst genau an und vergleichen Sie die Leistungen und Preise genau, bevor Sie Ihre Auswahl treffen. Im Großen und Ganzen werden Sie feststellen, dass die meisten Firmen ihre Dienste zu ähnlichen Konditionen anbieten, achten Sie deshalb auf kompakte und unkomplizierte Bedienung und Sicherheit.

Ein ebenso wichtiger Punkt ist die Auswahl eines weiteren Brokers für Ihre zukünftigen Aktivitäten. Dies hat sich aus mehreren Gründen als vorteilhaft erwiesen.

Sie können sich bei einem Internetbroker jederzeit anmelden, ohne dadurch irgendeine Verpflichtung einzugehen. Alles, was Sie dabei zu tun haben, ist, die erforderlichen Anmeldeformulare auszufüllen und abzuschicken. Die Kontoeröffnung erfolgt nach Eingehen dieser Unterlagen. Sie verpflichten sich dadurch nicht, einen Cashtransfer auf dieses Konto durchzuführen. Das Konto bleibt Ihnen aber erhalten, wodurch Sie bereits ein zweites Standbein haben für den Fall, dass Sie Ihren Broker wechseln möchten. Dann können Sie dieses Konto innerhalb weniger Tage durch eine Swift-Überweisung aktivieren. Wenn Sie es sich leisten können, das Konto gleich zu dotieren, so gewinnen Sie dadurch einen weiteren Vorteil: Sollten Sie mit Ihrem Broker einmal Verbindungsprobleme haben, so sind Sie in der Lage, über Ihren Ausweichbroker am Ball zu bleiben und so alle Chancen auszunutzen, die die aktuelle Marktlage bietet.

Bei allen Vorteile eines Type I Accounts haben, gibt es selbstverständlich auch Nachteile: Der wahrscheinlich gravierendste Mangel eines Type I Accounts im Vergleich zum Type 2 Account ist die relativ geringe Geschwindigkeit der Orderausführung. Wenn wir hier von Geschwindigkeit sprechen, so meinen wir einen Zeitraum von einer Sekunde bis zu einigen Minuten – Zeitdifferenzen, die bei der Orderausführung im Day Trading entscheidende Kriterien für Gewinn oder Verlust darstellen können. Im Allgemeinen funktionieren die Ausführungen problemlos und sehr rasch, an sehr handelsintensiven Tagen, also genau zu den Zeiten, an denen auch Sie schnell handeln sollten, kann es aber zu fatalen Verzögerungen kommen. In einem solchen Fall führt eine Verzögerung möglicherweise zur Nichtausführung der Order oder vielleicht zur Ausführung bei einem nicht mehr profitablen Kurs, aber auf jeden Fall zu einer Unsicherheit über die momentan herrschende Situation.

Ein weiterer Nachteil liegt im Handling der verschiedenen Befehle, die Sie ausführen können. Sie müssen, wenn Sie sich zu einem Trade entschlossen haben, auf Ihrem Orderscreen die entsprechenden Befehle eingeben, bevor Sie die Order abschicken können. Dieser Vorgang braucht Zeit, in der Sie sich nicht mehr auf den laufenden Kurs konzentrieren können, möglicherweise ist das Limit, das Sie gesetzt haben, gar nicht mehr aktuell. Also müssen Sie Ihre Eingabe nochmals editieren, was wiederum wertvolle Sekunden kostet. Wenn Sie die Order dann abschicken und der Kurs aus Ihrem Limit gelaufen ist, so können Sie bei den meisten Type I Accounts die Order nicht einfach editieren, sondern müssen sie zuerst löschen und dann neu eingeben. Dies liegt daran, dass alle Informationen und Befehle, die Sie sehen und ausführen, im Fenster Ihres Browsers immer wieder neu aufgebaut werden müssen. Sie müssen also alles, was Sie vor sich sehen, vom Server Ihres Onlinebrokers in Ihr Browserfenster laden, wie Sie es vom Surfen im Internet kennen, und das braucht, je nach Verbindung und Geschwindigkeit der Computer, seine Zeit.

Sie werden bald feststellen, dass es nicht einfach ist, unter nervlicher Anspannung den Überblick zu behalten. Mit diesem Manko müssen Sie zurechtkommen, wenn Sie mit einem Type-I-Broker arbeiten.

Die von diesen Brokern angebotenen Quotenprogramme sind recht unterschiedlich. Einige Firmen offerieren jedoch sehr gute Applikationen, die Ihnen ausreichende Informationen liefern. Zusätzlich bieten manche Internetbroker den Zugriff auf das *Islandbook*, das *DATEK ECN*, mit dem Sie die Bids und Asks von rund 25 anstehenden Limit-Orders zum Kauf und Verkauf für einen Aktientitel einsehen können. Sie können das Islandbook auch direkt über die Island Homepage unter www.isld.com beziehen. Die Java-Version des Islandbook wird automatisch aktualisiert, wodurch Sie weitgehend über die Kurstendenzen eines Aktientitels informiert sind. Im Unterschied zu Level-II-Quoten bei Direct-Access-Brokern sehen Sie hier aber nur einen Bruchteil der Limit-Orders, die für eine Aktie gesetzt wurden. Die Orders aus anderen Kommunikationsnetzwerken werden hier nicht angezeigt. Über die elektronischen Kommunikationsnetzwerke werden Sie später noch Genaueres lesen.

Wir möchten Ihnen nun anhand von Datek Online, einem der bekanntesten browserbasierenden Internetbroker, der viele der vorhin angeführten Features anbietet, ein paar Details eines Type I Accounts näher erklären.

Datek online

Wenn Sie Ihr Browserfenster öffnen und die Adresse von Datek (www.datek.com) eingeben, so erscheint als Erstes ein *Log-On-Fenster* in dem Sie aufgefordert werden, Ihren Benutzernamen und Ihr Passwort einzugeben. (Halten Sie Ihr Passwort bitte unbedingt geheim, da damit jeder Unbefugte Zugang zu Ihrem Konto bekommen kann.) Nach diesen Eingaben sehen Sie als Nächstes die Homepage von Datek, die folgendermaßen aufgebaut ist:

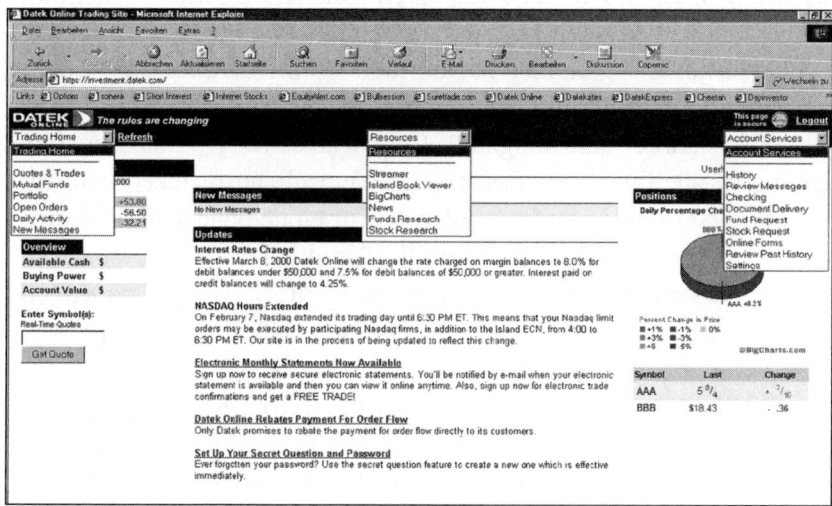

Abbildung 3.1

Abbildung 3.1 zeigt eine Ansicht des Eröffnungsbildschirms mit verschiedenen Informationsfeldern. Im oberen Teil des Fensters sehen Sie drei *Pull-Down-Menüs*. Im rechten Menü können Sie aus „Trading Home", (also der Seite, die Sie im Moment sehen), „Quotes and Trades" (Orderseite, über die Sie Ihre Trades abwickeln), Ihrem „Portfolio" (Übersicht über Ihre Aktienpositionen), „Daily Activity" (Anzeige aller am heutigen Tag durchgeführten Transaktionen), und „New Messages" (alle Nachrichten, die Sie von Datek empfangen haben) wählen.

Das mittlere Menü, „Resources" (Hilfsquellen), führt Sie zum *Datek Streamer* (einem Echtzeit Quotenprogramm), zum *Islandbook* (einer Level-II-ähnlichen Echtzeitquote), zu *BigCharts* (einem Echtzeit-

Chartanbieter), zu „News" (einer umfassenden Suchmaschine für aktuelle Nachrichten zu bestimmten Aktien und einer allgemeinen Nachrichtenübersicht), zu „Funds Research" (einer ausführlichen Informationsseite über Aktienfonds) und schließlich zu „Stock Research" (einer Webseite, über die Sie eine Reihe an Fundamentaldaten über alle notierten Firmen beziehen können).

Das rechte Menü, „Account Services", beinhaltet verschiedene Punkte, die Ihr Konto betreffen. Hier können Sie aus den folgenden Rubriken wählen: *History* (einer kompletten Aufstellung Ihrer Kontobewegungen der letzten Wochen); *Review Messages* (wo Sie alle Meldungen, die Datek an Sie gesendet hat abrufen können); *Checking* (wo Sie Schecks anfordern könnten, die auf Ihr Datek-Konto lauten – in der Regel für Ausländer nicht möglich); *Document Delivery* (einer Seite, von der aus Sie alle Ihre Trade-Bestätigungen einzeln ausdrucken können); *Fund Request* (dem Anforderungsfenster für einen Scheck an Ihre Postadresse oder einer Überweisung auf Ihr Bankkonto); *Stock Request* (hier können Sie sich die wirklichen Wertpapiere, die Sie gekauft haben, zuschicken lassen –für Day Trader irrelevant); *Online Forms* (eine Webseite, von der Sie verschiedene Formulare herunterladen können); *Review Past History* (gibt Ihnen die Möglichkeit, Ihre Kontobewegungen bis zur Eröffnung zurückzuverfolgen) und zuletzt *Settings* (hier können Sie diverse Einstellungen und Berechtigungen aktivieren, mit denen Sie z. B. Zugang zum After Hours Trading bekommen etc.).

Unter dem rechten Menü sehen Sie einen *Overview*, den Überblick über Ihren Kontostand, aufgeschlüsselt in *Available Cash* (das Bargeld, das Sie im Moment zur Verfügung haben), *Buying Power* (das Kapital, mit dem Sie noch Aktien handeln können) und *Account Value* (der Gesamtwert an Aktien und Bargeld den Sie im Augenblick besitzen). Eine Zeile darunter finden Sie eine Realtime-Abfrage für Aktienkurse. Tippen Sie einfach ein Aktiensymbol ein und Sie bekommen eine aktuelle Level-I-Quote.

Auf der rechten Seite sehen Sie eine grafische Darstellung Ihrer Aktienpositionen in einem Tortendiagramm und die prozentuale Aufteilung der Gewinne und Verluste, die Sie mit diesen Titeln an diesem Tag erzielt haben. Darunter sehen Sie die aktuellen Kurse Ihrer Aktien und den Unterschied zum Schlusskurs des Vortages.

In der Mitte finden Sie Systemmeldungen von Datek zu aktuellen Themen und Informationen und Veränderungen im Angebot von Datek Online. Im selben Fenster bekommen Sie auch noch die aktuellen Werte der Indices *Dow Jones*, *NASDAQ* und *S&P* (im Bild allerdings durch das Menüfenster 1 verdeckt).

Der Orderscreen

In der nächsten Abbildung erläutern wir Ihnen einen *Orderscreen*, das Fenster über das Sie Ihre Orders platzieren und absenden können. Hier haben wir als Beispiel die Orderseite von *SURETRADE.COM* gewählt.

Wenn Sie das abgebildete Fenster betrachten, so sehen Sie einen typischen Orderscreen mit Pulldown-Menüs und diversen Eingabefeldern. Unter „Select Account" finden Sie Ihre Kontonummer; sollten Sie mehr als ein Konto bei derselben Brokerfirma eröffnen, so können Sie hier das entsprechende Konto auswählen. Wenn Sie auf den Pfeil im Feld „Transaction" klicken, öffnet sich ein Menü, das zur schnelleren Eingabe bereits eine vorgegebene Auswahl bietet. Hier können Sie unter „Buy" (Kauf), „Sell From Holdings" (Verkauf), „Sell Short" (Leerverkauf) und „Buy to cover short" (Schließen einer Short-Posi-

Abbildung 3.2

tion durch einen Kauf von Aktien) wählen. Im nachfolgenden Feld „Shares" müssen Sie die Anzahl der Aktien, die Sie handeln wollen, eintragen. Danach fügen Sie in das Feld „Symbol" das entsprechende Aktienkürzel ein. Unter „Account Type" finden Sie wieder ein Pulldown-Menü, in dem Sie die Kontoart wählen können. „Margin" für Ihr Rahmenkonto, „Cash" für Ihr Bargeldkonto und „Short" als eigenes Konto für Leerverkäufe stehen hier zur Auswahl. Im Menü „Qualifiers" finden Sie die in Kapitel 2 besprochenen Orderzusätze. Im Wahlfeld „Order Type" stehen Ihnen Limit- und Market- sowie Stop- und Stop-Limit-Order zur Verfügung. Die Unterschiede der Orderarten kennen Sie ebenfalls aus Kapitel 2. Im Feld „Stop Price" können Sie einen Stop-Preis eingeben, falls Sie eine Stop-Order setzen wollen. Beachten Sie dabei bitte, dass der Stop-Preis immer unter dem aktuellen Preis der Aktie liegen muss, da sonst die Order abgewiesen wird. Im Feld „Limit Price" fügen Sie Ihr Limit für Kauf oder Verkauf der Aktien ein; sollten Sie eine Stop-Limit-Order setzen, so muss auch hier der eingegebene Wert unter dem Kurs der Aktie liegen. Im letzten Feld können Sie zwischen „Day" und „GTC" wählen, also die Gültigkeitsdauer Ihrer Order festlegen.

Kontrollieren Sie bitte Ihre Eingaben genau, es kann leicht passieren, dass Sie einen Tippfehler machen, der eine böse Überraschung zur Folge haben kann.

Betätigen Sie als Nächstes die „Send Order"-Taste, so werden Sie aufgefordert, Ihr persönliches Passwort einzugeben. Damit ist Ihre Order auf dem Weg zur Börse, wo die von Ihnen ausgewählten Aktien gehandelt werden.

Sie sehen also, wie einfach es ist, eine Order zu platzieren, und wie schnell Sie über einen Onlinebroker handeln können. Wenn Sie Ihre Order abgeschickt haben, wechseln Sie in den so genannten *Order Status Screen*, ein Fenster, in dem Ihnen die Ankunft der Order beim Broker sowie der momentane Status der Order angezeigt werden (siehe Abbildung 3.3).

Die Order kann als *Open* – also noch offen – als *Executed* – ausgeführt – oder *Rejected* – abgelehnt – markiert sein. Wenn Sie zum Beispiel eine Aktie gekauft haben und Ihre Order ausgeführt wurde, dann sehen Sie den Preis, zu dem Sie diesen Kauf durchgeführt haben, und

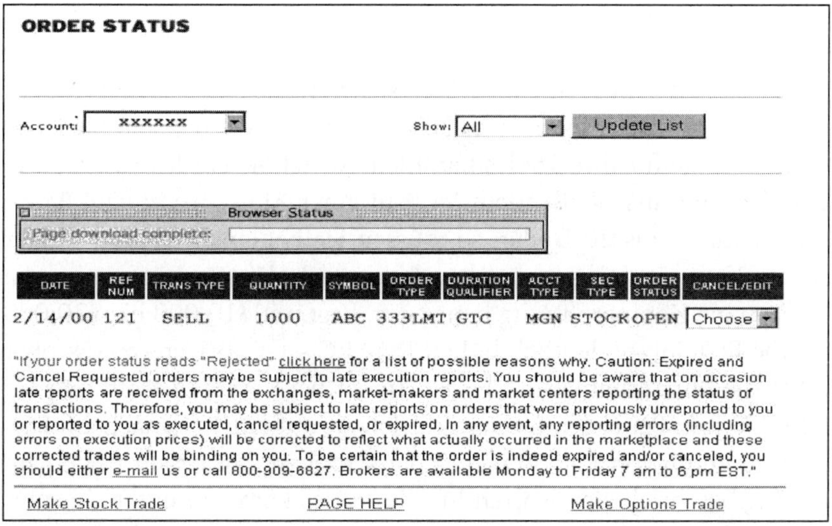

ORDER STATUS

Account: xxxxxx ▼   Show: All ▼   Update List

Browser Status
Page download complete:

DATE	REF NUM	TRANS TYPE	QUANTITY	SYMBOL	ORDER TYPE	DURATION QUALIFIER	ACCT TYPE	SEC TYPE	ORDER STATUS	CANCEL/EDIT
2/14/00	121	SELL	1000	ABC	333LMT	GTC	MGN	STOCK	OPEN	Choose ▼

"If your order status reads "Rejected" click here for a list of possible reasons why. Caution: Expired and Cancel Requested orders may be subject to late execution reports. You should be aware that on occasion late reports are received from the exchanges, market-makers and market centers reporting the status of transactions. Therefore, you may be subject to late reports on orders that were previously unreported to you or reported to you as executed, cancel requested, or expired. In any event, any reporting errors (including errors on execution prices) will be corrected to reflect what actually occurred in the marketplace and these corrected trades will be binding on you. To be certain that the order is indeed expired and/or canceled, you should either e-mail us or call 800-909-6827. Brokers are available Monday to Friday 7 am to 6 pm EST."

Make Stock Trade   PAGE HELP   Make Options Trade

Abbildung 3.3

die Aktien befinden sich sofort in Ihrem Depot. Wenn Sie nun, nachdem der Kurs gestiegen ist, wieder verkaufen wollen, so müssen Sie wieder eine neue Order eingeben. Bei vielen Internetbrokern werden Sie, wenn Sie direkt im Depot das Symbol der Aktie anklicken, automatisch auf den Orderscreen umgeleitet, wo bereits die wichtigsten Daten für einen Verkauf vorausgefüllt sind. Sie müssen dann nur noch die vorhandenen Angaben ergänzen oder ändern und können die Order abschicken.

Sie können sich sehr rasch mit den entsprechenden Optionen vertraut machen, indem Sie sich die umfassenden Erklärungen und die Beispielbeschreibungen auf den Seiten genau ansehen und den Umgang mit den verschiedenen Fenstern üben.

Abschließend kann zu den Type I Accounts noch einmal angemerkt werden, dass die Leistungen und die Kosten der verschiedenen Broker in ihrer Klasse größtenteils gleich sind. Allerdings führen die aktuellen Entwicklungen in den USA zunehmend weg von browserbasierenden Orderplattformen und hin zu den *Direct-Access-Plattformen*, die wir Ihnen jetzt näher erklären werden.

Type II Accounts

Direct-Access-Broker unterscheiden sich von anderen Internetbrokern in vielen Punkten. Einer der auffallendsten ist auf den ersten Blick der Preis, den Sie für Ihre Trades bezahlen. Kostet Sie ein *Roundturn*, also ein Kauf mit anschließendem Verkauf einer Aktie, bei einem Type I Broker ca. 15 bis 20 Dollar, so müssen Sie bei einem Type II Broker schon 30 bis 50 Dollar dafür bezahlen. Auch die Mindestsumme, die Sie für eine Kontoeröffnung benötigen, liegt mit $10.000 bis $20.000 für die Ersteinlage deutlich höher. Die SEC setzt übrigens ab Oktober 2001 die Mindesteinlagen für Day Trader bei Kontoneueröffnung auf $25.000 fest. Bei vielen Brokern dürfen Sie außerdem danach ein Bargeldminimum von $5.000 nicht unterschreiten. Zusätzlich zu den am Anfang beschriebenen Kosten für die Trades kommen unter Umständen noch monatliche Gebühren für die verwendeten Informationsquellen dazu, die nur zum Teil in den Trading-Gebühren enthalten sind. Sie müssen hier, je nach Qualität, mit $100 bis $400 rechnen. Wenn Sie dies alles zusammenzählen, werden Sie schnell feststellen, dass Sie bereits kräftige Gewinne erwirtschaften müssen, um Ihre Kosten zu decken. Es stellt sich jedoch die Frage nach den Leistungen, die Sie für Ihre Gebühren bekommen. Und in dieser Hinsicht kann sich das Angebot von Direct-Access-Brokern wirklich sehen lassen. Die meisten der Direct-Access-Brokerfirmen arbeiten mit Abwandlungen und zum Teil verbesserten Oberflächen der schon erwähnten TAL Tradingtools (z. B. *RealTick III*, *Powertrader*, *MB-Trader*, *UTrader* etc).

Der Vorteil dieser Tools liegt darin, dass die Software auf Ihrem Rechner installiert ist und direkt auf Ihrem System läuft. Alle grafischen Elemente sind also schon vor Ort. Darüber hinaus müssen nur geringe Datenmengen über das Internet geladen werden. Der Unterschied zu browserbasierenden Applikationen in Geschwindigkeit und Sicherheit ist gewaltig, weshalb hier voraussichtlich die Zukunft des Online Brokerage liegt. Die einzelnen Features dieser Direct-Access-Software wollen wir Ihnen anhand des *Powertrader,* einer neuen Software der Direct Access Trader Group, erklären.

Powertrader

Mit diesem Programm sind Sie prinzipiell in der Lage, auf dieselbe Art zu traden wie ein NASDAQ Market Maker. Sie können damit Ihre Orders direkt über SelectNet, alle ECNs, das SOES-System und das Instinet an den NASDAQ senden. Zusammen mit der Hochgeschwindigkeitsausführung der Order stellt dies einen immensen Vorteil für den Day Trader dar. Die Software beinhaltet zudem so genannte *OneClick-Orderbuttons* – Tasten, mit denen Sie durch einen Mausklick Ihre komplette Order zusammenstellen und abschicken können. Sie klicken auf den Aktientitel im Level-II-Fenster und alle aktuellen Daten dieser Aktie werden sofort in Ihre Order übernommen. Ein Klick auf „Buy" oder „Sell" führt Ihre Order aus. Keine Passworteingabe mehr, keine TAN-Nummern, kein lästiges Eintippen von Stückzahlen, kein Wechseln der Fenster. Mit entsprechender Übung dauert die gesamte Orderabwicklung, von Ihrer Entscheidung bis zur Ausführung an der Börse, nur wenige Sekunden.

Wir möchten Sie aber ausdrücklich darauf hinweisen, dass die Durchführung von Trades mit solchen Programmen eine gewisse Erfahrung im Umgang mit den verschiedenen Werkzeugen, die darin enthalten sind, erfordert. Durch die schnelle und direkte Ausführung besteht die Gefahr, dass Sie aufgrund unsachgemäßer Handhabung Trades durchführen, die Sie gar nicht beabsichtigt haben. Wir empfehlen Einsteigern auf jeden Fall, sich zuerst mit der Simulationsvariante des Powertrader vertraut zu machen und damit die Grundlagen des Day Trading zu erwerben, bevor Sie Ihr Kapital durch Bedienungs- oder Tradingfehler dezimieren. Sie werden schon nach kurzer Zeit feststellen, wie gut Sie mit der schnellen Orderausführung und der direkten Bedienung der Software zurechtkommen. Nach kurzer Zeit werden Sie wahrscheinlich nicht mehr auf die Vorteile eines Direct-Access-Brokers verzichten wollen. Informieren Sie sich anhand der Linkliste unter www.specta-austria.at und vergleichen Sie die aktuellen Preise und Angebote. Direct-Access-Software beinhaltet echte Level-II-Quoten, mit denen Sie alle Limit-Orders am NASDAQ mit Größenangabe und den Namen der Market Maker ablesen können (Abbildung 3.4).

Beim Powertrader können Sie direkt im Level-II-Fenster die Quote durch einen Klick auf den entsprechenden Ask oder Bid zur Order ma-

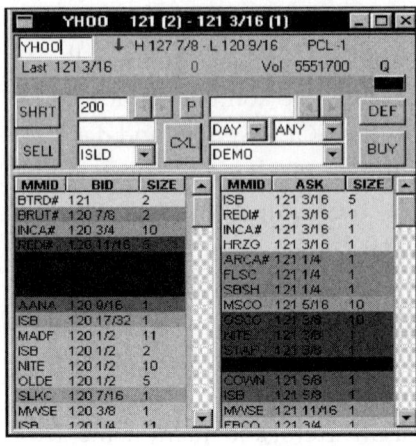

Abbildung 3.4

chen und direkt aus diesem Fenster abschicken. Sie sehen: Es wird enormer Wert auf Schnelligkeit und Vereinfachung der Abläufe gelegt, damit der Kunde so rasch wie möglich reagieren kann.

Sie können Charts in Echtzeit auf Ihrem Bildschirm beobachten, verschiedene gängige Indikatoren für die Chartanalyse einsetzen und Informationsseiten nutzen, mit denen auch an den US-Börsen gearbeitet wird. Zur sinnvollen Nutzung ist jedoch ein entsprechend schneller Internetzugang (z. B. ADSL oder ein Kabel- bzw. Satellitenmodem) Voraussetzung. Wenn Sie Interesse an einem Type II Account haben, so sollten Sie die schon erwähnte Simulation oder eine Demoversion der angebotenen Handelssoftware erwerben. Hier können Sie, je nach Broker, bis zu mehreren Wochen kostenlos von Ihrem Computer aus die Original-Software mit Daten früherer Handelssitzungen testen und Käufe und Verkäufe durchführen, ohne dass Ihnen Transaktionskosten oder andere Gebühren entstehen. Sie haben so eine hervorragende Möglichkeit, sich mit den Applikationen vertraut zu machen oder Handelsansätze risikolos zu testen.

Abbildung 3.5 zeigt einen Screenshot des *Powertrader*.

Sie sehen im mittleren Teil das Powertrading-Fenster mit der Level-II-Quote von *Yahoo!*, daneben einen Realtime-3-Minutenchart von Yahoo! und einen *Market Minder*, eine frei konfigurierbare Liste mit Aktien, welche eventuell im Laufe des Tradingtages für Sie interessant

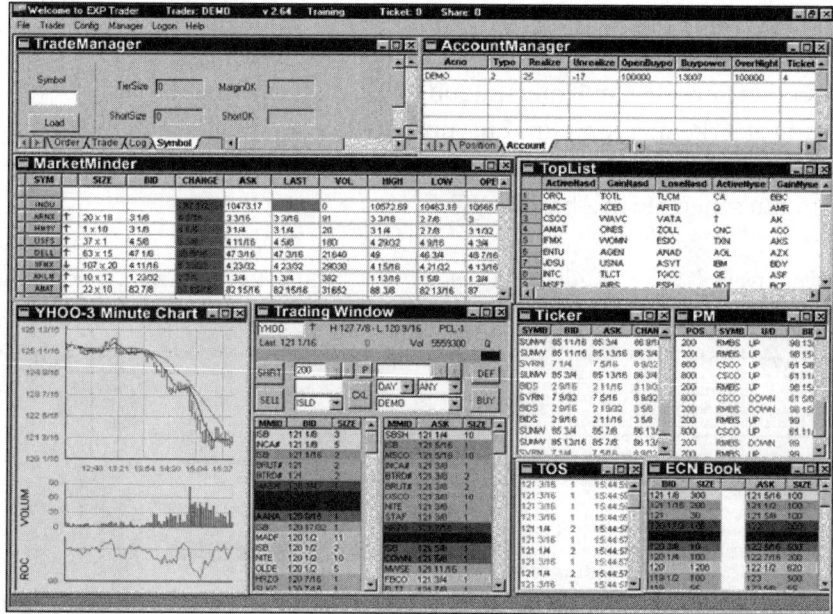

Abbildung 3.5

werden könnten. Ein Klick auf eine Zeile in dem hellblauen Feld – und schon haben Sie das Symbol in Ihre Orderleiste übernommen. Der entsprechende Titel wird als Level-II-Quote ebenfalls automatisch übernommen.

Sie können alle Fenster Ihren individuellen Bedürfnissen anpassen. So bleibt es Ihnen überlassen, ob Sie gewisse Fenster doppelt öffnen wollen, groß oder klein justieren oder ganz weglassen. Der Powertrader kann auch über zwei Monitore gestreckt werden, um einen besseren Überblick zu bieten und z. B. die Charts in überschaubarer Größe darzustellen. Wenn Sie sich über die technischen Spezifikationen näher informieren wollen, können Sie sich unter www.specta-austria.at eine kostenlose Einführung in den Umgang mit Powertrader downloaden bzw. sich mit der Bonuskarte, die diesem Buch beiliegt, zehn Gratis-Trades auf dem Powertrader sichern. Auch Echtzeit-Demos dieses Programms können Sie unter der angeführten Adresse beziehen.

LEVEL II

Level II ist das Orderbuch der NASDAQ. Day Trader am NASDAQ verwenden Level II, um Unterstützung und Widerstand in der Kursbewegung zu erkennen und um Ein- und Ausstiegspunkte in einen Wert zu planen. Ein typisches Level II Display aus einem Direct-Access-Programm sehen Sie in Abbildung 3.6.

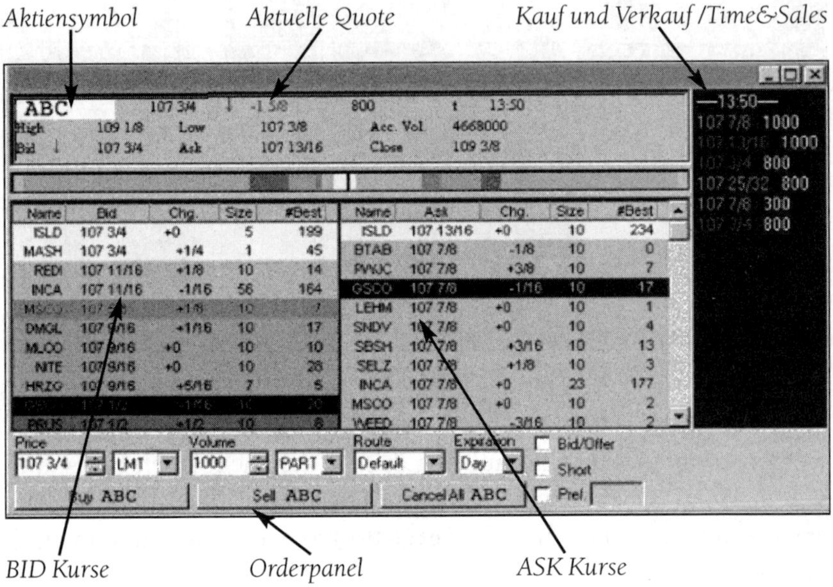

Aktiensymbol   *Aktuelle Quote*   *Kauf und Verkauf /Time&Sales*

BID Kurse   *Orderpanel*   *ASK Kurse*

Abbildung 3.6

Im weißen Feld links oben wird das entsprechende Aktiensymbol eingegeben. Die Software holt sich die Daten für die Level-II-Quote vom Server. Im linken Hauptfenster sehen Sie alle Bids zu diesem Titel, im linken Teil alle Asks. Diese Ansicht erläutern wir Ihnen später noch genauer. Der graue Bereich ganz unten ist ein Orderpanel, über das Sie Ihre Order, eingeben, editieren und abschicken können. Das schwarze Fenster am rechten Rand informiert Sie laufend über die gehandelten Stückzahlen (Time & Sales), wobei die grünen Zahlen den Preis für einen Kauf, die roten für einen Verkauf und die weißen die entsprechende Stückzahl anzeigen. Das graue Feld im oberen Teil des Level II Displays beinhaltet alle Parameter der aktuellen Quote für ABC. Abbil-

108

dung 3.7 zeigt eine Momentaufnahme dieser Quote, die wir uns nun genauer ansehen wollen.

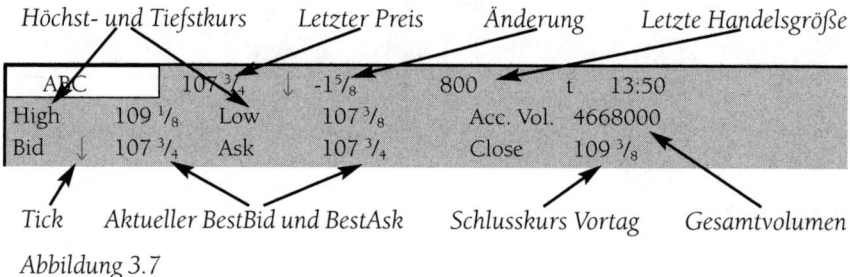

Abbildung 3.7

Die Zahlen rechts von High und Low zeigen den Höchst- und Tiefstkurs von ABC an diesem Tag, in unserem Beispiel 109 $^1/_8$ zu 107 $^3/_4$. Darunter, neben Bid und Ask, sehen Sie den *Inside Market*, den im Moment besten Bid- und Askpreis, der für ABC geboten wird. Neben der Bezeichnung „Close" steht der Schlusskurs der Aktie vom letzten Handelstag, darüber sehen Sie das Gesamtvolumen, die Summe aller an diesem Tag gehandelten Aktien. In der obersten Zeile finden Sie neben dem Aktiensymbol den Preis, zu dem der letzte Trade in ABC durchgeführt wurde, daneben die Änderung im Preis zum Vortagschlusskurs. Hier werden positive Veränderungen in grüner Farbe, negative in roter dargestellt. Das Volumen des letzten Trades ist der nächste Parameter, ganz rechts oben finden Sie den Zeitpunkt des letzten Handels. Das kleine „t" zwischen den beiden Angaben zeigt an, dass Sie diese Aktie über SOES handeln können, sehen Sie hier ein „s", so müssen Sie auf ein anderes ECN zurückgreifen. Der Tick wird, wie bereits erwähnt, mit einem kleinen Pfeil dargestellt. Befindet sich die Aktie im Uptick, ist der Pfeil grün, im Downtick rot.

Das Orderpanel ist das Werkzeug, mit dem Sie Ihre Trades ausführen. Sie haben im ersten Feld automatisch den aktuellen Preis der Aktie eingetragen, der laufend aktualisiert wird. Im Fenster *Orderart* können Sie bestimmen, welche Order Sie für Ihren Trade wählen wollen. Unter *Volume* geben Sie die gewünschte Stückzahl ein, den Orderzusatz bestimmen Sie im nächsten Feld. Beachten Sie, dass AON-Orders nur über SelectNet akzeptiert werden. Alle anderen Zugangssysteme erfordern ein *Partial*, eine teilbare Orderausführung.

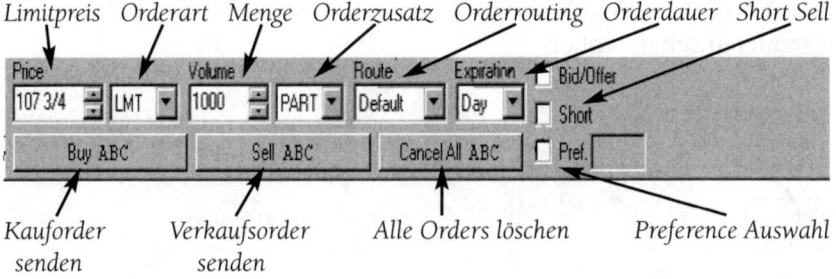

Limitpreis   Orderart   Menge   Orderzusatz   Orderrouting   Orderdauer   Short Sell

Kauforder   Verkaufsorder   Alle Orders löschen   Preference Auswahl
senden   senden

Abbildung 3.8

Die Orderdauer bezieht sich auf die Gültigkeit der eingegebenen Order. Sie haben die Wahl zwischen „Day" oder „GTC". Ganz rechts finden Sie ein Feld mit der Bezeichnung „Short" für den Leerverkauf einer Aktie. Wenn Sie eine Preference-Order bei einem bestimmten Market Maker aufgeben wollen, so klicken Sie in das weiße Kästchen „PREF" und geben daneben das Kürzel des Market Makers, den *MMI* (Market Maker Identifier) ein. Die drei großen Schaltflächen sind die eigentlichen Ausführungsinstrumente, links der Oneklick-Button für einen Kauf, in der Mitte für einen Verkauf und rechts für die Stornierung aller Orders zu diesem Aktiensymbol.

Im nächsten Bild wollen wir jetzt noch eingehender auf die Darstellung von Bids und Asks zurückkommen.

Am oberen Rand des Level-II-Fensters sehen Sie einen Balken in denselben Farben wie in den Hauptfenstern. Es handelt sich hier um einen grafischen Überblick über die Preisstufen in Bid und Ask. Je nach Blockgröße der Kauf- oder Verkauforders wandert der schwarze Mittelstrich nach rechts oder links und die entsprechenden Farbfelder werden breiter oder schmäler. Die Farbfelder resultieren aus den farbig markierten Preisfeldern in den darunter liegenden Quotenfenstern. Sie sehen in unserem Beispiel, dass zur besseren Übersicht allen gleichen Preisen dieselbe Farbe zugeordnet ist. In der ersten Spalte „Name" sehen Sie den MMI, das Kürzel für den institutionellen Trader oder für ein ECN. Neben dem MMI steht der Preis, den der Market Maker als Bid oder Ask gesetzt hat. In der Spalte „Chg" sehen Sie die Änderung dieses Angebots gegenüber dem vorherigen, das derselbe Market Ma-

Schnellübersicht Preisstufen

Name	Ask	Chg.	Size	#Best	Name	Ask	Chg.	Size	#Best
ISLD	107 3/4	+0	5	199	ISLD	107 13/16	+0	10	234
MASH	107 3/4	+1/4	1	45	BTAB	107 7/8	-1/8	10	0
REDI	107 11/16	+1/8	10	14	PWJC	107 7/8	+3/8	10	7
INCA	107 11/16	-1/16	56	164	GSCO	107 7/8	-1/16	10	17
MSCO	107 5/8	+1/8	10	7	LEHM	107 7/8	+0	10	1
DMGL	107 9/16	+1/16	10	17	SNDV	107 7/8	+0	10	4
MLCO	107 9/16	+0	10	10	SBSH	107 7/8	+3/16	10	13
NITE	107 9/16	+0	10	28	SELZ	107 7/8	+1/8	10	3
HRZG	107 9/16	+5/16	7	5	INCA	107 7/8	+0	23	177
GSCO	107 1/2	-1/16	10	20	MSCO	107 7/8	+0	10	2

Preisstufenfelder   *Market MakerID*   *aktueller Ask d. MMs*   *Änderung*   *Menge*   *Best Counter*

Abbildung 3.9

ker in dieser Aktie gemacht hat. Unter „Size" finden sich die Stückzahlen, die zum entsprechenden Preis getradet werden sollen, die wie bei der Quote in Hunderter-Schritten dargestellt sind. In der Spalte „Best" wird angezeigt, wie oft der entsprechende Market Maker heute schon an der besten Bid- bzw. Ask-Stelle war.

Damit sollten Sie ausreichend über die Details eines Level II Displays Bescheid wissen, um im Trading den Überblick zu behalten.

Im Folgenden möchten wir Ihnen die Vorgangsweise bei Anmeldungen für Ihr Konto erklären und Sie über die entsprechenden Formulare und die Kontaktaufnahme informieren.

Kontoeröffnung

Egal, ob Sie sich nun für einen Type I Account oder einen Type II Account entscheiden, Sie müssen zu diesem Zweck eine Reihe von Onlineformularen und Bestätigungen ausfüllen. Dazu wollen wir Ihnen mit ein paar zentralen Hinweisen eine grobe Hilfestellung bieten.

Nachdem Sie sich die Webseiten der verschiedenen Internetbroker angesehen und die entsprechenden Konditionen verglichen haben, beginnen Sie die Kontoeröffnung bei Ihrem Wahlbroker folgendermaßen.

Sie finden auf der Homepage üblicherweise ein Link mit der Bezeichnung „Open an Account", das Sie zur Kontoeröffnungsseite bringt. Wählen Sie als Accounttype immer „Individual" und „Margin" aus, damit geben Sie bekannt, dass Sie alleiniger Verfüger über das Konto sind und einen hundertprozentigen Überziehungsrahmen beantragen. Außerdem wird von Ihnen im Laufe der Anmeldung unter Umständen die Angabe persönlicher Daten wie z. B. Name, Wohnsitz, jährliches Einkommen etc. verlangt, die Sie genau und wahrheitsgemäß vervollständigen müssen.

Beachten Sie bitte, dass es Anbieter gibt, die keine ausländischen Staatsbürger als Kunden akzeptieren. Sie können das leicht überprüfen, indem Sie die Liste der Staaten auf der Anmeldeseite durchsehen. Finden Sie hier nur US-Bundesstaaten, so ist eine Kontoeröffnungen durch Ausländer nicht möglich.

In weiterer Folge werden Sie auf mehreren Seiten zur Eingabe einer *Tax/IP-Number* oder einer *Social Security Number*, also einer Steuer- bzw. Sozialversicherungsnummer aufgefordert. Da Sie als Devisenausländer, sofern Sie keinen Wohnsitz in Amerika haben, in den USA nicht steuerpflichtig sind, lassen Sie diese Felder in allen Formularen unausgefüllt.

Den Vereinbarungen der NYSE, NASDAQ und S&P müssen Sie im Verlauf jeder Anmeldung zustimmen.

Zum Abschluss können Sie anhand einer Zusammenfassung Ihre eingegebenen Daten überprüfen und, wenn nötig, korrigieren. Sollten Sie eine Korrektur durchführen müssen, so verwenden Sie einfach die Rückwärtstaste Ihres Browsers, um auf die entsprechende Seite zurückzugehen, und ändern Sie die Eingaben.

Da Sie als Europäer wahrscheinlich Devisenausländer sind, müssen Sie ein spezielles Formular für die amerikanischen Steuerbehörden ausdrucken und vervollständigen: das Formular W-8BEN, das Sie in Abbildung 3.10 sehen können.

In dieses Formular fügen Sie in „PART 1", unter Punkt 1 und 4 Ihren Namen und Ihre Adresse ein, unter Punkt 2 kreuzen Sie „Individual" an. Sollte der Staat, in dem Ihr Hauptwohnsitz liegt, ein Steuerabkommen mit den USA haben, so müssen Sie in „PART 2" Punkt 9a ankreuzen und daneben den Namen des Landes eintragen. Alle ande-

Form **W-8BEN**
(October 1998)
Department of the Treasury
Internal Revenue Service

**Certificate of Foreign Status of Beneficial Owner
for United States Tax Withholding**
▶ Section references are to the Internal Revenue Code. ▶ See separate instructions.
▶ Give this form to the withholding agent or payer. Do not send to the IRS.

OMB No. 1545-1621

Do not use this form for: | Instead, use Form:
- A U.S. citizen or other U.S. person, including a resident alien individual W-9
- A foreign partnership (see instructions for exceptions) . . . . W-8ECI or W-8IMY
- A foreign government, international organization, foreign central bank of issue, tax-exempt organization, or private foundation, claiming the applicability of section(s) 501(c), 892, 895, or 1443(b) . . . . W-8ECI or W-8EXP
- A person acting as an intermediary W-8IMY
- A person claiming an exemption from U.S. withholding on income effectively connected with the conduct of a trade or business in the United States W-8ECI

Part I   Identification of Beneficial Owner (See instructions.)

1 Name of individual or organization that is the beneficial owner

2 Country of incorporation or organization

3 Type of beneficial owner ☐ Individual ☐ Corporation ☐ Disregarded entity ☐ Partnership ☐ Trust ☐ Estate
☐ Foreign government ☐ International organization ☐ Foreign central bank of issue ☐ Foreign tax-exempt organization

4 Permanent residence address (street, apt. or suite no., or rural route). **Do not use a P.O. box.**

City or town, state or province. Include postal code where appropriate.

Country (do not abbreviate)

5 Mailing address (if different from above)

City or town, state or province. Include postal code where appropriate.

Country (do not abbreviate)

6 U.S. taxpayer identification number, if required (see instructions)   ☐ SSN or ITIN ☐ EIN

7 Foreign tax identifying number, if any (optional)

8 Account number(s) (optional)

Part II   Claim of Tax Treaty Benefits (if applicable)

9 **I certify that** (check all that apply):
a ☐ The beneficial owner is a resident of ...., within the meaning of the income tax treaty between the United States and that country.
b ☐ If required, the U.S. taxpayer identification number is stated on line 6 (see instructions).
c ☐ The beneficial owner is not an individual, derives the income for which the treaty benefits are claimed, and, if applicable, meets the requirements of the treaty article dealing with limitation on benefits (see instructions).
d ☐ The beneficial owner is not an individual, is claiming treaty benefits for dividends received from a foreign corporation or interest from a U.S. trade or business of a foreign corporation, and meets qualified resident status (see instructions).
e ☐ The beneficial owner is related to the person obligated to pay the income within the meaning of section 267(b) or 707(b), and will file Form 8833 if the amount subject to withholding received during a calendar year exceeds, in the aggregate, $500,000.

10 **Special rates and conditions** (if applicable—see instructions): The beneficial owner is claiming the provisions of Article .... of the treaty identified on line 9a above to claim a .... % rate of withholding on (specify type of income): ....
Explain the reasons the beneficial owner meets the terms of the treaty article: ....
....

Part III   Notional Principal Contracts

11 ☐ I have provided or will provide a statement that identifies those notional principal contracts from which the income is **not** effectively connected with the conduct of a trade or business in the United States. I agree to update this statement as required.

Part IV   Certification

Under penalties of perjury, I declare that I have examined the information on this form and to the best of my knowledge and belief it is true, correct, and complete. I further certify under penalties of perjury that:
- I am the beneficial owner (or am authorized to sign for the beneficial owner) of all the income to which this form relates,
- The beneficial owner is a foreign person,
- The income to which this form relates is not effectively connected with the conduct of a trade or business in the United States,
- For broker transactions or barter exchanges, the beneficial owner is an exempt foreign person as defined in the instructions.
- Any income from a notional principal contract to which this form relates is not effectively connected with the conduct of a trade or business within the United States, **and**
- I am not a former citizen or long-term resident of the United States subject to section 877 (relating to certain acts of expatriation) or, if I am subject to section 877, I am nevertheless entitled to treaty benefits with respect to the amounts received.

Sign Here ▶

Signature of beneficial owner (or individual authorized to sign for beneficial owner)   Date   Capacity in which acting

For Paperwork Reduction Act Notice, see separate instructions.   Cat. No. 25047Z   Form **W-8BEN** (10-98)

Abbildung 3.10

ren Felder können Sie frei lassen. Unterschreiben Sie auf der letzten Zeile und tragen Sie das aktuelle Datum ein.

Nun gibt es zwei Vorgehensweisen, wie Ihr Internetbroker die von

Ihnen eingegebenen Daten weiterbehandelt. Entweder werden Sie bei der Onlineanmeldung aufgefordert, alle ausgefüllten Seiten zu Hause auszudrucken und zu unterschreiben, oder Sie bekommen die Information, dass alle Daten eingegangen sind und Ihnen die entsprechenden Formulare per Post zugesandt werden. In beiden Fällen müssen Sie an den gekennzeichneten Stellen Ihre Unterschrift leisten, das W-8BEN-Formular beifügen und das gesamte Paket per Post an Ihren Internetbroker senden. Beachten Sie bitte, dass es immer noch einige Anbieter gibt, die von nichtamerikanischen Kunden zusätzlich zum W-8BEN das Formular 1001 verlangen. Dieses Formular sehen Sie in Abbildung 3.11.

Sollten Sie einen Discountbroker gewählt haben, der das Formular 1001 zur Kontoeröffnung benötigt, so können Sie es von seiner Webseite downloaden und ausdrucken. Fügen Sie in die von uns mit XXX gekennzeichneten Felder Ihren Namen und Ihre Adresse sowie den Namen Ihres Landes ein. Kreuzen Sie als Nächstes das von uns mit X gekennzeichnete Feld nach Punkt „1a" an. Hiermit geben Sie an, dass Sie Einkünfte aus einem Investment-Konto in den USA erwarten. Danach setzen Sie Ihre Unterschrift neben „Sign here" und tragen bei „DDD" das Datum ein. Alle anderen Felder lassen Sie frei.

Nachdem Sie die Unterlagen per Luftpost abgeschickt haben, dauert es ungefähr 10 bis 20 Tage, bis Ihr Konto eröffnet ist.

Wenn Sie Hilfe zur Kontoeröffnung bei Ihrem Direct Access Broker brauchen, finden Sie unter www.specta-austria.at eine ausführliche Onlinedokumentation zum Thema..

Sobald die Papiere beim Internetbroker eingegangen sind, bekommen Sie eine E-Mail mit Ihrer Kontonummer und den entsprechenden Kontoinformationen.

Sollten Sie spezielle Angebote, wie z. B. Optionshandel, erweiterte Informationsseiten oder zusätzliche Berechtigungen, von Ihrem Internetbroker in Anspruch nehmen, müssen Sie die entsprechenden Formulare gesondert ausdrucken oder anfordern. Sie finden in der Regel alle Unterlagen, die Sie dazu brauchen, unter dem Link „Forms"; beachten Sie aber bitte, dass durch solche Sondervereinbarungen höhere Kosten anfallen können.

Als Nächstes müssen Sie Ihr Konto dotieren, also die geforderte

Form **1001** (Rev. September 1995) Department of the Treasury Internal Revenue Service

Ownership, Exemption, or Reduced Rate Certificate

► **File this form with your withholding agent.**

OMB No. 1545-0055

Please Type or Print

Name of beneficial owner XXXXXXXXXXXXX	**U.S. identifying number, if any**
Address (number and street, or P.O. Box number if mail is not delivered to street address) XXXXXXXXXXX	Recipient's country of residence for tax purposes XXXXXXXXXXXX
City, province or state, and postal code XXXXXXXXXXXXX	Country XXXXXXXXXXXX

1 Check type of income for which this certificate applies. *(If you check box **a**, you do not have to check any other box.):*

a ☒ Income from a trust, estate, or investment account
b ☐ Coupon bond interest (including tax-free covenant bonds)
c ☐ Interest, other than coupon bond interest
d ☐ Rents
e ☐ Natural resource royalties and income from real property
f ☐ Royalties from use of patents, secret processes, etc.
g ☐ Royalties from use of films, television tapes, etc.
h ☐ Annuities
i ☐ Other income (specify)..........

If you checked box b, complete items 2a through 2h and, if applicable, line 4 or line 5.
If you checked any box other than b, complete either line 3 or line 4, whichever applies. Also complete line 5 if applicable.
***Note:** Before completing line **4** or line **5**, see instructions.*

2 Information on coupon bonds

a Name and address of obligor of bonds

b Identification of bond | **c** Date of issue

d Date interest due	**e** Date interest paid	**f** Gross amount of interest paid	**g** Rate of tax (see instructions)	**h** Amount of tax withheld
		$	%	$

3 Calendar years for which the reduced rate of tax or exemption from tax applies to other than coupon bond interest:

First year	Second year	Third year

4 Withheld tax requested to be released (see instructions) . . . . $

5 Qualified resident status. If you are a corporation claiming treaty benefits for dividends you received from another foreign corporation or interest you received from a U.S. trade or business of another foreign corporation, explain how you meet qualified resident status (see instructions).

I certify that the information entered above is correct; and, if a reduced rate of tax or exemption from tax applies, I further certify that I have complied with all requirements to qualify for the reduced rate of tax or exemption from tax.

Sign Here ► UUUUUUUUUUUUUUUUUUUUUUU (Signature of beneficial owner, fiduciary, trustee, or agent) DDDDDDDDDD (Date)

(If trust or estate, enter name)

(Address of fiduciary, trustee, or agent)

General Instructions

Section references are to the Internal Revenue Code unless otherwise noted.

Paperwork Reduction Act Notice

We ask for the information on this form to carry out the Internal Revenue laws of the United States. You are required to provide the information. It is needed to ensure that you are complying with these laws and to ensure that the correct amount of tax is withheld.

The time needed to complete and file this form will vary depending on individual circumstances. The estimated average time is:

Recordkeeping . . . . 4 hr., 32 min.
Learning about the law or the form . . . . . 1 hr.
Preparing and sending the form . . . . . 1 hr., 7 min.

If you have comments concerning the accuracy of these time estimates or suggestions for making this form simpler, we would be happy to hear from you. You can write to the **Internal Revenue Service,** Attention: Tax Forms Committee, PC:FP, Washington, DC 20224.

DO NOT file this form with the IRS. Instead, file it with the withholding agent.

Cat. No. 17110L Form **1001** (Rev. 9-95)

Abbildung 3.11

Mindestbargeldsumme überweisen, um mit dem Trading beginnen zu können.

Kontodotierung

Die Mindestsumme, die Sie zur Aktivierung Ihres Kontos benötigen, ist von Broker zu Broker unterschiedlich. Mit der Überweisung der doppelten Mindesteinlagesumme und dem Margin-Rahmen erhalten Sie wahrscheinlich genügend Spielraum.

Da alle Transaktionen, die über Ihr Konto laufen, in US-Dollar abgewickelt werden, müssen Sie auch die Dotierung in dieser Währung durchführen. Sie finden auf der Webseite des Internetbrokers die genauen Angaben zur Bankverbindung und Kontonummer der kontoführenden Bank. Notieren Sie sich alle Daten und besprechen Sie die Überweisungsformalitäten mit einem Berater Ihrer Hausbank. Wir empfehlen Ihnen aus Geschwindigkeitsgründen eine telegrafische Auslandsüberweisung oder Swiftüberweisung. Später kann es für Sie nützlich sein, ein Fremdwährungskonto in US-Dollar bei Ihrer Bank einzurichten, da sich dadurch alle weiteren Transaktionen vereinfachen.

Je nach Überweisungsart dauert es fünf bis 15 Tage, bis Ihr Konto dotiert und somit aktiviert ist. Sie werden normalerweise per E-Mail von Ihrem Discountbroker über den Stand der Entwicklungen informiert. Sie sehen also, dass es ratsam ist, gleich zwei oder mehrere Accounts zu öffnen, da Überweisungen deutlich schneller abgewickelt werden können als Kontoanmeldungen. Wenn Sie schon zwei oder mehrere Konten geöffnet haben, so können Sie bei Bedarf innerhalb weniger Tage zu einem anderen Anbieter wechseln. Sollten Sie von einem aktiven Konto Geld oder Wertpapiere zu einem anderen Konto transferieren wollen, so finden Sie ebenfalls auf den Webseiten der Broker entsprechende Account-Transfer-Formulare, mit denen eine rasche Übertragung des gewünschten Betrages und der Aktienpositionen möglich ist. Einige Discountbroker akzeptieren sogar eine Übermittlung der ausgefertigten Übertragungsformulare per Fax.

Der derzeit einzige Direct-Access-Broker mit deutschsprachigem Kundenservice ist übrigens *InvestIN Securities Ldt.* (Powertrader) in London.

Wenn Sie schließlich auf Ihr neues Konto zugreifen können und feststellen, dass der von Ihnen eingezahlte Betrag auf dem Brokerkonto gutgeschrieben wurde, steht dem Day Trading nichts mehr im Weg!

Deutsche Onlinebroker

Die meisten europäischen Börsen sind noch weitgehend Präsenzbörsen und somit den institutionellen Floortradern vorbehalten. Deshalb können Sie Day Trading an den elektronischen Börsen, wie es in den USA über ECNs möglich ist, zurzeit in Deutschland nur eingeschränkt betreiben. Es gibt zwar bereits einige Onlinebanken, die ihre Marktposition solide ausgebaut haben, aber man kann auch bei diesen Firmen im besten Fall von einer Art *Day Investing*, also einer Investition in Aktien während eines Tages, sprechen. Diese Anbieter offerieren leider nicht immer ausreichend schnelle Orderausführungsbestätigungen, d.h., Sie können nicht sofort nach Ordereingabe kontrollieren, ob Sie sich bereits in der Gewinn- oder Verlustzone befinden. Vor allem kommen Sie nicht in den Genuss der Konditionen, die Ihnen die US-Broker anbieten. Nur für herkömmliche Investitionen in Wertpapiere sind Sie hier mit Sicherheit gut aufgehoben, da im Normalfall geringere Gebühren als auf einer Bank anfallen.

Es gibt mittlerweile auch Anbieter in Deutschland, die Ihre Order direkt an amerikanische Kooperationspartner weiterleiten, wobei sich jedoch die Frage nach dem Sinn dieses Angebots stellt, da Sie bei gleichen Voraussetzungen (z. B. englische Sprache) höhere Gebühren zahlen als bei einem amerikanischen Discountbroker. Deshalb sind Sie mit einem amerikanischen Broker für den Wertpapierhandel in Amerika besser beraten. Mit der fortschreitenden technischen und wirtschaftlichen Entwicklung und dem rasch steigenden Interesse an Direkt Access Brokerage, Onlineinvestment und Day Trading werden jedoch vermutlich auch in Europa bald dieselben technischen Möglichkeiten bestehen, wie wir sie heute in den USA bereits vorfinden.

Besuchen Sie, falls Sie Interesse an einer Kontoeröffnung haben, bei einem deutschsprachigen Anbieter dessen Webseiten, und fordern Sie ein kostenloses Infopaket an, das alle wichtigen Informationen und Formulare enthält. Da Sie hier alle Informationen in deutscher Sprache bekommen, erübrigt sich eine nähere Erklärung der Anmeldeformalitäten.

Momentan gibt es in Deutschland einen reinen Onlinebroker und mehrere Direktbanken mit Brokerservice.

Diese Anbieter stellen ihren Kunden mittlerweile Kurse und Charts in Echtzeit sowie Analysetools zur Verfügung. Die Abwicklung der Trades hinkt diesem Angebot leider noch etwas hinterher. Da in Deutschland mit Ausnahme von XETRA keine reinen Computerbörsen existieren, auf die private Anleger und Trader über ECNs zugreifen können, erfolgt die Orderaufgabe immer noch auf demselben Weg wie früher. Die Abwicklung eines Trades bei deutschen Discountbrokern läuft in der Regel folgendermaßen ab: Sie geben per Telefon oder übers Internet Ihre Order bekannt, die Bank bearbeitet diese Anfrage und wickelt den Handel über ihre Händler am Parkett oder ihr Zugangssystem an der Börse ab. Danach kommt die Bestätigung auf demselben Weg zurück zu Ihnen nach Hause, ein Vorgang, der insgesamt einige Zeit kostet.

Normalerweise müssen Sie auf Ihrer Bank einen gewissen Prozentsatz des veranlagten Kapitals an Gebühren bezahlen. Die Discountbroker haben dieses System, zur Freude der Kunden, durch wesentlich günstigere Pauschalgebühren ersetzt. Sie können also auf diese Weise Aktien und Optionsscheine kostengünstiger und schneller handeln als auf dem herkömmlichen Weg über eine Bank. Bedenken Sie aber bitte, dass es sich dabei zurzeit im besten Fall um Day Investing und nicht um Day Trading handelt.

Diese begrenzten Möglichkeiten haben zur Entwicklung einer neuen Geschäftsidee geführt, des so genannten *Trading-Centers*. Die Anbieter von Trading-Centern stellen privaten und semiprofessionellen Day Tradern Räumlichkeiten, Schulungen und die nötige technische Ausrüstung zur Verfügung, um in Echtzeit zu traden. Sie können im Unterschied zu den Discountbanken in diesen Trading-Centern einen Computerarbeitsplatz mit der entsprechenden Zugangssoftware mieten und erhalten auf Wunsch eine umfassende Ausbildung. Hier finden Sie gute Voraussetzungen für den Futureshandel an der Eurex, dazu aber später noch mehr.

www. trading-house.net

eQ Online

Zurzeit gibt es in Deutschland diesen einen bankenunabhängigen Direktbroker. Wie wir eingangs bereits beschrieben haben, ist eine elektronische Börse Grundvoraussetzung für echtes Day Trading, sofern Sie nicht als Floortrader an einer der Präsenzbörsen auf dem Parkett stehen. eQ Online setzt auf XETRA als elektronische Handelsplattform, was den finnischen Newcomer zum bislang einzigen Anbieter für echtes Day Trading in deutschen Aktien macht. Denn eQ Online arbeitet mit "Straight Through Processing" – die ausschließlich vollautomatischen Bearbeitung der Orders von der Eingabe bis hin zur Abwicklung – und ermöglicht so einen umfassenden Real-Time-Service. Das heißt nicht nur Real-Time Kursversorgung und sekundenschnelle Weiterleitung der Order zur Ausführung, sondern auch sekundenschnelle Aktualisierung des Portfolios sowie Real-Time-Einblick in Orderstatus und G&V. Voraussetzungen, die nach aktuellem Kenntnisstand der Autoren bisher nur eQ Online erfüllt.

Glaubt man den Aussagen der Deutschen Börse AG, ist XETRA die zukünftige Plattform einer gemeinsamen europäischen Börse, was für die Zukunft des Day Trading in Europa natürlich begrüßt werden kann.

In Deutschland noch eher als ein Insidertipp gehandelt, stellt die Tochterfirma des finnischen Marktführers, ein schnelles Handelssystem mit Orderbucheinsicht am XETRA und weitreichenden Informationstools zur Verfügung. Offenbar war man nicht darauf aus, möglichst viele Börsen zu offerieren, vielmehr will eQ Online wohl eine Nische besetzen und sich hier einen möglichst grossen Anteil sichern. So beschränkt sich der Handel bislang auf XETRA, hier werden jedoch alle Vorteile die das aktuelle Release 5,0 bietet, direkt an den Kunden weitergereicht: Realtime-Kurse, Einblick ins Orderbuch, Realtime Orderstatus und professionelle Orderarten incl. der wichtigsten Orderzusätze. Man ist als eQ Online Kunde nicht auf eine spezielle Software angewiesen und kann dadurch von jedem Internet-Anschluss der Welt aus, auf das Handelssystem zugreifen, wobei auch die Macintosh !! Plattform MacOS, vorbildlich unterstützt wird. Solange Ihr Browser geöffnet ist, bleibt die Verbindung zum eQ System erhalten, es ist also keine permanente Aktivität erforderlich um handelsbereit zu bleiben. Wer es gerne mobil mag, kann die ganze Angebotspalette auch per WAP (wireless access protocol – Internetzugang via Handy) nutzen.

Intraday Trading Offensichtlich haben sich die Finnen vorgenommen, Mika Häkkinens Geschwindigkeiten im Online Brokerage zu erreichen. Das angebotene System ist sicherlich das schnellste der von uns getesteten deutschen Systeme. Obwohl der Komfort der Bedienung hier und da noch verbessert werden kann, ist das Angebot durchdacht und komplett, man verzichtete auf Bannerwerbung und unnötigen Designballast zugunsten kurzer Ladezeiten der Seiten.

Der Log-In führt direkt zur Auswahl der zu handelnden Aktie. Hat man diese ausgewählt erscheinen alle benötigten Informationen auf einen Blick: In einem kleinen Fenster wird ein Level 2 Realtime Einblick ins Orderbuch der gewählten Aktie gezeigt, der per Mausklick aktualisiert wird – bald werden hier selbstständige Updates möglich sein.

Der Orderscreen (Abbildung 3.12) verlangt die üblichen Eingaben wie Kauf/Verkauf, Stückzahl, Limit und Gültigkeitsdauer. Alsdann finden sich kleine Besonderheiten in den möglichen Orderformen. Fill-or-kill- und Immediate-or-cancel-Orders zeigen an, dass hier eine elektronische Börse das Ziel der Order ist.

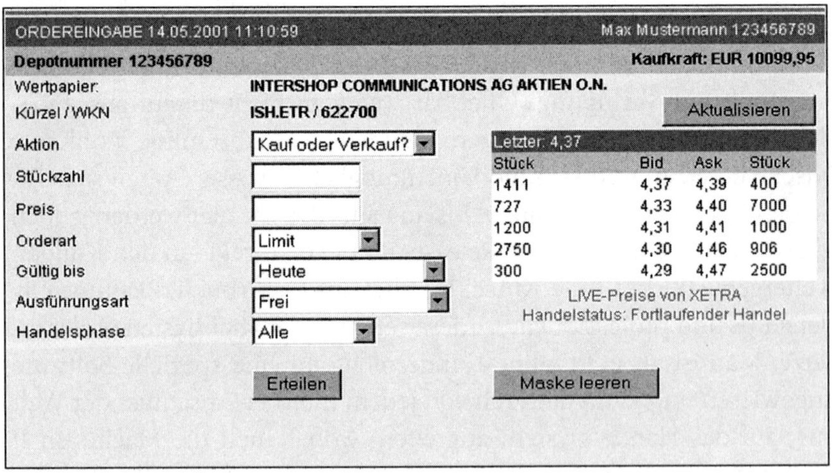

Abbildung 3.12

Ist die Order eingegeben, erhält man auf der folgenden Seite eine kurze Zusammenfassung zur Kontrolle sowie die Aufforderung, die Order mittels einer TAN freizugeben. Nach Informationen von eQ Online arbeitet man derzeit an einer Lösung für TAN-freies Handeln. Das Setzen von Limitorders und das Löschen oder Ändern von Orders ist kostenlos, ebenso taggleiche Teilausführungen – ein wichtiger Punkt in Ihrer G+V Rechnung. Dass dieser Service in Deutschland leider immer noch nicht als selbstverständlich angesehen wird, können Sie anhand der Konditionen vieler anderer Anbieter erkennen.

Ist die Order einmal auf dem Weg, werden die Vorteile elektronischer Börsen für effektives Day Trading schnell deutlich. In wenigen Sekunden sehen Sie, ob ihre Order ausgeführt wurde, ob Teile davon gehandelt wurden oder ob Sie mit Ihrem Limit zu weit weg vom Insidemarket platziert sind.

Im Orderstatusfenster (Abbildung 3.13) lassen sich alle Orders kontrollieren und per Mausklick aktualisieren. Löschungen von Orders lassen sich ebenso schnell, wie problemlos in diesem Fenster durchführen. Probleme mit der, für Day Trader so wichtigen Orderrückbestätigung tauchen also hier erst gar nicht auf, sodass – einen stabilen ISDN oder DSL Internetzugang vorausgesetzt – für Day Trading am XETRA eine neue Ära angebrochen ist.

ORDERSTATUS 14.05.2001 11:31:17	Aktualisieren				Max Mustermann 123456789		
Depotnummer 123456789						Kaufkraft: EUR 9766,09	
Wertpapier	Aktion	Stückzahl	Limit	Gültig bis	Order#	Status	Gehandelte Stückzahl
INTERSHOP COMMUNICATIONS AG AKTIEN O.N.	Verkauf	75	4,39	14.05.2001	389312	Aktiv	0
INTERSHOP COMMUNICATIONS AG AKTIEN O.N.	Kauf	75	4,34	14.05.2001	389308	Ausgeführt	75
INTERSHOP COMMUNICATIONS AG AKTIEN O.N.	Kauf	1000	4,25	14.05.2001	389298	Gelöscht	0

Abbildung 3.13

Die Kursversorgung können Sie frei wählen, wobei unterschiedliche Monatspauschalen, zeitverzögerte Preise, oder Realtime-Kurse mit Level 2 (für Day Trader anzuraten) erhältlich sind. Diese Monatspauschalen beinhalten ebenfalls die Depotgebühren und diverse andere

Serviceleistungen, werden aber aktiven Tradern durch ein Bonuspro-gramm nicht oder nur teilweise in Rechnung gestellt. Ein klarer Vor-teil, da Sie als Day Trader einsparen sollten, wo immer Sie können.

Zusatzprogramme Hier unterscheidet sich eQ online nur wenig von anderen Mitbewerbern, das Angebot beschränkt sich auf Produkte, die auf die bevorzugten Segmente abgestimmt sind. Geboten werden un-ter anderem Kurslisten, Neuemissionen, Börsenkalender, Musterdepot, Watchlist und umfangreiche Charttools. Ergänzt durch Alarmfunktio-nen, entweder als Email oder SMS, ist man auch im mittelfristigen Anla-gebereich immer auf dem Laufenden. Neben diesen allgemeinen Infor-mationstools gilt es aber noch einige Besonderheiten anzumerken.

XETRA Live – XETRA - Live ermöglicht Privatanlegern über das Inter-net den realtime-Einblick in das Orderbuch sowie selbst aktualisie-rende Realtimekurse (Pushtechnologie) mit:
- Echtzeit-Kurse - Bid/Ask mit Stückzahl (Level 1)
- Echtzeit-Markttiefe - 5 best Bid / 5 best Ask mit Stückzahl
- (Level 2) für DAX100/NEMAX 50
- Letzter gehandelter Preis in Echtzeit
- Handel durch einfachen Mausklick
- Selbst definierbare Kurslisten
- Alarmfunktionen
- Intraday-Charts

Gegen eine monatliche Gebühr ist dieser Service uneingeschränkt nutzbar, eQ Online gibt je nach Anzahl und Volumen der Trades Rabatt oder erlässt den Preis für das gewählte Servicepaket.

Die Technologie von XETRA- Live basiert auf einer schnellen und übersichtlichen Java-Anwendung, die mit jedem modernen Web-Bro-wser lauffähig ist. Eine frei zugängliche Demoversion mit zeitverzöger-ten Daten und ohne Orderbuchtiefe, finden Sie unter www.xetra.de. In Abbildung 3.14 sehen Sie einen Screenshot von dieser Plattform mit Orderbucheinsicht. Mit dieser Technologie und der Freigabe der Or-derbucheinsicht durch die Deutsche Börse AG bewegen wir uns also erstmals auf US- amerikanischem Niveau für private Trader.

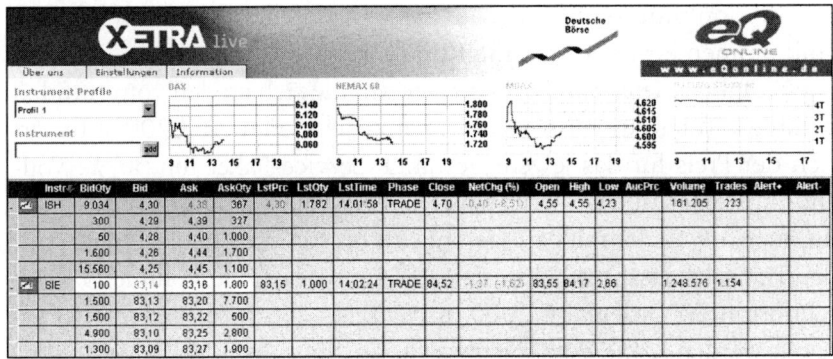

Abbildung 3.14

<u>**I/B/E/S (Institutional Brokers Estimates System)**</u> – IBES ist ein re-
nommiertes amerikanisches Analyseunternehmen, das Prognosen
und Empfehlungen von Analysten sammelt und an Banken und private Anleger weiterleitet. Ziel von eQ Online ist es dabei, zusammen
mit I/B/E/S, dem Anleger einen Überblick über das Spektrum an
Analystenschätzungen zu einer Aktie zu verschaffen und einen Konsens herauszufiltern. Wenn sich der potentielle Investor an den Mit-
telwerten von I/B/E/S statt an den Analystenschätzungen eines einzelnen Investmenthauses orientiert, kann er zu einer objektiveren
Anlageentscheidung gelangen. eQ Online stellt seinen Kunden diesen Dienst zur Verfügung, ohne jedoch eigene Bewertungen dabei
vorzunehmen. (Abbildung 3.15)

In den Spalten "Anteil" ist die Zahl der Analysten genannt, die eigene Bewertungen zu dieser Aktie abgeben. Hieraus resultieren die
Einschätzungen, die von "Kauf" über die verschiedenen Abstufungen
bis zu "Verkauf" reichen können. Eine interessante Anwendung um
einen Überblick der Markteinschätzungen in einer Aktie zu bekommen.

<u>*Times & Sales*</u> – Durch diese Funktion ist es Ihnen möglich, während
des Handelsverlaufs die in einem Wert getätigten Umsätze – die soge-
nannte Kurskette - mitzuverfolgen. Sie erhalten somit Aufschluss
darüber, zu welchem Zeitpunkt welcher Kurs mit welchem Volumen
zustande kommt. Dabei wird zwischen F = fortlaufender Handel und

A= Auktion unterschieden. Eine äusserst nützliche Anwendung und vollkommen kostenlos für alle Kunden.

eQ Online bietet zwei Bonusstufen an, die sich an den vom Kunden gezahlten Transaktionsspesen/Halbjahr orientieren. Ab €200 reduziert sich der Preis für das jeweils gewählte Service-Paket um 50 %. Vollends kostenlos ist das Servicepaket ab €800/Halbjahr. Eine Aufteilung, die auch auf Trader mit geringerem Umsatzvolumen Rücksicht nimmt. Bei Transaktionsspesen von €8 +0.11 % des Ordervolumens kann schon mit 20 Orders à €2.000 im Halbjahr die erste Bonusstaffel erreicht werden. Gute Voraussetzungen für Einsteiger, ideale Bedingungen für Heavy Trader, die im Schnitt schon mit 20-30 Transaktionen "grundgebührenfrei" handeln. (Stand 05.2001)

Die eQ Online Corporation notiert übrigens seit April 2000 an der Börse Helsinki (NM List). Die hundertprozentige Tochter eQ Securities ist Mitglied der Börse Helsinki, der Deutschen Börse AG, der Clearstream AG, der EUREX sowie der Clearnet und der Euronext. Nähere Informationen finden Sie unter www.eQonline.de im Internet.

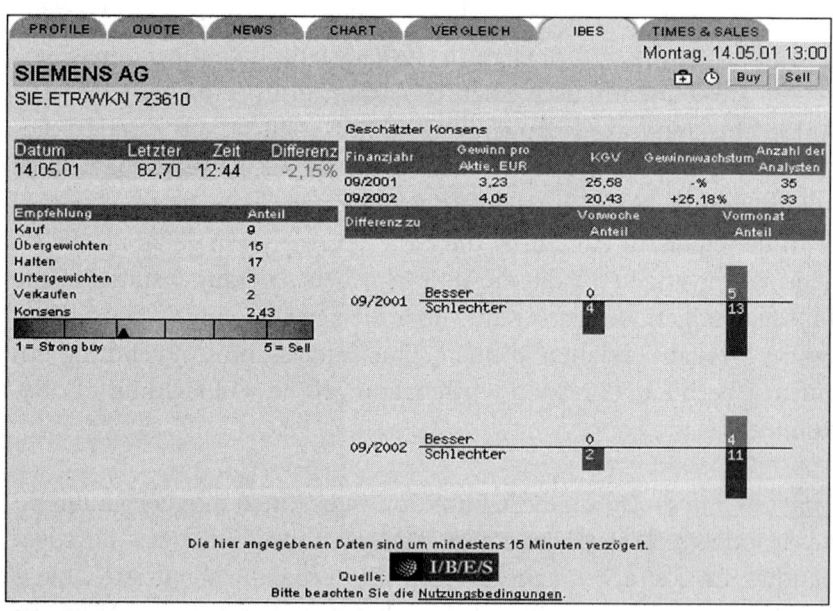

Abbildung 3.15

Direktbanken mit Brokerservice

ConSors

ConSors, der in Deutschland derzeit wahrscheinlich bekannteste Discountbroker, hat seit seiner Gründung im Jahr 1996 immer wieder interessante Innovationen in seinem Programm angeboten. Dazu zählt unter anderem der elektronische Zugang zu den amerikanischen Märkten auf browserbasierender Plattform. Daneben können Sie über *ConSors Future Broking* Derivate an der EUREX, dem europäischen Terminbörse-Handel und über *ConSors Internet Broking* mittels eines JAVA Applets Aktien intraday traden. Im Internet haben Sie die Auswahl aus zwei verschiedenen Zugängen zum Server. Ein lokales Abspeichern der Java Applets ist möglich. Zusätzlich können Sie Ihre Order per Telefon und Fax aufgeben.

Sie können bei ConSors Aktien an der NASDAQ und NYSE (Orderaufgabe für taggleiche Ausführung bis 17:45 Uhr) und an verschiedenen europäischen Börsen handeln.

Intraday Trading   Beim Intraday Trading werden Sie nach der Eingabe Ihres Passworts und Ihres Benutzernamens unabhängig von Ihrem eigenen Provider über einen *Smartserver* zu dem am wenigsten ausgelasteten Server umgeleitet. Dadurch können Sie mit einer stabilen Verbindung und einem annehmbaren Tempo Ihre Orders platzieren.

Diese Orders umfassen Aktien an den Parkettbörsen und über *Xetra*, Futures und Optionen an der Eurex, Optionsscheine börslich und außerbörslich von zahlreichen Emittenten. Zusätzlich ist das *Crossen* (z. B. Kauf in Deutschland, Verkauf in den USA) von Werten möglich. Der US-Handel über *Partner Web Street Securities* (echtes Day Trading) ist ebenfalls möglich.

Nachdem Sie zu Anfang auf einen Begrüßungsbildschirm geleitet worden sind, können Sie unter verschiedenen Optionen auswählen. In Abbildung 3.16 sehen Sie den Orderscreen von ConSors.

Sie setzen Ihre Order im Order-Manager durch Eingabe der entsprechenden Wertpapierkennnummer, der Stückzahl, des Limits und des GTC-Datumszusatzes. Danach können Sie einen Börsenplatz aus der Liste auswählen und mit „O.K." die Order bestätigen.

Problematisch ist unter Umständen auch hier die Orderrückbestätigung. Es kann einige Minuten dauern, bis Sie wissen, ob Ihr Kauf oder Verkauf durchgeführt wurde. Da jedoch die schnelle Bestätigung für Day Trader von äußerster Wichtigkeit ist, können wir auch hier das Intraday Trading ausschließlich zum Handel mit nicht volatilen Aktienwerten über längere Zeitspannen verwenden.

Daneben können Sie im selben Applet Ihren Depotstand abfragen, Ihren Kontostand überprüfen, Onlineüberweisungen tätigen und Änderungen an PIN und TAN, also Ihren Passwörtern, durchführen. Die gesamte Gestaltung ist übersichtlich und praktisch angeordnet, die Informationen auf der Webseite sind, wie bei amerikanischen Discountern, sehr umfangreich. Die Verbindung dieser Informationen mit einer aktuellen Echtzeitquote über *n-tv* oder *Bloomberg TV* trägt auf jeden Fall zu einem erheblichen Vorteil gegenüber herkömmlichen Investmentmethoden bei. Realtime-Kurse, wie wir sie von amerikanischen Anbietern kennen, bietet ConSors leider nicht an.

Abbildung 3.16

126

US-Trading Durch das ConSors-Angebot, US-Aktien zu Discount-preisen handeln zu können, haben Sie die Möglichkeit, über einen deutschen Anbieter direkt an US-Märkten zu Day traden. Dies wird durch die Kooperation mit einem US-Anbieter möglich, im Fall von ConSors handelt es sich dabei um die Firma *Web Street Securities*. Anmeldungsformulare sind hier meist in deutscher Sprache erhältlich, nur die amerikanischen Steuerformulare sind in englischer Sprache auszufüllen. Die Kosten für die Trades liegen mit knapp $15 im Mittelfeld der US-Anbieter. Etliche der Zusatzpakete, wie Level II Quotes oder Kurse mit manuellem Update, sind gegen Gebühren von bis zu $50 pro Monat erhältlich. Die Eröffnung eines Kontos bei ConSors in Deutschland ist Voraussetzung für den Handel beim US-Partner. Die Orderausführung ist etwas langsamer als bei Datek Online, da die Ausführung über eine *Clearing-Bank* läuft und nicht, wie bei DATEK, über ein eigenes ECN. Solche ,Bremsen' stellen eines der größten Probleme im Day Trading dar. Machen Sie sich jedoch Ihr eigenes Bild von den Anbietern, und entscheiden Sie selbst, welches System Sie bevorzugen.

Comdirect Bank

Mit *Comdirect,* einem Unternehmen der Commerzbank Gruppe, behandeln wir den größten deutschen Anbieter im Bereich Diskont-Brokerage. Im Angebot finden Sie neben Online-Banking zahlreiche Informationsseiten zur Börse und eine Menge Finanztools. Die wirklich auffallenden Bereiche sind die Direct Brokerage und der Online Intraday-Handel. Comdirect bietet in seinen Informationspaketen eine ausgezeichnete Einleitung und Übersicht über die Funktionsweisen der Bereiche Optionshandel und Direct Brokerage an. Sie können beide Pakete unverbindlich auf der Webseite bestellen und sich so einen genauen Überblick über Leistungen und Formalitäten beschaffen. Besonders im Bereich Aktienhandel online folgt die Comdirect Bank dem Vorbild der US-Anbieter. Wir möchten aus diesem Grund näher auf das Angebot im Direct Brokerage eingehen und Ihnen die verschiedenen Handelsarten beschreiben.

Direct Brokerage Wenn Sie ein Konto bei Comdirect eröffnen, so erhalten Sie ein breites Angebot an Wirtschaftsnachrichten aus aller Welt und eine große Anzahl an Börsenkursen. Zusätzlich bietet Ihnen diese Firma über ein Produkt der österreichischen Firma *Teledata* *Self-Refreshing*-Realtime-Kurse und Charts aller deutschen Parkettbörsen sowie des Xetra-Handels. Dieses Produkt, dem wir noch eine ausführliche Besprechung in Kapitel 7 widmen, können Sie unter dem Namen *Trader Matrix* gegen eine monatliche Gebühr von 75 DM beziehen.

Im Direct Brokerage bietet Ihnen das Unternehmen nach eigenen Angaben einen 7-Tage-Fulltime-Service, flexible und sehr schnelle Orderabwicklung per Telefon oder Internet sowie einen großen Informationsüberblick an. Sie können, neben einer umfangreichen Palette an Fremdwährungsanleihen und Fonds, alle in- und ausländischen Wertpapiere handeln, die an deutschen Börsen notieren. Ordern können Sie über das Internet, per Telefon und per Fax.

Die Kosten für Ihre Depotverwaltung und die einzelnen Kauf- und Verkaufsgebühren sind bei Comdirect im Vergleich zu US-Internetbrokern relativ hoch. Wie bei einer Bank wird eine Provisionsgebühr pro Aktie verrechnet, die bei einer Ordergröße von z. B. 3.000 DM bei einer Onlineorder ca. 18 DM beträgt. Das ist natürlich immer noch bedeutend günstiger als über eine herkömmliche Bank, da Sie hier die Vorteile der raschen und unkomplizierten Ausführung genießen. Abbildung 3.17 zeigt eine Wertpapierorder bei Comdirect.

Sie sehen in diesem Fenster alle bereits bekannten Möglichkeiten, Ihre Order zu setzen und zur Ausführung zu bringen. Eine Besonderheit bei allen deutschen Anbietern im Vergleich zu US-amerikanischen Brokern ist, dass Sie anstelle des Kürzels der Aktie eine Wertpapierkennnummer (WKN) eingeben müssen, um den Titel der Aktie zu bestimmen. Dies liegt an der unterschiedlichen Handhabung von Wertpapieren an den europäischen Börsen. Die WKN finden Sie entweder in den Suchmaschinen der Internetbroker oder in WKN-Listen, die Sie nach Kontoeröffnung von Ihrem Onlinebroker erhalten.

Wenn Sie die Order abgeschickt haben, sehen Sie den aktuellen Orderstatus nach kurzer Zeit im Orderbuch. Im Orderbuch stehen sowohl die bereits ausgeführten als auch die noch offenen Orders.

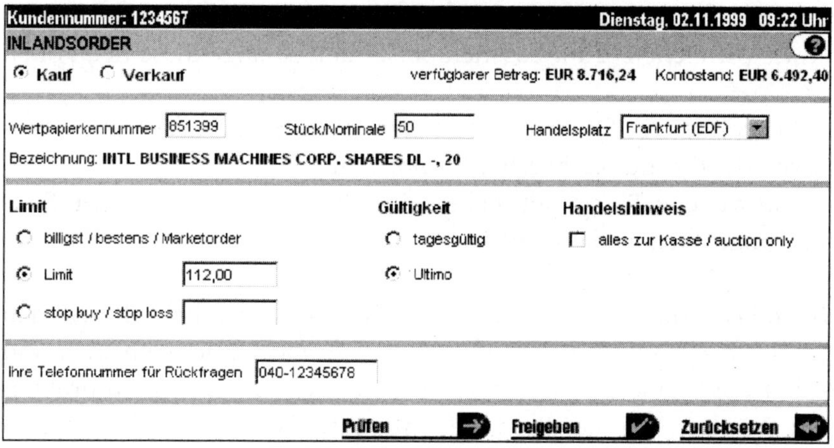

Kundennummer: 1234567 Dienstag, 02.11.1999 09:22 Uhr

INLANDSORDER

Kauf Verkauf verfügbarer Betrag: **EUR 8.716,24** Kontostand: **EUR 6.492,40**

Wertpapierkennummer 851399 Stück/Nominale 50 Handelsplatz Frankfurt (EDF)

Bezeichnung: **INTL BUSINESS MACHINES CORP. SHARES DL -, 20**

Limit	Gültigkeit	Handelshinweis
billigst / bestens / Marketorder	tagesgültig	alles zur Kasse / auction only
Limit 112,00	Ultimo	
stop buy / stop loss		

Ihre Telefonnummer für Rückfragen 040-12345678

Prüfen Freigeben Zurücksetzen

Abbildung 3.17

Neben der Orderart, der Stückzahl und den diversen Zusatzinformationen, finden Sie hier Angaben über die Limits und den tatsächlichen Preis, den Sie bei der Ausführung Ihrer Order erhalten haben. Sie können dieses Orderbuch jederzeit aktualisieren und ausdrucken. Wenn Sie die Order am rechten Rand kennzeichnen, können Sie über die Tasten in der untersten Reihe weitere Aktionen dafür

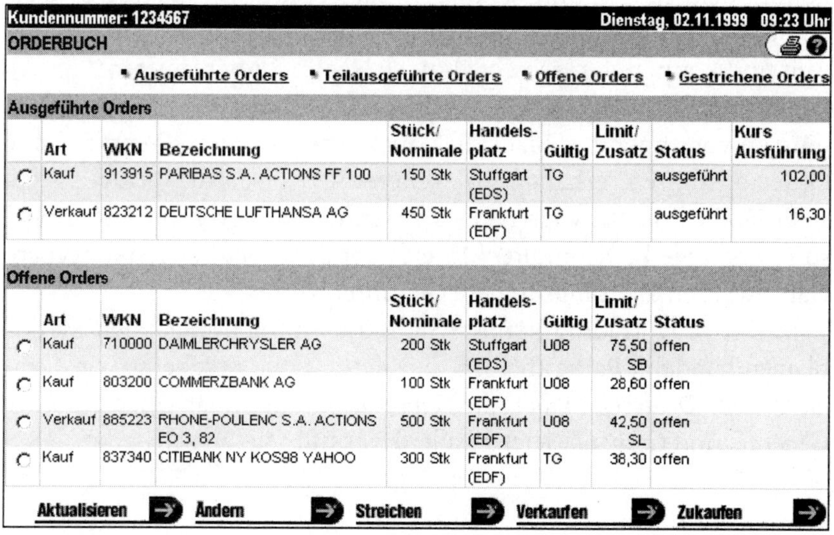

Kundennummer: 1234567 Dienstag, 02.11.1999 09:23 Uhr

ORDERBUCH

Ausgeführte Orders · Teilausgeführte Orders · Offene Orders · Gestrichene Orders

Ausgeführte Orders

Art	WKN	Bezeichnung	Stück/ Nominale	Handels-platz	Gültig	Limit/ Zusatz	Status	Kurs Ausführung
Kauf	913915	PARIBAS S.A. ACTIONS FF 100	150 Stk	Stuttgart (EDS)	TG		ausgeführt	102,00
Verkauf	823212	DEUTSCHE LUFTHANSA AG	450 Stk	Frankfurt (EDF)	TG		ausgeführt	16,30

Offene Orders

Art	WKN	Bezeichnung	Stück/ Nominale	Handels-platz	Gültig	Limit/ Zusatz	Status
Kauf	710000	DAIMLERCHRYSLER AG	200 Stk	Stuttgart (EDS)	U08	75,50 SB	offen
Kauf	803200	COMMERZBANK AG	100 Stk	Frankfurt (EDF)	U08	28,60	offen
Verkauf	885223	RHONE-POULENC S.A. ACTIONS EO 3, 82	500 Stk	Frankfurt (EDF)	U08	42,50 SL	offen
Kauf	837340	CITIBANK NY KOS98 YAHOO	300 Stk	Frankfurt (EDF)	TG	38,30	offen

Aktualisieren Ändern Streichen Verkaufen Zukaufen

Abbildung 3.18

einleiten. Es stehen dabei „Kaufen" und „Verkaufen" zur Verfügung sowie „Streichen" zum Löschen der Order, solange diese noch offen ist.

Sie können die Order auch editieren, wenn Sie z. B. das Limit verändern oder die Stückzahl erhöhen möchten.

Ein weiterer Pluspunkt, neben einer Reihe von interessanten Softwareangeboten ist das *ComDirekt Intraday Trading.*

Intraday Trading Dieses Intraday Trading ermöglicht Ihnen den taggleichen Kauf und Verkauf von Aktien und Optionsscheinen und somit die Chance, von kurzfristigen Kursschwankungen zu profitieren. Verwechseln Sie aber bitte einen Intraday Trade nicht mit dem Day Trading, auch hier liegt das Problem, wie bei all diesen Anbietern, in der Geschwindigkeit der Orderausführung und der Bestätigung.

Das Intraday Trading versetzt Sie in die Lage, Ihre Kauforder zu platzieren. Nach Erhalt der Orderbestätigung können Sie dann innerhalb von einigen Stunden oder bei rascher Ausführung auch schon nach Minuten wieder verkaufen. Diese Variante, gepaart mit den Realtime-Kursen, die Ihnen Comdirect als Kunde zur Verfügung stellt, kommt dem Day Trading schon sehr nahe. Sie erhalten außerdem als Onlinekunde kostenlos unzählige Informationen aus der Wirtschaftswelt und können so rasch auf aktuelle Nachrichten reagieren.

Leider sind die Realtime-Kurse auf 100 Stück pro Tag begrenzt und müssen von Ihnen per Mausklick aktualisiert werden. Wenn Sie eine Order ausführen, erhalten Sie weitere 30 Kurse zur Verfügung gestellt. Sollten Sie Schwierigkeiten mit Ihrer Onlineverbindung haben, so können Sie bei Comdirect Ihre Order auch per Telefon aufgeben. Dafür werden allerdings höhere Gebühren verrechnet.

Im Intraday Trading können Sie Aktien an den folgenden Marktplätzen handeln: Parkettbörsen und Xetra, Optionsscheine von *Commerzbank, Deutscher Bank, Sal. Oppenheim,* Goldman Sachs, *Société Générale* und *Citibank* (letztere allerdings nur telefonisch).

Zusatzprogramme Comdirect bietet Ihnen unter der Rubrik „Finanztools" eine Reihe interessanter und kostenloser Zusatzoptionen an, die Sie zur Analyse und Berechnung von Aktien und Futures verwenden können. Sie können dabei aus folgenden Angeboten auswählen:

- Neuemissionen
- Kurslisten
- Börsenlexikon
- Börsenkalender
- Asset Analyzer
- Jump-Point

- Devisenrechner
- Java Trader
- OS-Rechner
- WinTicker
- Firmen-Portraits
- TraderMatrix

Wir möchten diese Punkte kurz beschreiben, um Ihnen die Grundfunktionen der einzelnen Optionen näher zu bringen.

Direkt Anlage Bank

Die Direkt Anlage Bank (DAB) startete schon 1994 als 100%ige Tochterfirma der *HypoVereinsbank AG* den ersten Discountbroker-Service in Deutschland.

Sie können bei diesem Internetbroker alle an deutschen Börsen notierten in- und ausländischen Aktien online kaufen und verkaufen. Darüber hinaus haben Sie die Möglichkeit, DAX-30-Werte, die 30 Werte des Dow Jones Industrial, die 30 Werte des *NICE-Internet-Indexes* und 3.400 Optionsscheine auch außerbörslich zu handeln. Die DAB ermöglicht nämlich Ihren Kunden seit kurzem auch den Wertpapierhandel am Samstag. Der so genannte *DAB-Sekunden-Handel* ist Deutschlands größter außerbörslicher Handelsplatz. Seit Dezember 1999 können Anleger über diese Handelsplattform der DAB, auch Samstags in der Zeit von 10:00 bis 16:00 Uhr Aktien und Optionsscheine der *West Landes Bank* über Internet handeln. Unter der Woche ist der Handel mit der vollen Wertpapier Produktpalette, über die normalen Öffnungszeiten der Börse hinaus, von 8:00 bis 22:00 Uhr möglich. In den verlängerten Handelszeiten wird für die Durchführung der Order jedoch keinerlei Garantie übernommen.

Der *Sekundenhandel* der DAB ist eine Erweiterung des schon erwähnten Intraday-Aktienhandels. Die Vision der DAB ist, laut eigenen

Angaben, den Wertpapierhandel auf sieben Tage in der Woche rund um die Uhr auszuweiten.

Im DAB-Sekundenhandel bekommen Anleger vor dem Kauf oder Verkauf einen konkreten Handelskurs gestellt, der von Maklern bzw. Emissionshäusern ermittelt wird. *Lang & Schwarz, Finacor Rabe, Citibank, Warburg Dillon Read, Société Générale* und *Goldman Sachs* sind die Partner, mit denen die DAB dabei kooperiert.

Wer als Kunde eine automatische Realtime-Kurseinspielung auf seinem Bildschirm haben will, muss lediglich zustimmen, die Kurse nicht an Dritte weiterzureichen. Die Kurse können – im Gegensatz zu anderen Anbietern im Internet – für alle Börsenplätze gleichzeitig abgerufen werden. Der Kunde entscheidet sich in Echtzeit für den besten Börsenplatz. Die letzten zehn Kursabfragen werden in einem Kursspeicher erfasst. Der Trader baut sich so eigene Listen auf, aus denen die Kursentwicklung als Intraday- sowie Time-and-Sales-Chart hervorgeht. So haben Sie rasch und auf einen Blick alle wichtigen Informationen bei der Hand.

Eine wirkliche Neuerung ist der Service, den die DAB zusammen mit *TD1* und *Siemens* unter der Bezeichnung „Mobile Brokerage" anbietet. Hier können Sie als Anleger per WAP-Handy Wertpapiere kaufen und verkaufen. Bei der Berechnung der Transaktionskosten legt die DAB ihre bestehenden Onlinekonditionen im Internetbroking zugrunde.

Beim Mobile Brokerage kann sich der Kunde jederzeit über den aktuellen Stand seines Depots informieren und die Handelszeiten der DAB nutzen. Besondere Voraussetzungen muss er dafür nicht erfüllen. Auf der Homepage der DAB gibt er seine TD1-Telefonnummer an, die Identifikation erfolgt über Depot-Nummer und Bank-PIN.

Wenn Sie Kunde bei der DAB werden, so werden Sie beim Aufruf der DAB-Webseite aufgefordert, Ihren Usernamen und Ihr Passwort einzugeben. Danach können Sie alle Optionen, die Ihnen die DAB bietet, in Anspruch nehmen. Nachdem Sie zu Anfang automatisch auf die Seite mit Ihrer *Personal Page* weitergeleitet worden sind, können Sie diese frei nach Ihren Interessen und Zielgebieten konfigurieren. Sie können sich eine Indicesliste, Realtime-Charts und eine Liste verschiedener Werten – das so genannte *Musterdepot* oder die *Watchlist* – zusammenstellen sowie News zu den entsprechenden Märkten bzw. Aktientiteln anzeigen lassen. Auch Analystenmeinungen zu von Ihnen ausgesuchten Titeln können Sie hier abrufen. Ein Beispiel für diese Seite sehen Sie in Abbildung 3.19.

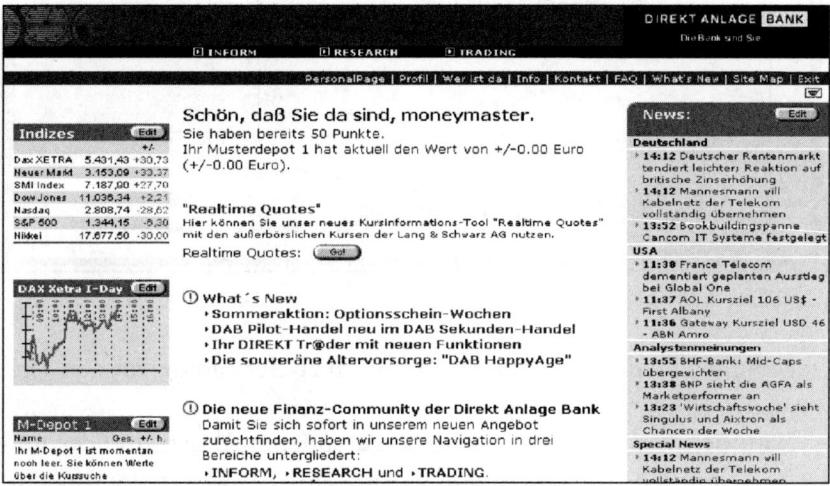

Abbildung 3.19

Von hier aus gelangen Sie zu den Nachrichten aus dem Research-Bereich der DAB. Dort können Sie die elektronische Zustellung aktueller Informationen zu den von Ihnen vordefinierten Wertpapieren beantragen. So werden Sie automatisch und rasch über Veränderungen und Alerts informiert und können entsprechend schnell reagieren. Auch Nachrichten aus der Vergangenheit können über diverse Titel von der News-Archiv-Seite aus abgerufen werden. Alle Informationsseiten sind untereinander verknüpft, dadurch können Sie aus einer Nachricht heraus z. B. direkt den entsprechenden Chart des Titels aufrufen.

Dieser Chartüberblick beinhaltet Chartoptionen von einem Monat bis zu drei Jahren. Ein Beispiel einer solchen Chartpage sehen Sie in Abbildung 3.20. Hier können Sie Linien- und Balken-Charts oder verschiedene Indikatoren auswählen. Daneben sehen Sie den aktuellen Intraday-Chart, und mit einem Klick sind Sie in der Lage, ein Level-II-ähnliches Times/Sales-Fenster zu öffnen, das Ihnen die Nach-

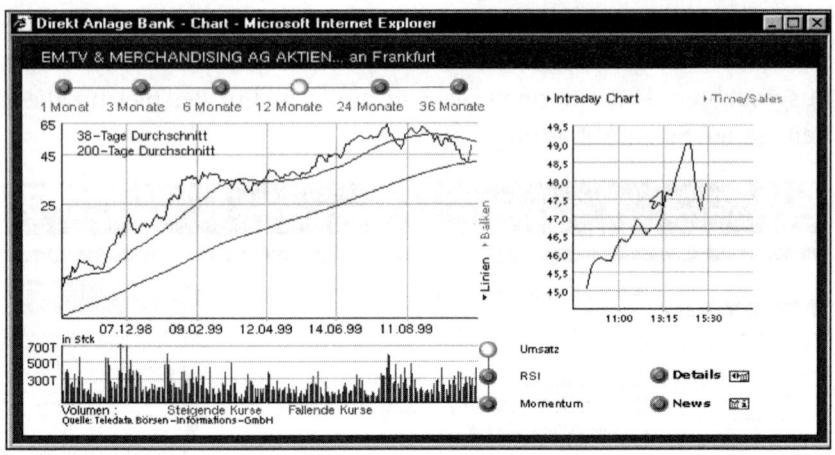

Abbildung 3.20

fragequoten an den verschiedenen Börsen zu dem ausgewählten Titel anzeigt.

Natürlich können Sie auch Kurse zu anderen Aktien, Indices und Devisen abrufen. Dazu begeben Sie sich einfach ins Kursfenster und geben entweder die WKN oder das Kürzel des Wertes ein, zu dem Sie diese Informationen erhalten wollen. Danach bekommen Sie eine Kursliste mit allen Börsen, an denen das Wertpapier gehandelt wird. Von hier aus können Sie wieder über die Links zu weiteren Informationen gelangen. So können Sie in kurzer Zeit eine umfangreiche Analyse durchführen, bevor Sie sich zu einem Trade entschließen.

Ziehen Sie bereits einen Kauf in Betracht, so übernehmen Sie den Titel in Ihre persönliche Watchlist (Abbildung 3.21). Sie können in dieser Liste eine Art Limit-Alarm setzen, der beim Erreichen des Kurses eine E-Mail aktiviert, welche Sie zur Erinnerung erhalten. So können Sie – ohne sich vorher weiter um dieses Wertpapier gekümmert zu haben – sofort reagieren, wenn die erwarteten Voraussetzungen eintreten.

Wollen Sie die Aktie jetzt kaufen, so können Sie sie einfach durch Betätigen des Orderkorb-Buttons in Ihre Tradingplattform übernehmen. Auf diese Weise haben Sie die Möglichkeit, mehrere Titel zu sammeln, für die Sie einen Kauf erwogen haben. Diese Wertpapiere erscheinen dann auch in Ihrem Musterdepot, wo Sie wieder den oben erwähnten Limit-Alarm aktivieren können.

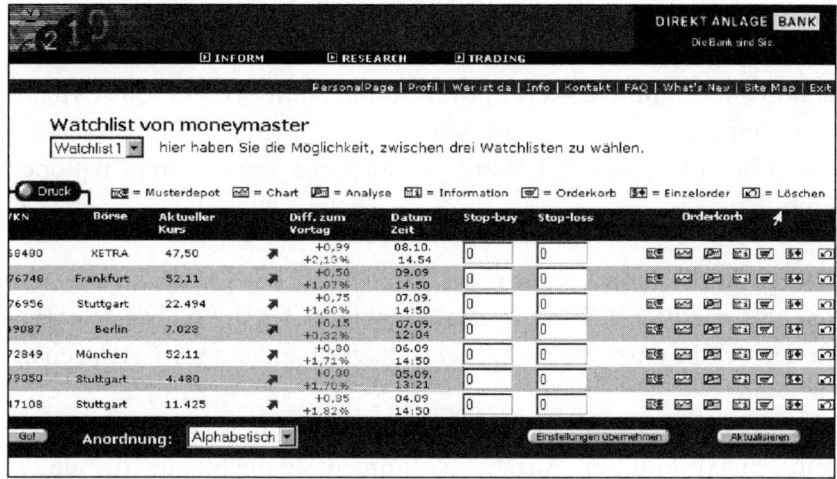

Abbildung 3.21

Aus dem Musterdepot heraus stehen Ihnen nun einige Tools zur
Verfügung, mit deren Hilfe Sie Ihre Entscheidung noch einmal überprüfen können. Dazu eignet sich besonders der *Chart Investor* den Sie
in Abbildung 3.22 sehen.

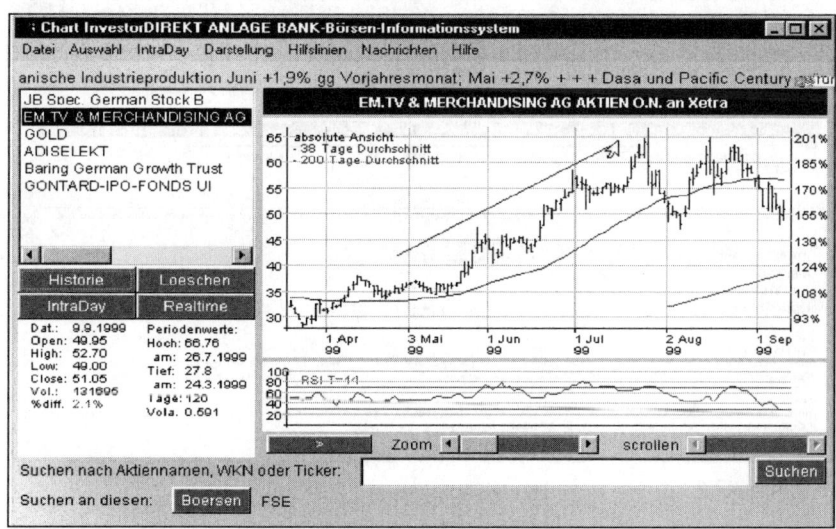

Abbildung 3.22

Mit diesem Werkzeug sind Sie in der Lage, jeden Titel aus Ihrem Musterdepot zu analysieren. Dabei können Sie verschiedene Beobachtungszeiträume festlegen, Indikatoren einfügen und selbst Trendlinien einzeichnen. Die Charts sind im sichtbaren Bereich voll skalierbar, über die Pulldown-Menüs können Sie weitere Informationen einholen.

Direct Trader Nun kommen wir zur eigentlichen Orderaufgabe über die Orderplattform *Direct Trader* (Abbildung 3.23). Im Orderkorb befindet sich in unserem Beispiel ein Aktientitel, der am XETRA gehandelt wird.

Im Feld „Transaktionsart" wählen Sie zwischen „Kauf" und „Verkauf" aus, und unter „Anzahl" bestimmen Sie die Menge, die Sie ordern wollen. Mit einem Klick auf „GO" befördern Sie die Order zum Direct Trader. Sie werden jetzt in einem neuen Fenster zur Eingabe Ihrer Kontonummer, Ihres PINs und Ihrer Identifikationsnummer aufgefordert. Hier stehen Ihnen nun zwei Handelsmöglichkeiten zur Verfügung.

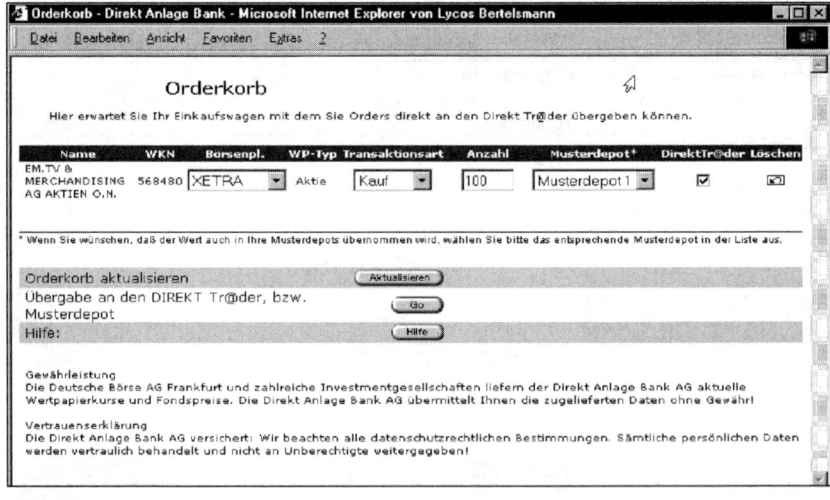

Abbildung 3.23

136

Börsen und Sekundenhandel Entweder Sie geben Ihre Order via Börse auf (Abbildung 3.24) oder Sie überspringen die Börse und handeln das Wertpapier über den Sekundenhandel der DAB (Abbildung 3.25) direkt mit dem Makler oder Händler. Bei dieser Handelsform bekommen Sie den Ausführungskurs für Ihr Papier bereits garantiert, bevor Sie die Order absenden. Sie fragen den Kurs mit einem Klick auf die Taste „Kurs Holen" ab. Es handelt sich hierbei um einen Kurs, den ein Partnerhändler der DAB stellt, eine Art *Preferenced Order*. Ein weiterer Vorteil dieser direkten Händlerpartnerschaft sind die verlängerten Handelszeiten. Sie können inländische und ausländische Wertpapiere über den Sekundenhandel von 8:00 Uhr bis 22:00 Uhr handeln, obwohl die Börse um 17:00 Uhr schließt. So sind Sie in der angenehmen Situation, beim Auftauchen von News nach den allgemeinen Handelszeiten entsprechend reagieren zu können.

Im Börsenhandel können Sie alle Wertpapiere ordern, die an deutschen Börsen gehandelt werden. Außerdem stehen Ihnen siebzehn Weltbörsen als Handelsplätze zur Verfügung.

Im DAB-Sekundenhandel können Sie aus deutschen, amerikanischen und japanischen Papieren wählen und sogar während der Zeich-

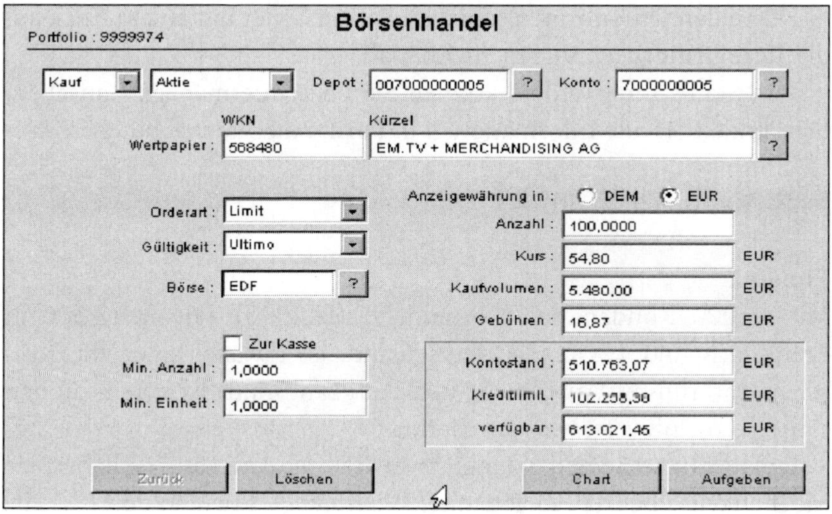

Abbildung 3.24

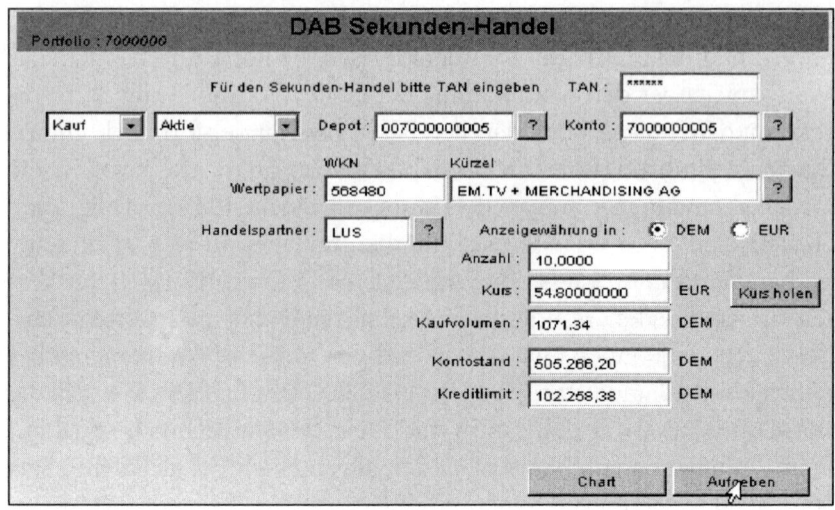

Abbildung 3.25

nungsfrist Neuemissionen kaufen und verkaufen, während andere Anleger noch auf eine Zuteilung warten. Dieses IPO-Trading gilt jedoch nur für Papiere, bei denen die HypoVereinsbank AG im Konsortium ist.

Bei beiden Orderformen schicken Sie die Order mit einem Klick auf die Taste „Aufgeben" an den Händler ab.

Den Status Ihrer Orders können Sie im „Ordermanager" ansehen. Hier finden Sie alle Informationen in Form einer übersichtlichen Aufstellung.

Fimatex

Mit 35.000 Kundenkonten (Stand: 10.02.2000), davon 22.500 in Frankreich und 12.500 in Deutschland, ist *Fimatex* heute französischer Marktführer. Auch in Deutschland zählt Fimatex bereits zu den führenden Onlinebrokern am Markt.

Fimatex bietet seinen Kunden zwei Trading-Arten an. Sie haben die Möglichkeit, über das so genannte *Webtrading* Aktien an den Parkettbörsen und am XETRA zu handeln. Dabei handelt es sich um ein preisreduziertes Angebot ohne automatische Kursaktualisierung. Kunden erhalten ein so genanntes *Miles-Konto*, von dem bei jeder Abfrage eines Echtzeitkurses eine Meile abgezogen wird. Pro Order bekommt der Kunde 30 Meilen gutgeschrieben. Das Anfangsguthaben ist bei Kontoeröffnung auf 1.000 Miles dotiert. Bei dieser ,Meile' handelt es sich um eine Level-I-Quote, die Sie manuell abrufen müssen. Für Day Trading können wir dieses System aufgrund der langsamen Orderausführung und Bestätigung nicht empfehlen.

Die zweite Trading-Variante, *GTS* (Global Trading System), bietet Ihnen die Möglichkeit, Aktien am XETRA, Futures und Optionen am EUREX sowie eine Reihe von Optionsscheinen zu handeln.

Bei GTS handelt es sich um eine Trading-Software, die auf Ihrem eigenen Rechner installiert wird und so bei Verbindungsproblemen mit der Fimatex-Webseite weiterhin einen Handel ermöglicht. Mit GTS können Sie am XETRA sowohl Market- und Limit-Orders, als auch Stop-Loss-Orders aufgeben. (Näheres zu den Handelsabläufen am XETRA lesen Sie in Kapitel 4.)

Für XETRA, Optionsscheine und EUREX liefert GTS Echtzeitkurse zum Preis von 17,05 Pfennig pro Minute.

Als Benutzer von GTS können Sie sich auch für den Futures- und Optionshandel am EUREX von Fimatex freischalten lassen. Hier arbeiten Sie in Echtzeit von Ihrem PC aus und erhalten auch Ihre Orderausführungsbestätigung sofort. In diesem Fall kann man tatsächlich von echtem Day Trading sprechen, wenn auch begrenzt auf Futures und Optionen. Zugang zu 20 weiteren Terminbörsen in aller Welt sind zusätzlich zum EUREX möglich.

Eine weitere Möglichkeit, die Ihnen über GTS offen steht, ist der Online-Optionsscheinhandel. Auch bei dieser Alternative agieren Sie in Echtzeit und können selbst kleine Kursschwankungen sofort zu Ihrem Vorteil nutzen. Sie können aus dem Gesamtangebot an Optionsscheinen der Société Générale, der Citibank und von Goldman Sachs auswählen, weitere Emissionshäuser werden nach Angaben von Fimatex bald folgen.

Wir werden Ihnen auch hier anhand von einigen Beispielen die Bedienungselemente der GTS-Software im Detail erläutern, und Sie über die einzelnen Möglichkeiten, die Ihnen dieses Programm zusammen mit der Firma Fimatex zurzeit anbietet, informieren.

GTS – Global Trading System Wenn Sie GTS starten, sehen Sie nach der Anmeldung ein Kontomanagement-Fenster, in dem Sie alle wichtigen Informationen zu Ihrem Depot abfragen können. Über GTS haben Sie, wie schon erwähnt, die Möglichkeit, sowohl die aktuellen Aktienkurse im XETRA-Handel als auch alle Kurse der an der EUREX gehandelten Werte abzufragen. Hier unterteilt GTS in allen Menüpunkten in: Wertpapiere (XETRA) und Derivate/Optionen (EUREX).

XETRA-Handel Rufen Sie im Menü den Punkt „Kurse" auf und klicken auf „Börse". Es öffnet sich ein Realtime-Kursfenster, das Ihnen die Kurse des XETRA anzeigt. (Abbildung 3.26) Diese Kurslisten können Sie Ihren Bedürfnissen und Wünschen anpassen und so eine eigene Watchlist generieren.

Bezeichnung	Preis	Abweichung	Volumen	Vol. Handelstag	Uhrzeit
KAMPS AG O.N.	81,10	+1,37%	887	42651	17h33
SINGULUS TECHNOL.	113,00	+1,35%	115	45623	17h33
EMPRISE MANAG.CON.	223,00	+14,07%	110	14400	17h33
ADS AG O.N.	47,08	-0,88%	320	9532	17h33
MORPHOSYS AG O.N.	290,00	+4,32%	495	20248	17h33
TURBODYNE TECH. IN	3,35	+18,79%	2010	2610	17h36
DBV-WINTER. HOLD.A	35,00	+0,29%	18	318	17h37
IXOS SOFTWARE AG O	78,50	-4,15%	1750	22141	17h38
KNORR CAPITAL PART	52,00	+11,83%	1920	175813	17h38
RICARDO.DE AG O.N.	188,00	-3,09%	700	8211	17h38
ELSEVIER NV	11,00	+7,84%	20	170	17h38
SANOCHEM. PHARMAZE	61,55	+43,98%	6901	93827	17h38
BAAN COMPANY NV	5,78	+10,10%	400	26515	17h38
TTL INF. TECHN. AG	36,00	+10,94%	1000	3449	17h38
CONSTANTIN FILM AG	68,02	+6,92%	900	10577	17h38
LIPRO HOLDING AG O	29,50	+2,43%	1595	36920	17h38
VIVANCO GRUPPE AG	15,70	+1,29%	30	1280	17h38
BRAIN INTERNATIONA	30,00	-0,99%	500	2995	17h38
FREENET.DE O.N.	244,00	+6,78%	1216	15418	17h39
INTL BUS. MACH.	116,49	+12,01%	191	960	17h44

Abbildung 3.26

Wenn Sie nun auf eine der Aktien in der Liste doppelklicken, öffnet sich automatisch ein Fenster, in dem Sie alle aktuellen Informationen zu diesem Titel erhalten. Sie sehen in Abbildung 3.27, dass in dieses Fenster ein Auftragsbutton für einen möglichen Handel mit dieser Aktie eingebettet ist. Daneben finden Sie: einen Button zum Aufruf historischer Charts, eine Auswahl des Börsenplatzes sowie Titelbeschreibung und Kurs. Im Hauptfenster haben Sie Zugriff auf eine

140

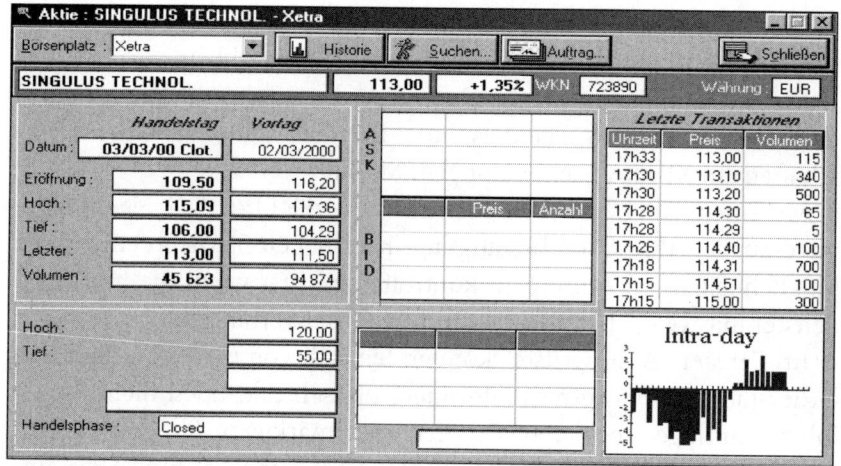

Abbildung 3.27

Realtime-Quote, einen Orderbuchauszug ähnlich einer Level-II-Quote, eine Times&Sales-Liste sowie einen Intraday-Chart. Wenn Sie sich jetzt z. B. zu einem Kauf dieses Wertes entschlossen haben, so brauchen Sie nur noch die Auftragstaste zu betätigen, und sofort öffnet sich ein Wertpapierauftrag, wie Sie ihn in Abbildung 3.28 sehen.

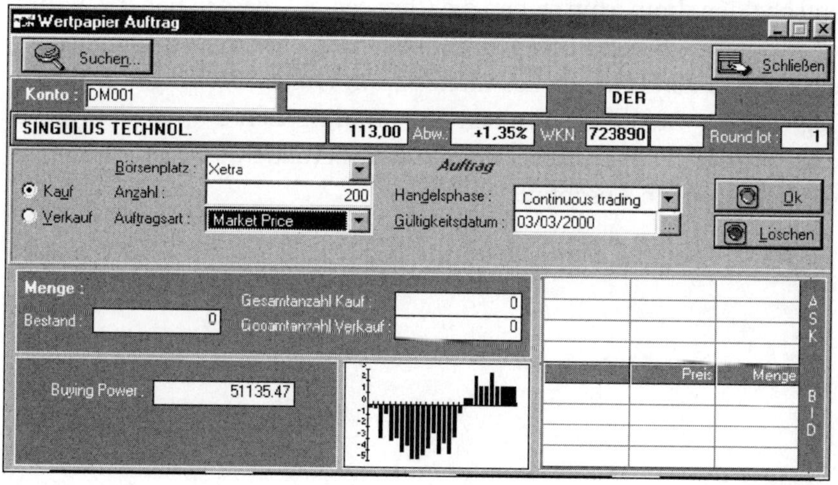

Abbildung 3.28

141

Hier markieren Sie das Feld neben „Kauf", wählen Ihren bevorzugten Börsenplatz und geben die gewünschte Stückzahl ein.

Nun können Sie die Art der Order und die Gültigkeitsdauer bestimmen. Der Menüpunkt „Handelsphase" bezieht sich auf die Ordereigenschaften am XETRA (siehe Kapitel 4: Märkte).

Mit einem Klick auf „O.K." schicken Sie die Order ab. Sie erhalten unverzüglich Ihre Orderbestätigung. Hier haben Sie noch einmal die Möglichkeit Ihren Auftrag zu kontrollieren. Erst wenn Sie in diesem Fenster mit „O.K." bestätigen wird Ihre Order verbindlich.

Im Fenster „Auftragsliste" können Sie sich von GTS nun über den Orderstatus Ihres Auftrags informieren lassen und noch nicht ausgeführte Aufträge stornieren. Für Letzteres markieren Sie den Auftrag und klicken Sie auf „Order Löschen". Aber Vorsicht: Eine Statusanzeige „Stornierung in Bearbeitung" garantiert keinesfalls eine wirkliche Löschung, denn es kann sein, dass die Order zu diesem Zeitpunkt bereits ausgeführt wird. Sicher können Sie erst dann sein, wenn Sie den Eintrag „Storniert" erhalten.

Sie kennen nun die Unterschiede zwischen deutschen Anbietern und amerikanischen Discountbrokern. Stellen Sie aber bitte noch einmal detaillierte Vergleiche an, bevor Sie sich für eine Kontoeröffnung entscheiden. Immerhin stehen die Chancen gut, dass in naher Zukunft in Deutschland dieselben Möglichkeiten zur Verfügung stehen werden, wie in den USA, da das Interesse am Online-Broking von Tag zu Tag wächst. Zu den deutschen Day-Trading-Centern, in denen Sie diese Art des Day-Trading erlernen und betreiben können, kommen wir im folgenden Abschnitt.

Day-Trading-Center

Die *Tick-Trading-Center* erhielten ihre Bezeichnung durch die Technik des Handels auf einen Tick im Indexfuture. Das heißt, die Trader nutzen schon die geringste Bewegung im Kursverhalten, also den Tick, um Gewinne zu machen. Sie platzieren ihre Orders selbstständig und ohne Umwege direkt an der EUREX.

Gehandelt werden vor allem Futures, z. B. auf den DAX oder auf Rohstoffe. Der Kampf um Future-Punkte bildet die Basis des Tick-Tradings. Der große Margin-Hebel, den Sie beim Handel mit Derivaten nutzen können, relativ zu den Roundturn-Gebühren, macht eine Gewinnrealisierung schon bei einer Basisstelle attraktiv. *Overnight Positions*, also das Halten von Positionen über Nacht, sind bei dieser Trading-Technik nicht vorgesehen. Jede Basisstelle im Bund-Future bringt 10 Euro, jeder Punkt im DAX-Future 25 Euro – vorausgesetzt Sie haben auf die richtige Entwicklung gesetzt. Die Anzahl der Kontrakte, die Sie erwerben, bestimmt den Multiplikator dieser Gewinne. In der Regel bleiben Sie nur wenige Minuten in einem Geschäft und steigen dann aus, manchmal können es aber auch ein paar Stunden sein.

Tick-Trading-Center finden Sie mittlerweile in ganz Deutschland. Vor ca. zwei Jahren wurde Deutschland von diesem Trend erfasst, mittlerweile existieren bundesweit über 30 solcher Einrichtungen.

Wenn Sie sich in einem Tick-Trading-Center als Kunde anmelden, so werden Sie zunächst mit einer Reihe von Voraussetzungen konfrontiert, die Sie erfüllen müssen. Die Kapitalanforderung liegt bei ca. 30.000 Euro für die Kontodotierung, die monatliche Miete für den Tradingplatz bei rund 600 Euro. Hinzu kommen Gebühren für die Trades selbst, die je nach Handelsplatz bei ca. 15 bis 20 Euro pro Kauf oder Verkauf liegen. Diese Kosten werden aber von Ihrem Konto aus gedeckt und haben mit den Center-Gebühren nichts zu tun. Neben den finanziellen Voraussetzungen sollten Sie natürlich auch das nötige Know-how mitbringen, bevor Sie sich an das Traden von Futures wagen. Haben Sie das notwendige Wissen nicht, so wird Ihnen jeder verantwortungsvolle Leiter eines Trading-Centers zu einer entsprechenden Schulung raten, bevor er Ihnen einen Arbeitsplatz vermietet. Sie sind wahrscheinlich nicht gewillt, die Lernphase im Day Trading mit Ihrem

Tradingkapital zu finanzieren, daher lohnt sich die Investition in Seminare und Ausbildung auf jeden Fall. Die Einschulungen werden in der Regel direkt von der Center-Leitung gehalten oder von Partnerfirmen, die speziell ausgebildete Mitarbeiter für diese Seminare zur Verfügung stellen. Da sich die Bewertung eines Trades in dieser Sparte fast ausschließlich auf die Technische Analyse stützt, kann bei geringem Wissen schnell ein Gefühl des Zockens entstehen. Unserer Meinung nach sollten Sie sich nicht mit einem Schnupperkurs zufrieden geben, sondern das Seminarangebot ausschöpfen, bevor Sie mit Ihrem eigenen Kapital an die Sache herangehen. Allerdings sind diese Veranstaltungen nicht gerade billig. Prüfen Sie auf jeden Fall die Qualität der angebotenen Seminare und den Support des Centers, bevor Sie starten.

Denken Sie daran, dass Ihnen bei späteren Handelsentscheidungen niemand mehr helfen wird, denn auch bei dieser Art des Day Trading sind nur Sie selbst für Ihre Handlungen verantwortlich.

Erfüllen Sie die Bedingungen, so können Sie sich einen Arbeitsplatz mieten und loslegen. Für Ihre Platzmiete sollten Sie natürlich einiges geboten bekommen. Angenehmes Ambiente, geschultes Personal, das Ihnen bei Problemen mit der verwendeten Software oder dem PC weiterhilft, Versorgung mit News über Fernsehen und Internet, schnelle Computer mit Dual-Monitor-Anzeige und stabile Internetanbindungen sollten auf jeden Fall vorhanden sein.

Angeboten werden Ihnen alle Anlageinstrumente zu einer auf das Tick-Trading abgestimmten Discount-Gebührenstruktur. Zum professionellen technischen Equipment in den Trading-Centern gehören Handelsterminals, die meist auf zwei Monitoren nicht nur Realtime-Kurse und ein Programm zur Chartanalyse bieten, sondern auch eine Handelsplattform, über die Sie als Kunde per Mausklick Ihre Transaktionen abwickeln. Ihre Aufträge werden über Internet z. B. in das Handelssystem der deutsch-schweizerischen Terminbörse EUREX eingespeist.

Auf dem einen Monitor können Sie z. B. den Verlauf eines handelbaren Wertes in Chartansicht aufrufen, während Sie auf dem anderen die Handelsplattform mit dem Inside-Bid sehen, über die die Geschäfte abgewickelt werden. Die jeweiligen Orders gehen mit einer Verzögerung von ca. 1 bis 2 Sekunden direkt in das Handelssystem der entsprechenden Börse, und Sie erhalten fast im selben Augenblick die Bestätigung

144

Ihrer Orderausführung. Dadurch wird es möglich, bei den gehandelten Werten auch kleinste Schwankungen „Tick für Tick" auszunutzen.

Je nach Qualität (und Kostensituation) bietet Ihnen die Chart-Software alle Varianten der Technischen Analyse, die Sie für das Tick-Trading brauchen. Die Realtime-Charts aktualisieren sich bei einer stabilen Internetverbindung in Sekundenbruchteilen.

Die Orderplattformen sind aus Leistungsgründen meistens sehr einfach gehalten und erfordern nur geringe Kenntnisse im Umgang mit dem Computer und seinen Bedienelementen. Im Normalfall können Sie über ein Trading-Center auch eine Trainings-Software beziehen, die es Ihnen erlaubt, zeitlich begrenzt mit einem virtuellen Betrag ohne Gefahr für Ihr echtes Budget unter Realbedingungen zu üben. Machen Sie Verluste, so kostet Sie das keinen Cent und Sie können Ihre Fehler analysieren, machen Sie Gewinne, so können Sie sich über Ihre erfolgreiche Strategie freuen. Jedenfalls sollten Sie solange mit einer Simulationssoftware arbeiten, bis Sie in der Gewinnzone landen.

Für die laufenden Kosten wird die Grunddotierung Ihres Kontos herangezogen, die Trades machen Sie auf Ihren Margin, ähnlich wie bei den US-Brokern. Sie sollten aber weder durch eingefahrene Verluste noch durch die laufenden Kosten Ihren Kontostand zu sehr belasten. Schmilzt Ihr Guthaben dahin, werden nämlich sofort Ihre Handelsmöglichkeiten eingeschränkt. Es sei denn, Sie stocken Ihr Konto mit weiteren Überweisungen innerhalb der gesetzten Frist auf.

Die Adressen und Bewertungen der diversen Tick-Trading-Center in Deutschland finden Sie im Internet unter www.tradewire.de .

Viele dieser Center geben ihren Kunden, nach der entsprechenden Ausbildung, neben den Angeboten vor Ort die Software und zum Teil sogar das Equipment mit nach Hause, ein Service, der immer häufiger in Anspruch genommen wird. Sie bezahlen dann die Mietgebühren für die Computeranlage, sofern Sie über keinen eigenen, geeigneten PC verfügen, sowie die laufend anfallenden Kosten für Internetanbindung, Handelsplattform und Chart-Software.

Die durchgeführten *Round Turns*, also die eigentlichen Trades (Kauf und Verkauf) müssen Sie natürlich bei jedem Anbieter bezahlen. Es muss jedoch angemerkt werden, dass im Vergleich die amerikanischen Internetbroker immer noch deutlich billiger sind.

DIE MÄRKTE

In den letzten zehn Jahren haben weltweit viele Börsen den Sprung zur vollelektronischen Börse geschafft. Aber diese Entwicklung ist noch lange nicht abgeschlossen und in der Zwischenzeit bilden sich Hybridbörsen, wie z. B. der *Chicago Board Options Exchange* (CBOE), an denen sowohl auf dem Trading Floor nach dem altbewährten System als auch elektronisch gehandelt wird. Während es vor wenigen Jahren noch kaum computerunterstütztes Traden gab, verbreiten sich elektronische Hilfsmittel immer mehr auf dem Trading Floor und zu Hause. Floor Trader, die direkt an der Börse traden, arbeiten mittlerweile mit tragbaren Terminals und Mobiltelefonen. Echtzeitquoten, die früher nur professionellen Tradern zu hohen Preisen zur Verfügung standen, können heute für $25 über das Internet bezogen werden. In naher Zukunft wird das Internet in fast alle Bereiche unseres Lebens Einzug gehalten haben. Schnellere Verbindungen und bessere, erschwingliche Hardware revolutionieren das Traden und ermöglichen es Ihnen, auch international mitzumischen. Aber nicht alle Börsen sind gleich und nicht jede Börse ist für jede Aktie geeignet. Sie unterscheiden sich in den Anforderungen, die an Gesellschaften gestellt werden, um gelistet und kontinuierlich gehandelt zu werden, sowie in ihren Regelungen zur Ausführung einer Order.

Europäische Börsen

Da das Angebot der Onlinebroker in Europa noch sehr gering ist, befasst sich dieser Abschnitt vornehmlich mit den Börsen im deutschsprachigen Raum.

Deutschland

Noch ist die Aktie als Mittel der Geldanlage und als Instrument der Unternehmens-Finanzierung in Deutschland unterentwickelt. Während es mehr als eine halbe Million GmbHs gibt, firmieren nur rund 4.600 Unternehmen als AG. Ende 1998 waren 741 davon börsennotiert. Demgegenüber wählten bis Ende 1998 2.784 ausländische Unternehmen den Weg an eine deutsche Börse. Experten schätzen das Potential in der Bundesrepublik auf etwa 2.000 börsenfähige Gesellschaften.

Die *Gruppe Deutsche Börse* ermöglicht Unternehmen und Investoren den Zugang zu den globalen Märkten für Eigenkapital. Sie organisiert den Handel auf dem Kassa- und dem Terminmarkt, sorgt für die Abwicklung der dort abgeschlossenen Geschäfte, veröffentlicht Informationsprodukte wie den *Deutschen Aktienindex* (DAX) und entwickelt Computersysteme wie *XETRA* und *Eurex*.

FWB – Frankfurter Wertpapierbörse

Die FWB ist die mit Abstand größte der deutschen Wertpapierbörsen. Weltweit steht sie – hinter dem NYSE und dem NASDAQ – an dritter Stelle. Seit der Einführung von XETRA bietet sie ihren Kunden neben dem maklerunterstützenden Präsenzhandel auch den vollelektronischen Handel, der Aufträge aus aller Welt automatisch in einem zentralen Computer zusammenführt. So vereinigt die FWB den neuesten Stand der Technik mit Tradition. Die FWB kann auf eine über vierhundertjährige Geschichte zurückblicken: Ihr Gründungsjahr ist 1585. Trägerin der FWB ist die *Deutsche Börse AG*. Die FWB entwickelte mit dem DAX den weltweit ersten Perfomance-Index.

Um gerade jungen, wachstumsstarken Zukunftsbranchen wie Telekommunikation, Biotechnologie, Multimedia und Umwelttechnik einen angemessenen Handelsrahmen zu schaffen, wurde am 10. März 1997 der *Neue Markt* als neues Handelssegment an der Frankfurter Wertpapierbörse eröffnet.

Im Hinblick auf die überragende Bedeutung des internationalen Handels wurde im November 1997 in Frankfurt das neue elektronische Handelssystem XETRA (Exchange Electronic Trading) für den nationalen und grenzüberschreitenden Wertpapierhandel eingeführt. Über XETRA können Marktteilnehmer faktisch von jedem Ort der Welt aus in über 2.000 Wertpapieren handeln.

Weitere Börsenplätze in Deutschland sind München, Stuttgart, Hannover, Berlin, Bremen und Düsseldorf.

DAX

Der von der Frankfurter Wertpapierbörse entwickelte und 1988 ins Leben gerufene Deutsche Aktienindex (DAX) steht an der Spitze einer Gruppe deutscher Indices. Er besteht aus 30 deutschen Standardwerten, die im Amtlichen Handel oder Geregelten Markt der FWB Frankfurter Wertpapierbörse variabel notiert werden. Auswahlkriterium für die Aufnahme eines Wertes in den DAX sind die Börsenumsätze der letzten zwölf Monate, die Börsenkapitalisierung der Aktiengesellschaften sowie die Anerkennung des Übernahmekodex. Neben dem DAX veröffentlicht die Gruppe Deutsche Börse den *XETRA-DAX* (basierend auf Vor- und Nachbörsenhandelswerten der 30 DAX Aktien im XETRA). Daneben gibt es den *DAX 100*, den *MDAX* und den *CDAX*. Der DAX war der erste Performance-Index weltweit, der als Grundlage des Handels von Derivaten diente.

Neuer Markt

Die Deutsche Börse startete den Neuen Markt am 10. März 1997 als neues Handelssegment an der FWB. Die für den Neuen Markt typischen Unternehmen kommen aus zukunftsträchtigen Branchen mit überdurchschnittlichen Umsatz- und Gewinnperspektiven. Aber auch Unternehmen aus traditionellen Sektoren werden hier gelistet, wenn sie neuartige Produkte oder Dienstleistungen anbieten oder Prozesse innovativ gestalten: Sie alle sind durch ein hohes Maß an Wachstumspotential charakterisiert. Diesen größeren Chancen stehen naturgemäß höhere Risiken gegenüber. Als wesentliches Merkmal gilt daher die hohe Transparenz, die Unternehmen im Neuen Markt den Investoren bieten. Sie begegnen dem Kapitalmarkt mit einer offensiven Publizität und gehen aktiv auf das Informationsbedürfnis der Investoren ein. Information und Transparenz werden als Chance zur Kommunikation verstanden. Der Neue Markt wird sich zudem durch eine aktive Vermarktung seitens der Deutschen Börse, durch Liquidität und durch eine europaweite Vernetzung auszeichnen.

Mit dem Neuen Markt der Deutschen Börse AG bietet der Finanzplatz Deutschland also jungen, wachstumsstarken Unternehmen attraktive Finanzierungsmöglichkeiten. Er richtet sich an private und institutionelle Investoren in Deutschland und in aller Welt, die neuen Ideen und Plänen innovativer Produkte positiv gegenüberstehen. Sie sind bereit, für größere Chancen ein entsprechendes Risiko einzugehen, wenn dieses kalkulierbar bleibt.

Alle Titel des Neuen Marktes sind im elektronischen XETRA-Handel und im Präsenzhandel auf dem Parkett der FWB von 8.30 Uhr bis 17.00 Uhr handelbar.

Die Börsenaufsichtsbehörde und die Handelsüberwachungsstelle kontrollieren das ordnungsgemäße Zustandekommen der Preise im Neuen Markt, so dass die Chancengleichheit der Handelsteilnehmer, die Transparenz der Preisfindung und damit das Vertrauen der Anleger in die Fairness der Preisfeststellung gewährleistet sind. Die laufende Veröffentlichung von aktuellen Preisen, Umsätzen und Geld-/Brief-Spannen zudem zu einer hohen Preisqualität bei.

Die Entwicklung des Neuen Marktes wird seit 1. Juli 99 mittels des Nemax-All-Share-Index ermittelt. Darin sind mittlerweile mehr als 200 Werte des Neuen Marktes, nach Größe gewichtet, enthalten – Tendenz steigend.

Der Nemax-All-Share-Index ist stärker gestiegen als der DAX, allerdings auch bei sehr viel stärkeren Auf- und Abwärtsbewegungen, insbesondere der Einzelaktien. Durch die hohe Gewichtung von Wachstumsunternehmen müsste der Index langfristig stärker steigen als der DAX. Die bisherige Entwicklung ist zu kurz, um eine jährliche Performance zu bestimmen.

Die Blue Chips des Neuen Marktes sind im *NEMAX 50* zusammengefasst. Der Neue Markt hat sich somit zum führenden Markt für Technologie und Wachstumsunternehmen in Europa entwickelt und vereinigt mittlerweile achtzig Prozent der Marktkapitalisierung der europäischen Wachstumswerte und sechzig Prozent des Umsatzes auf sich. Fünfzig Prozent der Umsätze werden inzwischen von institutionellen Investoren getätigt, der Marktanteil ausländischer Anleger beläuft sich auf zwanzig Prozent.

Im Dezember 1999 wurde das zweihundertste Unternehmen am Neuen Markt gelistet, insgesamt gingen in diesem Jahr 139 Neuemissionen an die Börse. Damit ist der Neue Markt die mit deutlichem Abstand führende IPO-Plattform in Europa geworden.

XETRA

Im Mai 1995 beschloss die Deutsche Börse AG, im Rahmen ihrer strategischen Initiativen ein neues elektronisches System für den grenzüberschreitenden Wertpapierhandel zu entwickeln und einzuführen: XETRA (Exchange Electronic Trading). Der Startschuss für den elektronischen Aktienhandel auf XETRA fiel am 28. November 1997. Mit XETRA Release 6 hat das System am 12. Oktober 1998 seine volle Schubkraft erreicht.

Moderne Technologien eröffnen neue Dimensionen im internationalen Wertpapierhandel. Die Liquidität der Börsenplätze sowie die Leistungsfähigkeit und Kosteneffizienz der Handelsplattformen und Abwicklungssysteme sind heute die entscheidenden Erfolgsfaktoren für Marktteilnehmer und Börsen.

- Mit XETRA will die Deutsche Börse die Marktqualität am deutschen Kassamarkt entscheidend verbessern,
- die im europäischen Wettbewerb führende Handelsplattform schaffen und
- ihre Marktführerschaft in deutschen Benchmarkprodukten mit unterschiedlichen Dienstleistungen zu möglichst niedrigen Transaktionskosten ausbauen.

XETRA ist ein System für den vollelektronischen Handel mit Aktien, Renten und Optionsscheinen, ohne Market Maker oder Spezialisten, wie wir sie an den amerikanischen Börsen finden. Es ermöglicht Kunden von Onlinebrokern und Börsenmitgliedern den Handel mittels elektronischer Zugangssoftware unabhängig vom Standort. Seit seiner Einführung haben sich bereits rund 250 Banken und Wertpapierhäuser aus acht europäischen Ländern für den Handel mit XETRA entschieden. Mit der neuesten Version des Systems, XETRA Release 6

150

sind auch Sie als Privatanleger in der Lage, mittels Zugangsberechtigung direkt am XETRA zu handeln. Dabei müssen Sie allerdings die zwei Arten des XETRA-Handels beachten. Man unterscheidet dabei zwischen Auktionen und dem fortlaufenden Handel.

Bei den Auktionen, die generell dreimal täglich stattfinden, sind alle Ordergrößen handelbar. Es gibt eine Eröffnungsauktion um 08:25Uhr, mindestens eine untertägige um 13:00 Uhr und eine Schlussauktion um 17:00 Uhr. Zu beachten ist dabei, dass Sie Ihre Orders nicht gezielt in eine dieser Auktionen platzieren können. Wann und bei welcher Auktion Ihre Order sichtbar wird, entscheidet sich ausschließlich durch den Zeitpunkt der Orderabgabe. Alle Marktteilnehmer haben sowohl bei der Auktion als auch im fortlaufenden Handel immer Einblick in das Orderbuch des XETRA. So sind Sie in der Lage, Angebot und Nachfrage in den diversen Werten live auf Ihrem Bildschirm zu verfolgen.

Diese Auktionen dienen dazu, Nachfrage und Angebot auf einen Zeitpunkt zu konzentrieren. Dadurch steigt gerade auch für kleinere Orders die Wahrscheinlichkeit, dass sie zu einem marktgerechten Preis ausgeführt werden. Auf XETRA führt der Computer in Auktionen Orders automatisch zu dem Preis aus, der den höchsten Umsatz ermöglicht. Der Vorteil für den Anleger: Mit XETRA Release 6 werden in Auktionen Orders in jeder beliebigen Größenordnung ausgeführt. Anleger können diese Orders auch limitieren, das heißt: Gekauft oder verkauft wird nur zu dem Preislimit, das der Investor angegeben hat, oder besser (siehe auch Kapitel zum Thema Orderarten).

Das vollelektronische Wertpapierhandelssystem XETRA ist mit zwei Schutzmechanismen ausgestattet, die einen wichtigen Beitrag zur Vermeidung von Preissprüngen leisten und die Wahrscheinlichkeit erhöhen, dass unlimitierte Orders ausgeführt werden können.

Einen weiteren Schutzmechanismus stellen die so genannten Market-Order-Unterbrechungen in Auktionen dar. Sind am Ende der Aufrufphase nicht alle Market-Orders – also Orders ohne Preislimit – ausführbar, weil nicht genügend passende Aufträge im Orderbuch stehen, so verlängert sich die Aufrufphase um einen bestimmten Zeitraum. Die Marktteilnehmer werden darauf hingewiesen und erhalten so die Chance, neue Aufträge einzugeben oder vorhandene zu verändern. Die Aufrufphase endet zufallsbestimmt.

Beim fortlaufenden Handel auf XETRA hängt das Zustandekommen eines Trades von der Mindestordergröße ab, die Sie platzieren. Wie groß diese ist, richtet sich nach den spezifischen Eigenschaften des Marktsegmentes, in dem Sie operieren wollen. Der fortlaufende Handel auf XETRA beginnt nach dem Ablauf der Eröffnungsauktion um 8:30 Uhr und endet um 17:00 Uhr. Jeder Auftrag wird auf XETRA zunächst in ein elektronisches Orderbuch gestellt, in dem sich Kauf- und Verkaufsangebote gegenüberstehen. Während des fortlaufenden Handels ist das Orderbuch offen, so dass die Limits und die jeweils dazugehörende Ordersize angezeigt werden. Die gesetzten Orders werden vom System auf XETRA, dann automatisch nach Preis und Zeitpriorität auf Übereinstimmung geprüft. Aus diesem Grund spricht man beim XETRA auch von einem so genannten „ordergetriebenen Handelssystem". Sobald eine Orderübereinstimmung erzielt wurde, erhalten beide Parteien eine Orderausführungsbestätigung und der Handel ist abgeschlossen.

Der Vorteil, der durch diese Art des Ordersystems erlangt wird, liegt darin, dass hier Geschäfte jederzeit zustande kommen können. Voraussetzung dafür ist allerdings, dass auch hinreichend große Orders zu marktgerechten Preisen vorliegen. XETRA ermöglicht den fortlaufenden Handel deshalb erst ab einer bestimmten Stückzahl.

XETRA bietet eine breite Palette von Möglichkeiten, um Aufträge zum Kauf oder Verkauf von Wertpapieren individuell zu gestalten. Grundsätzlich erlaubt XETRA Market- und Limit-Orders. XETRA Release 6 erlaubt die Eingabe von Stop-Orders. Auch die Zusätze „Fill-or-Kill" und „Immediate-or-Cancel" sind zugelassen. (Zu den verschiedenen Order-Formen siehe Kapitel 2). Mit XETRA bietet die Deutsche Börse den Marktteilnehmern weltweit eines der modernsten und leistungsfähigsten Systeme, das für den europäischen Wertpapierhandel neue Standards setzt: Liquidität, Transparenz, Geschwindigkeit, Flexibilität.

Noch im ersten Quartal 2001 öffnet die Deutsche Börse das Xetra-Orderbuch - Privatanleger erhalten über das Internet Zugriff auf Xetra Live. Der Xetra Live-Bildschirm basiert auf dem professionellen Handelsbildschirm und zeigt unter anderem die fünf besten Kauf- und Verkaufsangebote für einzelne Aktien in Echtzeit an. Dadurch ist es möglich, Orders über den Broker direkt im Xetra-Orderbuch zu platzieren und den Weg der Order bis zur Ausführung live am Bildschirm zu verfolgen. Eine Abbildung des Orderbuchs sehen Sie im Kapitel "Deutsche Onlinebroker".

SMAX

Small Cap Exchange (SMAX) heißt das neue Qualitätsmerkmal für kleine Aktienwerte, das an der Frankfurter Börse eingeführt wurde. Damit werden kleinere, aber aussichtsreiche Aktien bekannter gemacht.

SDAX

Mit dem Start des SMAX gibt es einen neuen Index: Den SDAX, der die Wertentwicklung der 100 stärksten SMAX-Werte abbildet. Über die Zusammensetzung entscheidet der Vorstand der Deutschen Börse AG .

EUREX

Zur Gruppe Deutsche Börse gehört auch der 1998 gestartete, deutsch-schweizerische Terminmarkt EUREX, der inzwischen weltweiter Marktführer geworden ist. EUREX – die erste grenzüberschreitende Börse – ist eine Kooperation zwischen der SWX Swiss Exchange und der Deutschen Börse AG, die beiden Partnern je zur Hälfte gehört. Anfang Oktober 1999 unterzeichnete die EUREX weitreichende Verträge mit der *Chicago Board of Trade* über den Aufbau einer gemeinsamen elektronischen Handelsplattform. Diese Allianz über ein 50/50 Joint Venture sieht vor, dass ab Sommer 2000 alle Produkte beider Börsen über das EUREX-Handelssystem handelbar sein werden. Das Ziel, das hinter diesem Vertrag steht, ist, das weltweit größte und liquideste Netzwerk für den Derivatehandel zu schaffen. Dabei wollen die beiden Partner ihre Allianz nicht nur auf Europa und die USA ausdehnen, sondern auch noch den asiatisch-pazifischen Raum miteinbeziehen.

Der EUREX ist ein vollelektronischer Handelsplatz, der seinen Teilnehmern weltweiten Zugang gewährt und wie der NASDAQ mit einem Market-Maker-System arbeitet. Zur Eingabe der Order stehen Eingabemasken zur Verfügung.

Der Handelsablauf am EUREX

Im *Pre-Trade* können Benutzer Daten abrufen und Order und Quoten aufgeben. Während des *Pre-Opening* verschaffen sich Trader einen Überblick über Angebot und Nachfrage und legen die Eröffnungskurse der Optionen und Futures fest. Mögliche Eröffnungskurse werden angezeigt. Während dieser Phase kann der EUREX den Markt für einen bestimmten Wert einfrieren, um sicherzustellen, dass die Eröffnungskurse akzeptabel sind. Während des *Netting* werden die eingetragenen Order und Quoten gezählt und die tatsächlichen Eröffnungskurse der Optionen und Futures fixiert. Während des Handels werden Käufer und Verkäufer schnellstmöglich zusammengeführt; Transaktionen werden sofort online bestätigt. Im *Post-Trading* können wiederum Daten abgefragt und Orders und Quoten für den nächsten Handelstag aufgegeben werden. Am EUREX kann mittels Market-, Limit- und Stop-Orders gehandelt werden.

Die Deutsche Börse verfolgt eine Strategie der Internationalisierung und der Elektronisierung. Gemeinsam mit den Börsen Amsterdam, Brüssel, London, Madrid, Mailand, Paris und Zürich will die Deutsche Börse eine paneuropäische Börsenplattform schaffen. Ein einheitliches Marktmodell sowie eine gemeinsame elektronische Schnittstelle sollen dann den gemeinsamen Handel in den größten europäischen Aktien ermöglichen. Momentan verfügt der EUREX über elektronische Zugangsknoten in Amsterdam, Chicago, Frankfurt, Helsinki, London, Madrid und Zürich.

Österreich

Das Jahr 1997 stand im Zeichen der Umstrukturierung des österreichischen Kapitalmarktes: Der Kassamarkt der Wiener Börse und der Terminmarkt *ÖTOB* wurden in einer Organisation zusammengeführt. Die neue, integrierte österreichische Wertpapier- und Terminbörse soll Wien als internationalen Finanzplatz etablieren und auf Dauer als eigenständigen Markt für österreichische sowie zentral- und osteuropäische Wertpapiere, inklusive der zugehörigen derivativen Instrumente, positionieren.

Eng damit verbunden ist das Unternehmensleitbild: Die neue Wiener Börse ist ein modernes, privatwirtschaftliches Dienstleistungsunternehmen und befindet sich als Know-how-Center-Börse für Österreich, Zentral- und Osteuropa auf dem Weg vom nationalen Markt zum internationalen Finanzzentrum in der EU.

Das Börsegesetz von 1989 sieht für die Wiener Wertpapierbörse vor, dass der Handel durch ein automatisiertes Handelssystem, *Floor Trader*, verbindliche Nennung von An- und Verkaufspreisen durch ein Börsemitglied (*Market Making*) oder durch mehrere dieser Handelsarten erfolgt. Seit dem 5. November 1999 schloss sich die Wiener Börse über das Handelssystem XETRA an. Somit können an der Wiener Börse auch ausländische Wertpapiere gehandelt werden. Der *Austria Traded Index* (ATX) deckt mit dem so genannten „Blue-Chip-Segment" die rund 20 „wichtigsten" Aktien des Fließhandels des österreichischen Aktienmarktes ab. Diese Aktien werden nach ihrer Marktkapitalisierung gewichtet, also nach dem börsemäßigen Wert eines Unternehmens.

Derzeit stehen noch keine Onlinebroker zur Verfügung, die das Day Traden an der Wiener Börse ermöglichen. Außerdem erfüllt die Wiener Börse durch ihr eher geringes Tagesvolumen und mangelnde Volatilität nicht die Grundvoraussetzungen, die für ein erfolgreiches Day traden notwendig sind.

Schweiz

Die *SWX Swiss Exchange* führt Investoren und Emittenten an einem liquiden und effizienten Wertpapiermarkt zusammen. Am Umsatz gemessen ist sie die drittgrößte Börse Europas und der sechstgrößte Börsenplatz der Welt. Sie zählt zu Europas führenden Märkten für Blue Chips und ist im Warranthandel weltweit führend. Fast 3.500 Wertpapiere sind an der SWX zum Handel zugelassen.

An der SWX Swiss Exchange – die, wie bereits erwähn,t zu fünfzig Prozent an der im Derivatenmarkt weltweit führenden EUREX beteiligt ist – werden Aktien, Obligationen und Optionsscheine gehandelt. Seit Juli 1998 bietet die SWX zudem den elektronische Handel mit Eurobonds an.

Der *Swiss Market Index* (SMI) ist ein kapitalgewichteter, nicht dividendenkorrigierter Index. Er umfasst bis zu 25 liquide Titel hochkapitalisierter Unternehmen des Schweizer Aktienmarktes, die ca. 80 % der Gesamtkapitalisierung repräsentieren.

Ähnlich wie in Österreich besteht in der Schweiz noch nicht die Möglichkeit, über Onlinebroker an der Börse teilzunehmen.

EASDAQ

Der EASDAQ, der Pan-Europäische Aktienmarkt mit Sitz in Belgien, bietet Investoren und Gesellschaften aus Wachstumsbranchen aller Art eine Handelsplattform mit einer einheitlichen Sprache sowie einem einheitlichen Reglement. Derzeit gibt es in Europa 26 Wertpapierbörsen, an denen zehn verschiedene Sprachen gesprochen werden. Der EASDAQ möchte den Investoren und Mitgliedern eine transparente und überschaubare Handelsplattform bieten. Er orientiert sich am Market-Maker-System des NASDAQ. Derzeit werden 66 Gesellschaften am EASDAQ gelistet. Die Gründer des EASDAQ glauben, dass die wirtschaftliche Zukunft in der Förderung der wachstumsstarken, zukunftsträchtigen Sektoren liegt. Der EASDAQ will im Frühjahr 2000 sein telefonisches Handelssystem durch ein rein elektronisches Zugangssystem ersetzen, um als Europabörse konkurrenzfähig zu bleiben. Außerdem will sich die Börse nicht mehr ausschließlich auf Technologie und Wachstumswerte beschränken wie bisher.

EURO-STOXX-50-Index

Ein in der Zukunft voraussichtlich sehr wichtiger Index ist der Euro-Stoxx-50, dem 50 der größten europäischen Unternehmen angehören. Damit wird die Entwicklung der Börse in „Euro-Land" gemessen. In dem Index sind vor allem traditionsreiche Industrie-Unternehmen, aber auch einige High-Tech-Werte vertreten.

Europa-Börse

Neben dem Plan der insgesamt acht großen europäischen Börsen, eine gemeinsame Europabörse ins Leben zu rufen, setzen auch die britische

Tradepoint Financial Networks PLC, der EASDAQ und die schwedische Börse mit auf Projekte für den europäischen Markt. Zuletzt hat die amerikanische Börse NASDAQ konkrete Pläne für Europa wie z. B. den Aufbau einer europäischen Schwesterbörse erarbeitet. Es wird vermutet, dass der NASDAQ seine Pläne weit aggressiver vorantreiben wird als die Konkurrenz. Seine gesamteuropäische Börse soll ihren Sitz in London haben und bereits 2001 mit dem Handel beginnen. Denkbar wäre, dass am europäischen NASDAQ alle Aktien gehandelt werden können, die an den nationalen Börsen in Europa gelistet sind.

US-Börsen

NYSE – New York Stock Exchange

Die älteste und größte Börse der USA, der 1792 mit dem Buttonwood Agreement gegründete *New York Stock Exchange* (NYSE), an der pro Tag ungefähr 800 Millionen Aktien im Wert von über 36 Milliarden Dollar gehandelt werden, befindet sich in der Wall Street in New York City. Zu ihren Aufgaben gehören das Aufstellen von Börsenregeln, die Überwachung der Mitglieder, der Handel von Wertpapieren, die Kontrolle der Vergabe der Sitze an der Börse sowie die Überprüfung von Anträgen. In seiner über 200-jährigen Geschichte hat der NYSE sowohl fulminante Aufschwungphasen, als auch gewaltige Einbrüche, wie z. B. am 24. Oktober 1929 zu Beginn der großen Depression, erlebt. Derzeit werden am NYSE 280 Milliarden Aktien von über 3.000 Gesellschaften im Gesamtwert von mehr als 12 Billionen Dollar gehandelt. Für einen Sitz an der NYSE wurde 1998 der Rekordpreis von 2 Millionen Dollar bezahlt.

Das Spezialistensystem
Jeden Tag findet am NYSE eine Auktion statt. Bids und Asks werden von Mitgliedern an den *Trading Pits* ausgerufen. Die Preise ergeben sich aus Angebot und Nachfrage. Die Kaufs- und Verkaufsorders werden durch einen Spezialisten ausgeführt, der sicherstellt, dass die Orders aller Trader, seien es Kleinanleger oder große Institutionen, ordentlich

und zu einem fairen Preis ausgeführt werden. Market-Orders müssen vom Spezialisten sofort und ohne Rücksicht auf die Marktbedingungen ausgeführt werden. Der Spezialist führt also Käufer und Verkäufer zusammen, was bei schnellen, volatilen Aktien sehr schwierig sein kann, da sich das Preisgefüge extrem schnell verändert. Spezialisten traden natürlich auch für ihr eigenes Konto. Der Spezialist ist derjenige, der kauft, wenn es für eine Aktie keine anderen Käufer gibt, und verkauft, wenn er keine Verkäufer findet. Als Beispiel betrachten wir eine Quote von AT&T:

T   50,10 – 50,30   5 x 5   1.852.300

Die Quote sagt uns, dass jemand für 100 Aktien von AT&T 50,10 bietet und jemand 100 Aktien um 50,30 zu kaufen bereit ist. Es ist möglich, dass der Spezialist auf beiden Seiten steht. Warum sollte er aber eine solche Position einnehmen? Er hofft natürlich, einen Gewinn zu machen. Verkauft ein Trader AT&T mittels einer Market-Order, kauft der Spezialist die Aktien zu 50,10. Bei der nächsten Buy-Market-Order verkauft er dieselbe Aktien zu 50,30. So verdient der Spezialist in Sekunden 0,20 Punkt pro gehandelte Aktie, auch wenn sich der Preis der Aktie nicht bewegt. Stellen Sie sich vor, der Spezialist einer Aktie wie z. B. Bethlehem Steel, die sehr geringe Tagesschwankungen bei gutem Volumen zu verzeichnen hat, ist bei den meisten Trades auf der Bid- und Askseite. Das bedeutet, dass er meist den Spread von 0,10 verdient, also ungefähr $62.000 bei einem Volumen von einer Million gehandelter Aktien pro Tag. Der Spread steht dem Spezialisten als Verdienst zu, da es seine Aufgabe ist, immer für einen geordneten, fairen Markt zu sorgen und im besten Interesse der Öffentlichkeit zu handeln. Daher müssen Spezialisten immer die Order der Trader vor ihre eigenen stellen. Der Nachteil für den Spezialisten besteht darin, dass er im Notfall, falls es keine Käufer oder Verkäufer gibt, alle Orders erfüllen muss. Und das kann sehr teuer werden, wie am Beispiel von *Cendant* (CD) ersichtlich ist: CD stürzte im April 1998 über Nacht um mehr als 50 % ab, es gab keine Käufer, nur Verkäufer in rauen Mengen. Also war der Spezialist gezwungen, trotz des so stark fallenden Kurses alle Verkaufsorders zu erfüllen.

In solchen Extremfällen wird die Aktie oft kurzzeitig außer Kurs gesetzt, damit sich ein faires Preisniveau bilden kann. Und natürlich versuchen die Spezialisten, da sie wie alle Trader profitorientiert arbeiten, die Aktie auf einem sehr niedrigen Kurs zu eröffnen. Damit können sie zu günstigen Preisen kaufen, wenn es keine Käufer gibt, und kurz danach, in der Hoffnung, dass sich der Kurs der Aktie etwas erholt hat, verkaufen und ihre 0,10, 0,20 und 0,25 Dollar Gewinn einstreichen. Dabei geht der Spezialist aber ein großes Risiko ein, denn es gibt aus gutem Grund keine Käufer außer dem Spezialisten. Was passiert, wenn es nach der Eröffnung auf dem neuen Preisniveau eine weitere Verkaufsflut gibt? Der Spezialist verliert Millionen in kürzester Zeit, weil er immer noch kaufen muss, obwohl die Situation furchtbar aussieht.

Ohne Spezialisten müssten Käufer und Verkäufer ihre Preisniveaus selber finden. Nehmen wir als Beispiel wieder die Quote von AT&T. Hier wäre z. B. ein Käufer bereit, $49,50 zu bezahlen, ein Verkäufer möchte aber $50,60. Der Spread erweitert sich gewaltig auf $1,10. Und wer verliert, wenn der Spread größer wird? Trader und Investoren. Ihre Market-Orders würden auf deutlich schlechteren Preisniveaus ausgeführt. Um dem Spezialisten seine Aufgabe zu ermöglichen, hat er als Einziger Zugang zu einem Orderbuch, das den Level II Quotes am NASDAQ entspricht, d. h. er sieht, im Gegensatz zu den Tradern, wie Angebot und Nachfrage in einer Aktie, abgesehen vom derzeitigen Bid und Ask, aussehen.

Die Indices

1884 erstellte Charles Dow den *Dow Jones Industrial Average* (DJIA) eine Liste mit 11 Aktien der ersten großen amerikanischen Gesellschaften, zumeist Eisenbahngesellschaften, um die generelle Richtung des Marktes bestimmen zu können. 1896 nahm Dow die letzte Eisenbahnaktie aus dem mittlerweile 12 Aktien umfassenden DJIA und schuf den *Dow Jones Transportation Index* mit 20 Aktien. Die Utilities folgten 1929. Heutzutage ist der DJIA der wichtigste Index am NYSE. Er zeigt den Stand des Marktes im Allgemeinen an, indem er einen Durchschnittswert aus den Preisen von 30 aktiv gehandelten Blue-Chip-Aktien am NYSE darstellt. Insgesamt gibt es vier Dow Jones Averages: Industrial, Transportation, Utilities und Composite (alle drei zusammen). Eine Liste der 30 DJIA-

Aktien finden Sie im Anhang. Seit 1996 werden die Werte der Indices täglich im Wall Street Journal publiziert. Der *S&P 500* ist ein weiterer Maßstab für die Richtung des Marktes. Er besteht aus 500 Blue-Chip-Aktien am NYSE, AMEX oder NASDAQ, die den Index aber im Verhältnis zu ihrem Marktwert beeinflussen. Der *Russell 3000 Index* besteht aus Aktien der 3.000 größten Gesellschaften in den USA und repräsentiert damit fast 98 Pozent aller in Amerika handelbaren Werte.

NASDAQ

Der NASDAQ ist das Schlachtfeld der meisten Day Trader. Hier finden die Kämpfe mit den Market Makers und den anderen Day Tradern statt. Deshalb ist es unerlässlich, sich mit den Regeln dieses Marktes vertraut zu machen.

Seit seiner Gründung 1971 ist der NASDAQ die am schnellsten wachsende Börse und der Innovator der Industrie schlechthin. Der NASDAQ war die erste vollelektronische Börse der Welt und setzt auch weiterhin den Maßstab für Börsen weltweit. Durch die 1975 erstellten Standards, die ein Wert erfüllen muss, um am NASDAQ gelistet zu werden, erfolgte eine Trennung zwischen NASDAQ-Aktien und OTC-Werten. 1984 wurde das *SOES-System* in Betrieb genommen, das kleine Orders unter 1.000 Stück schnellstmöglich zum besten Preis ausführt. 1994 übertraf das Volumen am NASDAQ erstmals das am NYSE. 1998 schlossen sich NASD und AMEX zur *Nasdaq-Amex Market Group* zusammen.

Am NASDAQ gibt es keine Spezialisten, die für die Ausführung der Order verantwortlich sind. Die Struktur des NASDAQ erlaubt es den Teilnehmern am Markt, Aktien mittels eines ausgeklügelten elektronischen Systems, das Käufer und Verkäufer aus der ganzen Welt verbindet, zu handeln. Am *Nasdaq National Market* werden derzeit über 4400 verschiedene Werte gehandelt. Die Anforderungen zur Aufnahme in den Nasdaq National Market sind sehr hoch, womit ein guter Qualitätsstandard gesichert wird. Am *Nasdaq SmallCap Market* werden fast 1.800 Werte von Unternehmen in Wachstumsbranchen gehandelt. Wenn sich die Small-Cap-Firmen über eine bestimmte Zeit bewährt haben, werden sie oft in den Nasdaq National Market aufgenommen.

160

Die Unterscheidung der Zugehörigkeit der verschiedenen Werte zu einem Markt ist einfach:

Werte mit einem Kürzel, das aus 1, 2 oder 3 Buchstaben besteht, werden am NYSE oder AMEX gehandelt, Werte mit einem Kürzel aus 4 oder 5 Buchstaben am NASDAQ oder OTC BB. Einer der größten Unterschiede des NASDAQ zu anderen Börsen ist das Prinzip der verschiedenen Teilnehmer am Markt.

Es gibt zwei Gruppen: die Market Makers und die ECN Trader. Die Market Makers sind Broker oder Banken, die einen Wert zu öffentlich bekannt gegebenen Preisen kaufen oder verkaufen wollen. ECNs bringen zusätzliche Käufer und Verkäufer an die Börse und machen das Day traden von zu Hause aus erst möglich.

Market Makers

Die Market Makers sind unabhängige Broker oder Institutionen, die ihr Kapital einsetzen und miteinander im aktiven Wettbewerb um die Erfüllung der Kundenorder stehen, indem sie Quoten anzeigen, die ihr Interesse an Käufen und Verkäufen ausdrücken. Jeder Market Maker hat einen gleichwertigen Zugang zum Trading System des NASDAQ, über das die Quoten simultan an alle anderen Teilnehmer gesendet werden. Derzeit sorgen über 500 Market Maker am NASDAQ für einen flüssigen und geordneten Handel. Die Anforderungen an Market Maker lauten:

- Anzeigen ihres Interesses an Käufen und Verkäufen mittels einer beidseitigen Quote für Aktien, in denen sie einen Markt machen wollen. D. h. ein Market Maker muss sowohl angeben, zu welchem Preis er eine Aktie kaufen will, als auch, zu welchem Preis er bereit ist, dieselbe Aktie zu verkaufen.
- Alle Quoten und Orders müssen in Übereinstimmung mit den Regeln der SEC am NASDAQ angezeigt werden.
- Die Einhaltung der angezeigten Quoten und Meldung der getätigten Transaktionen in kürzester Zeit. Bei Verfehlungen kommt es zu disziplinären Maßnahmen.

Eine komplette Liste aller Broker und Dealer am NASDAQ finden Sie unter http://www.nasdaqtrader.com/ .

Im Gegensatz zu den meisten Börsen, die von den Orders der Trader angetrieben werden, sind am NASDAQ daher auch die Quoten eine wichtige Triebfeder für die Bewegung des Marktes.

Alle Market-Maker-Firmen müssen Mitglied der *National Association of Securities Dealers* (NASD) sein, bestimmte Voraussetzungen erfüllen und ein gewisses Mindestkapital vorweisen können.

Es gibt kein Limit für die Anzahl von Market Makern pro Aktie, der Durchschnitt liegt bei 12 Firmen. Insgesamt existieren zurzeit ca. 500 Market-Maker-Firmen in den USA.

Market Watch

Die Market-Watch-Abteilung wurde eingesetzt, um die Integrität des NASDAQ zu gewährleisten. Neuigkeiten und marktrelevante Informationen werden überprüft und, falls notwendig, kann eine Aktie zeitweilig außer Kurs gesetzt werden. Market Watch ist in zwei Abteilungen unterteilt: StockWatch und TradeWatch.

StockWatch überprüft alle Pressemeldungen der Gesellschaften, die am NASDAQ gelistet sind, und beobachtet die Entwicklung von Preisen und Volumen. Alle gelisteten Gesellschaften müssen relevante Informationen umgehend der Öffentlichkeit bekannt geben. StockWatch kann den Handel in einer Aktie aussetzen, um eine gleichmässige Verteilung relevanter Informationen zu gewährleisten. TradeWatch beobachtet mittels automatisierter Systeme den Handel der Aktien am NASDAQ, um einen geordneten Markt und die Integrität der Börse zu gewährleisten. Alle Auffälligkeiten werden untersucht.

OTC BB

Das *Over the Counter Bulletin Board* (OTC BB) ist ein regulierter Quotenservice, d. h. Quoten, Kurse und Volumen werden in Echtzeit angezeigt. Im Allgemeinen ist ein OTC-Wert eine Aktie, die weder am NASDAQ noch an einer anderen amerikanischen Börse gelistet ist. Den OTC BB gibt es seit 1990. Er bietet Zugang zu über 6.500 Wertpapieren, zumeist so genannte „Penny Stocks", deren Preis unter $5 liegt. Ähnlich wie am NASDAQ gibt es hier Market Maker, aber im Gegensatz zum NASDAQ stellt der OTC BB deutlich geringere Aufnahmebedingungen, erfüllt Trades nicht automatisch und stellt nicht dieselben Regeln für Market Maker auf. Normalerweise werden Wertpapiere, die die erforderlichen Kriterien erfüllen, aus dem OTC BB in den NASDAQ übernommen.

Amex

Der *American Stock Exchange* (Amex) ist ein Auktionsmarkt wie der NYSE, an dem Bids und Offers die Preise der Wertpapiere bestimmen und durch einen Spezialisten behandelt werden. Die Orders werden sowohl über elektronische Netzwerke eingespeist als auch direkt von Tradern am Trading Floor ausgerufen. 1998 schlossen sich der Amex und der NASDAQ zur Nasdaq-Amex Group zusammen. Unter www.avcammunity.com/amexcam.html können Sie einen Blick auf den Trading Floor des Amex werfen.

CBOE

Der *Chicago Board Options Exchange* (CBOE) wurde 1973 als erster einheitlicher Optionsmarkt eingerichtet. Er wurde innerhalb kürzester Zeit zum zweitgrößten Markt in den USA. Am CBOE werden Optionen auf Aktien, Indices und Zinsen gehandelt. Eine vollständige Liste der am CBOE gehandelten Optionen finden Sie unter www.cboe.com .

INFORMATIONEN

Obwohl es nicht möglich ist, alles und jeden im Auge zu behalten, sollten Sie es doch versuchen. Sie sollten alles lesen, was mit Wirtschaft und Aktien zu tun hat, besonders um damit Ihre Tradingfähigkeiten und das Gefühl für den Markt weiterzuentwickeln. Dabei sollten Sie immer objektiv bleiben.

Seien Sie jedoch vorsichtig: Da die Anzahl der Informationsquellen für Trader unglaublich schnell wächst, kann die Fülle an Informationen auch verwirrend sein. Besonders als Neuling auf diesem Gebiet suchen Sie oft nach einer führenden Stimme. Vermeiden Sie es aber, einen Trade nur aufgrund der Meinung anderer einzugehen. Was ist, wenn der Analyst im Fernsehen von einer Entwicklung über Jahre hinweg spricht, während Sie von der Entwicklung weniger Stunden profitieren möchten? Gehen Sie sorgfältig vor und stellen Sie Ihre eigenen Nachforschungen an. Filtern Sie die Information. Betrachten Sie die Vorteile und Nachteile, bevor Sie eine Entscheidung treffen und Ihr Kapital aufgrund der Meinung eines anderen riskieren. Verhalten Sie sich professionell und finden Sie Ihre eigenen Trades. Wenn Sie das nicht tun, können Sie Ihr Geld genauso gut und wahrscheinlich mit größerem Erfolg einem Vermögensverwalter anvertrauen.

Glauben Sie nicht, Day Trader könnten auf die Informationen verzichten, nach denen sich die Allgemeinheit richtet. Die besten Trader verfügen über mehr Wissen und Information als die meisten Investoren. Langzeitinvestoren vertrauen auf die Fähigkeiten ihrer Broker und Fondsmanager und die Führung der Firmen, an denen sie sich beteiligen. Trader vertrauen hauptsächlich auf drei Dinge: ihre Entscheidungen, ihr Tradingsystem und die Zuverlässigkeit ihres Brokers. Das Ziel ist, Information zu sammeln und zu verarbeiten, damit wir von der richtigen Reaktion auf die Information profitieren können. Wir wollen hören und sehen, was die Allgemeinheit hört und sieht, um eine mögliche Entwicklung vorwegzunehmen. Von unseren Informationsquellen wollen wir keinen Rat, sondern Angaben, die uns helfen, die Reaktion des Marktes einzuschätzen, die Entwicklung des Marktes zu beobachten und einen Plan zu entwickeln.

Individuelle Informationsbeschaffung

Internet
Die Entwicklung der Möglichkeiten, Information aus dem Internet zu beziehen, ist in allen Bereichen faszinierend. Die Daten, für die Trader früher Hunderte Dollar monatlich ausgeben mussten, sind jetzt gegen sehr geringe Gebühren oder gar kostenlos im Internet zu haben. Unglaubliche Mengen an Information stehen zur Verfügung: Schlagzeilen, Neuigkeiten, technische und fundamentale Daten über den Markt, Sektoren und einzelne Aktien und vieles mehr. Eine ausführliche Liste von Internet-Links finden Sie im Anhang.

Aktuelle Börseninformationen
Das Internet bietet eine gute Alternative zu Informationen aus dem Fernsehen, da die Information hier komprimiert, interaktiv und sehr übersichtlich dargestellt wird. Sie können auf Hunderten von Internetseiten genau das lesen, was Sie interessiert. Ein umfangreiches und übersichtlich gegliedertes Angebot an täglichen Börseninformationen und aktuellen Kursen sowie Kommentaren zum Börsengeschehen finden Sie auf den Community-Webseiten von www.wallstreet-online.de und www.gatrixx.de. Sehr interessante weiterführende Informationen für fortgeschrittene Trader bietet www.tradingplanet.net.

Technische und fundamentale Daten

Wenn Sie Zugang zu einem Level-II-Trading-Konto haben, bietet Ihnen dieser Service normalerweise ausreichende Hilfsmittel zur technischen Analyse. Fundamentaldaten können Sie über verschiedene Internetseiten kostenlos beziehen. Am Beispiel einer dieser Seiten möchten wir am Ende dieses Abschnittes genauer auf Fundamentaldaten eingehen. Da diese Anbieter im Netz ihren Service oft sehr schnell ein- oder umstellen, bieten wir Ihnen unter www.specta-austria.at eine aktuelle Link-Liste an.

Message Boards und öffentliche Chatrooms

Hier findet sich oft mehr Amüsantes als Informatives. *Longs* und *Shorts* liefern sich erbitterte verbale Gefechte und die Gerüchte kursieren. Manche Kommentare sind erstaunlich intuitiv, aber die meiste Information ist nutzlos und kann auch kontraproduktiv wirken. Bisher haben sich die Chats von Wallstreet Online und Gatrixx sowie Tradingplanet sehr gut bewährt.

Trading Rooms (moderierte Chatrooms)

Einige davon sind sehr gute Informationsquellen, andere nicht. Hier gilt es, Chaträume zu finden, die von erfahrenen Tradern geführt werden. Die besten Trading Rooms werden von professionellen Tradern geleitet, die ihre Abonnenten schulen möchten. Sie bieten oft sehr gute Informationen über Ein- und Ausstiegspunkte während des Börsentages. Diese Chaträume unterliegen auch bestimmten Verhaltensregeln, die oft der Qualität der Information dienlich sind. Wenn Sie allein traden, können diese Chaträume durch die Menge an Informationen und die Interaktion mit anderen Tradern eine große Hilfe darstellen. Hier fällt besonders www.tradingplanet.net positiv auf, da hier jederzeit Fragen direkt an Profi-Trader gestellt werden können.

Börsenbriefe

Der Markt wird immer mehr von Börsenbriefen überschwemmt. Leider steckt in vielen nur heiße Luft, so dass man sich beim Umgang mit ihren Informationen leicht die Finger verbrennen kann. In manchen Fällen beteiligt sich sogar das hochgelobte Unternehmen selbst an der

Verbreitung der Information, und viele Musterdepots, die den potentiellen Investor von den erstaunlichen Gewinnmöglichkeiten überzeugen sollen, werden kurzfristig mit Optionsscheinen aufgestockt, um die Kursgewinne noch gewaltiger aussehen zu lassen.

Finanzprofessor Reinhart Schmidt von der Universität Halle stellte fest, dass im Jahr 1997 die Rendite vieler Börsenbriefe bei 9,25 Prozent lag – das war gerade mal die Hälfte des damaligen DAX-Wachstums. Das Gewinn-Risiko der Dienste beträgt 40 Prozent, das des DAX nur sieben Prozent. Bei der richtigen Börsenbriefwahl ist also nicht die Performance entscheidend, sondern das Know-how der Redaktion und die Art der Recherche.

Börsenbriefe werden per Fax, Post oder E-Mail verschickt und kosten oft mehrere Hundert Mark im Jahr. Der Preis rechtfertigt sich bei qualitativ hochwertigen Börsenbriefen durch spezielle Informationen, erfolgreiche Empfehlungen und das oftmalige Erscheinen.

Auch hier gilt: glauben Sie nie blind den Tipps von Freunden oder Experten! Verlassen Sie sich auf Ihr eigenes Urteil!

Seminare und Training

Wie bei den Chaträumen ist hier der Ruf besonders wichtig. Da die Seminare sehr teuer sein können, versichern Sie sich, dass sie von guten, erfahrenen Tradern erstellt und gehalten werden, die ihr Hauptaugenmerk darauf richten, Sie im Umgang mit den Risiken des Day Traden zu unterrichten, und Ihnen nicht nur die Handhabung einer bestimmten Software oder die Regeln des NASDAQ erklären. Der Kurs sollte Ihnen keinen bestimmten Tradingstil aufzwingen, der Ihren Fähigkeiten und Ihrer Risikobereitschaft eventuell nicht entspricht. Versuchen Sie, Trader zu finden, die schon Kurse besucht haben, und sammeln Sie verschiedene Meinungen. Stellen Sie Fragen und lassen Sie sich nicht von Versprechungen darüber blenden, wie viel Geld mit Traden zu verdienen ist.

TV-Informationen

CNBC und *Bloomberg TV* sind wahrscheinlich die besten Informationsquellen im Fernsehen. Ihre Berichterstattung über die Börsen sowie die Diskussion aktueller Themen, Schlagzeilen und allgemeiner Wirtschaftsinformationen ist für Trader interessant und hilfreich. Allerdings ist das alte Prinzip „Buy the Rumours, Sell the News" (kaufe bei Gerüchten, verkaufe bei der Neuigkeit) immer noch gültig. Damit ist natürlich nicht gemeint, dass man in einer Aktie short gehen soll, die tolle Neuigkeiten hat. Aber oft bewegen sich Aktien so schnell, dass Sie sie erst dann kaufen können, wenn das meiste schon passiert ist. Es gibt Schöneres beim Traden, als wenn eine Aktie, die Sie besitzen und mit der Sie schon einen schönen Gewinn gemacht haben, auch noch durch gute Neuigkeiten weiter nach oben getrieben wird. Das könnte oft ein guter Ausstiegspunkt sein.

CNBC und Bloomberg TV sind sehr gute Echtzeit-Informationsquellen für Trader. Lernen Sie davon und beobachten Sie mittels des Fernsehens den Markt. In den wenigsten Fällen bieten sie gute Anregungen für Day-Trader-Techniken und noch seltener Kaufs- und Verkaufsempfehlungen für Day Trader. Die meisten Informationen über Aktien und der Großteil der Meinungen der Studiogäste sind eher für Langzeit-Investoren interessant und können Day Tradern sogar gefährlich werden. Ein Day Trader muss daher lernen, diese Information in Day-Trader-Information umzuwandeln.

In vielen Fällen kaufen Trader Aktien in der Hoffnung, dass diese Werte aufgrund einer Besonderheit wie z. B. eines extremen Kursanstiegs, deutlich erhöhten Volumina oder einer sehr positiven Neuigkeit von den Analysten dieser Sender besprochen werden. Dies hat oft eine weitere Welle von Käufen und damit einen weiteren Kursanstieg zur Folge. Diese Art des Newstradens ist aber nicht so einfach, wie es sich anhört, da sich gerade diese Werte mit unglaublicher Geschwindigkeit in beide Richtungen bewegen können. Gerade hier ist eine extrem schnelle Orderausführung notwendig. Und Sie sollten Ihr Risikomanagement fest im Griff haben.

Jedenfalls bieten diese Sender hervorragende allgemeine Marktinformationen, auch nach Börsenschluss und am Wochenende. Viele Investoren können sich das Programm nur außerhalb der Börsenzeiten ansehen und für viele Day Trader sind die dort verbreiteten Informationen schon alt, aber für einen großen Teil der Investoren sind es wirklich Neuigkeiten.

168

Für deutsche Trader und Investoren ist der Wirtschaftssender *n-tv* sicher ein Begriff. Zahlreiche Investoren und Trader verfolgen die Wirtschaftssender, was oft zu schnellen Kursveränderungen führt, besonders wenn bekannte Analysten und Börsenprofis ihre Meinung kundtun. Adressen von Sendern im Internet:

www.cnbc.com

www.cnnfn.com

www.n-tv.de

Zeitschriften- und Zeitungsinformationen

Wie das Fernsehen sind auch Zeitungen und Zeitschriften sehr nützliche Informationsquellen für Day Trader. In Europa ist es nicht einfach, Publikationen wie das *Wall Street Journal* oder *Inverstor's Business Daily* zu bekommen. Mittlerweile gibt es aber auch im deutschsprachigen Raum einige Zeitschriften, die wertvolle Informationen, wie z. B. Bekanntgabe von Quartalsergebnissen, Wirtschaftsberichte und Fundamentaldaten, beinhalten. Da diese Informationen jedoch leichter und oft aktueller aus dem Internet abgerufen werden können, sehen wir die Veröffentlichungen der Printmedien in erster Linie als Möglichkeit an, auf Sektoren oder Aktien aufmerksam zu werden, die uns sonst vielleicht entgangen wären.

Das auflagenstärkste Magazin am deutschen Markt ist *Börse Online*, das einen umfassenden Statistikteil mit wichtigen Fundamentaldaten, Empfehlungen und Wirtschaftsnachrichten beinhaltet. *Der Aktionär* legt seinen Schwerpunkt auf NASDAQ-Werte und den Neuen Markt und ist eher auf eine risikofreudige Leserschaft ausgerichtet.

Die *Financial Times* wurde vor 112 Jahren gegründet und zählt heute zu den führenden Wirtschaftszeitungen der Welt. 1999 wurde sie sogar von internationalen Managern zur „Besten Zeitung der Welt" gewählt. Seit dem 21. Februar 2000 erscheint die *Financial Times Deutschland* nach nur einjähriger Vorbereitungszeit als Zeitung und im Internet und bietet Ihnen sehr übersichtliche und äußerst umfassende politische und wirtschaftliche Informationen über den deutschen und den amerikanischen Markt.

Weitere Zeitschriften und Zeitungen im Internet:
www.barrons.com
www.forbes.com
www.pathfinder.com/money
www.businessweek.com
www.individualinvestor.com
www.news.ft.com
www.interactive.wsj.com
www.nytimes.com
www.ftd.de
www.doubledigit.de (deutsche und amerikanische Börseninformation)
www.manager-magazin.de
www.oeko-invest.de (Internet-Magazin zur ethischen Geldanlage)
www.dieteleboerse.de
www.wiwo.de

Pressemeldungen

Bloomberg, Reuters, Dow Jones und Telerate sind die populärsten Dienste, die von Analysten, Fondsmanagern, Market Makern und professionellen Tradern in Anspruch genommen werden, um immer auf dem neuesten Stand der aktuellen Meldungen zu bleiben. Sie bieten umfassende, professionell präsentierte Informationen. Leider sind diese Dienste so teuer, dass sich die wenigsten Trader ein Newsterminal zu Hause aufstellen können. Aber auch aktuellste Pressemeldungen können zu erschwinglichen Preisen über das Internet, z. B. unter den folgenden Adressen, bezogen werden:
www.bloomberg.com
www.reuters.com
www.nbnn.com
www.upi.com
www1.internetwire.com/iwire/home
www.prnewswire.com
www.businesswire.com

Fundamentaldaten

Mit verschiedenen Kennzahlen versuchen Analysten zu bewerten, ob eine Aktie kaufenswert ist oder nicht. Entscheidend dabei sind jetzige und zukünftige Gewinne. Die Methoden zur Gewinnschätzung muss der Kleinanleger in der Regel Experten überlassen, weil sie sehr zeitaufwendig sind.

Durch das Internet können Sie unglaubliche Mengen an Informationen über Unternehmen sammeln. Eine der besten und umfassendsten Websites dafür ist www.quicken.com. Hier finden Sie auch Informationen über Märkte in den USA und weltweit.

Andere Websites für Fundamentalanalyse finden Sie im Anhang.

Allerdings werden die Informationen auf diesen Seiten um mindestens 15 Minuten zeitverzögert bereitgestellt und eignen sich deshalb nicht als Datenquelle für Day Trades.

Geben Sie im vorgesehenen Feld das Kürzel ein oder finden Sie mittels „Symbol lookup" heraus, unter welchem Symbol die Aktien des Unternehmens gehandelt werden. „Stock Comparison" vergleicht die Aktie mit anderen aus demselben Sektor.

Die „Full Quote" gibt Ihnen die wichtigsten Informationen über die Aktie: letzter Kurs, Veränderung gegenüber dem Vortag, Bid, Ask, Eröffnungskurs, Schlusskurs des vorherigen Tages, Preisbereich des Tages, Preisbereich der letzten 52 Wochen, Volumen, durchschnittliches Tagesvolumen und Marktkapitalisierung.

„P/E" steht für „Price/Earnings Ratio" und gibt das Verhältnis zwischen Aktienpreis und Gewinn pro Aktie an. P/E zeigt an, das Wievielfache man für jeden Dollar Gewinn der Firma als Aktienpreis zahlt. Wenn alle anderen Kenndaten zweier Firmen vergleichbar wären, würde man eine Firma mit niedrigem P/E Ratio einer mit hohem P/E Ratio vorziehen. Natürlich ist die Voraussetzung, dass alle anderen Kennzahlen gleich sind, nie wirklich gegeben. Deswegen muss man bei der Bewertung des P/E Ratios immer andere Firmen (zum Beispiel aus derselben Branche) zum Vergleich heranziehen. Das P/E Ratio einer einzigen Firma für sich gesehen sagt nichts aus. Meist sieht man hohe P/E Ratios bei jungen Firmen im Technologiesektor. Wenn eine Firma jünger als fünf Jahre ist oder nicht mindestens vier Jahre lang

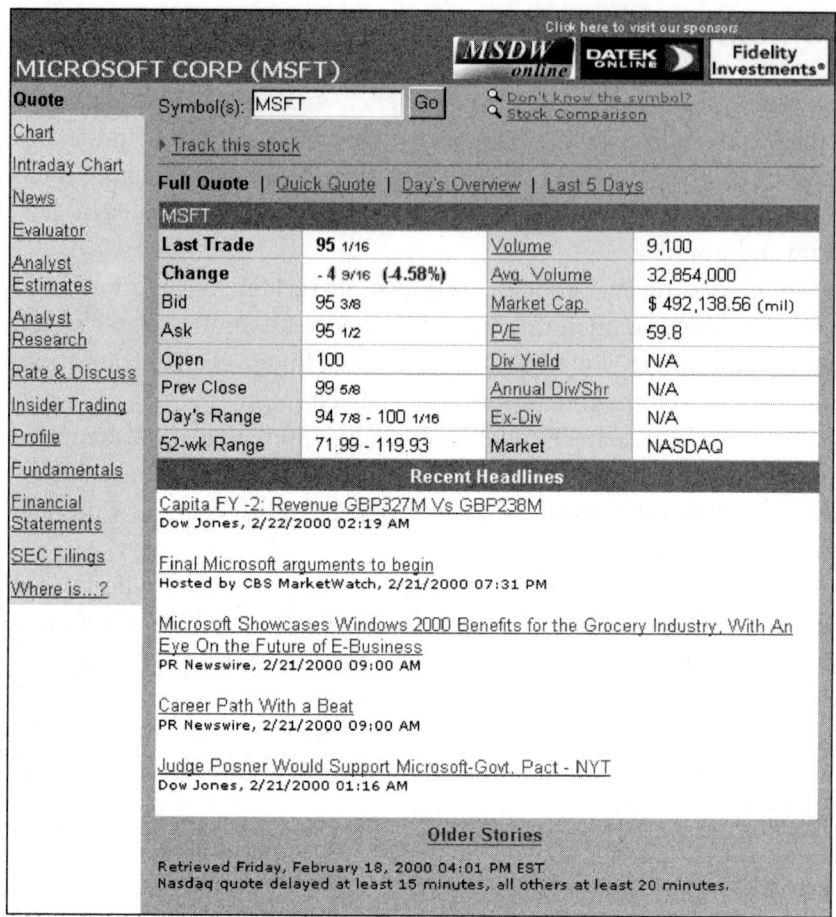

Abbildung 5.1

mit positivem Ergebnis gearbeitet hat, wird beim P/E Ratio „NM" (für „not meaningful") oder Ähnliches angegeben.

„Dividend yield" ist die Dividendenrendite, die Jahresdividende als Prozent des aktuellen Aktienkurses ausgedrückt. „Annual Dividend/ Share" gibt die Dividende pro Aktie an. „Ex-Dividend" zeigt an, zu welchem Zeitpunkt eine Aktie gehalten werden musste, um die Dividende ausbezahlt zu bekommen. Die Angaben über Dividenden sind für Day Trader normalerweise uninteressant und können im Weiteren vernachlässigt werden.

Auf der linken Seite des Bildschirmes in Abbildung 6.1 sehen Sie eine Reihe von Links:

„Chart" und „Intraday Chart" zeigt Ihnen eine einfache graphische Darstellung der Preisentwicklung der Aktie. Allerdings gibt es für die Technische Analyse weit bessere Webseiten, die wir im Anhang aufgelistet haben.

„News" führt Sie auf eine Seite voller Links zu aktuellen Meldungen. „Evaluator" gibt Ihnen eine detaillierte Analyse der Aktie, einschließlich historischer Trends und Vergleiche innerhalb des Sektors.

Unter „Analyst Estimates" und „Analyst Research" sehen Sie die Meinungen verschiedener Analysten über die Aktie unter besonderer Berücksichtigung des erwarteten und bisherigen *EPS* (Earning per Share = Gewinn pro Aktie; eine der wichtigsten Kennzahlen einer Aktie; der Gesamtgewinn der Firma, geteilt durch die Anzahl aller Aktien).

Unter „Rate&Discuss" finden Sie ein Message Board.

„Insider Trading" ist eine Liste geplanter Verkäufe von Insidern. Insider sind Führungskräfte eines Unternehmens, Personen, die auf die Firmenpolitik Einfluss haben, oder Personen, die mehr als 10 % der Aktien eines Unternehmens halten. „Profile" gibt Ihnen genaue Angaben über die Art des Unternehmens sowie einen kurzen Überblick über die finanzielle Situation.

„Fundamentals" ist eine genaue Auflistung der Fundamentaldaten des Unternehmens.

„Financial Statements" zeigt die jährliche Abrechnung des Unternehmens. Unter „SEC Filings" sind alle bei der SEC eingereichten Angaben aufgelistet.

Folgende Aufstellung soll eine kurze Übersicht über die Begriffe geben, die in amerikanischen Aktienanalysen und Übersichten verwendet werden. Diese Aufstellung ist natürlich nicht komplett, sondern beinhaltet nur die wichtigsten Begriffe. Außerdem werden nicht alle Kennzahlen in jeder Analyse verwendet. Welche konkret erscheinen, hängt vom jeweiligen Herausgeber ab.

Brokers Recommendations
Bewertungen der Aktie durch Broker

Earnings Estimates
Geschätzte Quartalsergebnisse

Earnings Growth
Steigerung der Quartalsergebnisse

Earnings History
Bisherige Quartalsergebnisse

Annual dividend rate
Die zu erwartende Gesamtdividende, wenn man die Aktie für ein Jahr hält. Sie wird berechnet, indem man die Quartalsdividende auf das Jahr umrechnet.

Beta
Ein Maßstab für die Volatilität des Kurses relativ zur Volatilität des Gesamtmarktes. Eine Aktie mit einer Volatilität von 1.00 ist ungefähr genauso volatil wie der Gesamtmarkt. Aktien, die eine größere Volatilität als der Gesamtmarkt haben, haben ein Beta größer als 1.00 und umgekehrt.

Daily Trading Volume
Durchschnittliche Anzahl der Aktien, die an einem Tag gehandelt werden. Oft auch als Avg. Vol. (Average Volume) angegeben.

Dividend yield
Dividendenrendite. Die Jahresdividende als Prozent des aktuellen Aktienkurses ausgedrückt.

Float
Einige der Aktien einer Firma werden von Vorstandsmitgliedern oder anderen Firmenangehörigen gehalten. Andere Aktien werden evtl. in Blöcken über 5 % aller Aktien von Investoren gehalten. Der Float gibt

nun an, wie viele Aktien nicht zu den gerade genannten zählen. Wenn bei kleinen Firmen der Float sehr gering ist, wird meist auch das ®Daily Trading Volume sehr klein sein.

Insiders Owning
Gibt an, wie viele Aktien von so genannten Insidern, d. h. meist Mitgliedern des Managements der entsprechenden Firma gehalten werden. Wenn eine zu große Anzahl von Aktien von Insidern gehalten wird, kann dies anzeigen, dass das Management keine Veranlassung hat sich um die Belange der anderen Investoren zu kümmern, und eine sehr gute Kontrolle über den Aktienkurs hat. Außerdem sinkt dann der Einfluss, den die Aktienbesitzer prozentual gesehen in der Firma mit ihren Stimmrechten haben.

Last dividend declared
Die letzte angekündigte Dividende der Firma, die ausgezahlt wurde oder wird.

Last Split date / Last Split Factor
Datum und Faktor des letzten Aktiensplits der Firma.

Market Capitalization
Der Aktienkurs, multipliziert mit der Anzahl der „Shares outstanding".

Net Profit Margin
Wird als Prozentwert ausgedrückt und gibt das Verhältnis von Nettogewinn zu Gesamtgewinn an. Je höher der Wert im Vergleich ist, desto besser.

Retention rate
Gibt an, wie viel von jedem Dollar des Gewinns von der Firma nach Dividendenzahlung einbehalten wird. Dieses Geld kann z. B. für Investitionen verwendet werden oder zum Rückkauf von eigenen Aktien dienen.

Return on equity
Oft als „ROE" abgekürzt. Der Gewinn, der von jedem Dollar, der von den Aktienbesitzern investiert wurde, erzeugt wird.

Shares outstanding
Die Anzahl der Aktien, die eine Firma herausgegeben hat, abzüglich derer, die sie zurückgekauft hat und im Firmenbesitz hält.

Statement of Cash Flow
Gibt an, woher die Einnahmen der Firma stammen und wie sie verwendet wurden.

Angaben zu Unternehmen, die an deutschen Börsen gehandelt werden, finden Sie ebenfalls auf einer Vielzahl von Internetseiten. Natürlich weichen die Fachbegriffe hier etwas ab.

KGV und Anwendung
Mittels der Schätzungen zukünftiger Gewinne wird (wie beim P/E) berechnet, wie viel eine Aktie kostet. Dazu teilt man den Kurs der Aktie durch den Gewinn des Unternehmens, der auf die einzelne Aktie entfällt, und erhält das Kurs-Gewinn-Verhältnis (KGV). Je höher das KGV, desto teurer die Aktie, je niedriger desto billiger. Verwendet wird dabei das KGV des kommenden Jahres, nur zu Jahresbeginn meist noch das KGV des laufenden Jahres, weil an der Börse die Zukunft gehandelt wird.

Allerdings ist ein niedriges KGV nicht automatisch ein Kaufgrund oder ein hohes KGV ein Grund, zu verkaufen. Eine große Rolle spielt bei Wachstumsfirmen (z. B. am Neuen Markt) die zukünftige Entwicklung der Gewinne. Verzeichnen die Unternehmen deutliche Gewinnsteigerungen von Jahr zu Jahr, so gestehen die Anleger einer Aktie ein höheres KGV zu. Stagnieren die Gewinne oder fallen sie gar, so ist das KGV oftmals sehr niedrig.

Marktstellung
Marktführern wie z. B. *Microsoft* oder *SAP* werden von den Investoren höhere Bewertungen zugestanden, weil sie sehr gute Chancen auf Ge-

176

winnsteigerung haben, wohingegen man bei kleineren Firmen skeptischer ist.

Branche
Die Branche spielt eine wichtige Rolle. Unternehmen aus zukunftsträchtigen Branchen werden besser bewertet als andere. So herrscht z. B. nach Internet- oder Softwareaktien weit größere Nachfrage als z. B. nach Bauaktien und folglich haben diese bessere Unternehmensaussichten und KGVs.

Zinsen
Die Zinsen sind bei der Bewertung des gesamten Marktes äußerst wichtig. Allgemein gilt, dass das DAX-KGV nicht über dem Renten-KGV liegen sollte, da die Anlage in Rentenpapiere bei höheren Zinsen attraktiver ist. Folglich fließt mehr Geld aus dem Aktienmarkt in den Rentenmarkt, die Kurse fallen und die Bewertung der Aktien sinkt. Zugleich werden Kredite für Unternehmen teurer. Das schmälert dann wiederum die Gewinne und ist deshalb schlecht für die Börse.

Price Earnings to Growth (PEG) Verhältnis
Auch das Wachstum eines Unternehmens sollte nicht übersehen werden. Bei Unternehmen mit großem Wachstumspotential gilt die grobe Regel, dass das KGV nicht höher als das langfristige Gewinnwachstum sein sollte.

Für Anfänger ist es sicher nicht ganz einfach, die richtigen Aktien für ihr Investment zu finden. Die Kombination von Charttechnik (siehe Kapitel 10) und Fundamentalanalyse gibt aber zumindest einige Anhaltspunkte, mit denen die Erfolgsquote allemal höher liegt, als wenn man blind drauflos kaufen würde.

QUOTEN UND TICKERPROGRAMME

Um im Day Trading schnell auf die nötigen Kursinformationen zugreifen zu können, brauchen Sie ein entsprechendes Quotenprogramm. Diese Programme sind zwar bei den so genannten Type II Accounts bereits eingeschlossen, wenn Sie allerdings Einsteiger sind bzw. mit einem herkömmlichen Discountbroker arbeiten, so möchten wir Ihnen hier ein paar der gängigsten Zusatzprogramme erläutern, die Sie verwenden können. Quotenprogramme sind Softwarelösungen, die in Echtzeit Daten zu den von Ihnen eingegebenen Aktiensymbolen laden und aktualisieren. Ein Programm dieser Art ist für Sie als Day trader unerlässlich, da Sie nur damit in der Lage sind, die Kursveränderungen kontinuierlich zu beobachten. Je nach Komfort der Software sollten Sie mit Gebühren von $25 bis $100 pro Monat rechnen. Die Zahlung erfolgt durch Belastung Ihrer Kreditkarte, Anmeldung und Kündigung können Sie über die Webseite der Anbieter durchführen. Wichtig ist bei diesen Programmen die Aktualisierungsgeschwindigkeit, die natürlich auch von Ihrer Internetverbindung abhängig ist. Wir werden Ihnen nun ein paar dieser Programme zur Erklärung der einzelnen Parameter vorstellen.

Grundsätzlich unterscheidet man so genannte *Refreshing Realtime Quotes*, also Kursinformationen, die sich in Echtzeit aktualisieren, und *Delayed Quotes*, zeitverzögerte Informationen. Alle zeitverzögerten Quoten und Informationen können Sie kostenlos im Internet erhalten, wir raten Ihnen jedoch davon ab, auf diesen Informationen basierend zu Day traden. Sie müssen damit rechnen, dass Sie bis zu 25 Minuten alte Angaben erhalten, was einen schnellen und den Umständen angepassten Handel unmöglich macht. Zu Übungszwecken, bevor Sie mit dem Trading beginnen, können diese *Free Quotes* allerdings sehr nützlich sein. Sie finden im Anhang eine Liste mit einigen Anbietern, die Ihnen Kurse, Charts und Nachrichten kostenlos zur Verfügung stellen. Besuchen Sie einfach deren Webseiten für nähere Informationen.

In der Regel sind Indices wie Dow Jones, NASDAQ und S&P nahezu in Echtzeit verfügbar, sowohl als Chart als auch als Zahlenwert.

Refreshing Realtime Quotes bekommen Sie im Moment nur von Datek Online kostenlos zur Verfügung gestellt, sofern Sie Kunde bei diesem Discountbroker sind. Sie haben dann die Möglichkeit, den so genannten *Streamer* zu benutzen, eine Applikation, mit der Sie die Entwicklung der von Ihnen ausgewählten Aktien in Echtzeit beobachten können. Eine besonders interessante Variante bietet die Verknüpfung dieses Streamers mit einem Programm namens *Medved Quote Tracker*, einer sehr umfangreichen Day-Trader-Software, die Sie kostenlos beziehen können. Damit werden für Sie, nachdem Sie Ihre Aktientitel ausgewählt und abgespeichert haben, passende Informationen, wie Nachrichten, Charts und Kurse, automatisch von frei wählbaren Anbietern eingeholt. DirectAccessBroker bietet als Teil der Trading-Software natürlich unter anderem die für effizientes Day Trading unerlässlichen Echtzeitdaten an.

Bullsession Ticker Tracker

In Abbildung 6.1 sehen Sie ein Self-Refreshing-Realtime-Quotenprogramm von Bullsession.com.

Am rechten Rand stehen die Symbole der Aktien, in der oberen Zeile können Sie festlegen, welche Informationen Sie zu den Aktien empfangen wollen. Dabei haben Sie bei fast allen Quotentickern die Möglichkeit, aus folgenden Parametern zu wählen:

- Symbol   Aktienkürzel
- Time   Zeitpunkt des letzten Trades
- Last   Preis des letzten Trades
- Change   Preisdifferenz zum Schlusskurs des letzten Börsentages
- Value   Der Wert der Aktie in Ihrem Portfolio
- Bid (Size)   Der aktuelle Verkaufspreis mit der angebotenen Anzahl von Aktien

- Ask (Size) Der aktuelle Kaufpreis mit der angebotenen Anzahl von Aktien
- High Der Tageshöchstkurs
- Low Der Tagestiefstkurs
- Volume Das gesamte Handelsvolumen der Aktie an diesem Tag
- Name Der volle Name der Firma
- Shares Die Anzahl der Aktien, die Sie in Ihrem Depot haben
- Open Der Eröffnungskurs der Aktie am heutigen Tag
- P Close Der Schlusskurs der Aktie am Vortag
- News Ein Signal, wenn für diesen Titel neue Nachrichten empfangen wurden
- Alerts Ein Signal bei Kursbewegungen auf ein bestimmtes Niveau

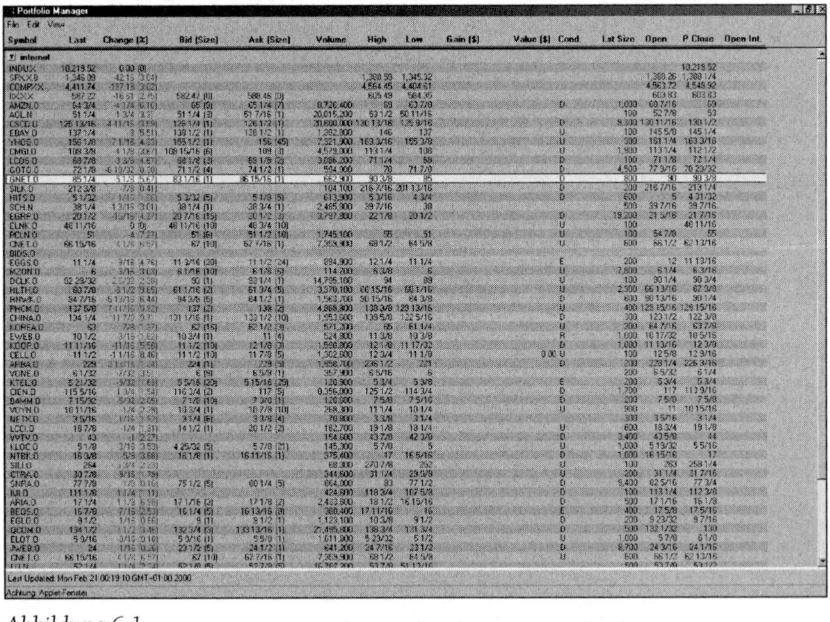

Abbildung 6.1

Neben diesen Parametern bietet ein solches Programm im Regelfall noch weitere Zusatzfunktionen an, die sie je nach Bedarf verwenden können. Als sehr praktisch kann der so genannte Ticker erwähnt werden, ein kleines Fenster, das Ihnen im Durchlauf die aktuellen Kurse anzeigt. Es kann platzsparend auf Ihrem Bildschirm positioniert werden und bietet eine laufende Übersicht über die Preisentwicklung (siehe Abbildung 6.2).

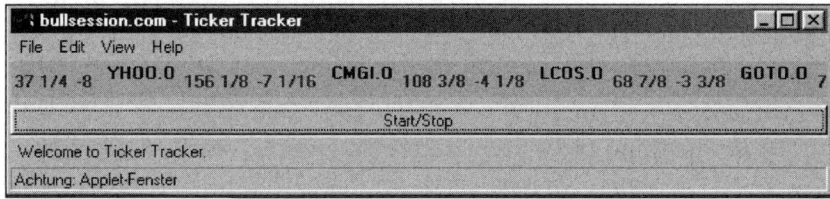

Abbildung 6.2

Zusätzlich bietet dieser Dienst laufend Nachrichten und Schlagzeilen zu allen aktuellen Themen an, die im Hauptfenster minütlich aktualisiert werden können.

Datek Streamer

Der erwähnte Streamer von DatekOnline bietet ähnliche Möglichkeiten, allerdings müssen Sie, wie schon gesagt, Kunde bei Datek sein, um diesen Service nutzen zu können. Abbildung 6.3 zeigt einen Bildausschnitt aus dem Streamer. Leider kommt es durch Überlastungen dieses Dienstes immer wieder zu Problemen in der Datenübertragung, ein Nachteil dieses praktisch kostenlosen Service im Vergleich zu einem bezahlten Dienst, der die einwandfreie Datenübermittlung gewährleistet.

Nun möchten wir noch auf die Möglichkeit der Verknüpfung dieser beiden Anbieter mit dem Medved Quote Tracker eingehen.

Abbildung 6.3

Medved Quote Tracker

Diese Software setzt auf verschiedenen Informationsanbietern im Internet auf und liefert so breit gefächerte Einsatzmöglichkeiten. Sie müssen nicht unbedingt bei einem Realtime -Service registriert sein, um die Optionen dieses Programms nutzen zu können. Viele Webseiten mit verzögerten Quoten und News stehen im Menü zur Auswahl. In Abbildung 6.4 sehen Sie einen Screenshot dieser hervorragenden Freeware: Sie können sich Ihr persönliches Portfolio einrichten, haben einen guten Überblick über alle Aktientitel, verfügen über Charts und News mit einem Klick. Sie bekommen außerdem Zugang zum Islandbook, haben als Datek-Kunde die Möglichkeit, das Programm automatisch über Streamer zu aktualisieren, und verfügen somit über ein kostenloses System, das einer Profisoftware nachempfunden ist.

Quote Tracker ist vor allem wegen der umfangreichen Optionen der Daycharts empfehlenswert. Sie haben die Möglichkeit, die Indikatoren

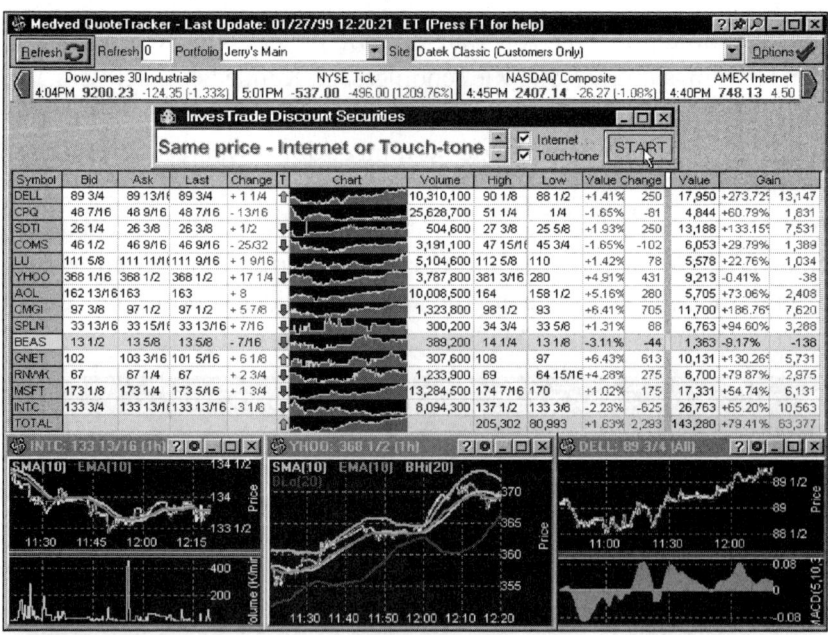

Abbildung 6.4

der technischen Analyse sowohl in die Daycharts als auch in historische Charts einzubinden, was eine genaue Feststellung der richtigen Ein- und Ausstiegspunkte für einen Day Trade erleichtert. Sie sehen in Abbildung 6.4, dass auch mehrere Charts im selben Fenster geöffnet werden können. So wird der Überblick erhalten und die Kontrolle der Daten kann ohne lästige Fensterwechsel erfolgen.

Die Indices werden laufend aktualisiert, und per Mausklick können Sie auch hier die Charts aktivieren, um einen ausführlichen Überblick über die Marktentwicklungen zu bekommen.

Eine detaillierte Erklärung zur Anwendung des Programms finden Sie auf der Webseite von Medved (www.quotetracker.com).

ELEKTRONISCHE KOMMUNIKATIONS-NETZWERKE

Es gibt zurzeit mehrere Möglichkeiten, wie man sich als Trader direkten elektronischen Zugang zu den amerikanischen Märkten verschaffen kann. Die am weitesten verbreiteten sind die ECNs, Super-Dot, SOES und SelectNet.

Hierbei handelt es sich um Netzwerke eines Fremdanbieters, die an das NASDAQ-Computersystem angeschlossen sind. Diese privaten Tradingsysteme wurden 1997 in die NASDAQ-Marktstruktur eingefügt, von der *SEC* (Securities and Exchange Commission) zugelassen und unterliegen den Reglements der NASD (National Association of Securities Dealers). Wenn ein Day Trader ein ECN benutzt, um z. B. eine Verkaufsorder zu setzen, dann wird diese zuerst im ECN geprüft, um festzustellen, ob hier eventuell schon ein Käufer zu diesem Kurs vorhanden ist. Ist das nicht der Fall, dann wird die Order auf elektronischem Weg an den NASDAQ weitergeleitet und dort als ECN-Quote angezeigt. Die Order kann sodann entweder direkt am NASDAQ oder mit einer neu eintreffenden ECN-Order exekutiert werden. Die Kauf- und Verkaufsorders, welche am NASDAQ über ein ECN eintreffen, kommen entweder von Privatpersonen, die über einen Onlinebroker Zugang haben, oder sind Orders von einem Händler, der einen ECN-Anschluss besitzt. Die besten Orders der Käufer oder Verkäufer bestimmen so den Trend der Aktie. Diese „Top of the Book", also die Offerten, welche den besten Bid – und Askpreis repräsentieren, stehen immer an erster Stelle im Buch, bis sie exekutiert sind oder durch neue, nachfolgende Offerten über- oder unterboten werden. Alle Orders erscheinen anonym in dem entsprechenden ECN Book, egal, ob sie von Market Makers oder von Privatpersonen abgegeben werden.

Die ECNs fördern somit den Fluss des Handels und erhöhen die Umsätze, was zu einer Beschleunigung der Kursentwicklungen führt.

Die zurzeit am NASDAQ verwendeten ECNs sehen Sie in der folgenden Abbildung.

ECN	Market Participant Identification Code
Archipelago L.L.C.	#ARCA
Attain	#ATTN
B-Trade Services L.L.C.	#BTRD
The BRASS Utility	#BRUT
Instinet Corportation	#INCA
The Island ECN	#ISLD
NexTrade	#NTRD
Spear, Leeds & Kellogg	#REDI
Strike Technologies	#STRK

Stand 04/99

Abbildung 7.1

Instinet

Wird auch „INCA" genannt und dient ausschließlich dem Handel zwischen Market Makers und institutionellen Tradern. Instinet wird sowohl für NYSE- als auch für NASDAQ-Aktien verwendet.

Island

Island ist eines der von Discountbrokern verwendeten ECNs, das Anfang 1996 vorgestellt wurde und am schnellsten an Zuwachs gewinnt. Wir wollen uns hier mit Island etwas näher befassen, da es alle Qualifikationen beinhaltet, die wir für einen reibungslosen Day Trade benötigen.

Praktisch jeder kann Zugang zu Island bekommen, eine Tatsache, die für den raschen Aufstieg dieses Orderausführungssystems sorgt und die das Day Trading in seiner heutigen Form so populär gemacht hat. Wenn Sie über Island eine Order setzen und aufgrund einer zu großen Preisdifferenz keine sofortige Ausführung erhalten, so wird Ihr

185

Gebot im so genannten Islandbook für die gesamte Traderwelt sichtbar. Island zeigt Ihnen also alle Bids und Asks für eine Aktie an, die im Augenblick von anderen Tradern mittels Limit-Order gesetzt wurden, und ermöglicht Ihnen so einen hervorragenden Überblick über die laufenden Tendenzen.

Im Handel mit NASDAQ-Aktien befinden Sie sich durch Island in derselben Position wie die Market Makers, ohne die enormen Kosten für die Berechtigung und die Ausrüstung tragen zu müssen. Das verschafft Ihnen den Vorteil, dass Sie weltweit von jedem Internetanschluss aus Zugriff auf Ihr Portfolio haben und über Island jederzeit kostengünstigst Ihre Orders ausführen lassen können. Island stellt das beste und am weitesten verbreitete Ausführungssystem zur Verfügung, das Sie für den Einstieg ins Day Trading brauchen.

Wenn Sie mehr über Island erfahren wollen, finden Sie die gewünschten Informationen unter http://www.isld.com/.

SuperDot

SuperDot ist ein elektronisches Orderübermittlungssystem, das ausschließlich für so genannte „Listed Stocks" am NYSE verwendet wird. Ungefähr 80 % aller eingehenden Orders werden über dieses System in den NYSE eingespeist, kommen so direkt von den Mitgliederorganisationen zu den Spezialisten und werden von diesen ausgeführt. Die entsprechenden Bestätigungen werden auf dieselbe Art zurückgeschickt. SuperDot wurde 1984 aus dem bereits bestehenden *System Dot* entwickelt und stellt heute eine äußerst günstige und vor allem schnelle Art dar, Aktien an den entsprechenden Märkten zu handeln.

Der große Vorteil von SuperDot liegt darin, dass Orders mit Stückzahlen unter 2.100 den großen Orders von institutionellen Tradern vorgezogen werden

SOES

Das so genannte *Small Order Execution System* (SOES) erhielt seine Bezeichnung durch die Beschränkung der Ordergröße auf unter 1.000 Stück. SOES wurde nach dem großen Börsencrash von 1987 aufgrund aufgetretener Unregelmäßigkeiten eingeführt. Die Investoren forderten ein neues System, um schneller und sicherer am NASDAQ operieren zu können. Die SEC entwickelte daraufhin SOES, von dem man heute sagen kann, dass es die Grundlage für das Day Trading bildete. Es garantiert, dass alle Orders, welche die Preisvoraussetzungen erfüllen und über SOES eingehen, automatisch zum bestmöglichen Bid oder Askpreis, mit dem die Aktie im Moment am NASDAQ notiert, exekutiert werden. Wenn ein Investor z. B. eine Verkaufsorder für 800 Stück einer NASDAQ-Aktie über SOES platziert, so wird diese Order zu dem Market Maker gesendet, der im Moment den besten Bidpreis für das Papier hält, und sofort ausgeführt. Eine Beteiligung an SOES ist für alle Market Maker am NASDAQ zwingend vorgeschrieben.

Damit wird auch Orders mit kleinen Stückzahlen eine faire Ausführung garantiert und es zwingt die Market Maker zur Einhaltung ihrer Preisangaben. Es gibt jedoch ein paar Regeln, die bei der Verwendung von SOES beachtet werden müssen. Dazu zählen die maximale Stückzahl von 1.000, in Schritten von 200, 500 oder 1.000 Stück pro Order; Orders sind nur zum besten Bid und besten Ask ausführbar, Sie können also nicht im Spread agieren. Ein entscheidender Faktor ist auch das Zeitreglement für SOES Orders: Sie müssen mindestens fünf Minuten verstreichen lassen, bis Sie über SOES dieselbe Aktie noch einmal kaufen können. Verkaufen können Sie sofort, allerdings müssen Sie dann wiederum fünf Minuten bis zum nächsten Verkauf warten. Selbstverständlich kann man diese Beschränkung durch die Verwendung anderer Ordersysteme umgehen.

SelectNet

SelectNet ermöglicht es professionellen Tradern, Market Makern oder Order-Entry-Firmen, eigene Orders zwischen den angezeigten Quoten zu positionieren und auszuführen. SelectNet-Orders sind im Großen und Ganzen dasselbe wie ECN-Orders, bis auf zwei wichtige Ausnahmen: SelectNet-Orders können nur von Market Makern eingesehen werden, und müssen Limit-Orders sein. Market-Orders können über SelectNet nicht verarbeitet werden.

Anders als bei SOES gibt es hier keine 5-Minuten-Regel, allerdings muss eine SelectNet-Order zehn Sekunden aktiv bleiben, bevor sie wieder gelöscht werden kann. Das Größenlimit liegt für diese Orders erst bei 10.000 Stück, darunter können Sie die Anzahl der Aktien frei wählen und die Order auch im Spread setzen. Die SelectNet-Order lässt sich in zwei Arten unterteilen, man spricht von der „Broadcastorder" und der „Preferenced Order". Die Broadcastvariante für einen Kauf oder Verkauf sendet die Order an alle Market Maker, die mit dieser Aktie handeln, die Preference-Variante spricht einen bestimmten Market Maker an. Letzteres lässt sich durch den Eintrag des Market-Maker-Kürzels im Ordereingabefenster erreichen, so können Sie direkt mit dem von Ihnen gewählten Market Maker handeln.

Diese Orderform wird nicht automatisch ausgeführt wie z. B. eine SOES-Order, d.h, dass Sie keine Garantie haben, dass Ihre Order exekutiert wird. Beachten Sie bitte auch, dass Sie nur mittels Type II Accounts Zugang zu SelectNet bekommen können.

Wählen Sie einen Onlinebroker aus, der Ihnen die besten Anbindungsmöglichkeiten bietet, machen Sie sich mit dem Islandbook vertraut und beobachten Sie, wie sich die Kurse bei bestimmten Divergenzen bei Angebot und Nachfrage verhalten. Dadurch bekommen Sie ein Gefühl dafür, wo sich Unterstützungen bilden und auf welchen Preisniveaus Barrieren entstehen. Wenn Sie aufmerksam den Entwicklungen im Islandbook folgen, werden Sie schnell herausfinden, wie und warum plötzliche Anstiege und Abfälle gebremst bzw. initiiert werden. Machen Sie fiktive Kaufordereingaben und setzen Sie sich imaginäre Limits zum Verkauf. Schreiben Sie diese Daten auf und kontrollieren Sie, ob Sie richtig agiert hätten, wenn es sich um einen realen Trade gehandelt hätte.

Auf diese einfache Art können Sie eine Menge an Erfahrungen im Umgang mit den Quoten sammeln. Sie lernen, Ihre Orders im Auge zu behalten, zu verschieben und, wenn nötig, rechtzeitig zu löschen. Ohne die entsprechende Kontrolle über Ihre Limit-Orders sind Sie der Willkür des Trends unterworfen. Es wäre unmöglich für Sie, den richtigen Einstiegspunkt zu finden oder abzuschätzen, ob die Euphorie der Masse ins Gegenteil umschlägt. Wenn Sie aufgrund mangelnder Information über die anstehende Entwicklung Ihres Titels nicht mehr Bescheid wissen, dann sind Sie hilflos und schnell in einer Long- oder Short-Position gefangen. Das Ergebnis ist eine Blockade Ihres Tradingkapitals und ein möglicherweise nicht mehr aufzufangender Verlust. Also achten Sie darauf, dass Sie die Quoten immer im Auge behalten, denn diese bilden, wenn Sie sich zum Trade entschieden haben und investiert sind, mit die Grundlage für den richtigen Austrittspunkt.

TRADING-TECHNIKEN

Der Fischteich

Sind Sie der Jäger oder die Beute? Was möchten Sie lieber sein? In jedem Zeitrahmen, in dem ein Trader arbeitet, gibt es andere Jäger und Gejagte. Kennen Sie Ihren Zeitrahmen? Wenn nicht, dann kann es Ihnen leicht passieren, dass Sie zur Beute eines Jägers werden. Dieser Punkt lässt sich gut mit einer Fischteich-Analogie darstellen: Stellen Sie sich einen Teich vor, in dem verschiedene Fischarten leben. Es gibt die schnellen Zwei-Minuten-Fische, langsamere Fünf-Minuten-Fische, große 15-Minuten-Fische und die riesigen, aber trägen Tages-Fische. Wie sieht in einem solchen Teich die Nahrungskette aus? Die 2-Minuten-Fische (Trader, die ihr Geld mit Fraktionen verdienen) sind schnelle und wilde Fische mit kleinen Mäulern. Es ist toll, ihnen zuzusehen. Den ganzen Tag fressen sie Sechzehntel- und Achtelpunkte (Teenies). Und sie brauchen viele Teenies, um satt zu werden, darum müssen sie schnell sein. An großen Bissen (große Positionen über längere Zeit) würden sie sich verschlucken, also nehmen sie lieber viele kleine Bissen. Diese Fische sind die Market Makers, Spezialisten und Scalper. Sie versuchen, sich gegenseitig und den anderen Fischen Geld wegzunehmen.

Die 5-Minuten-Fische (Day Trader) suchen die dickeren Happen (Tagestrends). Ihre Mäuler sind groß genug für 0,25, 0,50 oder sogar ganze Punkte. Während der 2-Minuten-Fisch hinter der größten Anzahl kleiner Bissen hinterherjagt, braucht der langsamere 5-Minuten-Fisch eine Taktik, um seine größere Beute zu fangen, ohne sie zu verscheuchen. („Wem kaufe ich 3.000 Anteile ab und wie werde ich sie wieder los?") Wenn er versucht, zu viel zu fressen, verfällt seine Beute in Panik und schwimmt davon.

Die richtig großen 15-Minuten-Fische (institutionelle Trader oder Market Maker, die als Trader auftreten) arbeiten den ganzen Tag daran, eine Order auszuführen. Sie machen sich auch Sorgen über die Stückzahlen, die sie bewegen, denn manchmal können sie die großen Bissen nicht verbergen. Aber sie können nicht mit einem Trade alles kaufen oder verkaufen. Sie müssen ihre Spuren verwischen, damit die 5-Minuten-Fische nicht anfangen, vom selben Teller zu fressen. Die Tages-Fische (Fondsgesellschaften) schließlich sind die größte Fischart in unserem Investment-Teich. Ihre Hauptnahrungsquelle ist das schwächste Glied der Nahrungskette, sozusagen das Plankton (in diesem Fall der Investtrader – eine Mischung aus Investor und Trader: Hat der Investtrader eine Position, die nicht in seine Richtung geht, wird er zum Investor; verdient er mit einem Trade Geld, wird er zum Trader). Das Kleinsttierchen steht auf der untersten Stufe der Hackordnung. Es ist das Futter für alle anderen Fische. Glücklicherweise sind 80 % von ihnen wahre Menschen- bzw. Fischfreunde, die immer wieder neues Futter (Geld) produzieren.

Die Tages-Fische schwimmen überall herum und schlucken dabei gewaltige Mengen von Kleinsttierchen. Wie ist das möglich? Sieht man sie nicht schon von weitem? Sind die Tages-Fische nicht die langsamsten Fische im ganzen Teich? Natürlich. Also verwenden sie Köder. Tages-Fische (Fondsgesellschaften) schwimmen mit weit aufgerissenem Maul quer durch den Teich und locken ihre Beute mit Ködern, wie z. B. Analystenberichten, Upgrades/Downgrades, Sektoranalysen, Titelgeschichten in Finanzmagazinen etc.

Die Nahrungskette sieht also insgesamt folgendermaßen aus: Das meiste Geld kommt von den Investtradern. Die Fondsfische fressen diese mit Haut und Haar. Aber da der Fondsfisch allein zu träge ist, um sich in ausreichender Menge mit Nahrung zu versorgen, braucht er die Hilfe der starken 15-Minuten-Fische (institutionelle Trader). Diese ruft er zur Hilfe, wenn er alle Investtrader auf seinem Weg in eine Richtung durch den Tagesteich gefressen hat. Die institutionellen Traderfische treiben nun die Investtraderfische zusammen und beginnen, sie in die Richtung des Fondsfisches zu schieben. Angelockt von den riesigen Nahrungsmengen, kommen auch die anderen Fische näher, um sich zu bedienen. Der gewitzte Day-Trader-Fisch versucht, trotz der ungeheuren Bewegung im Gewässer, die Lage genau zu überblicken und sich so seinen Anteil an der Beute zu schnappen, ohne dabei selber verschluckt zu werden. Während dieser ganzen Zeit schwimmen die Traderfische in der Gegend herum und verputzen die Reste. Zuletzt ist das ganze Investtraderfleisch weg, und der Teich ist rot vor lauter Blut, aber die Fische sind gefüttert.

Zu welchen Fischen wollen Sie gehören? Sie können auf jede der genannten Arten Geld verdienen, aber nur, wenn Sie wissen, wer Ihr Jäger und wer Ihre Beute ist.

Sie können ein 2-Minuten-Fisch sein. Sind Sie schnell? Genügt es Ihnen, sich von Teenies zu ernähren? Vergessen Sie nicht, diese Fische sind Kannibalen.

Sie können ein 5-Minuten-Fisch sein. Sind Sie geduldig? Macht es Ihnen nichts aus, dauernd nach Anzeichen der 15-Minuten-Fische Ausschau zu halten? Und wenn die Zeit zum Handeln gekommen ist, sollten Sie schnell und entschieden handeln. Und $^1/_2$ Punkt sollte Ihnen schmecken.

Sie können ein Tagesfisch sein. Kommen Sie mit den großen Preisschwankungen zurecht? Können Sie zusehen, wie Ihre Aktie 3 Punkte verliert, während Sie darauf warten, dass sie 9 Punkte steigt?

Anhand dieser Tabelle können Sie sich einen schnellen Überblick über die Situation verschaffen:

Name	Teich	Tradedauer	Beute	Eigenschaften
Investrader	Egal	schwankend	schwankend	schwankend
Fondsmanager	Tag	Wochen	Investrader	Massenhaft Geld; Marketing und Analystenteams; genug Köder für Investrader
Swing Trader	Tag	Tage	Investrader	Schlau und vorsichtig
Institutionen	15 Minuten	Stunden	Fondsmanager	Volle Taschen; können kurzzeitig Märkte beeinflussen; gute Insiderinformationen
Daytrader	5 Minuten	Minuten	15-Minuten-Fische	Warten auf sichere Trades; entscheidungsfreudig
Impulstrader	2 Minuten	Sekunden	Investrader	Traden Aktien mit hohem Volumen und hoher Volatilität
Scalper	2 Minuten	Sekunden	Alle	Traden für Teenies

Einfach gesprochen: Schnappen Sie den Fischen im Zeitrahmen über Ihnen das Geld weg und geben Sie Geld an die Fische im Zeitrahmen unter Ihnen ab. Wenn Sie Ihre Position gefunden haben, bleiben Sie dort.

Die verschiedenen Trading-Arten

Wie Sie im vorangehenden Abschnitt erkennen konnten, ist die Wahl der für Sie idealen Tradingmethode von entscheidender Bedeutung. Sie sollten sich daher gut mit den Unterschieden der verschiedenen Tradingarten vertraut machen, bevor Sie Ihr Geld investieren. Wählen Sie den Swing Trade, in der Absicht, vom natürlichen Fluss der täglichen Bewegung einer Aktie zu profitieren, oder den Day Trade, bei dem Profite durch das Setzen von engeren Stops prinzipiell früher eingefahren werden? Liegt Ihnen der Scalp Trade, bei dem Sie ein minimales Risiko eingehen, aber auch nur mit minimalen Preisveränderungen agieren oder wollen Sie sich auf den Overnight Trade konzentrieren, bei dem Sie über Nacht auf eine weitere Aufwärtsentwicklung der Aktie am nächsten Tag setzen? Um diese Fragen beantworten zu können, sollten Sie sich sorgfältig mit der ausführlichen Erklärung der verschiedenen Tradingarten in den folgenden Abschnitten auseinander setzen.

Swing Trade

Swingtraden ist ein technischer Tradingstil, bei dem Aktien gehandelt werden, die sich stark bewegen. Einfach gesprochen: Wenn eine Aktie so aussieht, als ob sie weiter im Kurs steigen würde, kaufen Sie. Im Gegensatz zum später beschriebenen Scalpen ist hier eine deutliche Bewegung in eine Richtung absolut notwendig. Dafür eignen sich Technologiewerte, Blue Chips, Marktführer und Aktien, die Schlagzeilen machen. Diese Werte haben Volumen von 20 oder 30 Millionen Stück am Tag. Das Ziel dieser Strategie ist es, ganze Punkte und mehr zu gewinnen, denn so viel und mehr können Sie dabei auch verlieren. Sie gehen ein höheres Risiko ein in der Hoffnung, größere Gewinne zu erzielen.

Wenn Sie also sehr volatile Aktien traden wollen, werden Sie Bekanntschaft mit der Angst und den Ärgernissen schließen, die mit dieser Tradingart verbunden sind, sofern Sie nicht vorsichtig sind. Verlassen Sie kurz Ihren Arbeitsplatz und der hart erarbeitete Gewinn einer Woche oder eines Monats kann verloren sein. Aber auch hier können Sie gegen das System gewinnen, indem Sie nur dann Swingtraden, wenn die Chancen für Sie günstig stehen.

Beim Swingtraden ist Geschwindigkeit alles. Die volatilen NASDAQ-Werte können in Sekunden um einen Punkt oder mehr steigen, aber ebenso schnell können sie fallen. Wenige Augenblicke machen hier den Unterschied zwischen einem schönen Gewinn und einem großen Verlust aus. Da Sie als Online-Trader oft nicht den Luxus einer blitzschnellen Exekution Ihrer Order haben, müssen Sie umso vorsichtiger vorgehen. Sie müssen sich absolut darüber im Klaren sein, dass es Ihnen aufgrund des Geschwindigkeitsnachteils gegenüber den meisten anderen Teilnehmern am NASDAQ selten möglich sein wird, bei einem Swingtrade am tiefsten Punkt einzusteigen und am höchsten auszusteigen. Ihre Order kann meist nicht zum bestmöglichen Preis ausgeführt werden, weshalb Sie immer einen Teil des möglichen Gewinnes werden liegen lassen müssen.

Wie ergibt sich also für Sie aus solchen Swing Trades ein Gewinn? Er ergibt sich, wenn die Aktie weiter steigt, nachdem Sie sie gekauft haben. Sie möchten die Aktie ja nicht den ganzen Tag behalten, sondern bereits nach wenigen Minuten mit Gewinn verkaufen. Dafür brauchen Sie die Hilfe des Marktes. Beobachten Sie deshalb die Marktindices gut. Wenn Sie z. B. IBM traden, muss der Markt weiter steigen, damit auch IBM steigt. Alle großen Werte steigen und fallen mit dem Markt. Warum? Weil sie der Markt sind!

Während der Markt immer einen dominanten Trend hat, suchen Swingtrader nach Tagestrends und Trendumkehr. Der Tagestrend des Marktes ist meist nicht konstant, sondern er ändert sich. Diese Umkehrpunkte sind die idealen Einstiegspunkte für Swingtrader, die von größeren Preisveränderungen profitieren möchten als z. B. Scalper.

Die meisten Trader verwenden nicht nur den DJIA als Anzeiger für die generelle Richtung des Marktes, sondern auch die S&P500 Futures, die als Indikator der zukünftigen Richtung des Marktes herangezogen werden. Wenn die S&P500 Futures steigen, steigt der DJIA normalerweise mit, da die Erwartungen der Investoren und Trader für die zukünftige Marktentwicklung positiv sind. Fallen die S&P500 Futures, während der DJIA steigt, ist dies ein Zeichen dafür, dass sich der Anstieg des DJIA voraussichtlich nicht halten wird.

Feststellen von kurzfristigen Höhen und Tiefen bei Swing Trades
Um Aktien mit einem starken Impuls zu finden, zu erkennen und zu traden, sollten Sie in der Lage sein, gute Einstiegspunkte festzustellen. Die folgende Vorgehensweise sollte Ihnen dabei helfen, kurzfristige Tiefpunkte solcher Aktien zu identifizieren.

Ein erstes Anzeichen ist ein fallender Kurs, gleich nach Markteröffnung. Beobachten Sie den Rhythmus von Bid und Ask. Der erste Tiefstand ist meist erreicht, wenn der Abwärtstrend von Bid und Ask eine kleine Pause macht. In dieser Pause sollten Sie auf das zweite Zeichen für einen Tiefstand achten: die Zwischentrades. Steht der Bid/Ask z. B. auf 9 zu 9,20, erfolgen Zwischentrades bei 9,10. Wenn dann der Bid wieder steigt, hat sich der Impuls zumindest für kurze Zeit wieder gedreht. Das Erkennen von Höhen und Tiefen variiert von einem Trade zum anderen und hängt auch davon ab, wie sich der Markt generell verhält.

Die meisten Trader richten ihre Aufmerksamkeit mehr auf Aktien, die bestimmte Kriterien erfüllen, und handeln entsprechend ihrer Einschätzung. Diese Aktien folgen einem starken Muster und sind deshalb am leichtesten vorherzubestimmen, bieten jedoch in der Regel auch die Volatilität, die wir benötigen, um unsere Trades sicher ausführen zu können. Beobachten Sie solche Aktien und ihr Verhalten.

- Kaufen Sie beim ersten Preisrückgang von einem neuen Hoch und verkaufen Sie beim ersten Preisanstieg von einem neuen Tief. Es gibt immer eine Menge Trader, die den ersten Zug verpasst haben.

- Verkaufen Sie auf dem zweiten Hoch, kaufen Sie auf dem zweiten Tief. Nach scharfen Rückgängen stößt der erste Anlauf auf ein neues Hoch oder Tief praktisch immer auf Widerstand. Erwarten Sie den Durchbruch beim dritten oder vierten Anlauf.

- Kaufen Sie auf dem Unterstützungsniveau, verkaufen Sie auf dem Widerstandsniveau. Alle sehen dasselbe und warten nur darauf, auch ein Stück vom Kuchen zu bekommen.

- Jagen Sie nicht hinter Aktien her, die sich schnell bewegen. Nehmen Sie an, dass sich der Trend umkehrt, sobald Sie kaufen. In vielen Fällen bekommen Sie die Aktie nur, weil Sie einer der wenigen sind, die die Aktie noch kaufen wollen.

- Traden Sie mit dem Trend und nicht dagegen. Versuchen Sie nicht, ein Held zu sein. Schwimmen Sie mit dem Fluss des Geldes.

- „The Trend is your friend", besonders in der letzten Stunde. Bei steigendem Volumen gegen Marktschluss sollten Sie nicht erwarten, dass der Markt umdreht.

- Meiden Sie die Eröffnung. Warten Sie ein wenig ab. Sie sehen vorher nicht, was passiert, aber die anderen sehen Sie.

- Trends kehren selten auf der Stelle um. Umkehrbewegungen bauen sich langsam auf. Der erste Einbruch findet immer Käufer und der erste Anstieg findet immer Verkäufer.

- Besiegen Sie die Masse bei jeder Gelegenheit. Nehmen Sie ihr das Geld weg, bevor sie Ihnen Ihres wegnimmt!

Die größten Preisbewegungen von Aktien finden wir am NASDAQ, da das Market-Maker-System hier für erhöhte Volatilität sorgt. Aktien wie *Yahoo!*, *Amazon*, *Microsoft*, *Intel* und *Sun Microsystems* können täglichen Kursschwankungen von 20, 30 oder 40 Punkten unterliegen. Stehen Sie dann auf der falschen Seite dieser Swings, kann Sie das Kopf und Kragen kosten. Aufgrund der relativ langsamen Ausführung der Order von Online-Tradern gegenüber den Market Makern kann der NASDAQ ein sehr gefährlicher Tummelplatz sein. Deshalb ist es unerlässlich, die Unterschiede zum NYSE zu kennen und seine Trades sehr sorgfältig auszuwählen.

196

Der NASDAQ wird oft *der Markt der nächsten hundert Jahre* genannt, da dort viele junge Unternehmen aus schnell wachsenden Wirtschaftszweigen, vor allem Technologie, notieren. Daher auch die große Volatilität, da der Markt versucht, die zukünftige Entwicklung und Gewinnmöglichkeit dieser Unternehmen einzuschätzen. Am NASDAQ gibt es Neuemissionen (IPOs) von Unternehmen, die noch nie einen Profit gemacht haben, was am NYSE undenkbar wäre. Warum sollte jemand Aktien von einem solchen Unternehmen kaufen? Weil dieses Unternehmen das nächste Microsoft, Intel oder Dell sein könnte. Typischerweise sind es solche Aktien, die innerhalb kürzester Zeit ihren Wert verdoppeln oder verdreifachen können, um dann oft alle Gewinne in einem Panikverkauf zu verlieren.

Bei schlechten Neuigkeiten kaufen

Day Trader bewegen sich auf dem sichersten Boden, wenn sie „mit dem Haus" traden, d. h. wenn sie nicht versuchen, schlauer zu sein als der Markt. Spielen Sie also dasselbe Spiel wie die Spezialisten und Market Maker. Bei schlechten Neuigkeiten verhalten Sie sich am besten wie der Spezialist. Er verkauft, wenn der Markt Verkäufer braucht, und kauft, wenn der Markt Käufer braucht. Wenn der Spezialist also bereit ist, bei schlechten Neuigkeiten eine Aktie zu kaufen, so tut er dies auf einem Preisniveau, auf dem er sich sicher fühlt. Er glaubt, dass er die Aktie später zu einem besseren Kurs verkaufen kann.

Wenn z. B. ein Quartalsergebnis einer Gesellschaft unerwartet deutlich schlechter ausfällt als erwartet, wird der Spezialist mit Verkaufsorders überschwemmt. Die Investoren möchten nicht warten, bis sich die Situation verbessert. Sie rennen zum Ausgang und tätigen Panikverkäufe. In den meisten Fällen wissen die Investoren aber nicht, dass schlechte Neuigkeiten, wenn sie vor Eröffnung des Marktes verbreitet werden, schon im Preis enthalten sind. D. h. der Preis, auf dem die Aktie an diesem Tag eröffnet, hat sich schon auf die schlechte Neuigkeit eingestellt. Die Information hat durch Zeitungen, das Internet und das Fernsehen die meisten Investoren und Trader erreicht. Kurz vor Markteröffnung sind also Unmengen Market-Sell-Orders beim Spezialisten eingegangen, die bei der Eröffnung ausgeführt werden müssen. Normalerweise möchte aber niemand die Aktie kaufen. Also muss sich der Spezialist auf die andere Seite des Trades stellen und kaufen. Dies tut er auf einem Preisniveau, das er selbst festlegen kann und von dem er sich einen Gewinn verspricht.

Denken Sie einmal darüber nach: Sie müssen vielleicht eine Million Aktien kaufen, die niemand anders haben möchte, aber Sie können den Kaufpreis bestimmen. Würden Sie einen hohen oder einen niedrigen Preis festlegen? In wessen Interesse würden Sie handeln: in dem der Investoren oder in Ihrem eigenen? Bei diesem Trade liegen alle Vorteile beim Spezialisten.

Indem Sie in einem solchen Fall vor Markteröffnung eine Market-Buy-Order aufgeben, setzen Sie Ihr Geld auf den Spezialisten, den besten Day Trader, den es gibt. In diesem Fall ist nicht Geschwindigkeit das Hauptkriterium für einen erfolgreichen Trade, sondern Ihre Strategie.

Der Spezialist eröffnet auf einem Preisniveau, von dem er glaubt, dass es nicht weiter sinken kann, 10 oder 15 Punkte tiefer als der Schlusskurs des Vortages. Dann schiebt er den Bid nach oben, damit der Eindruck entsteht, der Tiefstand der Aktie wäre erreicht und sie würde sich erholen. Investoren und Trader sehen diese Aufwärtsbewegung und kaufen die Aktie zu Discountpreisen, schließlich stand sie ja gestern noch 15 Punkte höher. Der Spezialist verkauft in den steigenden Kurs und macht dabei seine 0,15 und 0,25-Punkte. Stellen Sie sich vor, bei einem Volumen von einer Million Aktien einen durchschnittlichen Gewinn von 0,15 Punkten zu machen. Das sind $150.000 in wenigen Stunden.

Wie können Sie einen Teil von diesem Kuchen abbekommen? Indem Sie dasselbe tun wie der Spezialist. Wenn Sie bei der Markteröffnung kaufen, erfüllen Sie ein Bedürfnis des Marktes. Sie kaufen, wenn der Markt Käufer braucht, und verkaufen, wenn der Markt Verkäufer braucht. Und Sie vertrauen dem Spezialisten.

Welche Bedingungen müssen für solche Trades erfüllt sein? Bei solchen Trades müssen sie äußerst selektiv sein. Stellen Sie sich folgende Fragen:

• Handelt es sich um eine große, marktführende Aktie am NYSE? Die Aktie muss am NYSE gehandelt werden, da die oben genannte Strategie wegen der unterschiedlichen Regelungen für Market Makers am NASDAQ nicht so gut funktioniert. Wenn die Aktie nicht sehr bekannt ist, sollten Sie die Finger davonlassen. Ist es ein großer, bekannter Wert, wird es immer ein gewisses Kaufinteresse geben. Das Kaufinteresse bringt Volumen, idealerweise ein paar Millionen Stück pro Tag. Bei kleineren, weniger bekannten Unternehmen könnten ein oder zwei große Verkäufer den Kurs zum Einsturz bringen, da ein geringeres Volumen große Verkaufsorders nicht so gut absorbieren kann. Als Day Trader möchten Sie sich nicht in unvorhersehbare Situationen begeben.

- Hat sich die Information schon ausreichend verbreitet? Schlechte Neuigkeiten locken Verkäufer an. Wenn Sie bei schlechten Neuigkeiten kaufen wollen, müssen Sie sicher sein, dass Sie zu dem Zeitpunkt kaufen, an dem der Verkaufsdruck am größten ist. Wenn die Information vor Markteröffnung verbreitet wurde, ist die Eröffnung der Zeitpunkt des größten Verkaufsdrucks. Die meisten Investoren, die sich zum Verkauf entschlossen haben, werden den Verkauf bei der Eröffnung durchführen, aus Angst davor, dass der Kurs noch weiter fallen könnte. In einer Paniksituation möchten Menschen nicht gerne abwarten. Alle rennen zum Ausgang und erzeugen einen kurzfristigen Tiefstand. Im Allgemeinen hat sich eine schlechte Neuigkeit genügend verbreitet, wenn sie auf der Titelseite des Wall Street Journal war oder von CNBC gemeldet wurde.

- Gibt es ein extremes Missverhältnis zwischen Käufern und Verkäufern? Unterscheiden Sie zwischen einem normalen Ausverkauf und einem Panikausverkauf. Wenden Sie diese Strategie nicht an, wenn die schlechte Neuigkeit einen Kursrückgang von ein bis zwei Punkten auslöst. Sie brauchen einen Panikausverkauf, der einen Fall um 10, 15 oder 20 Punkte tiefer auslöst. Warum? Eine Grundvoraussetzung für diesen Trade ist, dass bei der Eröffnung alle gleichzeitig aus dieser Aktie aussteigen wollen. Damit bekommen Zögernde genug Angst, um auch zu verkaufen. Das verhindert, dass die Aktie nach der Eröffnung weiter fällt, weil alle, die verkaufen wollen, dies aus Angst schon bei der Eröffnung getan haben. Diese Angst schafft den

Tiefstand, den der Day Trader für einen schnellen Profit nutzen kann.

Im Allgemeinen ist es am besten, bei dieser Tradingart im ersten Aufwärtstrend zu verkaufen. D. h., Sie sollten die Aktie nur ein paar Minuten lang behalten, denn normalerweise gibt es eine zweite Verkaufswelle. Streichen Sie Ihren Profit ein, bevor diese zweite Welle einsetzt.

Positionen über Nacht halten

Wenn Sie volatile Werte an der NASDAQ traden, sollten Sie sehr vorsichtig mit Positionen vorgehen, die Sie über Nacht halten. Viele Trader halten keine Positionen über Nacht, da man nie wissen kann, ob die Aktie nicht 10 Punkte höher oder tiefer eröffnen wird.

Trotzdem gibt es Situationen, in denen das Halten einer Position über Nacht einen Gewinn verspricht. Aber einige Voraussetzungen müssen erfüllt sein:

• Halten Sie eine schwache Position nicht über Nacht. Eine schwache Aktie neigt dazu, am nächsten Tag noch schwächer zu eröffnen.

• Halten Sie nur Aktien über Nacht, die stark schließen. Hat eine Aktie einen sehr starken Nachmittag, dann kann der Schwung der Aktie leicht in den nächsten Tag mitgenommen werden, da sich die positive Information in der Zwischenzeit stärker verbreitet hat. Halten Sie sich bei solchen Positionen an die aktivsten Aktien. Es gibt viele Internetseiten, die eine Liste der *Most Active Stocks* anzeigen.

Die Gründe, warum der Schwung einer Aktie sich auf den nächsten Tag erweitern könnte, sind folgende:

• Die Market Maker müssen während des plötzlichen Kursanstieges short gehen. Wie wir wissen, muss es für jeden Käufer einen Verkäufer geben. Am NASDAQ spielen die Market Maker eine ähnliche Rolle wie die Spezialisten am NYSE. Das bedeutet, dass sie einen ordentlichen, fairen Markt erhalten müssen. Wenn eine Aktie von Kauforders überflutet wird, müssen Market Maker an Trader und Investoren verkaufen. Durch solche Kaufräusche werden die Market Maker oft gezwungen, in einer Aktie short zu gehen, die weiter steigt. Letztlich werden sie aber die Aktien zurückkaufen müssen, wenn es sein muss, zu höheren Preisen. Das kann zu großen Verlusten für die Market Maker führen. Oft werden Market Maker von einem plötzlichen Kaufrausch gegen Ende eines Tages überrascht, was große Shortbestände seitens der Market Maker zur Folge hat, die sie über Nacht halten müssten. Market Maker sind aber keine Investoren, sie sind Trader, wie Sie und ich. Also gefällt es ihnen nicht, eine große Shortposition längere Zeit zu halten, besonders nicht, wenn sich die Aktie in einem starken Aufwärtsschwung befindet. Also versuchen die Market Maker, ihre Shortpositionen zu schließen, wenn sie Grund zur Annahme haben, dass die Aktie weiter steigt. Das wiederum führt zu Panikkäufen der Market Maker und dadurch zu weiteren Kursanstiegen.

Also haben die Market Makers kein Interesse daran, in einer Aktie short zu bleiben, die am nächsten Tag weiter steigen wird. Deshalb kommt es bei Börseneröffnung auch oft zu *Gaps* nach oben. Wenn die Market Makers schon short gehen müssen, so werden sie dies auf einem Preisniveau tun, das für sie vorteilhaft ist. Darum eröffnen NASDAQ-Aktien auch des Öfteren aufgrund guter Neuigkeiten um 10 oder 20 Punkte höher, als sie am Vortag schlossen. Bei einem so hohen Preisniveau gehen die Market Maker davon aus, dass die Aktie den Kurs nicht halten kann und sie ihre Shortposition mit Gewinn schließen können.

- Die Information, die den Preisanstieg ausgelöst hat, wurde noch nicht ausreichend verbreitet. In diesem Fall besteht die Wahrscheinlichkeit, dass die Aktie weiter steigen wird. Ein Artikel auf der ersten Seite des Wall Street Journal oder ein Beicht auf CNBC bringen meist neue Käufer. Woher wissen wir aber, ob sich die Neuigkeit schon ganz verbreitet hat? Wenn die Aktie am Nachmittag steigt und die auslösende Geschichte bis dahin in keiner Zeitung zu lesen war, dann wissen noch nicht alle, was es Neues gibt. Idealerweise kaufen Sie eine Aktie, die am Nachmittag stark ist, und verkaufen sie am nächsten Morgen, nachdem die Titelgeschichte im Wall Street Journal für einen kräftigen Gap nach oben gesorgt hat.

Darüber hinaus empfiehlt es sich oft, starke NASDAQ-Aktien bei kurzen Rückgängen zu kaufen. Ein solcher Rückgang sieht meistens folgendermaßen aus: Die Aktie eröffnet stark, fällt aber nach 10 bis 15 Minuten etwas. Warum sollten starke Aktien fallen? Das hat mit der Reaktion des Marktes auf eine Flut von Kauforders zu tun. Die Market Maker müssen, ähnlich wie die Spezialisten am NYSE, für einen ordentlichen und fairen Markt sorgen. Wenn es keine Verkäufer gibt, müssen sie verkaufen. Gibt es gute Neuigkeiten und wird eine Aktie mit Kauforders überschwemmt, befinden sich die Market Maker in einer schwierigen und gefährlichen Situation. Sie müssen die eingehenden Kauforders erfüllen, auch wenn sie dabei in der Aktie short gehen müssen. Stellen Sie sich vor, dies tritt bei einer Aktie ein, die ein durchschnittliches Tagesvolumen von 100.000 Stück hat, aber aufgrund der guten Neuigkeiten liegen Kauforders über eine Million Stück vor. Die Market Maker müssen short gehen. Wenn die erste Kaufwelle abgeklungen ist, möchten die Market Maker ihre Shortpositionen auf niedrigem Preisniveau schließen und müssen dazu natürlich kaufen. Diese Käufe treiben den Kurs der Aktie meist wieder nach oben und ziehen zudem weitere Investoren an.

Die 10-Uhr-Regel

Oft eröffnen also Aktien höher, als sie am Vortag schlossen (Gap up), vor allem, wenn sehr positive Neuigkeiten bekannt geworden sind. Ein bekanntes Szenario: Die Futures stehen hoch, die Eröffnungsglocke läutet und der Markt jagt los. Aber kaum 20 Minuten später fallen die Indices und die Trader nutzen die ansteigenden Kurse zum Verkauf. Mit diesem *Gap Open* müssen Sie sehr vorsichtig umgehen, denn oft verursacht eine positive Information einen Aufwärtstrend zur Börseneröffnung, der sich aber aufgrund einer Schwäche des Marktes nicht halten kann. Wenn Sie an so einem Tag das Pech haben, zum Morgenhoch gekauft zu haben, bleibt Ihnen oft nichts anderes übrig, als Ihre Verluste hinzunehmen, da dieser Höchststand den ganzen Tag über nicht wieder erreicht wird.

Um sich davor zu schützen, gibt es zwei Möglichkeiten. Erstens: Platzieren Sie vor Börseneröffnung NIE eine Market-Buy-Order. Damit würden Sie den Market Makern die Möglichkeit geben, Ihre Order auf dem höchsten Stand des Morgens auszuführen, während Sie selbst short gehen.

Zweitens: Beachten Sie die 10-Uhr-Regel. Viele Trader wenden sie nicht an, weil sie nicht auf mögliche Gewinne verzichten möchten. Die Regel ist eher konservativ, kann Ihnen aber einige Verluste ersparen. Also: Der Markt eröffnet, die Vorfreude auf gute Trades und große Gewinne sorgt für gute Stimmung, aber wenn Sie genügend Markteröffnungen beobachtet haben, werden Sie feststellen, dass diese Überschwänglichkeit oft innerhalb der ersten 20 bis 30 Minuten abklingt. Mit Hilfe der 10-Uhr-Regel gehen Sie nicht in die Falle. Sie bleiben nicht auf einer Position sitzen, die sie zum Höchstkurs gekauft haben, wenn der Markt fällt. Wenn eine Aktie wirklich stark ist, folgt sie meist diesem Muster:

1. Ein Gap up zur Eröffnung
2. Sofortiger Anstieg um einen oder mehrere Punkte
3. Sie wird schwächer, fällt ein wenig und stagniert dann kurz
4. Sie beginnt, wieder zu steigen

Aktien, die an einem Tag die Führung übernehmen, durchlaufen diese Schritte meist in den ersten 30 bis 40 Minuten des Börsentages. Die 10-Uhr-Regel besagt, dass Aktien, die dieses Muster zeigen und zwischen 10:00 und 10:30 Uhr auf ihrem Hoch oder darüber stehen, gute Kandidaten für weitere Tagesgewinne sind. Die Aktie ist stark genug, um die Gewinnmitnahmen zu verarbeiten und weiter zu steigen. Besonders wenn Ihre Orderausführung nicht extrem schnell ist, sollten Sie es vermeiden, in den ersten Minuten des Börsentages zu traden. Bei den zahlreichen Fehlstarts, die am NASDAQ beobachtet werden können, erweist sich diese Regel als sehr effiziente Möglichkeit, Verlusten aus dem Weg zu gehen. Am besten funktioniert sie bei einem flachen oder positiven Markt.

Preisniveaus
Wenn Sie in einer Aktie short gehen, d. h., sie verkaufen und in der Hoffnung auf einen Preiseinbruch später zurückkaufen, so wollen Sie dies natürlich zum höchstmöglichen Kurs tun. In vielen Fällen eröffnen die Market Maker eine Aktie auf ungewöhnlich hohem Preisni-

veau, um sich bei einem gewaltigen Ansturm von Kauforders vor Verlusten zu schützen. Oft wird eine Aktie danach nicht mehr so hoch gehandelt, da zum Zeitpunkt der Börseneröffnung der Kaufdruck am größten ist.

Ein gutes Beispiel für diesen Vorgang ist die Entwicklung der Aktie *EntreMed Inc.* (ENMD) im Mai 1998. Aufgrund eines Artikels in der New York Times, der andeutete, das Unternehmen habe Heilmittel für verschiedene Krebsarten entwickelt, wurden die Market Maker am nächsten Tag vor Börseneröffnung mit Kauforders überschwemmt. Jeder wollte ein Stück von dem Unternehmen, das Krebs heilen konnte. Was taten die Market Maker? Um sich zu schützen, eröffneten sie die Aktie, die am Vortag bei circa $12 geschlossen hatte, auf dem unglaublichen Preis von $84, eine Steigerung von $71!

Warum eröffnete die Aktie so hoch? Weil sich die Market Maker erst auf diesem Preisniveau sicher genug fühlten, um in dieser Aktie short zu gehen. Was danach geschah, ist das beste Beispiel dafür, was passieren kann, wenn man eine Aktie aufgrund guter Neuigkeiten zur Eröffnung kauft. In den nächsten Stunden fiel die Aktie wie ein Stein um über $40 zum Tagestief von fast $40. Und das, obwohl die Neuigkeiten sensationell waren. Wie war das möglich? Die Market Maker wollten ihre Shortpositionen natürlich zu tieferen Preisen eindecken, also drückten sie den Preis nach unten. Je tiefer der Preis fällt, desto größer der Gewinn, den die Market Maker beim Schließen ihrer Shortpositionen machen.

In solchen Situationen kann sich der aufmerksame Day Trader ein Stück des Kuchens vom Teller der Market Maker stehlen. Wenn eine starke Aktie nach der Eröffnung ein wenig nachgibt, überschwemmen Day Trader oft die Aktie mit einer zweiten Kaufwelle. Sie wissen genau, wie das Spiel gespielt wird, und versuchen, die Market Maker an ihrer schwächsten Stelle zu treffen. Day Trader wissen, was die Market Maker vorhaben: die Aktie hoch eröffnen und sie dann wie eine heiße Kartoffel fallen lassen.

Day Trader schlagen zu, wenn die Market Maker am verletzlichsten sind, denn sie wissen, dass die Market Maker in der Aktie short gegangen sind, weil sie ja die Kauforders erfüllen mussten, und versuchen werden, die Aktien auf einem niedrigeren Preisniveau zurückzukaufen. Aufgrund der zweiten Welle von Kauforders müssen die Market Maker wieder in der Aktie short gehen, aber diesmal auf einem niedrigeren Preis. Das ist eine sehr gefährliche Situation. Wenn alles nach Plan verläuft, können die Day Trader jetzt schöne Gewinne machen, da Market Maker auch kaufen müssen, wenn die Aktie steigt, um ihre Shortpositionen zu schließen und ihre Verluste zu minimieren. Das treibt den Kurs weiter nach oben. Day Trader können dann ihre Aktien mit Gewinn in diesen Aufwärtstrend verkaufen.

Beim obigen Beispiel von ENMD war diese Taktik nicht anwendbar, da der Eröffnungskurs einfach zu hoch war. Der Grund: Die Market Maker hatten zu große Angst vor einer zweiten Kaufwelle.

Ein weiterer, oft profitabler Trade ist das Kaufen von Aktien, die im Fernsehen besprochen werden. Sollten Sie in der glücklichen Lage sein, den amerikanischen Wirtschaftssender CNBC empfangen zu können, sollten Sie dieses Phänomen beobachten. CNBC ist der führende Wirtschaftssender, der weltweit Beachtung findet. Mit umfassenden Nachrichten und Interviews aus der Börsenwelt beeinflusst dieser Sender in vielen Fällen die weitere Entwicklung einer Aktie. In vielen Fällen steigen Aktien in Sekundenschnelle, nur weil sie von CNBC-Sprechern positiv bewertet werden. Mit diesem Wissen lassen sich schöne Gewinne erwirtschaften, wenn man in der Lage ist, die Aktie sofort zu kaufen. Allerdings müssen zwei Grundvoraussetzungen erfüllt werden:

- Die positive Meldung muss während der Börsenzeiten gesendet werden. Die ganze Wall Street und Millionen Investoren weltweit kleben den ganzen Tag am Bildschirm. Alle erfahren gleichzeitig von der positiven Meldung und reagieren darauf. Wird die Meldung vor Börseneröffnung verbreitet, schlägt sich dies schon im Eröffnungspreis nieder.

- Es muss eine kleinere, wenig gehandelte Aktie sein und keine große, volatile Aktie.

Dadurch wird schon ein leicht verstärktes Kaufinteresse für einen Kursanstieg sorgen. Erwarten Sie nicht, jedes Mal bei einer solchen Gelegenheit 2 bis 3 Punkte Gewinn zu machen. Ein leichter Anstieg von 0,50 oder 0,25 Punkte genügt. Und weniger gehandelte Aktien steigen leichter als große Werte.

Bei dieser Art des Tradens hoffen Sie, die Aktie kaufen zu können, bevor alle kaufen wollen. Jagen Sie der Aktie jedoch nicht nach. Das Interesse ist schnell geweckt, aber ebenso schnell wieder geschwunden. Steigen Sie deshalb früh ein und verkaufen Sie in den steigenden Kurs. Wie viele andere Trades funktioniert auch dieser nur, indem Sie den Mittelmann spielen. Sie erfüllen ein Bedürfnis des Marktes: Sie kaufen, wenn Käufer gebraucht werden, und Sie verkaufen, wenn der Markt Verkäufer braucht.

Die Phasen eines Swing Trades

Sie sollten Ihre Swingtrades in fünf Phasen einteilen. Drei davon sind zielgerichtet und zwei sind Reflex. In der folgenden Tabelle finden Sie eine Auflistung der Phasen.

Phase 1 – Suche nach Gelegenheiten

Die Suche nach Gelegenheiten kann in der ersten Stunde des Börsentages noch recht spannend sein, danach aber schnell langweilig werden, wenn sich nichts tut. Sie betrachten Charts, lesen Wirtschaftsmeldungen oder Meldungen in Chaträumen, um auf Gelegenheiten aufmerksam zu werden, die Ihnen gefallen. Nehmen wir an, Sie traden gerne plötzliche Preisanstiege mit erhöhtem Volumen. Obwohl Sie seit einer Stunde auf der Suche nach entsprechenden Anzeichen sind, haben Sie noch nicht gefunden, wonach Sie suchen. Ihnen fällt aber auf, dass Sie schon zwei oder drei gute Gelegenheiten verpasst haben. Wie fühlen Sie sich wohl dabei? Wenn jetzt eine Situation eintritt, die zwar nicht alle Ihre üblichen Grundvoraussetzungen erfüllt, werden Ihre Gefühle Sie wahrscheinlich zu einem Trade verleiten, über den Sie noch vor einer Stunde nicht einmal nachgedacht hätten. Auf wundersame Weise sieht eine zweitklassige Gelegenheit jetzt unglaublich gut aus, und Sie steigen in einen Trade ein, der Sie Geld kosten wird.

Definieren Sie also Ihre Auswahlmethoden und bleiben Sie dabei! Sollte Ihnen trotz der ganzen Aktivität am Markt langweilig werden, seien Sie kreativ! Lassen Sie sich etwas einfallen, damit Ihr Interesse geweckt bleibt. Lesen Sie die Meldungen in einem Chatraum mit.

	Phase 1	Phase 2	Phase 3	Phase 4	Phase 5
Art	Zielgerichtet	Reflex	Zielgerichtet	Reflex	Zielgerichtet
Absicht	Suche nach Gelegenheiten	Position öffnen	Trade durchführen – den Regeln folgen	Position schließen	Analyse
Entscheidungen	Ist das eine Gelegenheit? Gibt es Faktoren, die dagegen sprechen?	Bid oder Ask, zwischen den Spread gehen, Market-Order	Mache ich mit dem Trade Gewinn oder verliere ich? Was sagen meine Regeln?	Bid oder Ask, zwischen den Spread gehen, Market-Order	Nehme ich mir die Zeit dafür oder mache ich etwas anderes?
Vorgang	Charts im Auge behalten, Chatraum, Neuigkeiten leser	Order über Island, ARCA, SOES aufgeben	Preis, Chart, Spread, Indices, Technische Indikatoren beobachten	Order über Island, ARCA, SOES aufgeben	Aufzeich-nungen, Chart, weiterer Verlauf
Gefühle	Langeweile, Furcht, Hoffnung	Angst, Unentschlossenheit	Angst, Gier, Hoffnung	Angst, Unentschlos-senheit	Zuviel Arbeit. Selbstanaly-se ist so schwer. Objektivität noch schwerer. Peinlichkeit.

Kommunizieren Sie mit anderen Tradern. Aber konzentrieren Sie sich trotzdem auf Ihr eigentliches Ziel: eine Gelegenheit für einen Trade zu finden.

Phase 2 – Position öffnen

Diesen Teil müssen Sie so gut beherrschen, dass er zum Reflex wird. Die Zeit, die zwischen dem Erkennen einer Gelegenheit und dem Ab-schicken einer Order liegt, sollte nicht länger als ein paar Sekunden sein. Es gibt Situationen, in denen Sie zum Ask kaufen müssen, solche, in denen Sie um den Preis feilschen, aber Sie müssen an der Art der Gelegenheit erkennen, was zu tun ist. Es ist ja schließlich Ihre Gele-genheit. Seien Sie entschlussfreudig, wenn alle Anzeichen richtig sind. Öffnen Sie Ihre Position. Sofort. Tun Sie es. Unentschlossenheit wirft Sie aus dem Rennen. Wenn Sie Ihrer eigenen Phase 1 nicht recht trau-en, ändern Sie sie, aber gehen Sie nicht zur Phase 2 über und fangen dann an zu zweifeln. Wenn Sie das tun, verlieren Sie.

Phase 3 – Trade durchführen

Dies ist für die meisten von uns der schwierigste Teil des ganzen Ab-laufs. Ihr Geld liegt auf dem Tisch und die Panik kriecht Ihnen in den Magen. Dieser Teil des Trades trennt die Spreu vom Weizen. Wenn sich der Preis von ihnen wegentwickelt, hoffen Amateure, dass er wieder zurückkommt, und wenn er in ihre Richtung geht, haben sie Angst, der Markt könnte ihnen ihren Gewinn wieder wegnehmen. Letztlich lassen sie ihre Verluste laufen und lösen ihre Gewinne zu früh ein. Profis machen genau das Gegenteil.

Wenn auch Ihr Problem, wie bei so vielen anderen, dort liegt, versuchen Sie Folgendes: Haben Sie Angst, seien Sie gierig, hoffen Sie, träumen Sie, aber lernen Sie, diese Dinge zu ignorieren. Wenn Sie das schaffen, werden sie verschwinden. Das Problem ist, dass diese starken Gefühle, die beim Traden in Ihnen aufsteigen, zwar mitreißend sind, aber immer zu Verlusten führen. Als professioneller Trader müssen Sie Ihren Regeln folgen, egal, was Ihnen Ihre Gefühle sagen.

Versuchen Sie, am Ende eines Tages oder einer Woche Ihre Trades daraufhin zu untersuchen, ob Sie Ihren Regeln gefolgt sind. Vergleichen Sie, was passiert wäre, wenn Sie sich an Ihre Regeln gehalten hätten. Hätten Sie mehr Geld gewonnen, wenn Sie sich an Ihre Regeln gehalten hätten? Wenn ja, dann traden Sie solange, bis Sie gelernt haben, sich an Ihre Regeln zu halten. Wenn nicht, sollten Sie vielleicht Ihre Regeln neu überdenken.

Mit der Zeit werden Sie Ihren Regeln vertrauen. Sie sind die einzigen Waffen, mit denen Sie gegen sich selbst kämpfen können. „Luke, folge der Macht!" funktioniert nur im Film, nicht an der Börse. Hier müssen Sie sich an die harten Fakten halten. In dem Moment, in dem Sie von Ihren Gefühlen überflutet werden, ist Ihre Fähigkeit zur richtigen Entscheidung am Tiefpunkt angelangt. Ist es ein Wunder, dass die meisten Menschen beim Traden in der nächsten Phase – der wichtigsten und emotional am meisten aufgeladenen – verlieren?

Halten Sie für Ihre Trades einen genauen Spielplan bereit, der Ihnen sagt, wann die Zeit gekommen ist, um den Trade abzuschließen. Normalerweise haben Sie das Gefühl, dass noch mehr herauszuholen wäre, wenn dieser Ausstiegspunkt erreicht ist. Lassen Sie sich davon nicht täuschen, denn Sie liegen damit meistens falsch. Analysieren Sie Ihre Trades und Sie werden feststellen, dass Sie mit einem vorher festgelegten Ausstiegspunkt am zuverlässigsten Gewinne mit nach Hause nehmen können. Ist dieser Punkt erreicht, steigen Sie ohne Wenn und Aber aus. Träumen Sie nicht vom Trade, der diesmal bestimmt besser läuft. Öffnen Sie die Position und halten Sie gleich die Order bereit, um sie wieder zu schließen. Bewegen Sie den Mauszeiger über den Bestätigungsbutton. Das Ausstiegssignal kommt. Klick.

Phase 4 – Position schließen
Schließen Sie sie einfach! Das sollte auch ein Reflex sein. Sie wechseln von Phase 3: „Wann gehe ich raus?" zur Phase 4: „Wie gehe ich raus?". Zu diesem Zeitpunkt sollten Sie nicht über Gebühren, Gewinn, Verlust oder irgendetwas anderes nachdenken. Tun Sie nur eines: Schließen Sie die Position.

Phase 5 – Analyse
Ist die Analyse wirklich wichtig? Fragen Sie irgendeinen professionellen Trader und Sie werden eine Antwort bekommen: Ja! Es nutzt nichts, wenn Sie sich nur dem Rausch des Tradens hingeben, ohne Ihre Entscheidungen sorgfältig nachvollziehen zu können. Sie riskieren so nur unbedacht Ihr Geld. Schreiben Sie mit, verfolgen Sie Ihre Leistungen. Finden Sie heraus, was funktioniert und was nicht. Finden Sie heraus, in welchen Situationen Sie die meisten Fehler machen. Finden Sie heraus, wie Sie ihre Fähigkeiten verbessern können. Wenn Ihre Analyse nur daraus besteht, verpasste Gelegenheiten zu bedauern, dann verschwenden Sie Zeit und schaffen sich emotionalen Ballast, aber Sie analysieren nicht. Analysieren Sie mit den richtigen Daten und bleiben Sie objektiv. Verwenden Sie das Ergebnis Ihrer Analyse, um die Phasen 1 und 3 zu verbessern.

Scalping

Die Realität des Day traden ist einfach: Sobald der Day trader eine Order über das Internet schickt, betritt er ein gefährliches Spielfeld, auf dem er von den schnelleren Spielern geschlagen wird. Um zu überleben, muss er vorsichtig und konzentriert vorgehen. Und er darf niemals vergessen, dass bei einer langsamen Ausführung der Order die Volatilität nicht sein Freund, sondern sein Feind ist.

Viele Day Trader erkennen, dass Aktien wie Yahoo! und Dell nicht die einzigen auf dem Spielfeld sind. Sie traden lieber "langweilige", wenig volatile Aktien, um den Nachteil der langsamen Orderausführung auszugleichen. Day Trader brauchen nicht unbedingt große Bewegungen, um Geld zu verdienen.

Die Lösung des Problems liegt im 0,05 - 0.15 Schnitt (urspr. Teenie). Scalper nutzen den Bid/Ask-Spread, der im Abschnitt über die Quoten schon eingehend erklärt wurde. Aktien mit geringer Volatilität, um Teenies zu traden, ist – wenn man es richtig macht – eine der sichersten Arten des Aktienhandels.

Die wichtigste Voraussetzung für erfolgreiches Scalpen liegt im Volumen. Bei einem Volumen von z. B. 350.000 Aktien bedeutet das, dass es für jede Aktie jemanden gab, der auf der anderen Seite des Trades stand. In den meisten Fällen wird das der Spezialist gewesen sein. Der Spezialist tut täglich nichts anderes, als eine Aktie zum Ask zu kaufen und zum Bid zu verkaufen. Der Spread von 0,05 bis 0,15 ist sein Gewinn. Aufgrund der Regelung, dass der Spezialist Kundenorders vor seine eigenen Orders stellen muss, kann der Scalper das Spiel des Spezialisten spielen, d.h. er stellt sich auf den höchsten Bid, wartet auf eine Market-Sell-Order und sobald diese erfüllt wurde, stellt sich der Scalper auf den Ask und verkauft die Aktien um 0,05 bis 0,15 höher.

Nehmen wir als Beispiel dafür eine Quote von XYZ, wie sie im Wall Street Journal veröffentlicht werden würde:

XYZ Last 12,10 unchanged High 12,25 Low 12,10 Vol. 305.300

Die meisten Investoren würden sagen, dass man mit dieser Aktie an diesem Tag weder Geld verloren noch gewonnen hat, da sich der Preis nicht verändert hat. Den ganzen Tag über hat sich die Aktie nicht mehr als 0,15 bewegt. Diese Ansicht ist aber durch den längeren Zeitrahmen bedingt, in dem Investoren denken. Ein Scalper ist sich bewusst, dass an einem solchen Tag mit dieser Aktie sehr viel Geld verdient werden kann.

Zuerst sieht sich der Scalper das Volumen an. Über 300.000 Aktien wurden gehandelt, das bedeutet, dass wahrscheinlich Kurzzeitspekulanten in dieser Aktie aktiv waren. Das sind zum einen die Spezialisten und zum anderen die Scalper.

In der folgenden Tabelle sehen Sie die Aufzeichnungen eines Scalpers, der in XYZ aktiv war und dabei $530 verdient hat.

Kauf	3000	12,10	
Verkauf	3000	12,20	300.00
Kauf	2000	12,10	
Verkauf	2000	12,20	200.00
Kauf	2500	12,20	
Verkauf	2500	12,20	0.0
Kauf	3000	12,20	
Verkauf	3000	12,25	150.00
Gesamt			650.00 (abzüglich 120 für Gebühren)

Der Scalper hat also $530 mit einer Aktie verdient, die sich an diesem Tag nicht bewegt hat. Das Einzige, was der Scalper dafür braucht, ist Volumen. Um mit 0,05 und 0,10 etwas zu verdienen, muss der Scalper große Stückzahlen traden. In vielen Fällen ist es einfacher, 0,05 Punkte mit 2.000 Aktien zu machen als 0,5 Punkte mit 200.

Beim Scalpen ist zu beachten, dass es aufgrund der Market-Maker-Regelung am NASDAQ einfacher ist, am NYSE zu scalpen. Market Maker sind nicht verpflichtet, ihre Order anzunehmen oder gar ihrer Order den Vortritt zu lassen. Spezialisten hingegen müssen eine Kundenorder auf demselben Preisniveau vor ihre eigene stellen.

Die Rolle des Spezialisten am NYSE
Der NYSE bringt Investoren und Trader mit verschiedenen Fähigkeiten und Kenntnissen zusammen. Es wird immer Trader geben, die besser, größer und schneller sind als Sie und ich. Es gibt Fondsmanager, Banken, Brokerhäuser und andere Day Trader, gegen die wir antreten. Der Wettbewerb unter diesen Gruppierungen ist gewaltig, deshalb bestehen Gelegenheiten für einen schnellen Profit oft nur ein paar Sekunden lang.
Aber die größte Gefahr für den Day Trader geht nicht von Banken oder Brokerhäusern aus, sondern von der Person, die für eine Aktie zuständig ist, vom Spezialisten. Der Spezialist muss für einen ordentlichen

und fairen Markt sorgen. Am NYSE gibt es für jede Aktie einen Spezialisten. Jede Transaktion in einer Aktie geht über den Spezialisten. Dauernd kommen neue Käufer und Verkäufer in den Markt, der Aktienpreis steigt oder fällt, und dabei verändern sich natürlich ständig der Bid, der Ask, die Bidsize, die Asksize, das Volumen und der Bid-Ask-Spread. Eine Aufgabe des Spezialisten ist es, den Bid-Ask-Spread festzulegen und anzupassen und dafür zu sorgen, dass die Quotenangaben richtig sind. Das kann in schnellen, volatilen Märkten ziemlich schwierig sein, wenn die Aktie des Spezialisten mit Market- und Limit-Orders zu verschiedenen Preisen und Stückzahlen bombardiert wird.

Außer der Anpassung des Aktienpreises an die Gegebenheiten des Marktes gehört das Traden seines eigenen Kontos zu den Aufgaben des Spezialisten. Wenn es keine Käufer gibt, riskieren sie ihr eigenes Kapital, um Verkaufsorders von Tradern und Investoren zu erfüllen, und umgekehrt. Dadurch wird ein flüssiger Handel in einer Aktie ermöglicht. Der Spezialist erhält die Stabilität des Marktes und das Vertrauen in den Markt. Käufer und Verkäufer wissen, dass es immer jemanden geben wird, der sich zu irgendeinem Preis auf die andere Seite des Trades stellen wird. Und sie wissen, dass der Spezialist in ihrem Interesse handelt, indem er ihnen den bestmöglichen Preis für eine Aktie macht. Gibt ein Kunde eine Market-Order auf, so muss diese vom Spezialisten sofort und ohne Rücksicht auf die Gegebenheiten des Marktes ausgeführt werden. Wenn der Spezialist keine Käufer oder Verkäufer findet, übernimmt er selbst die andere Seite des Trades und riskiert sein eigenes Kapital, um dem Kunden eine faire Orderausführung zu gewährleisten.

Als Beispiel nehmen wir wieder die Quote von XYZ:

XYZ   12,10 – 12,25   5 x 5   135.400

Diese Quote sagt uns, dass jemand bereit ist, 500 Aktien von XYZ um 12,10 zu kaufen, und dass jemand 500 Aktien von XYZ um 12,25 verkaufen möchte. Wahrscheinlich steht der Spezialist hier sowohl auf dem Bid als auch auf dem Ask. Wenn Sie als Trader 500 Aktien von XYZ mit einer Market-Order kaufen möchten, verkauft sie Ihnen der Spezialist um 12,25. Bei einer Market-Sell-Order würde Ihnen der Spezialist 500 Stück XYZ um 12,10 abkaufen.

Warum sollte der Spezialist das tun? Erstens, weil er einen ordentlichen und liquiden Markt erhalten muss. Zweitens, weil er hofft, die Aktien, die er kauft, zu einem etwas höheren Preis verkaufen zu können. Indem er Käufer und Verkäufer in einer Person ist, kann der Spezialist 0,15 Punkt verdienen, also $150 für 1.000 gehandelte Aktien, auch wenn sich der Aktienkurs den ganzen Tag nicht bewegt. Spezialisten kaufen und verkaufen zwar, wenn sonst niemand kaufen oder verkaufen möchte, aber sie haben auch die Verpflichtung, Kunden eine faire und schnelle Orderausführung zu gewährleisten. Deshalb werden Spezialisten eine Kundenorder immer vor ihre eigene stellen. Dies stellt eine gewaltige Möglichkeit für Day Trader dar, denn als Scalper können Sie die Funktion des Spezialisten zu Ihrem eigenen Vorteil nutzen. Das hört sich jedoch leichter an, als es ist. Wie schon erwähnt, versuchen Spezialisten, mit dem Einsatz ihres eigenen Kapitals so viel Geld wie möglich zu verdienen, indem sie den ganzen Tag um 0,05 bis 0,15 traden. Ihr Geld verdienen sie durch den Bid-Ask-Spread, indem sie immer auf der anderen Seite eines Trades stehen. Also verdient der Spezialist sein Geld, indem er gegen die Investoren tradet.

Dabei darf aber nicht vergessen werden, wie wichtig der Spezialist andererseits für die Investoren und Trader ist. Obwohl er gut von seinen Trades profitiert, sorgt er auch dafür, dass der Kunde eine faire Orderausführung bekommt. Stellen Sie sich bitte vor, es gäbe keine Spezialisten. Die Aktie würde nur zu Preisen gehandelt, auf die sich Käufer und Verkäufer einigen könnten. Wenn niemand auf der anderen Seite eines Trades stehen wollte, hätten die Aktien große Preisschwankungen während des Tages. Der Aktienkurs würde unvorhersehbar auf- und abschnellen und damit die Ordnung des NYSE untergraben. Um beim vorherigen Beispiel zu bleiben: Was würde geschehen, wenn es für XYZ keinen Spezialisten gäbe? Der Bid-Ask-Spread würde viel größer werden, weil die Aktie nur von natürlichen Käufern und Verkäufern gehandelt würde. Der Bid von 12,10 und der Ask von 12,25 würden verschwinden. Wenn es aber nur Käufer gibt, die nicht mehr als 11,50 bezahlen wollen, andererseits aber niemand bereit wäre, unter 12,75 zu verkaufen? Die Quote würde folgendermaßen aussehen:

XYZ   11,50 – 12,75   5 x 10   135.400

Ein Markt, der zuvor 12,10 zu 12,25 war wird zu 11,50 zu 12,75. Der Spread vergrößert sich von 0,15 auf 1,25. Wer verliert, wenn der Spread sich vergrößert? Die Investoren und Trader. Wollte jemand bei so einer Quote per Market-Order 500 Aktien XYZ verkaufen, bekäme er nur $11,50 pro Stück, also $0,60 weniger als bei einem Markt, der von einem Spezialisten reguliert wird. Umgekehrt wäre der Verlust bei einer Market-Sell-Order um 0,50 Punkt pro Stück größer.

Der Profit des Spezialisten durch den Spread ist also gerechtfertigt, da der Spezialist sein Kapital riskiert, um einen ordentlichen Markt zu erhalten. Außerdem ist der Spezialist der Käufer, wenn es nur Verkäufer gibt, und umgekehrt. Das extremste Beispiel dafür ist ein gewaltiger Ausverkauf in einer Aktie. Was passiert, wenn die Neuigkeiten über eine Aktie so schlecht sind, dass es fast keine Käufer gibt, aber das Orderbuch des Spezialisten Market-Sell-Orders über 2 Millionen Stück aufweist? Wer erfüllt die Orders, für die es keine Käufer gibt? Der Spezialist, auch wenn die Marktsituation alles andere als günstig für ihn aussieht. Die einzige Rettung für den Spezialisten besteht darin, dass er bei einem extremen Ungleichgewicht zwischen Käufern und Verkäufern den Kaufpreis festlegen darf. Spezialisten setzen zwar ihr eigenes Geld aufs Spiel, aber sie sind nicht dumm. Also kaufen sie auf einem Niveau, von dem sie glauben, dass sich damit ein Profit machen lässt. Obwohl sie sich mit so großen Positionen einem erheblichen Risiko aussetzen, machen sie am Ende des Tages oft einen schönen Gewinn. Sie erfüllen den Großteil der Market-Sell-Orders zur Börseneröffnung und verkaufen während des Tages die Aktien in kleineren Portionen an Investoren und Trader in der Hoffnung, dabei wieder $0,05 bis $0,15 oder $0,20 zu verdienen. Das große Risiko dabei ist die Möglichkeit, dass nach der Erfüllung der Flut von Verkaufsordern eine zweite Verkaufswelle einsetzt. Dann muss der Spezialist weiterhin kaufen, egal wie schlecht die Situation für ihn wird. Dabei kann er in wenigen Stunden Millionen verlieren.

Ein Vorteil, den der Spezialist genießt, ist sein Orderbuch. Im Gegensatz zu den öffentlich zugänglichen Level II Quotes am NASDAQ, hat der Spezialist als Einziger Einsicht in alle Limit-Order, die ihn erreichen. Daher kennt er das tatsächliche Verhältnis von Angebot und Nachfrage in seiner Aktie. Dies erleichtert ihm die Entscheidung, auf welchen Preisniveaus er die Aktie kaufen oder verkaufen möchte. Steht z. B. bei XYZ Merrill Lynch bei 12,10 mit 100.000 Stück auf dem Bid, kann der Spezialist ziemlich sicher sein, dass die Aktie sich auf diesem Preisniveau halten wird, da sie ja zuerst durch diesen riesigen Block traden müsste, um weiter zu fallen. Voraussetzung ist natürlich, dass Merrill Lynch auf dem Bid bleibt und die Order nicht storniert. Als Trader sehen Sie diese große Order erst, wenn XYZ im Bid auf 12,10 fällt. Der Spezialist weiß aber schon vorher, dass XYZ auf diesem Preis gute Unterstützung finden wird, und kann deshalb aggressiv Aktien kaufen. Unter Umständen wird Merrill Lynch sogar ungeduldig und erhöht den Bid für die Order. Jedenfalls besteht für XYZ zu diesem Zeitpunkt eher eine steigende Tendenz, die Sie nicht sehen können. Lassen Sie sich also nicht täuschen: Der Spezialist ist kein Samariter für Investoren und Trader. Innerhalb der Grenzen des Marktes wird der Spezialist jede Gelegenheit wahrnehmen, um profitabel gegen andere Marktteilnehmer zu traden. Spezialisten müssen sich zwar an bestimmte Regeln im Interesse der Investoren halten, und im Großen und Ganzen müssen Investoren und Trader froh sein, dass es Spezialisten gibt, aber das Hauptziel des Spezialisten ist trotzdem sein eigener Gewinn.

Der Day Trader im Schatten des Spezialisten

Wir haben also festgestellt, dass der Spezialist im Interesse der Trader und Investoren handeln muss, wenn es sich um Market-Orders handelt. Was geschieht aber, wenn Sie eine Limit-Order eingeben? Kümmert sich der Spezialist immer noch um Ihre Interessen? In den meisten Fällen nicht.

Bei Limit-Orders stellt sich der Spezialist meistens nicht auf die andere Seite des Trades. Daher sieht er Sie als Gegner an, als Konkurrenz im Geschäft, aus den Marktteilnehmern Profit zu schlagen. Spezialisten mögen Day Trader nicht besonders, weil sie ihnen Gewinne wegnehmen, und darum traden Spezialisten oft gegen Day Trader. Es kann Ihnen aber ganz recht sein, dass der Spezialist nicht auf der anderen Seite Ihrer Order steht, denn das würde bedeuten, dass sich der

Preis gegen Sie wenden wird. Der Spezialist ist immer stärker als Sie und er weiß mehr. Wenn der Spezialist Ihre Limit-Order erfüllt, geht er auf Ihr Angebot ein, und das tut er nur, wenn es ihm einen Vorteil bringt. Wer soll also auf der anderen Seite Ihres Trades stehen? Jemand, der mehr weiß als Sie und besser ausgerüstet ist, oder jemand, der weniger Informationen und Ahnung hat als Sie? Entscheiden Sie selbst.

Ein leidenschaftlicher Day Trader findet normalerweise, dass es keine bessere Arbeit geben kann, als die des Spezialisten. Spezialisten haben viele Vorteile auf ihrer Seite und machen damit große Gewinne. Das Schöne am Day Traden mit NYSE-Aktien ist, dass Sie dieselbe Funktion erfüllen können wie ein Spezialist, indem Sie gut gewählte Limit-Orders platzieren. Trader können auf demselben Preisniveau kaufen und verkaufen, bevor Spezialisten auch nur eine Aktie in die Finger bekommen, weil Kundenorder vor Spezialistenorder gestellt wird. So können Sie Profite machen, die bisher den Spezialisten vorbehalten waren.

Wie wehren sich Spezialisten gegen Day Trader? Wenn Spezialisten nicht von Ihnen profitieren können, werden sie gegen Sie traden. Sie können am Profit der Spezialisten teilhaben, indem Sie mittels Limit-Order zum Bid kaufen und zum Ask verkaufen. Genau so, wie es die Spezialisten tun. Damit nutzen Sie die NYSE-Regel aus, dass Spezialisten erst die Kundenorder erfüllen müssen, bevor sie selbst zum Zug kommen. Sie müssen nur aufpassen, dass Ihr Bid und Ask genauso hoch sind wie der Bid und Ask des Spezialisten.

Wieder nehmen wir das Beispiel von XYZ:

XYZ   12,10 – 12,25   5 x 5   135.400

Als guter Scalper werden Sie in dieser Quote eine Gelegenheit erkennen. Die Strategie ist folgende: Sie gehen auf den Bid des Spezialisten und geben eine Limit-Buy-Order über 2.000 Stück zu 12,10 ein. Wenn der Spezialist gewillt ist, 12,10 zu bezahlen, muss dies ein guter Einstiegspreis sein. Sie müssen dabei nichts über die Aktie wissen, denn niemand kennt die Aktie besser als der Spezialist. Er wird sie nicht zu einem Preis kaufen, bei dem er keinen Profit machen kann. Das allein genügt, um sich für den Kauf zu entscheiden. Wenn nun

Ihre Order den Spezialisten erreicht, muss er Ihrer Order den Vortritt lassen und die Quote verändert sich:

XYZ   12,10 – 12,25   20 x 5   135.400

An der Bidsize erkennen Sie, dass der Spezialist Ihre Order vor seine eigene gestellt hat. Wäre die vorherige Verkaufsorder über 500 Stück nicht die des Spezialisten gewesen, hätte sich die Bidsize zu 25 verändert und nicht zu 20 und Ihre Order würde hinter der ersten eingereiht. Wenn Sie das Glück haben, dass bald eine Market-Order hereinkommt und Sie Ihre 2000 XYZ zu 12,10 bekommen, stehen die Chancen auf einen Gewinn sehr gut. Die Strategie ist, die 2000 Aktien zu 12,20 wieder zu verkaufen und $200 damit zu verdienen. Das Risiko dabei ist sehr gering, da Sie ja durch den Bid des Spezialisten wissen, dass 12,10 ein guter Einstiegskurs ist. In diesem Fall liegen die Chancen auf der Seite des Scalpers.

Wie wird sich der Spezialist in diesem Fall gegen Sie wehren? Er kann versuchen, Ihnen Angst einzujagen, indem er den Eindruck erweckt, dass die Aktie fällt, indem er den Ask oder die Asksize oder beides ändert. Daraus könnte man schließen, dass ein großer Verkäufer in den Markt gekommen ist. Wenn es also so aussieht, als ob die Aktie fallen wird, werden Sie vielleicht Ihre Kauforder stornieren. In den meisten Fällen werden die Spezialisten Sie in Ruhe lassen, wenn Sie nicht andauernd ihre Aktie scalpen. Wenn Sie diese Strategie in derselben Aktie ständig anwenden, wird der Spezialist Ihre Taktik erkennen und etwas dagegen unternehmen. Deshalb empfiehlt es sich, immer wieder verschiedene Aktien zu scalpen.

Woher wissen Sie, wie der Spezialist in einer Aktie steht?

Um dieses Spiel am NYSE spielen zu können, müssen Sie genau wissen, wo die Kaufs- und Verkaufspreise des Spezialisten liegen. Sie wollen ja nicht den Fehler begehen, eine Order für eine Aktie zum Bid einzugeben, nur um dann herauszufinden, dass dort ein anderer Day Ttrader steht und nicht der Spezialist. Sie sehen nur die Preise und die Ordergröße, Sie wissen nicht, wer auf dem Bid und Ask steht. Das ist aber für den Erfolg dieser Strategie sehr wichtig.

Das Problem ist, dass es für Sie keine Möglichkeit gibt, hundertprozentig sicher zu sein. Nur der Spezialist hat Einblick in sein Orderbuch. Also müssen Sie die Bewegungen der Aktie studieren. Werden große oder kleine Stückzahlen gehandelt? Bleibt das Preisniveau stabil? Wird die Aktie zum Bid oder zum Ask gehandelt? In den meisten Fällen hilft die Bid- und Asksize weiter: Bei runden Zahlen, z. B. 100, 500 oder 1.000, steht meist der Spezialist dahinter, und bei ungeraden Stückzahlen von 2.400 oder 3.200 stammt die Order meist von einem anderen Marktteilnehmer.

Diese relativ geringen Stückzahlen der Spezialisten kommen daher, dass sie nicht von großen Orders ausgetrickst werden wollen. Steht der Spezialist mit 500 Stück auf dem Bid, können von einer großen Order nur 500 Stück zu diesem Preis gehandelt werden. Danach kann sich der Spezialist auf ein tieferes Preisniveau zurückziehen. Bietet der Spezialist für 5.000 Aktien, setzt er sich unnötig einem Risiko aus, da er ja eine große Order auf demselben Preis erfüllen müsste. Spezialisten dürfen sich auf keinen Fall von einem Trade zurückziehen.

Im folgenden Beispiel kann man davon ausgehen, dass es sich um Kundenorder handelt:

XYZ   12,10 – 12,25   37 x 94   135.400

Ein Spezialist, der wirklich 9.400 Stück verkaufen will, lässt sich nicht so leicht in die Karten schauen.

Ihre Position

Es ist also sehr wichtig, zu wissen, wo der Spezialist steht. Besonders bei wenig volatilen Aktien ist ihre Position sehr wichtig. Auch wer am NYSE zuerst kommt, mahlt zuerst. Wenn Sie für eine Aktie mittels Limit-Order bieten, wollen Sie an erster Stelle stehen, ansonsten wird Ihre Order hinter der der anderen Kunden angereiht. Und Sie können nur dann sicher sein, dass Sie an erster Stelle stehen, wenn Ihre Order die des Spezialisten ersetzt. Sie beobachten XYZ und erkennen die Gelegenheit:

XYZ   12,10 – 12,25   5 x 5   135.400

218

Sofort geben Sie Ihre Limit-Buy-Order für 2.000 XYZ zu 12,10 auf und der Markt verändert sich erst folgendermaßen:

XYZ   12,10 – 12,25   30 x 5   135.400

und dann sofort zu:

XYZ   12,10 – 12,25   50 x 5   135.400

Was ist hier passiert? Die Veränderung der Quote verwundert Sie ein wenig. In zwei Sekunden hat sich die Bidsize von 500 auf 3.000 und dann auf 5.000 verändert. Offensichtlich waren Sie nicht der Einzige, der sich für XYZ interessierte. Der Spezialist hat zwar seinen Bid zurückgezogen, aber jemand anders war mit seiner Kauforder über 3.000 XYZ schneller als Sie. Sie sind nicht mehr alleine.

Natürlich sind Sie nicht der Einzige, der diese Aktien beobachtet und Gelegenheit erkannt hat. Wenn Sie eine günstige Situation für einen Profit entdecken, sieht sie ein anderer wahrscheinlich auch. Darum müssen Sie Ihre Order so schnell wie möglich eingeben.

Wo stehen Sie?

Die erste Frage ist, wo steht Ihre Order in der Reihe? Dies können Sie nur wissen, wenn Sie die Quoten genau beobachtet haben. Von den 5.000 Aktien auf dem Bid sind 2.000 Stück Ihre. Die Reihung entscheidet unter Umständen zwischen der Möglichkeit eines schnellen Profits und des Verpassens einer Gelegenheit. Wenn die Order über 3.000 Stück vor Ihrer Order steht, könnte der andere Trader seinen ,010-Profit schon gemacht haben, bevor Sie auch nur eine XYZ gekauft haben. Vielleicht werden am ganzen Börsentag nur 2.000 Aktien zu 12,10 gehandelt. Dann sollten Sie sichergehen, dass es Ihre sind. Wenn Ihre Order weiter hinten gereiht wurde, sollten Sie darüber nachdenken, die Order zu stornieren und weiter nach neuen Gelegenheiten suchen.

Da Sie aber die Quoten aufmerksam verfolgt haben, wissen Sie, dass Ihre Order erst nach der Order über 3.000 Stück eingelangt ist. Zuerst war die Bidsize 500, aber als die Kundenorder beim Spezialisten eingelangt war, stornierte der seinen Bid über 500 Stück und die Bidsize wechselte auf 3.000. Ihre Order erhöhte die Bidsize auf 5.000. In Märkten, die sich langsam bewegen, wird immer nur eine begrenzte Anzahl von Aktien auf einem Preisniveau gehandelt, bei dem ein schneller 0,10-Profit möglich ist. Beim Scalpen ist es wichtig, dass Sie genug Geduld aufbringen, um Ihre Stückzahl auf einem Preisniveau zu sammeln, das Ihnen einen Gewinn möglich macht. Die oben beschriebene Methode funktioniert natürlich noch besser, wenn Sie eine Aktie mit einem Spread von $0,25 finden.

| XYZ | 12,25 – 12,50 | 5 x 5 | 135.400 |

Dann erhöhen Sie mit Ihrer Limit-Buy-Order den Bid um 0,05 auf 12,30 und die Quote verändert sich:

| XYZ | 12,30 – 12,50 | 20 x 5 | 135.400 |

Sobald Sie Ihre 2.000 XYZ bekommen haben, geben Sie eine Limit-Sell-Order unter dem Ask des Spezialisten ein:

| XYZ | 12,25 – 12,45 | 5 x 20 | 137.400 |

Indem Sie zwischen den Spread gehen, können Sie ohne großes Risiko einen Gewinn von 0,15 oder bei 2.000 Stück $300 machen. Diese Gelegenheiten findet man allerdings noch seltener.

Die Unwissenheit der Masse

Die meisten Investoren sind sich der Regelung, dass ein Spezialist eine Kundenorder vor seine eigene stellen muss, nicht bewusst. Der allgemeinen Meinung nach muss eine Aktie mittels Market-Order, also zum Bid verkauft und zum Ask gekauft werden. Und genau diese Unwissenheit beschert Ihnen die Möglichkeit, auf diese Art Gewinne zu machen. Damit Ihre Limit-Order ausgeführt wird, muss eine Market-Order eintreffen. Und der Spezialist ist der letzte, der sich auf die andere Seite Ihrer Limit-Order stellt. Die Masse der Investoren und Trader füllt die Taschen der Wall Street. Und dabei können sich die Day Trader ein Stück vom Kuchen abschneiden.

Wie wählt man Aktien zum Scalpen aus?

Wenn Sie einen Trade eröffnen, riskieren Sie immer Ihr Geld. Aktien können plötzlich um 0,5 Punkte fallen oder steigen. Deshalb ist es wichtig, dass Sie nur in wenig volatilen Märkten scalpen. Versuchen Sie nicht, große, volatile Werte am NYSE zu scalpen. Bei diesen Aktien liegen alle Vorteile bei den Spezialisten. Für Day Trader bewegen sich diese Aktien einfach zu schnell. Die Preisbewegungen sollten gering und das Volumen groß genug sein. Die Aktie muss sich nicht stark bewegen, um einen Gewinn damit zu machen, aber sie muss gehandelt werden. Scalpen Sie Aktien, die wenig Interesse auf sich ziehen, denn Interesse erzeugt Volatilität. Scalpen Sie z. B. Aktien von Gesellschaften, die hohe Dividenden bezahlen, denn in diesen Werten sind meist Spekulanten investiert, die Wert auf Stabilität legen und mit einer Dividende von 5 % oder 6 % zufrieden sind. Interessant sind Bereiche des Marktes, die schon immer wenig volatil waren: *Closed-End-Funds* (Fonds mit einer fixierten Anzahl an Anteilen, die am NYSE wie Aktien gehandelt werden), Versorgungsbetriebe (stromerzeugende Unternehmen, Verbundnetze) und *Real Estate Investment Trusts* (Gesellschaften, die Kapital in Immobilien investieren). Wählen Sie Werte aus, die in einem niedrigen Preisbereich unter $30 bleiben. Diese Werte unterliegen erfahrungsgemäß geringeren Preisschwankungen und Sie können Ihr Kapital besser einsetzen.

Watchlist - Last Update: 02.29.00 11:47:44 ET (Press F1 for help)

Watch List: CZN, NU, EIX, BGR, CMO, BTR, BFS, NMO, TCT, DPL, POM, GMP, CV, TE, NSP, NMK

Symbol	Bid	Ask	BidSi	AskSi	Last	Chng	T	Low	High	Volume	Chart	Prv Cls	Open	52w High	52w Low
BFS	14 5/16	14 1/2	10	83	14 1/2	+1/8		14 1/4	14 1/2	6,500		14 3/8	14 1/4	17 3/8	13 7/8
BGR	15 5/16	15 7/16	10	5	15 5/16	+1/16		15 5/16	15 3/8	2,100		15 1/4	15 3/8	17 5/16	11 7/8
BTR	17 3/16	17 3/8	10	10	17 5/16	+1/8		17 3/16	17 5/16	40,100		17 3/16	17 3/16	21 11/16	15 5/8
CMO	4 1/16	4 3/16	716	118	4 1/8	+1/16		4 1/16	4 3/16	22,700		4 1/16	4 1/16	6 3/16	3 11/16
CV	10 1/8	10 3/16	20	15	10 1/8	-3/16		10 1/8	10 3/16	17,000		10 5/16	10 3/16	14 7/16	9 9/16
CZN	15 1/4	15 5/16	104	73	15 1/4	-3/16		15 1/4	15 13/16	385,600		15 7/16	15 1/2	17 1/16	7 3/8
DPL	21 3/16	21 1/4	97	43	21 3/16	+1/4		20 15/16	21 5/16	565,000		20 15/16	20 15/16	22 1/8	16 5/16
EIX	25 9/16	25 15/16	1	1	25 15/16	-9/16		25 5/8	26 3/8	224,800		26 1/2	26 3/8	30	21 5/8
GMP	8 3/16	8 1/4	10	3	8 1/4	-		8 1/4	8 5/16	7,900		8 1/4	8 5/16	14 1/2	7 1/16
NMK	11 7/8	11 15/16	50	6	11 7/8	-1/16		11 7/8	12	167,700		11 15/16	11 15/16	16 3/16	11 13/16
NMO	12 3/4	12 7/8	25	91	12 13/10			12 3/4	12 7/8	15,500		12 13/16	12 7/8	16 9/16	11 7/16
NSP	17 13/16	17 7/8	10	52	17 7/8	-1/8		17 13/16	17 15/16	114,400		10	17 13/16	27 5/8	17 3/8
NU	18 5/8	18 11/16	5	5	18 5/8	-3/16		18 9/16	18 3/4	82,200		18 13/16	18 3/4	22	13 9/16
POM	20 1/4	21 3/16	102	100	20 5/16	-		20	20 7/8	727,200		20 5/16	20 5/16	31 3/4	19 1/8
TCT	16 7/8	17	5	10	17	+7/16		16 9/16	17 1/16	5,400		16 9/16	16 9/16	19 1/4	14 3/4
TE	18 3/16	18 1/4	489	930	18 3/16	-		18 1/16	18 5/16	86,700		18 3/16	18 1/16	23 13/16	17 15/16

Abbildung 8.1

Sehen wir uns dazu ein paar Quoten an:
Welche Merkmale sollten Sie auf eine günstige Gelegenheit aufmerksam machen?

- Streichen Sie Werte, die 0,25 Punkte oder mehr gestiegen oder gefallen sind. Wenn Sie auf der Jagd nach Teenies sind, sollten Sie auf volatile Aktien verzichten. Bei dieser Art des Tradens beschränkt sich Ihre Gewinnmöglichkeit auf 0,05 bis 0,20 Dollar. Deshalb sollten Sie nicht riskieren, mehr zu verlieren. Bleiben Sie also bei sicheren Werten. Auch bei den Aktien, die Sie als sicher bewerten, kann es während des Börsentages zu leichten Schwankungen kommen, und bei jedem Trade gehen Sie ein gewisses Risiko ein. Dieses Risiko sollten Sie unbedingt minimieren. Im obigen Beispiel sehen Sie einige Aktien, die um 1/16 gestiegen oder gefallen sind oder keine Preisveränderung zeigen. Das sind die Aktien, die für Scalper interessant sind. Streichen Sie Werte von der Liste, die schon über 0,25 Dollar gestiegen sind.

- Die Aktie braucht Volumen, nicht Bewegung.
Eine Scalper-Aktie sollte während des Börsentages ein Volumen von mindestens 150.000 Stück aufweisen können. Ansonsten verbringen Sie den Großteil des Tages damit, die 2.000 Stück, die Sie gekauft haben, wieder an den Mann zu bringen. Das Volumen ist Ihr Freund, die Volatilität Ihr Feind. Viele wenig volatilen Aktien werden in zu geringem Umfang gehandelt, um für Scalper interessant zu sein.

- Suchen Sie nach einem ausreichend großen Bid-Ask-Spread. Wenn der Spread groß ist, heißt das, dass sich Käufer und Verkäufer nicht auf einen Preis einigen können. Zu diesem Zeitpunkt kommt der Vermittler ins Spiel, der Day Trader. In stabilen, wenig volatilen Aktien ist ein Spread von 0,15 groß genug, um damit einen Gewinn zu machen. Je weiter der Spread ist, desto größer sind Ihre Chancen auf einen Profit. Große Spreads sind aber normalerweise Merkmale von volatilen Aktien, deren weitere Entwicklung nicht leicht vorherzusehen ist. Große Spreads bei wenig volatilen, stabilen Werten bleiben nicht lange bestehen, denn der Spezialist oder ein anderer Day Trader wird die Gelegenheit beim Schopfe packen. Wenn Sie also einen großen Spread sehen, nutzen Sie schnell die Gelegenheit, bevor es ein anderer tut.

- Beobachten Sie den Spezialisten.

Den großen Bid-Ask-Spread auszunutzen ist die einfachste Methode des Scalpens. Aber an manchen Tagen finden Sie einfach keine Aktie, die Ihre strengen Kriterien erfüllt. Große Spreads bei Aktien mit genügend Volumen verschwinden schnell. In diesem Fall beobachten Sie den Spezialisten. Wählen Sie Aktien mit einem kleinen Spread von 0,10 aus, aber nur, wenn der Spezialist auf beiden Seiten des Trades steht. Stellen Sie sich vor die Order des Spezialisten und profitieren Sie von dem, was eigentlich die Aufgabe des Spezialisten ist: erhalten Sie einen flüssigen, fairen Markt. Dabei ist nicht der Spread die relevante Information, sondern die Bid- und Asksize. Eine geringe Ordergröße weist darauf hin, dass der Spezialist der Einzige ist, der in dieser Aktie aktiv ist. Hier ist es natürlich nicht möglich, zwischen den Spread zu gehen, aber wenn der Spezialist auf diesem Preisniveau kauft und verkauft, verspricht er sich einen Profit davon. Holen Sie sich ein Stück davon! Seien Sie der Mittelmann. Eliminieren Sie aber von Ihrer Liste die Aktien, bei denen Kundenorder auf dem Bid oder Ask stehen, denn Sie werden nur erfolgreich sein, wenn Sie sich nicht hinter anderen Tradern anstellen müssen.

Welche Aktie aus unserem Beispiel ist zu diesem Zeitpunkt der beste Trade?

Stellen Sie sich folgende Fragen:
- Hat sich der Aktienpreis heute um 0,25 Punkte oder mehr verändert?
- Ist genügend Volumen vorhanden?
- Hat die Aktie einen großen Spread?
- Wenn nicht, sind die Bid- und Asksize gering? Steht der Spezialist auf beiden Seiten des Trades?

Positionen über Nacht halten

Auch wenn eine Aktie die Kriterien für einen guten Trade erfüllt, kann es vorkommen, dass Sie gegen Ende des Börsentages noch immer die 2.000 XYZ halten, die Sie um 12,10 gekauft haben, weil sie niemand per Market-Buy-Order um Ihren Limitpreis von 12,15 kaufen wollte. Das Dilemma ist: Verkaufen Sie XYZ vor Börsenschluss um jeden Preis, auch wenn es einen Verlust für Sie bedeutet, oder halten Sie die Aktien über Nacht?

Beim Scalpen wird es des Öfteren vorkommen, dass Sie eine Position über Nacht halten müssen. Deshalb ist es so wichtig, dass Sie wenig volatile und unbeachtete Werte traden. Stellen Sie sich vor, Sie halten 2.000 IBM über Nacht. Zu Ihrem Entsetzen verbreiten alle Wirtschaftssender und –zeitungen am nächsten Morgen, dass die Quartalsergebnisse von IBM deutlich schlechter waren als erwatet. Dadurch eröffnet die Aktie um $100 oder tiefer. Im Fall von guten Nachrichten kann die Aktie deutlich höher eröffnen. Die Hauptsache ist: Wenn Sie volatile Werte über Nacht halten, kommen Faktoren ins Spiel, die große Auswirkungen haben können und auf die Sie keinerlei Einfluss haben.

Bei wenig volatilen Aktien ist ein Gap aber wenig wahrscheinlich. Die für Scalper interessanten Werte stehen tief im Schatten der Dells, Yahoos und Amazons und sind deshalb relativ sicher vor wilden Preisschwüngen. Aber vergessen Sie nicht: Bei jedem Trade gehen Sie ein Risiko ein.

Scalpen am NASDAQ

Da es am NASDAQ keine Spezialisten gibt, die Ihre Order erfüllen müssen, ist das Scalpen am NASDAQ schwieriger als am NYSE. Hier können Sie sich nur auf Ihre Beurteilung des Marktes und ein momentanes Ungleichgewicht der Buy- und Sell-Orders verlassen. Wir raten Ihnen davon ab, am NASDAQ zu scalpen, wenn Sie nicht über eine sehr schnelle Internetverbindung sowie optimale Hilfsmittel wie z. B. einen Level II Screen verfügen. Hier ist die Geschwindigkeit Ihrer Orderausführung noch wichtiger! Aktien am NASDAQ sind durch das Market-Maker-System volatiler als am NYSE. Preisniveaus verändern sich oft extrem schnell. Darum müssen Sie die Richtung des Impulses erkennen lernen. Kommen große Buy-Orders auf Ihren Level II

224

Screen? Auf welchen Preisniveaus bieten die Market Maker? Wenn der Bid steigt, hat er auch gute Unterstützung? Ziehen sich die Market Maker auf dem Ask auf höhere Preisniveaus zurück? Achten Sie auf gegenteilige Merkmale, wenn die Aktie fällt.

Behalten Sie den Markttrend immer im Auge. Ist der Markt stark oder schwach? Offensichtlich sind die Gewinnchancen am besten in einem Markt mit starkem Aufwärtstrend.

Beachten Sie die Tageszeit. Während der Mittagszeit traden viele Aktien in einem engeren Bereich. Dadurch wird das Scalpen schwieriger. Trends können oft unglaublich schnell umkehren, besonders zur Börseneröffnung. Setzen Sie enge Stop-Loss-Limits.

Entwickeln Sie ein Gefühl für Preisentwicklungen. Beobachten Sie Kaufs- und Verkaufswellen in einer Aktie mittels des Level II Screens.

Erkennen Sie Stärke oder Schwäche in einer Aktie. Nur weil eine Aktie im Moment positiv ist, ist sie nicht unbedingt stark genug. Ein großer Gap könnte den positiven Stand erklären, aber vielleicht ist die Aktie schon wieder in einem Abwärtstrend, weil sie ihr Preisniveau nicht halten kann. Liegt die Aktie über oder unter ihrem Eröffnungskurs? Wie steht sie zum Schlusskurs des Vortages, zum Hoch und Tief des Vortages? Wie reagiert sie auf die Stärke oder Schwäche des Marktes (S&P 500, NASDAQ-100-Index)? Wie verhalten sich andere Aktien im selben Sektor?

Sobald der Impuls nachlässt und der Trend schwächer wird, bleiben Sie nicht auf der Aktie sitzen. Bleiben Sie bei Ihrem Stop-Loss-Limit und nehmen Sie Ihren Gewinn, solange es geht.

Wenn Sie die Position nicht leicht eröffnen können, machen Sie sich keine Sorgen – das ist ein gutes Zeichen dafür, dass Sie den Trend richtig eingeschätzt haben. Nur waren andere Trader schneller als Sie. Sie müssen eben noch daran arbeiten, den Trend früher zu erkennen. Wenn Sie in einen starken Aufwärtstrend kaufen, müssen Sie wohl oder übel den Askpreis bezahlen. Laufen Sie einer Aktie aber nicht zu lange nach. Wenn Sie die Aktie zu leicht kaufen können, wird Ihr Scalp Trade wahrscheinlich nicht so einfach werden. Wenn der Trade zu gut aussieht, um wahr zu sein, dann ist er das auch meistens. Warten Sie nicht, bis sich der Impuls umkehrt und Sie in der Masse der Trader untergehen, die die Aktie wieder loswerden will. Damit verlieren Sie zu viel

Geld. Reiten Sie das Pferd nicht, bis es tot ist. Niemand kann immer zum tiefsten Preis kaufen und zum höchsten verkaufen.

Bewahren Sie Disziplin! Begrenzen Sie Ihre Verluste! Verlieren Sie nicht mehr, als Sie zu gewinnen hofften. Wenn es eng wird, steigen Sie aus. Warten Sie nicht ab und hoffen Sie nicht, dass die Börsengötter Sie erretten werden. Wenn die Situation später wieder besser aussieht, können Sie ja wieder einsteigen.

Traden Sie aber nicht zu viel! Behalten Sie Ihre Kosten im Auge. Die Gebühren für jeden Trade summieren sich schnell. Wenn Sie beim Scalpen noch nicht hundertprozentig sattelfest sind, fangen Sie langsam an. Es dauert lange, ein guter Scalper zu werden, und Sie wollen sicher nicht Ihr ganzes Tradingkapital als Lehrgeld bezahlen.

Lernen Sie, beide Seiten des Marktes zu traden. Ein Scalp mittels eines Short Sale ist erhebend! Er ist zwar schwieriger als ein Long Scalp, aber normalerweise fallen Aktien schneller, als sie steigen. Seien Sie dennoch sehr vorsichtig und sichern Sie Ihren Gewinn schnell! Short Covering kann sehr heftige Auswirkungen haben.

Machen Sie sich mit den Grundlagen der Technischen Analyse vertraut. Die meisten Scalp Trades basieren zwar auf der Analyse von Bid und Ask, aber vergessen Sie die Chartanalyse nicht. Sie sollten Unterstützungs- und Widerstandsniveaus erkennen, den Abstand zum Bewegungsdurchschnitt einschätzen können und in der Lage sein, gängige Muster zu identifizieren. Behalten Sie auch Gaps im Auge. Als Hilfe dazu finden Sie einen Überblick über die Technische Analyse im letzten Teil des Buches.

Wenn Sie auf eine Aktie aufmerksam werden, möchten Sie dann wissen, was sie bis zu diesem Zeitpunkt getan hat, bevor Sie eine Position eröffnen? Was tun Sie, wenn sie in den letzten drei Minuten um 8 Punkte gestiegen ist? Sie sollten wissen, woher die Aktie kommt, denn sie kann schneller um $5 fallen, als Sie brauchen, um Ihre Order einzutippen.

Wenn eine Aktie besonders aktiv ist, finden Sie den Grund dafür heraus. Lernen Sie, Informationen zu interpretieren. Eine Aktie kann sich in drei Richtungen bewegen: nach oben, nach unten und seitwärts. Wenn Sie nur raten, werden Sie in 2 von 3 Fällen falsch liegen.

Jagen Sie der Aktie nicht nach. Verfolgen Sie die Preisentwicklung.

Wenn sich die Aktie schon über ein paar Preisniveaus nach oben bewegt hat, wollen Sie sicher nicht der Letzte sein, der die Aktie kauft, bevor der Preis einbricht. Wenn Sie die Gelegenheit verpasst haben, vergessen Sie es. Es wird noch Hunderte andere geben. Ein verpasster Trade kostet kein Geld, ein schlechter schon. Je größer die Aufwärtsbewegung, desto schärfer der Einbruch. Suchen Sie nach Volatilität. Im Gegensatz zu Scalp Trades am NYSE sollten Sie am NASDAQ nur Aktien scalpen, die volatil sind. Ein Preisbereich von $3 bis $5 ist ideal für Scalp Trades am NASDAQ.

Des Weiteren brauchen Sie hohes Volumen. Ab 500.000 wird eine Aktie interessant. Ansonsten könnte es schwierig werden, die Aktie wieder loszuwerden. Außerdem kann es bei Aktien mit geringerem Volumen oft vorkommen, dass der Großteil des Volumens in sehr kurzer Zeit gehandelt wird. Den Rest des Tages verbringt die Aktie im Dämmerzustand und Sie werden zum Opfer des Spread.

Behalten Sie NASDAQ Scalp Trades nie über Nacht! Nehmen Sie Ihren Gewinn oder Verlust und warten Sie auf den nächsten Tag. Das Risiko ist am NASDAQ viel zu hoch.

Zusammenfassung

Ziel des Scalpens ist es, in kurzer Zeit kleine Gewinne zu erzielen. Scalper riskieren nicht mehr, als sie gewinnen können. Da Scalper für geringe Gewinne traden, machen sie mehr Trades pro Tag. Berücksichtigen Sie immer die Kommissionen der Broker bei Ihrer Gewinn-Verlustrechnung.

Scalp Trades dauern von ein paar Sekunden bis zu ein paar Stunden. Für Scalper ist die Geschwindigkeit der Orderausführung essentiell, besonders wenn sie am NASDAQ scalpen wollen. Geschwindigkeit macht den Unterschied zwischen Gewinn und Verlust aus. Außerdem sind Genauigkeit und Aktualität Ihrer Informationen besonders wichtig. Vor allem beim Scalpen am NASDAQ müssen Ihre Quoten und Ihr Level II Screen schnell und genau aktualisiert werden.

Der Wettbewerb lässt besonders dem Anfänger wenig Raum. Seien Sie sich bewusst, dass Sie gegen eine starke, gut ausgerüstete Konkurrenz antreten.

Lassen Sie sich nicht vom Mythos des geringen Risikos blenden. Sie gehen zwar nicht mehr Verlustrisiko ein, als Sie gewinnen können, aber viele kleine Verluste summieren sich zu einem großen. Wählen Sie also Ihre Trades gut aus!

Leerverkäufe

Den Leerverkauf von Aktien haben wir Ihnen bereits in Kapitel über Orderarten erklärt. Es gibt aber noch einiges, was Sie dabei beachten sollten.

Viele Trader shorten Aktien nicht gerne. Das ist verständlich, da man ja auf eine negative Entwicklung setzt. Außerdem kann man Aktien nur bei einem Uptick shorten, was das Shorten in einem fallenden Markt recht schwierig machen kann. Der Grund für diese Regelung liegt natürlich darin, dass Trader, die shorten, zum Verkaufsdruck beitragen würden. Bei einem Aufwärtstrend einer Aktie gibt es eine solche Beschränkung nicht, niemand hat etwas dagegen, dass sich die Märkte ungebremst nach oben entwickeln.

Ein weiteres Handicap für den Trader: Die Anzahl der Aktien, die man bei einem Uptick shorten kann, sind von den Börsen beschränkt. Bei jeder Beschränkung, die den Tradern auferlegt wird, fragt man sich, warum das wohl so ist. Die meisten Regeln werden offiziell „zum Wohle der gewöhnlichen Investoren" eingeführt. In vielen Fällen stimmt das aber nicht ganz. Die Leerverkaufsregeln dienen z. B. zum Schutz einer der letzten den Market Makern und Spezialisten vorbehaltenen Möglichkeiten, gewaltige Gewinne zu machen.

Weder der Spezialist am NYSE noch der Market Maker am NAS-DAQ muss sich an die Uptick-Regel halten. Warum? Die Antwort lautet: Gewinne. Große Gewinne. Und die möchte man nicht mit den Tradern teilen. Warum sollte man auch in einem Markt shorten, der so stark nach oben drängt?

Zur Theorie: Die meisten Aktien, die sich an einem Tag stark entwickeln und nahe dem Tageshoch schließen, eröffnen am nächsten Börsentag noch höher und steigen oft noch weiter. Das liegt an der Aufgabe des Spezialisten oder des Market Makers, für einen flüssigen Handel zu sorgen. Wenn eine Aktie fällt und es keine wirklichen Käufer gibt, sind sie die Käufer. Steigt die Aktie und gibt es keine Verkäufer, so müssen sie verkaufen. Dadurch geraten sie oft auf die falsche Seite eines Trends oder des momentanen Schwunges einer Aktie. In vielen Fällen müssen die Spezialisten oder Market Maker so viele Aktien aus ihrem Inventar verkaufen, dass sie *net short* gehen müssen. Das bedeutet, dass sie wirklich mehr Aktien verkaufen mussten, als sie hatten, und in Wahrheit short sind. Wenn sie etwas verdienen möchten, müssen sie die Aktien zu einem niedrigeren Kurs zurückkaufen. Und genau darin liegt die Möglichkeit für den Trader. Sind die Spezialisten oder Market Maker net short, haben sie also ein starkes Interesse daran, den Kurs der Aktie zu drücken, um damit Gewinne zu machen. Und das schaffen sie meistens auch.

Die beste Taktik für Trader ist in dem Moment, dasselbe zu tun wie die finanziell gut ausgerüsteten Profis, und zwar genau zu dem Zeitpunkt, an dem sie das größte Interesse an einem fallenden Kurs haben. Die beste Ausgangsposition für einen Short Sale ist erreicht, wenn die Spezialisten oder Market Maker auch net short sind. Damit liegen Sie fast immer richtig.

Im Folgenden möchten wir eine spezielle Taktik für Trader beschreiben, die sich als recht zuverlässig erwiesen hat. Dafür sollten Sie den Chart der Aktie für die letzten drei bis sechs Monate vor sich haben, um den Geldfluss in diesem Wert grafisch dargestellt zu sehen. Als Indikator auf diesem Chart wählen Sie die *Bollinger Bands*, die im Abschnitt über die Technische Analyse genauer beschrieben werden.

Wir achten auf die folgenden Anzeichen: Der Kurs muss das obere Band durchbrechen und über dem Band schließen. Je näher dieser Schlusskurs am Tageshoch liegt und je größer der Kursanstieg an diesem Tag, desto besser.

Am nächsten Tag muss der Kurs einen Gap unter den Schlusskurs des Vortages machen. Dieser Gap nach unten ist das wichtigste Kriterium für die erfolgreiche Durchführung des Trades. Sie brauchen für diese Taktik unbedingt eine schwächere Eröffnung.

Wenn beide Bedingungen erfüllt wurden, schreiten wir zur Tat. Shorten Sie die Aktie gleich nach der Eröffnung und setzen Sie einen Stop nicht höher als 0,2 über dem Hoch des Vortages, sobald Ihre Order ausgeführt wurde, um sich gegen eine plötzliche Aufwärtsbewegung abzusichern. Sollte die Aktie über das Hoch des Vortages steigen, bedeutet das, dass der Aufwärtstrend noch anhält und die bestehenden Shorts zum Rückkauf mit Verlust gezwungen werden. Wenn alles wie erwartet abläuft, können Sie diesen Short über bis zu zwei oder drei Tage halten. Vergessen Sie aber nicht, dabei ihre Stop-Loss-Order nachzusetzen, um Ihre Gewinne zu schützen. Manche Trader verwenden dazu Stops, die jeweils 0,2 Dollar über dem Hoch des Vortages liegen. Andere sichern sich ab, indem sie den Stop auf den Break-Even-Punkt setzen, wenn sie einen Punkt vorn liegen, dann die Hälfte des Gewinnes sichern, wenn sie zwei Punkte im Plus sind, zwei Drittel bei drei Punkten Gewinn, usw.

Die zugrunde liegende Idee ist: „Let your profits run". Aber vergessen Sie nicht, dass Sie in einer bullishen Marktumgebung shorten. Kämpfen Sie nicht zu lange gegen die generelle Marktrichtung an.

In den Abbildungen 8.2 bis 8.4 sehen Sie einige schöne Beispiele für diese Methode. Wenden Sie diese Taktik aber erst an, wenn Sie sich ausreichend mit der Vorgangsweise vertraut gemacht und mehrere solche Situationen mittels Papertrading durchgespielt haben.

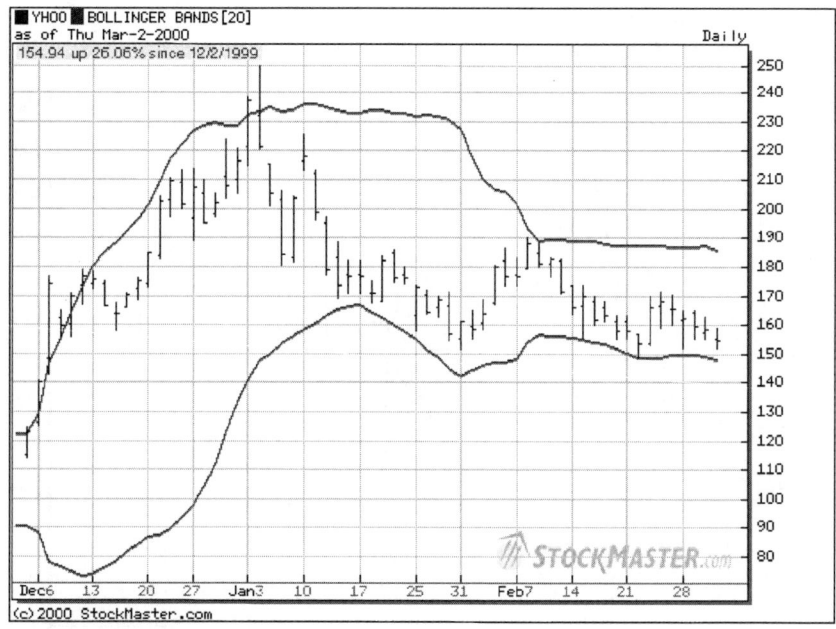

Abbildung 8.2

Abbildung 8.3

231

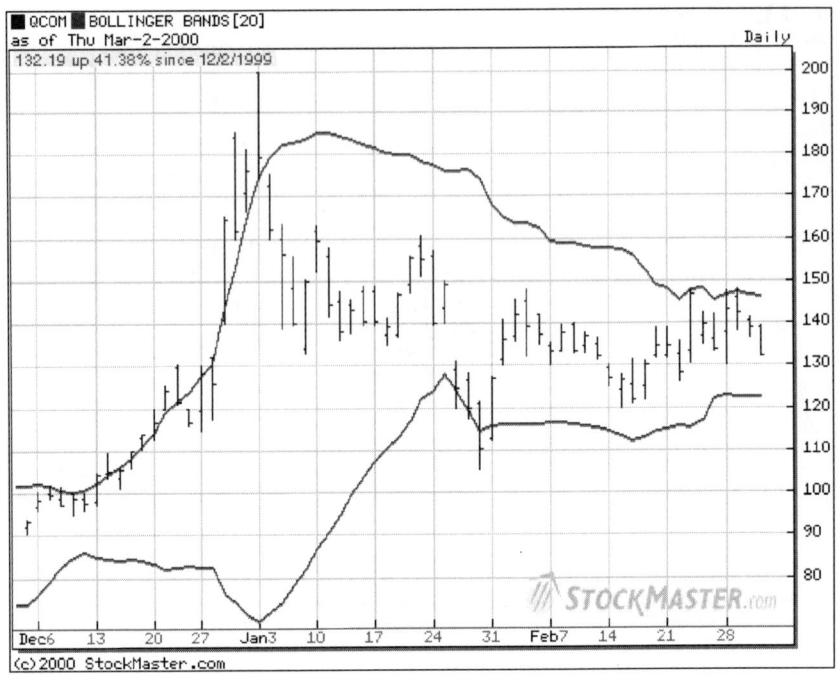

Abbildung 8.4

DAY-TRADING-STRATEGIEN

Bevor Sie mit dem Day Traden beginnen, gibt es einige Dinge, die Sie beachten sollten.

Denken Sie nicht einmal darüber nach, Ihren derzeitigen Beruf aufzugeben und hauptberuflicher Day Trader zu werden, bevor Sie nicht zumindest eine Zeit lang versucht haben herauszufinden, ob Sie als Day Trader erfolgreich sein können. Die meisten Day Trader verlieren Geld. Noch einmal: Die meisten Day Trader verlieren Geld! Brechen Sie keine Brücken ab, bevor Sie sich des neuen Weges sicher sein können. Versuchen Sie es mit Teilzeitarbeit oder unbezahltem Urlaub, bevor Sie drastischerer Schritte einleiten.

Respektieren Sie die Tatsache, dass die Chancen, zu versagen, sehr groß sind. Erklären Sie sich selbst, warum Sie glauben, es als Day Trader schaffen zu können. Haben Sie keinen guten Grund oder bedeutenden Vorteil, werden Sie wahrscheinlich versagen.

Ihr Tradingkapital ist Ihr wichtigstes Hilfsmittel. Versuchen Sie um jeden Preis, es zu erhalten und zu vermehren. Es empfiehlt sich, zu Beginn Ihrer Traderkarriere eine Zeit lang zu „papertraden". Das bedeutet, dass Sie Ihre Kauf- und Verkaufsentscheidungen aufgrund des von Ihnen bevorzugten Systems treffen, aber Sie daraufhin keine Order platzieren, sondern nur mitschreiben, was passiert. Als noch bessere Alternative bieten gute DirectAccessBroker Interessenten die Möglichkeit an, gegen sehr geringe Gebühren mittels einer Simulationssoftware am Börsengeschehen teilzunehmen. Dabei erhalten Sie über die übliche Handelssoftware Echtzeitdaten und können mit einem fiktiv dotierten Konto unter realen Marktbedingungen traden. Das hört sich zwar langweilig an, bringt auch zunächst kein Geld, aber glauben Sie uns, diese Übung wird Ihnen viel Geld sparen. Es ist besser, wenn Sie am Anfang imaginäres Geld beim Papertraden verlieren, als wenn Sie Ihr Kapital aufs Spiel setzen. Die Verlockung, richtig mitzumachen, wird groß sein, besonders wenn Sie z. B. in einem Chatraum die Gewinne anderer Trader mitverfolgen, aber lassen Sie sich nicht dazu verleiten, solange Sie im Papertraden nicht konsistente Gewinne machen. Außerdem können Sie nur so herausfinden, ob Ihr Tradingsystem prinzipiell funktioniert und Sie damit profitabel arbeiten. Außerdem steigern Sie durch die Erfolge in der Übung Ihr Selbstvertrauen.

Fangen Sie dann damit an, kleine Stückzahlen der von Ihnen ausgewählten Aktien zu traden. Setzen Sie den eingesetzten Betrag immer in Relation zu Ihrem Tradingkapital. Riskieren Sie nicht, dass Sie von ein oder zwei schlechten Trades aus dem Rennen geworfen werden. Mit dieser Methode werden Sie vielleicht nicht über Nacht zum Millionär, aber Sie gewöhnen sich an das Ausführen von Orders, testen Ein- und Ausstiegspunkte und bekommen generell ein besseres Gefühl für den Markt. Sie werden auch erkennen, dass das echte Traden emotional nicht mit dem Papertraden zu vergleichen ist. Immerhin geht es um Ihr Geld! Wenn Sie darauf setzen, eines Tages vom Day Traden leben zu können, vergessen Sie nicht, dass am Anfang Ihrer Karriere die oberste Priorität lautet: Erhalte dein Kapital! Setzen Sie die Anzahl der von Ihnen gehandelten Aktien pro Trade erst rauf, wenn Sie sich in Ihrer Vorgehensweise wohl und sicher fühlen. Verringern Sie die Anzahl wieder, sobald sie ein „ungutes Gefühl" haben oder weniger profitabel arbeiten.

Der große Unterschied zwischen Papertraden und echtem Trading besteht in der Erfüllung der Order. Was in der Theorie noch reibungslos funktioniert hat, kann in der Praxis an allen möglichen Umständen scheitern. Bedenken Sie z. B., dass aufgrund des Market-Maker-Systems am NASDAQ keine Garantie auf Ausführung Ihrer Order besteht. D.h., dass sich die Market Maker in einem steigenden Markt oft schnell vom Ask auf eine höhere Position zurückziehen und Sie anfangen, der Aktie hinterherzulaufen. Daher ist es oft schwierig, bei rasch steigenden Aktien einen Profit zu erzielen. Und es gibt weitere Hürden im realen Trading.

Market Maker dürfen seit kurzem einen Bid/Ask für nur 100 Stück einer Aktie bieten. Für einen Day Trader ist es schwierig, profitabel zu arbeiten, wenn er Order über 500 bis 1.000 Stück einer Aktie nicht auf einem Preisniveau handeln kann.

Darüber hinaus dürfen Market Maker ihr Preisniveau für den Bid/Ask bis zu 17 Sekunden halten, auch nachdem sie nur magere 100 Aktien auf diesem Niveau gehandelt haben. Dann dürfen sie das Niveau verändern, ohne weitere Orders auf diesem Niveau zu erfüllen.

Die Gebühren summieren sich schnell. Bei 20 Trades pro Tag bezahlen Sie ungefähr $200 an Gebühren. Das sind $1.000 pro Woche und $52.000 pro Jahr!

Angenommen, Sie kaufen zum Ask und verkaufen zum Bid und das fünfmal pro Tag ohne Gewinn oder Verlust. Nehmen wir weiter an, Sie würden dabei durchschnittlich einen Spread von $$1/_{16}$ pro 1.000 gehandelter Aktien bezahlen. Dann würden Sie über $1.500 pro Woche und über $80.000 pro Jahr verlieren!

Diese und andere Faktoren erschweren das Day Traden. Es ist kein Spiel, und es ist viel schwerer, als Nichttrader es für möglich halten würden. Wenn Sie Glück haben, werden Sie nichts oder wenig verlieren, bis Sie das Wissen und die Erfahrung gesammelt haben, um profitabel Day traden zu können. Ohne Planung und Disziplin werfen Sie Ihr Geld zum Fenster hinaus. Der gelegentliche große Treffer der Zocker verstärkt die Annahme, an der Börse sei das Geld leicht verdient. Insider nehmen diesen Leichtsinnigen ihr Geld ab, bis sie alles verloren haben und sich billigeren Hobbys zuwenden müssen.

Die Elemente der Strategie

Eine aussichtsreiche Strategie im Day trading setzt sich aus verschiedenen Faktoren zusammen, die hauptsächlich mentale und disziplinäre Punkte beinhalten. Verwechseln Sie die Tradingstrategien nicht mit den Tradingtechniken, hier herrscht ein großer Unterschied, wie Sie gleich erkennen werden. Die Elemente der Day Trading-Stragien setzen sich aus folgenden Punkten zusammen.

Verantwortung

Seien Sie sich bitte sowohl im Erfolg als auch im Misserfolg gleichermaßen Ihrer Verantwortung bewusst. Sie werden oft lesen, dass Gewinne gemacht und Verluste mitgenommen werden. In Wirklichkeit wird das eine wie das andere nur durch Ihre persönlichen Aktionen bewirkt. Machen Sie also nicht den Markt, die anderen Trader oder die Presse für einen Verlust verantwortlich, Sie selbst haben es in der Hand, darüber zu entscheiden. Somit haben Sie auch sich selbst gegenüber die Verantwortung zu tragen, wenn Sie sich eine Fehlentscheidung geleistet haben. Das müssen Sie akzeptieren und nur dadurch können Sie sich weiterentwickeln.

Motivation

Bevor Sie ein Full Time Day Trader werden, müssen Sie die optimale Motivation in sich spüren, um festzustellen, ob Sie sich hier auf dem richtigen Weg befinden. Zusammen mit der für Sie adäquaten Tradingtechnik und einem entsprechenden persönlichen Management brauchen Sie das gute Gefühl bei dieser Art von Tätigkeit. Wenn Sie Spaß an Ihrer neuen Arbeit haben, dann sind Sie auf dem richtigen Weg, wenn Sie Angst verspüren, sollten Sie nicht daran festhalten. Fragen Sie sich einmal ehrlich, warum Sie eigentlich Day traden wollen. Passt diese Tätigkeit zu Ihnen und Ihrem Leben?

Fokus

Der klare Blick für das Wesentliche ist einer der entscheidendsten Punkte für kontinuierlichen Erfolg. Sie erreichen diese Fokussierung durch das Festhalten an Ihrem roten Faden. Dieses Festhalten an Ihrem System und Ihrer Technik ermöglicht es Ihnen, auch in schwierigen Situationen einen klaren Kopf zu behalten, vermeidet unbegründete Bauchentscheidungen und führt Sie zu den profitablen Aktientiteln. Sie müssen den Gefühlen von Angst und Gier widerstehen können, ansonsten werden Sie nicht in der Lage sein, das Wesentliche zu sehen und die richtige Entscheidung zu treffen.

In der Ruhe liegt die Kraft

Wenn Sie mit Ruhe an Ihre Planung und Ausführung herangehen, so werden Sie sehen, dass Sie im Laufe der Zeit erfolgreicher agieren werden als in Ihrer Sturm-und-Drang-Phase. Die Ruhe ermöglicht Ihnen den nötigen Abstand von Emotionen und Verwirrung, die den Markt oft beeinflussen. Dadurch gewinnen Sie Zeit, die Sie brauchen, um Entscheidungen zu fällen, die auf Analyse und Strategie beruhen, anstatt mit der Masse den Emotionen zu verfallen.

Aktionsplan

Ihr Day-Trading-Aktionsplan umfasst im Großen und Ganzen nur drei wesentliche Punkte:

- Das Aufspüren eines auffallenden Signals.
- Das Initiieren einer sofortigen Reaktion auf dieses Signal.
- Das Akzeptieren dieser Reaktion, egal, wie der Trade ausgeht, vorausgesetzt, Sie haben sich an Ihre Regeln gehalten und fühlen sich gut dabei.

Hierin liegt das ganze Geheimnis, zum richtigen Zeitpunkt die Zeichen zu erkennen und nach klaren Regeln mit gutem Gefühl den Trade zu starten.

Risikomanagement

Machen Sie Verluste! Ob Sie es wollen oder nicht – Verluste machen gehört zum Day Trading wie die Finger zur Hand. Wenn Ihr Trade in die falsche Richtung läuft und Sie ausgestoppt werden, seien Sie glücklich darüber, denn Sie haben etwas gelernt. Und Sie haben den Verlust in Grenzen gehalten. Das Gefühl, wenn Sie zusehen können, wie der Aktienkurs ins Bodenlose fällt und Sie mit $1/16$ Dollar Minus ausgestoppt wurden, ist fast so gut, als ob Sie einen Gewinn realisiert hätten.

Profitorientierung

Die besten Regeln nützen Ihnen nichts, wenn Sie keinen Gewinn damit erzielen können. Es ist nicht ratsam, sich an etwas zu binden, nur weil es einmal funktioniert hat. Vergessen Sie nicht: Der Markt verändert sich laufend, und Ihre Regeln sind nur solange brauchbar, wie sie funktionieren. Wenn sich die Basis ändert, wird es auch für Sie Zeit, die Regeln zu ändern; messen Sie Ihre Systeme an der Performance, die Sie damit erzielen.

Fehler, die Sie vermeiden müssen

Wir werden Ihnen nun einige psychologische Versuchungen aufzeigen, denen Sie als Day Trader ausgeliefert sind und die Sie unweigerlich vom profitablen Day Trading abhalten, wenn Sie darauf eingehen. Dabei handelt es sich hauptsächlich um Erfahrungen, die wir selbst erleiden mussten und nur durch konsequentes Selbstmanagement und Disziplin überwunden haben. Wir raten Ihnen, diese Punkte stichwortartig aufzuschreiben und in der Nähe Ihres Arbeitsplatzes gut sichtbar aufzuhängen, damit Sie sie nie vergessen. Sie sind die häufigsten Ursachen für Verluste und verpasste Gewinne. Befassen Sie sich bitte intensiv mit diesen Ratschlägen und arbeiten Sie an Ihrer Disziplin, um auch bei noch so starkem Verlangen den Versuchungen widerstehen zu können.

Verlustbegrenzung

Wenn Sie eine Buy-Order an Ihren Internetbroker abgeschickt haben, werden Sie als Erstes Ihre Realtime-Quoten beobachten und sehen, wie sich der Kurs Ihrer Neuerwerbung entwickelt. Wie jeder Day Trader werden Sie erwarten, dass der Kurs nach oben steigt, nachdem Sie gekauft haben. Die Realität sieht aber leider nicht immer so aus, wie Sie es sich erhoffen. Angenommen, der Kurs zieht leicht an, so werden Sie gerade am Anfang in eine freudige Euphorie ausbrechen und denken, Sie würden eine Menge Geld verdienen. Wenn nun der Markt plötzlich eine Trendwende erfährt und Sie merken, dass der Kurs Ihrer Aktie zu fallen beginnt, werden Sie einen kleinen Schock erleiden, da Sie mit dieser Möglichkeit nicht mehr gerechnet haben. Das tatsächliche Problem dabei ist, dass Sie aufgrund der eindeutigen Richtung, von der Sie ausgegangen sind, jetzt nicht wissen, wie Sie sich weiter verhalten sollen. Wenn der Kurs plötzlich unter Ihrem Einstiegspunkt liegt und Sie bereits Verluste machen, wird die Sache zum Nervenkrieg. Sollen Sie jetzt warten, bis sich der Markt wieder erholt, oder sollen Sie Ihren Verlust realisieren? Während Sie sich diese Fragen stellen, hat sich im Regelfall der Verlust schon wieder vergrößert, und Sie sehen sich einer noch schlechteren Situation gegenüber als zuvor.

Um diese Fragen erst gar nicht aufkommen zu lassen, müssen Sie bereits bevor Sie Ihre Order abschicken, exakt wissen, wie viel Verlust Sie in diesem Trade verkraften, und sich einen Stop-Loss-Punkt setzen, über den Sie keinesfalls hinausgehen werden. Erinnern Sie sich? Verluste gehören zu dieser Tätigkeit wie der Deckel zum Topf. Aber die Größe des Verlustes ist entscheidend, und darum müssen Sie ihn begrenzen. Setzen Sie Stop-Loss-Orders, sobald Ihre Buy-Order ausgeführt wurde. Nur so sind Sie in der Lage, eine Trendumkehr rechtzeitig abzufangen.

Ein altes Börsensprichwort besagt: „Der erste Verlust ist der Geringste!" Sie sind also gut beraten, wenn Sie den Verlust so rasch wie möglich mitnehmen, sich bei Ihrem Gewinn aber Zeit lassen. Das führt uns zum nächsten Punkt, der Gewinnbegrenzung.

Gewinnbegrenzung

Wenn wir von der Begrenzung des Gewinns sprechen, so meinen wir damit die Festlegung eines Mindestgewinnes, den Sie bei guter Trendentwicklung mitnehmen sollten. Selbstverständlich sollen Sie nicht zu früh aus einem gewinnversprechenden Trade aussteigen, aber auch hier gilt: Steigen Sie aus, bevor alle anderen es tun. Verkaufen Sie, wenn Sie können, und nicht, wenn Sie müssen. Gerade bei volatilen Day-Trading-Werten kann ein steigender Trend blitzartig ins Gegenteil umschlagen, und Sie werden von einer Verkaufslawine überrollt, bevor Sie Ihre Sell-Order platzieren können. Um dies zu vermeiden, setzen Sie einen Stop Loss, den Sie kontinuierlich erhöhen, solange der Kurs auf dem Weg nach oben ist. Kommt es zur Umkehr, so haben Sie nichts zu befürchten, Ihr Gewinn ist gesichert. Es gibt zu diesem Thema eine Geschichte von Fred C. Kelly, dem Autor von „Warum Sie Gewinnen oder Verlieren", die das Verhalten der meisten unerfahrenen Trader in dieser Sache sehr deutlich macht.

Sie handelt von einem Mann, der auszog, um Truthähne zu fangen. Dazu stellte er eine Falle auf, an der eine Schnur befestigt war und deren Mechanismus der Mann auslösen konnte, indem er an der Schnur zog. Um die Truthähne in die Falle zu locken, streute der Mann eine Körnerspur aus, und in der Falle selbst platzierte er eine ganze Schüssel voller Körner. Sein Ziel war es, so viele Truthähne wie möglich in die Falle zu locken, bevor er an der Schnur zog, da die anderen durch das Geschrei der Gefangenen das Weite suchen würden. So legte sich der Mann auf die Lauer und sagte zu sich: „Ich ziehe erst an der Schnur, wenn die Falle voll ist, so kann ich auf einmal 12 Truthähne erwischen." Schon nach kurzer Zeit hatte er es geschafft, 11 Truthähne in seine Falle zu locken. Jetzt wartete der Mann auf Nummer zwölf, um dann sogleich die Falle zuschnappen zu lassen. Währendessen überlegte es sich einer der elf Truthähne anders und verließ die Falle wieder. „Hätte ich doch gleich bei elf die Schnur gezogen", dachte der Mann. „Jetzt warte ich aber trotzdem noch, vielleicht kommt ja ein anderer dafür." Während er nun abwartete, marschierten plötzlich zwei andere Hähne aus der Falle hinaus. „Zehn wären gar nicht so schlecht gewesen", fand der Mann, „wenn jetzt einer nochmal zurückkommt, ziehe ich aber an der Schnur". Keiner kam, aber dafür verließen drei weitere die Falle. Der Mann wartete weiter, da es ihm nicht gefiel, mit nur sechs Truthähnen nach Hause zu kommen, wo er doch ursprünglich schon elf in der Falle hatte. Als nur noch einer in der Falle war und der Mann immer noch nicht die Schnur gezogen hatte, sagte er zu sich: „Jetzt warte ich noch, ob der eine auch geht oder vielleicht die anderen nochmals anlockt, dann gehe ich nach Hause. Der letzte Truthahn machte es seinen Vorgängern gleich und verließ ebenfalls voll gefressen die Falle, und so kehrte der Mann mit leeren Händen heim.

Sie erkennen also die Gefahr, die in der Festsetzung falscher Ziele liegt. Wenn Sie sehen, dass Sie in der Gewinnzone liegen, so setzen Sie einen Stop Loss, dann sind Ihnen diese Truthähne sicher, befinden Sie sich auf einem Feld voller Truthähne, so lassen Sie die Falle solange offen, wie sich die Truthähne darum streiten, hineinzukommen. Dann ziehen Sie an der Schnur und ... .

Tipp-Traden
Dabei handelt es sich um die Insidertipps von Gurus und Chatroom-Spezialisten. Wenn Sie von jemandem, einen Tipp zum Kauf einer Aktie erhalten, sind Sie wahrscheinlich einer der Letzten, der von der Sache erfährt. Dadurch werden Sie zu einem denkbar schlechten Zeitpunkt kaufen, nämlich dann, wenn alle anderen bereits ans Verkaufen denken. Wohin das führt, müssen wir nicht näher erläutern. Seien Sie

also gewarnt, machen Sie sich zumindest immer selbst ein genaues Bild von dem Titel und kaufen Sie nicht einfach blind.

Übertraden

Dieser Fehler manifestiert sich auf verschiedene Arten. Haben Sie beim Traden Aussicht auf Erfolg, dann ist es nicht so schlimm, wenn Sie sehr viel traden, denn Sie machen ja jedes Mal Gewinne. Die Sache sieht aber ganz anders aus, wenn Sie mit negativer Erwartungshaltung übertraden. Das Traden am Bildschirm kann man mit einem Videospiel vergleichen: Die blinkenden Zahlen und bunten Linien sind hypnotisierend und können süchtig machen. Das führt dazu, dass Sie den Spielautomaten dauernd füttern müssen.

Wenn Sie übertraden, werden Brokergebühren zu einem wichtigen Thema, da Sie, wenn Sie beim Traden verlieren, nicht nur die Differenz von Kaufs- und Verkaufspreis verlieren, sondern darüber hinaus auch noch die Gebühren für den Broker zahlen müssen. Das mag bei $10 pro Trade nicht nach viel aussehen, aber bei nur 20 Trades am Tag zahlen Sie schon $200 Gebühren. Setzen Sie also bei jedem Trade das Gewinn-/Verlust-Risiko in Relation zu den Gebühren. Auch erfolgreiche Trades werden Ihr Kapital nicht vergrößern, wenn die Gebühren einen Großteil des Gewinnes verschlingen.

Achten Sie auf den Bid/Ask Spread

Wenn Sie immer zum Ask kaufen und zum Bid verkaufen, können Sie beim Day Traden eine ordentliche Summe verlieren. Natürlich müssen Sie, wenn der Trade nicht in Ihre Richtung geht, in den sauren Apfel beißen und den Spread bezahlen, um größere Verluste zu vermeiden. Aber manchmal kommt es vor, dass man impulsiv eine Position in einer Aktie kauft, sich recht schnell aus keinem speziellen Grund Sorgen darüber macht, ob man auch das Richtige getan hat, dann die Position wieder glattstellt, und schon den Spread von vielleicht ? plus Gebühren verloren hat. Konsequenz: War ich dumm! Seien Sie nicht zu impulsiv bei Ihren Trades, versuchen Sie, das Market-Maker-Spiel zu spielen.

Kamikaze- und Euphorie-Trading

Wenn Sie in Hochstimmung sind und sich für einen Supertrader halten, weil Sie vielleicht kürzlich ein paar Volltreffer gelandet haben, so empfehlen wir Ihnen, sich ein paar Tage „freizunehmen" und den Gewinn zu genießen. Sie sind dann nämlich in eine Trading-Euphorie gefallen, in der Sie sich für unverwundbar halten. Lassen Sie nicht zu, dass daraus eine Trading-Depression wird, wenn Ihnen der Markt Ihre Grenzen zeigt. Vergessen Sie nicht: „Don't outsmart the Market".

Von *Kamikaze-Trading* sprechen wir, wenn Sie alle Regeln über Bord geworfen haben und Ihren letzten Trade starten, um sich und Ihrer Wut über die schlechten Entwicklungen der Vergangenheit Luft zu machen. Wie bei der Euphorie, sind Sie nicht mehr Herr der Lage, also gehen Sie spazieren oder reagieren Sie sich im Fitnesscenter ab. Beim Trading haben diese Emotionen nichts verloren.

Zögern Sie nicht

Sollten Sie einen Titel entdecken, der Ihren Kriterien zum Kauf entspricht, so zögern Sie nicht, kaufen Sie. Es nützt Ihnen nichts, wenn Sie zusehen, wie der Kurs nach oben zieht, wenn Sie nicht auf den Zug aufgesprungen sind. Halten Sie sich an Ihre Regeln und Sie werden sehen, ob Sie damit in der Lage sind, Gewinne zu machen. Wenn Sie feststellen, dass dem nicht so ist, dann ändern Sie die Regeln. Auch wenn es nicht unwichtig ist, zuerst auf dem Papier zu traden, muss damit irgendwann Schluss sein. Es gehört mehr zum Traden, als nur zu wissen, wie es geht. Sie müssen es tun können. Ein erfahrener Trader hat einmal geschrieben: „Es ist wie in der Armee – in der Kaserne können Sie hundertmal der Beste gewesen sein – dort, wo die Kugeln echt sind, müssen Sie überleben können."

Verlassen Sie sich nicht auf ein paar Supertrades

Sicher werden Sie manche Trades auch nach Preisanstiegen von mehreren Punkten abschließen. Sie werden stolz darauf sein, den richtigen Riecher gehabt zu haben und ausreichend diszipliniert gewesen zu sein, den Gewinn zu realisieren. Trotzdem sollten Sie eher auf konsistente Gewinne als auf einige wenige „Home Runs" setzen. Oft genug haben wir eine Aktie gekauft, hätten den Trade mit 0,50 oder 0,75

Punkten Gewinn abschließen können, aber in der Gier auf einen Gewinn von mehreren Punkten hielten wir die Aktie, bis sich die Aufwärtsbewegung umkehrte und wir, wenn wir Glück hatten, mit gerade noch 0,20 Gewinn zum Bid verkaufen konnten. In zu vielen Fällen wurde so aus einem Gewinnertrade ein Verlierertrade. Seither versuchen wir, uns an den folgenden Wahlspruch zu halten: Verkaufe, wenn du kannst, nicht, wenn du musst.

Regelbrüche
Wir erinnern uns daran, die größten Desaster in unserem Portfolio durch Verstöße gegen die von uns selbst aufgestellten Regeln herbeigeführt zu haben. Ihre eigenen Regeln, die Sie sich durch Erfahrung und Training erarbeitet haben, resultieren aus Ihren Gefühlen beim Day Traden. Diese Gefühle werden Ihnen, neben Ihren Werkzeugen, im richtigen Augenblick die Zeichen geben, die Sie brauchen, um die richtige Handlung zu initiieren. Halten Sie sich an Ihre Regeln und lassen Sie sich nicht durch den Wirbel in den Medien oder durch andere Einflüsse davon abbringen.

Day-Trader-Regeln

1. Planen Sie Ihre Trades. Traden Sie nach Ihrem Plan.
2. Führen Sie ein Trader-Tagebuch.
3. Behalten Sie Ihre positive Einstellung, auch wenn Sie verlieren.
4. Nehmen Sie die Börse nicht mit nach Hause. Befassen Sie sich mit anderen Dingen.
5. Setzen Sie sich immer wieder höhere Ziele beim Traden.
6. Erfolgreiche Trader kaufen bei schlechten Neuigkeiten und verkaufen bei guten Neuigkeiten.
7. Erfolgreiche Trader haben keine Angst davor, hoch zu kaufen und tief zu verkaufen.
8. Erfolgreiche Trader studieren den Markt.
9. Erfolgreiche Trader isolieren sich von den Meinungen anderer.
10. Versuchen Sie, geduldig, ausdauernd, zielstrebig und rational zu sein.

11. Begrenzen Sie Ihre Verluste – verwenden Sie Stops.
12. Stornieren Sie einen Stop nie, nachdem Sie ihn gesetzt haben.
13. Setzen Sie Stops sofort, nachdem Sie eine Position geöffnet haben.
14. Eröffnen Sie nie einen Trade nur, weil Sie nicht mehr länger warten wollen.
15. Übertraden Sie nicht.
16. Verluste machen den Trader nachdenklich, nicht Gewinne. Nutzen Sie jeden Verlust, um daraus etwas zu lernen.
17. Die schwierigste Aufgabe beim Traden ist nicht das Vorhersagen zukünftiger Entwicklungen, sondern die Selbstkontrolle. Erfolgreiches Traden ist schwierig und oft frustrierend. Sie selbst sind der wichtigste Faktor in der Erfolgsrechnung.
18. Disziplinieren Sie sich selbst, indem Sie sich an Ihre festgelegten Regeln halten.
19. Vergessen Sie nicht, dass ein Bärenmarkt in einem Monat wegnehmen kann, was ein Bullenmarkt in drei Monaten aufgebaut hat.
20. Lassen Sie einen Trade, mit dem Sie große Gewinne machen, nie zu einem Verlust werden. Stoppen Sie sich spätestens dann aus dem Trade, wenn Sie 20 % unter Ihrem Höchstgewinn liegen.
21. Sie müssen ein Programm haben, Sie müssen Ihr Programm kennen, Sie müssen sich an Ihr Programm halten.
22. Erwarten und akzeptieren Sie Verluste mit Würde. Wenn Sie über Verlusten grübeln, verpassen Sie die nächste Gelegenheit für einen Gewinn.
23. Halbieren Sie Ihren Tagesgewinn und riskieren Sie dann nicht mehr als die Hälfte davon.
24. Erfolgreiche Trader kennen sich selbst und ihre Stresspunkte.
25. Der Unterschied zwischen erfolgreichen und erfolglosen Tradern ist nicht so sehr die angeborene Trading-Fähigkeit, sondern die Disziplin in der Vermeidung von Fehlern.
26. Wie beim Fechten gibt es beim Traden die Schnellen und die schnell Erledigten.
27. Reden ist Silber und Schweigen ist Gold. Deshalb glauben Sie nicht alles, was Sie zu hören bekommen – Trader mit dem Goldhändchen sprechen nicht dauernd über ihre Erfolge.

28. Träumen Sie von großen Leistungen und denken Sie in großen Dimensionen. Wenige setzen ihre Ziele zu hoch. Man ist, was man denkt.
29. Akzeptieren Sie Niederlagen auf dem Weg zum Sieg.
30. Haben Sie verloren? Vergessen Sie es schnell. Haben Sie gewonnen? Vergessen Sie es noch schneller. Gestatten Sie Ihrem Ego und Ihrer Gier nicht, Ihr klares Denken einzuschränken.
31. Am gestrigen Tag können Sie nichts ändern. Wenn sich eine Tür schließt, öffnet sich eine andere.
32. Ordnen Sie Ihren Willen dem Willen des Marktes unter. Der Markt zeigt die Wahrheit, da er alle Einflüsse widerspiegelt.
33. Es ist leichter, einen Trade zu eröffnen, als ihn zu schließen.
34. Wenn der Markt nicht das tut, was Sie erwartet haben, schließen Sie Ihre Position und überdenken Sie die Situation neu.
35. Gehen Sie vorsichtig mit großen Positionen um, da sie Ihre Gefühle kontrollieren können. Gehen Sie nicht zu aggressiv mit dem Markt um. Lassen Sie Ihr Guthaben stetig und langsam wachsen und nicht in großen Sprüngen.
36. Vergrößern Sie nie eine Position, mit der Sie schon Verluste gemacht haben.
37. Glauben Sie nicht, Sie könnten zum tiefsten Kurs kaufen und zum höchsten Kurs verkaufen.
38. Sie müssen an sich selbst und an Ihr Urteil glauben, wenn Sie erfolgreich sein wollen.
39. In einem engen Markt sollten Sie nicht zu erraten versuchen, in welche Richtung der Markt gehen wird.
40. Ein Verlust sollte Ihre Gedanken während des Tradens nicht unnötig aufhalten. Aber lernen Sie später aus Ihren Fehlern. Nicht Recht zu haben und den Verlust nicht hinzunehmen schadet dem Geldbeutel und der Seele.
41. Geben Sie Ihr Urteil nicht ungefragt ab und geben Sie mit Ihren Gewinnen nicht an.
42. Einer der größten Fehler ist das Verkaufen von Positionen, mit denen Sie schön im Gewinn stehen, und das Halten von Positionen, die Verluste gebracht haben.
43. Nichts zu tun ist auch ein Standpunkt.

44. Interessieren Sie sich mehr für die Reaktion des Marktes auf eine Neuigkeit als für die Neuigkeit selbst.

45. Wenn Sie nicht wissen, wer Sie sind, so ist der Markt ein sehr teurer Ort, um es herauszufinden.

46. In der Welt des Geldes, die vom menschlichen Verhalten geformt wird, hat niemand auch nur die leiseste Ahnung, was in der Zukunft wirklich geschehen wird. Also verlässt sich der erfolgreiche Trader bei seinen Entscheidungen nicht auf das, was vielleicht geschehen wird, sondern reagiert auf das, was gerade geschieht.

47. Außer unter speziellen Umständen, sollten Sie sich angewöhnen, Ihre Gewinne eher zu früh zu nehmen. Ärgern Sie sich nicht, wenn der Kurs ohne Sie weiter steigt. Ein Gewinn, den Sie realisiert haben, kann nicht mehr zu einem Verlust werden.

48. Wenn ein Schiff anfängt zu sinken, beten Sie nicht – springen Sie!

49. Verlieren Sie Ihre Meinung, aber nicht Ihr Geld.

50. Lassen Sie sich Ihre Trading-Regeln in Fleisch und Blut übergehen.

TECHNISCHE ANALYSE

Soll ich heute kaufen? Wo werden die Preise morgen, nächste Woche oder nächstes Jahr stehen? Wäre Investieren nicht einfach, wenn man die Antworten auf diese scheinbar einfachen Fragen wüsste? Leider wird die Technische Analyse Ihnen die Antwort auf diese Fragen nicht geben. Wenn Sie aber hoffen, mit Hilfe der Technischen Analyse ihr Trading zu verbessern, habe ich eine gute Nachricht für Sie – das werden Sie.

ALLGEMEINES

Einführende Gedanken zur Technischen Analyse

Technische Indikatoren können sehr verwirrend sein, wenn man sich nicht ausreichend damit vertraut gemacht hat. Lesen Sie deshalb so viel darüber, wie Sie können.

Verwenden Sie die Indikatoren, die Sie kennen und mit denen Sie sich wohlfühlen. Beginnen Sie mit den grundlegenden Indikatoren wie z. B. *Moving Average* und *Stochastische Oszillatoren*. Wenn Sie damit gut umgehen können, beschäftigen Sie sich mit neuen Indikatoren.

Versuchen Sie zu Beginn, anhand der Indikatoren und Ihrer Analyse auf dem Papier zu traden. Simulieren Sie das reale Traden so genau wie möglich. Verfolgen Sie die exakten Werte und evaluieren Sie Ihre Entscheidungen gnadenlos. Wählen Sie die Aktien, die Sie traden möchten, und notieren Sie die Einstiegspreise. Setzen Sie ihre Stops und bleiben Sie dabei. Wenn der Trade in Ihrem Sinne verläuft und profitabel wird, ziehen Sie Ihre Stops nach. Halten Sie die Aktien, bis Ihr Stop erreicht wird. Notieren Sie alles genau. Genaue Notizen sind unumgänglich. Dieser Vorgang kann einige Monate in Anspruch nehmen, aber er ist es wert. Wenn Sie es richtig machen, werden Sie ein gutes Gefühl für die Indikatoren und Systeme bekommen, die Sie verwenden, und Sie werden sehen, ob Ihr System gut funktioniert.

Denken Sie nicht einmal daran, zu Day traden, wenn Sie nicht über längere Zeiträume profitabel Paper traden können. Day Trading ist die schwerste und nervenaufreibendste aller Tradingarten.

Experimentieren Sie mit verschiedenen Indikatoren und Systemen, bis Sie etwas finden, das für Sie funktioniert. Bleiben Sie dann dabei, aber seien Sie sich bewusst, dass kein System hundertprozentig funktioniert. Wenn sie in 60 bis 70 % der Fälle richtig liegen und ihre Verluste begrenzen, werden Sie Gewinne machen.

Wenn Sie sich nicht nach traden fühlen, Traden Sie nicht! Das Schlimmste, was ein Trader tun kann, ist zu traden, wenn er sich nicht danach fühlt. Das Zweitschlimmste ist, einen Trade einzugehen, von dem man sich nicht sicher ist, ob man ihn gewinnt. Ein Trader muss sich sicher sein, dass seine Trades erfolgreich sein werden. Das werden natürlich nicht alle sein, aber Sie müssen sich generell auf Ihr Urteil verlassen können. Zu Anfang neigen Trader dazu, auf Analysten zu hören, die im Fernsehen mit Charts und Grafiken und ausgeklügelten Indikatoren auftreten. Traden Sie nicht aufgrund der Meinung eines anderen. Bilden Sie sich Ihre eigene Meinung.

Geschichte

Der Begriff „Technische Analyse" ist ein komplizierter Name für einen sehr grundlegenden Zugang zum Investieren. Einfach gesagt, ist Technische Analyse das Studium der Preise, wobei als hauptsächliches Hilfsmittel Charts herangezogen werden.

Die Wurzeln der modernen Technischen Analyse liegen in der Dow-Theorie, die um 1900 von Charles Dow entwickelt wurde. Diese Wurzeln schließen Prinzipien wie das Trendverhalten von Preisen; Preise, die bekannte Informationen unberücksichtigt lassen; Volumen, das Preisveränderungen widerspiegelt, sowie Unterstützung und Widerstand ein. Und natürlich ist der weltweit verfolgte Dow-Jones-Index ein direkter Abkömmling der Dow-Theorie.

Charles Dows Beitrag zur modernen Technische Analyse darf nicht unterbewertet werden. Seine Fokussierung auf die Bewegung der Wertpapierpreise machte eine völlig neue Methode der Analyse der Aktienmärkte möglich.

Das menschliche Element

Der Preis eines Wertpapiers ist ein Kompromiss. Jemand ist bereit, zu diesem Preis zu verkaufen, und ein anderer ist bereit, zu kaufen. Der Preis, zu dem ein Investor kaufen oder verkaufen möchte, hängt primär von seinen Erwartungen ab. Wenn er erwartet, dass der Aktienpreis steigt, wird er kaufen; wenn er erwartet, dass der Aktienpreis fällt, wird er verkaufen. Diese einfachen Feststellungen sind eine der Hauptherausforderungen im Vorherbestimmen des Preisverlaufes von Aktien, da sie sich auf menschliche Erwartungen beziehen. Wie wir alle aus erster Hand wissen, sind menschliche Handlungen nicht leicht zu quantifizieren oder vorherzusehen. Allein aus diesem Grund wird ein mechanisches Trading-System nicht konsistent funktionieren.

Wir sind sicher, dass viele Investitionsentscheidungen auf irrelevanten Kriterien beruhen, da Menschen daran beteiligt sind. Unsere Beziehungen zu unserer Familie, unseren Nachbarn, unseren Chefs, der Verkehr, unser Einkommen und unsere früheren Erfolge und Misserfolge beeinflussen unser Selbstvertrauen, unsere Erwartungen und unsere Entscheidungen.

Die Preise von Wertpapieren werden von Geldverwaltern, Hausverwaltern, Studenten und Arbeitern, Doktoren und Straßenkehrern, Anwälten und Gärtnern, von Reichen und Armen bestimmt. Diese enorme Bandbreite der Teilnehmer am Aktienmarkt garantiert ein Element der Unvorhersehbarkeit.

Fundamentalanalyse

Wenn wir alle völlig rational wären und unsere Gefühle von unseren Investitionsentscheidungen trennen könnten, würde Fundamentalanalyse (die Festlegung des Preises aufgrund von Annahmen über zukünftige Einnahmen) wunderbar funktionieren. Und wenn wir alle dieselben total rationalen Erwartungen hätten, würden sich die Preise nur verändern, wenn Quartalsergebnisse oder relevante Informationen bekannt gegeben würden. Investoren würden nach übersehenen Fundamentaldaten suchen, um unterbewertete Aktien zu finden.

Die heiß umstrittene „Theorie des effizienten Marktes" besagt, dass Aktienpreise alles repräsentieren, was zu einem bestimmten Zeitpunkt über einen Wert bekannt ist. Diese Theorie schließt daraus, dass es unmöglich ist, Preise vorherzusagen, da sie schon alles widerspiegeln, was im Moment über den Wert bekannt ist.

Der Vollständigkeit halber werden wir im Kapitel „Weitere Methoden der Analyse" auch auf die Fundamentalanalyse näher eingehen.

Die Zukunft findet sich in der Vergangenheit

Wenn Preise auf den Erwartungen der Investoren beruhen, wird das Wissen, wie hoch der Preis für eine Aktie sein sollte (d. h. Fundamentalanalyse) weniger wichtig, als das Wissen, um welchen Preis andere Investoren die Aktie zu handeln erwarten. Das soll nicht heißen, es sei nicht wichtig, zu wissen, um welchen Preis ein Wert gehandelt werden sollte. Aber normalerweise gibt es eine ziemlich einheitliche Meinung, wie die zukünftigen Ergebnisse eines Wertes sein werden, gegen die der durchschnittliche Anleger nicht ankommt.

Der Begriff „Technische Analyse" bezeichnet die Auswertung der historischen Entwicklung eines Wertpapiers, mit dem Ziel, wahrscheinliche zukünftige Preise zu ermitteln. Dies erreicht man, indem man die gegenwärtige Preisentwicklung (d. h. derzeitige Erwartungen) vergleichbaren historischen Preisentwicklungen gegenüberstellt, um ein sinnvolles Ergebnis zu bestimmen. Der eifrige technische Analyst geht davon aus, dass sich die Geschichte wiederholt, während andere sagen würden, wir sollten aus der Vergangenheit lernen.

Roulette

Unserer Erfahrung nach kann nur eine Minderheit der Technischen Analysten konsistent und genau zukünftige Preise vorherbestimmen. Auch wenn Sie diese Fähigkeit nicht erlangen, können Sie die Technische Analyse dazu verwenden, Ihr Risiko zu reduzieren und Ihre Gewinne zu steigern.

Die beste Analogie zur Technischen Analyse ist das Roulette, auch wenn wir diesen Vergleich mit Vorsicht gebrauchen wollen, da Spieler

250

im Verhältnis zu Anlegern wenig Kontrolle über das Geschehen haben. Ein Kasino verdient Geld beim Roulette, aber nicht weil seine Besitzer wissen, welche Zahlen kommen werden, sondern weil die Chancen durch das Hinzufügen der 0 (und der 00) leicht zugunsten des Casinos verbessert werden.

Ähnlich weiß ein Anleger nicht, wenn er eine Aktie kauft, ob der Preis steigen wird. Aber wenn er eine Aktie im Aufwärtstrend kauft, nach einem kleinen Abverkauf, und wenn die Zinsen fallen, wird er seine Chancen auf einen Profit verbessern. Das hat nichts mit Spielen zu tun – nur mit Logik. Trotzdem kaufen viele Anleger Wertpapiere, ohne auch nur den Versuch zu unternehmen, ihre Chancen zu beeinflussen.

Entgegen der weit verbreiteten Meinung muss man nicht wissen, wie ein Aktienpreis in der Zukunft aussehen wird, um damit Geld zu verdienen. Ihr Ziel sollte es einfach sein, die Chancen auf ein profitables Geschäft zu erhöhen. Selbst wenn sich Ihre Analyse auf das Ermitteln der kurz-, mittel- und langfristigen Trends des Wertpapiers beschränkt, haben Sie sich schon einen Vorteil geschaffen, den Sie ohne die Technische Analyse nicht hätten.

Sehen Sie sich den Chart von *Goodyear* in Abbildung 10.1 an. Der Trend geht über einen längeren Zeitraum eindeutig nach unten und es gibt bis zum März 2000 kein Anzeichen auf eine Trendumkehr. Obwohl die Fundamentaldaten der Firma gut sein mögen, ist es einfach nicht sinnvoll, die Aktie zu kaufen, solange es keine technischen Anzeichen dafür gibt, dass der Trend sich ändert.

Automatisches Traden

Wenn wir akzeptieren, dass menschliche Gefühle und Erwartungen eine Rolle in der Wertbildung spielen, sollten wir auch zugeben, dass uns unsere Gefühle bei Entscheidungen beeinflussen. Viele Investoren versuchen, ihre Gefühle vom Investieren zu trennen, indem sie Computer die Entscheidungen treffen lassen. Das Konzept des „HAL", des intelligenten Computers im Film „2001", ist in dieser Hinsicht natürlich sehr ansprechend.

Mechanische Tradingsysteme können uns helfen, unsere Gefühle von den Entscheidungen zu trennen. Computertests sind auch

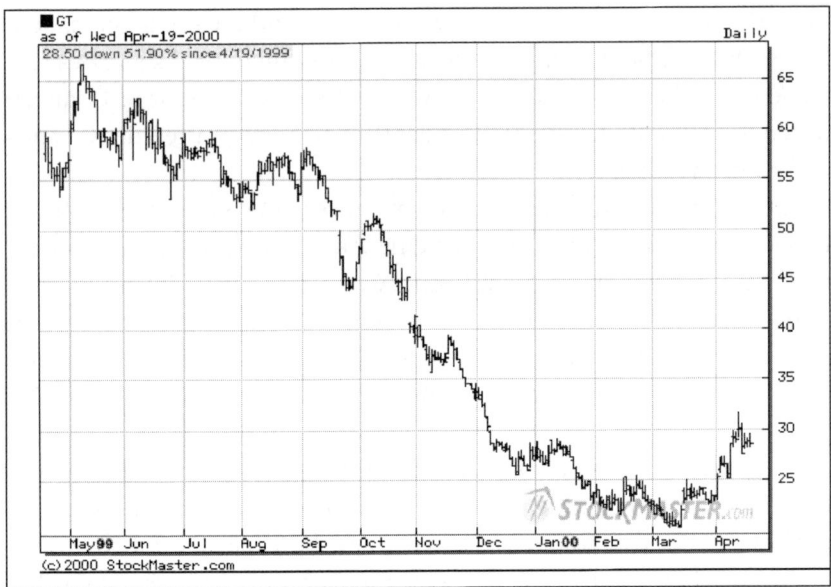

Abbildung 10.1

brauchbar, um festzustellen, was in der Vergangenheit unter verschiedenen Umständen geschehen ist, und um unsere Tradingtechniken zu optimieren. Aber da wir ein wenig rationales Thema analysieren (menschliche Gefühle und Erwartungen), müssen wir aufpassen, dass uns unsere mechanischen Systeme nicht zum Glauben verleiten, wir würden rationale Vorgänge betrachten.

Das soll nicht heißen, dass Computer keine guten Hilfsmittel für die Technische Analyse seien. Im Gegenteil – sie sind sogar unverzichtbar. Unserer Meinung nach hat die Software für die Technische Analyse mehr dazu beigetragen, die Chancen zugunsten des durchschnittlichen Anlegers zu verbessern, als jedes andere Instrument. Aber lassen Sie sich von den Programmen nicht weismachen, die Märkte seien so logisch und vorhersehbar wie die Maschinen, mit denen sie analysiert werden.

Preisfelder

Technische Analyse basiert fast zur Gänze auf der Analyse von Preis und Volumen. Dabei bestimmen folgende Felder den Preis und das Volumen eines Wertes:

Open (Erster) – Der Preis des ersten Handels eines Zeitraumes (z. B. der erste Handel am Börsentag). Bei der Analyse ist der erste Kurs besonders wichtig, da er der Preis ist, über den man sich einig ist, nachdem alle Beteiligten „darüber geschlafen haben".

High (Hoch) – Der höchste Preis des Handels eines Wertes in einem Zeitraum. Der Punkt, an dem es mehr Verkäufer als Käufer gab (d.h., es gab immer Verkäufer, die zu höheren Preisen verkaufen wollten, aber das Hoch ist der höchste Preis, den Käufer zu zahlen bereit waren).

Low (Tief) – Der niedrigste Preis des Handels eines Wertes in einem Zeitraum. Der Punkt, an dem es mehr Käufer als Verkäufer gab (d.h., es gab immer Käufer, die zu niedrigeren Preisen kaufen wollten, aber das Tief ist der niedrigste Preis, den Verkäufer zu akzeptieren bereit waren).

Close (Letzter) – Der Preis des letzten Handels eines Zeitraumes. Da er leicht zugänglich ist, wird er meist zur Technischen Analyse herangezogen. Das Verhältnis zwischen erstem und letztem wird von den meisten Technischen Analysten als relevant erachtet. Dieses Verhältnis wird in den *Kerzen-Charts* dargestellt.

Volume (Volumen) – Die Anzahl der Wertpapiere, die während der Börsenzeit gehandelt wurden. Das Verhältnis zwischen Preis und Volumen (z. B. steigende Preise bei erhöhtem Volumen) ist wichtig.

Open Interest (Außenstände) – Die gesamte Anzahl der außenstehenden Kontrakte (die noch nicht ausgeführt oder geschlossen wurden und nicht ausgelaufen sind) eines Futures (Termingeschäfts) oder einer Option.

Bid (Gebot) – Der Preis, zu dem ein Händler gewillt ist, ein Wertpapier zu kaufen (d.h. der Preis, den Sie bekommen, wenn Sie verkaufen).

Ask (Nachfrage) – Der Preis, um den ein Händler gewillt ist, ein Wertpapier zu verkaufen (d.h. der Preis, den sie bezahlen, wenn sie kaufen).

Diese einfachen Felder werden verwendet, um Hunderte technische Hilfsmittel zu erstellen, die sich mit Preisverhältnissen, Trends, Mustern etc. beschäftigen.

Charts

Die Grundlage der technischen Analyse ist der *Chart*. In diesem Fall sagt ein Bild wirklich mehr als tausend Worte.

Man kann aus dem bisherigen Verlauf einer Aktie, eines Index oder eines Wechselkurses ungefähre Voraussagen über die jeweilige weitere Entwicklung treffen. Dabei wird natürlich auch berücksichtigt, dass viele Anleger eine psychologische Kaufentscheidung fällen.

Liniencharts

Ein Linienchart ist der einfachste Chart. Wie im Chart von *Microsoft* in Abbildung 10.2 zu erkennen ist, zeigt der Linienchart den täglichen Schlusskurs der Aktie. Das Datum befindet sich unterhalb des Charts und seitlich stehen die Preise.

Die Stärke des Liniencharts liegt in seiner Einfachheit. Er gibt einen leicht verständlichen Überblick über den Preis eines Wertes. Die meisten Liniencharts basieren auf dem Schlusskurs eines Wertes.

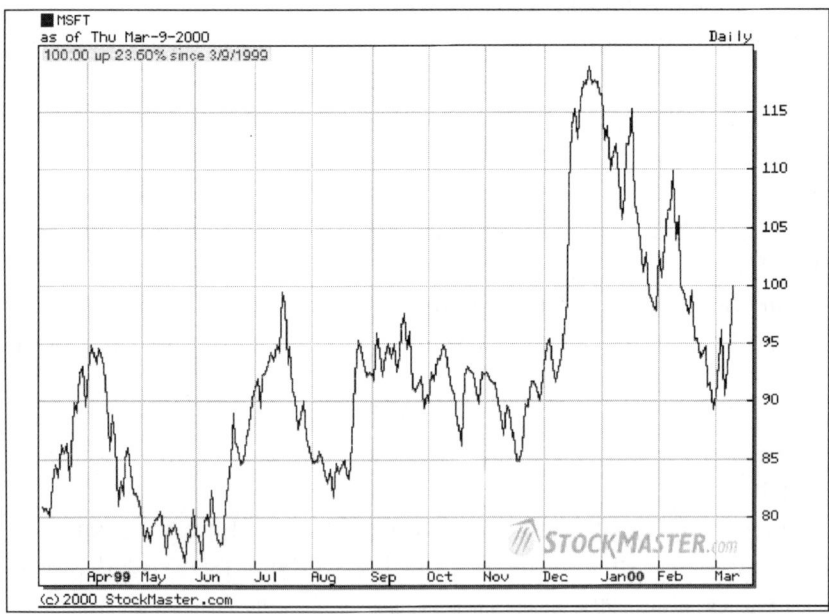

Abbildung 10.2

Balkencharts

Ein Balkenchart zeigt den Eröffnungskurs, das Hoch, das Tief und den Schlusskurs eines Wertes. Balkencharts sind die gebräuchlichste Chartform.

Wie am Chart in Abbildung 10.3 zu sehen ist, zeigt die Spitze jedes Balkens den höchsten Preis, den ein Wert während des Börsentages erreicht hat. Das Ende des Balkens zeigt den tiefsten Preis an. Ein Schlussstrich zur Rechten zeigt den letzten Preis an. Wenn der Eröffnungspreis zugänglich ist, wird er durch einen kleinen Strich auf der linken Seite dargestellt.

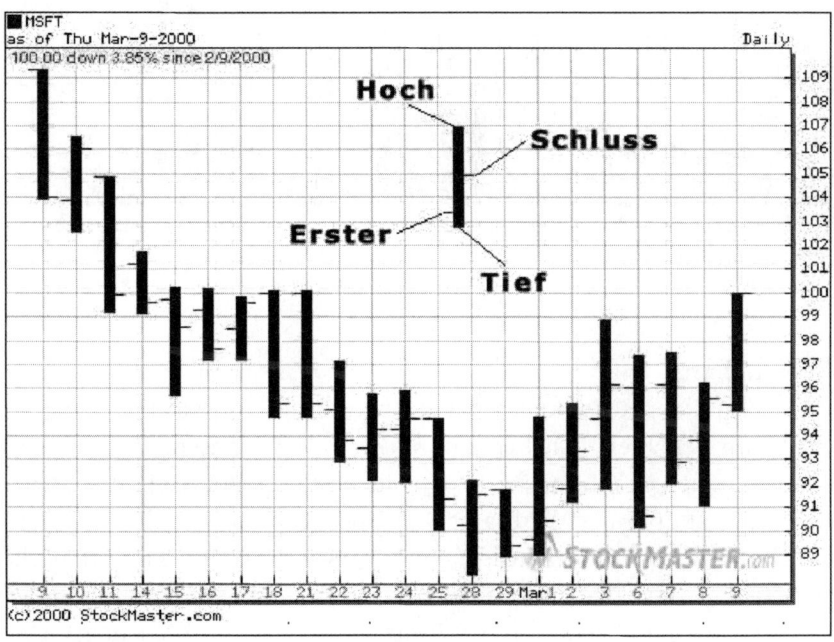

Abbildung 10.3

Volumen-Balkenchart

Das Volumen wird normalerweise als Grafik unter dem Chart dargestellt (siehe Abbildung 10.4). Die meisten Analysten betrachten nur das relative Volumen, daher wird die Höhe des Volumens oft nicht dargestellt.

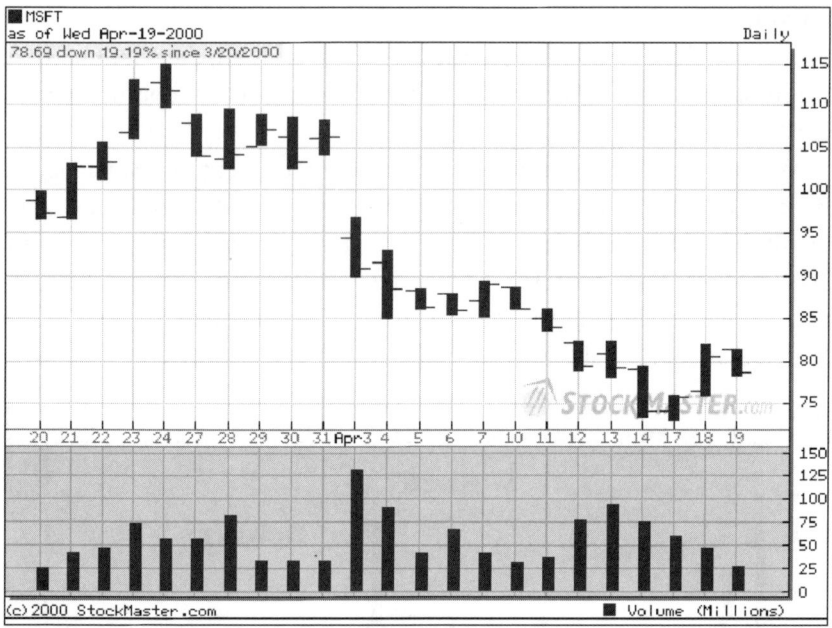

Abbildung 10.4

Kerzencharts

Die Technik der Kerzencharts wurde bereits um 1600 in Japan entwickelt, um den Preis von Reiskontrakten zu analysieren. Ein Kerzenchart zeigt den Eröffnungskurs, den Höchststand, den Tiefststand und den Schlusskurs eines Wertpapiers in einem Format, das dem der Balkencharts ähnlich ist. Allerdings wird im Kerzen-Chart das Verhältnis zwischen Eröffnungs- und Schlusskurs deutlicher dargestellt. Jede Kerze stellt einen bestimmten Zeitraum dar (z. B. ein Börsentag). Die Interpretation von Kerzen-Charts beruht hauptsächlich auf der Bildung von Mustern. Die Erklärung aller Muster würde aber den Rahmen dieses Buches sprengen. In Abbildung 10.5 werden daher nur die Elemente einer Kerze näher erläutert.

Abbildung 10.5

Trends

Ein Trend – der Repräsentant der Veränderung – entsteht durch eine konsistente Preisänderung (d. h. Änderung der Erwartungen der Investoren). Steigt z. B. eine Aktie seit einiger Zeit, so nutzen Investoren jeden kleinen Kursrückgang zu neuen Käufen, wodurch der Kurs bald seinen kleinen Verlust wettgemacht hat und erneut steigt. Sobald die Aktie einen neuen Höchststand erreicht hat, realisieren einige Investoren ihren Gewinn und der Kurs fällt wieder ein wenig. Dieser Rückgang wird von anderen zum Einstieg genutzt usw. Durch die Verbindung der jeweiligen Hoch- und Tiefpunkte ergibt sich ein Aufwärtstrend (Kanal).

Der Trendkanal ist eines der wichtigsten Signale der Charttechnik. Er kommt durch konstante Bewegungen (wie in Abbildung 10.6 ersichtlich), kann aber auch in die entgegengesetzte Richtung verlaufen. Dann nutzen Anleger jeden kleinen Kursanstieg zum Schließen ihrer Position. Dadurch fällt der Kurs, wodurch zum Tiefstkurs wieder Kaufinteresse entsteht usw. Die Verbindung der Hoch- und Tiefpunkte ergibt hier einen Abwärtstrend (Kanal). Beim Seitwärtstrend steigen viele Anleger aus, wenn das bisherige Hoch erreicht ist, und steigen neu ein, wenn der Kurs wieder nahe an seinem Tief steht. Innerhalb eines solchen Seitwärtstrends können Trader, die tief kaufen und hoch verkaufen, Geld verdienen. Wer die Aktie hält, gewinnt oder verliert gar nichts. Langfristige Trends sind leicht zu erkennen. Führen sie aufwärts, laufen sie bald weiter nach oben. Solche Trends können jahrelang andauern und große Gewinne ohne besondere Mühe bescheren.

Aus dieser einfachen Anlagestrategie leitet sich das Börsianersprichwort „the trend is your friend", das besagt: Folge dem Trend und steige nie in einem Aufwärtstrend aus und nicht in einem Abwärtstrend ein. Dabei ist es sehr wichtig, darauf zu achten, ob der Trendkanal intakt bleibt. Durchbricht der Kurs einer Aktie die untere Linie eines solchen Aufwärtstrends, droht die Gefahr, dass dieser zu Ende ist und weitere Kursverluste folgen können. Umgekehrt bedeutet der so genannte „Ausbruch" aus einem Abwärtstrend über die obere Linie des Abwärtstrends, dass eine Kurserholung möglich ist. Charttechnisch ist die Aktie dann wieder interessant. Ein Kaufsignal stellt der Ausbruch aus einem Seitwärtstrend über die obere Begrenzung dar. Im Börsenjargon: „Der Weg ist frei für neue Höchststände", also einsteigen. Umgekehrt ist es sehr schlecht, wenn der Kurs aus einem Seitwärtstrend unter die untere Begrenzung fällt, denn dann drohen schnell weitere Verluste. Wie aus Abbildung 10.6 ersichtlich ist, ist ein steigender Trend durch höhere Tiefpreise charakterisiert. Die Bullen kontrollieren den Markt und treiben die Preise nach oben. Abbildung 10.7 zeigt einen fallenden Trend. Dieser wird durch niedrigere Hochpreise definiert. Die Bären kontrollieren den Markt und treiben die Preise nach unten.

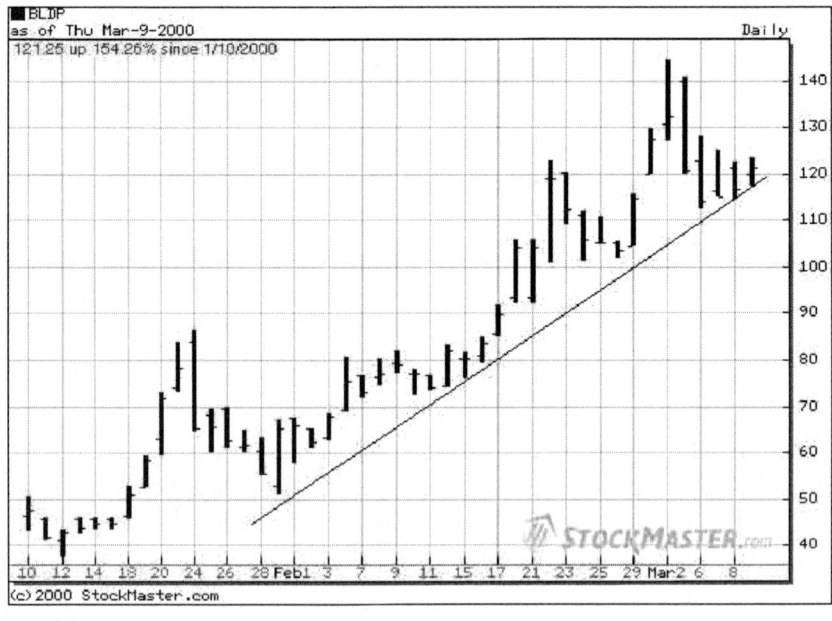

Abbildung 10.6

Abbildung 10.7

Abbildung 10.8

259

Wenn sich die Erwartungen der Investoren ändern, können Preise die Trendlinien durchbrechen. Abbildung 10.8 zeigt, wie die fallende Trendlinie von *America Online* durchbrochen wurde, als die Investoren keine tieferen Preise mehr erwarteten.

Erfolgt dieser Ausbruch bei erhöhtem Volumen, so zeigt dies meist an, dass der vorhergehende Trend nicht weiter anhält.

Unterstützung und Widerstand

Aus dem Trend abgeleitet, ergeben sich zwei weitere charttechnische Signale: die obere Begrenzung eines Trends, die *Widerstandslinie* und die untere Begrenzung, die *Unterstützungslinie*.

Widerstände entstehen aus Hochpunkten, die mehrmals nicht überschritten werden konnten. Da dies den Anlegern aus der Kursentwicklung der Vergangenheit bekannt ist, ist es wahrscheinlich, dass Verkäufe nahe dem Hochpunkt wieder einen Kursrückschlag hervorrufen. Das Gleiche gilt bei Kursrückgängen. Drehte der Kurs auf einem bestimmten Niveau schon einmal, so stehen die Chancen gut, dass er an dieser Stelle erneut sein Tief sieht. Es bildet sich eine Unterstützung.

Man kann die Preise von Wertpapieren als das Ergebnis eines Kampfes zwischen einem Bullen (dem Käufer) und einem Bären (dem Verkäufer) sehen. Die Bullen drücken die Preise nach oben, die Bären nach unten. Die Richtung, in der sich die Preise bewegen, zeigt an, wer die Schlacht gewinnt.

Sehen Sie sich unter Berücksichtigung dieser Analogie die Preisbewegungen von *Fatbrain* (FATB) in Abbildung 10.9 an. Im dargestellten Zeitraum erkennen Sie, wie fast jedes Mal die Bullen (die Käufer) die Kontrolle übernahmen, wenn sich der Preis auf $14 senkte, und damit verhinderten, dass der Preis weiter fiel.

Das bedeutet, dass die Käufer der Meinung waren, bei einem Preis von $14 in FATB zu investieren, sei eine gute Idee. Gleichzeitig wollten die Verkäufer nicht um weniger als um $14 verkaufen. Diese Art der Preisentwicklung nennen wir „Unterstützung", weil die Käufer den Preis von $14 unterstützen.

Analog der Unterstützung ist der Widerstand der Punkt, an dem die

Abbildung 10.9

Verkäufer den Preis kontrollieren und verhindern, dass er weiter steigt. Abbildung 10.10 zeigt, wie es fast jedes Mal, wenn der Preis sich an $24 annäherte, mehr Verkäufer als Käufer gab, und der Preis nicht steigen konnte.

Der Preis, bei dem ein Handel stattfindet, ist der Preis, auf den sich ein Bulle und ein Bär einigen können. Er stellt den Konsens ihrer Erwartungen dar. Die Bullen glauben, dass die Preise steigen werden, und die Bären glauben, die Preise werden fallen. Die Unterstützungslinie zeigt den Preis an, bei dem die meisten Investoren glauben, dass der Preis steigen wird. Die Widerstandslinie zeigt den Preis an, bei dem die meisten Investoren glauben, dass der Preis fallen wird.

Aber die Erwartungen der Investoren verändern sich mit der Zeit. Lange Zeit glaubten die Investoren nicht, dass der Dow-Jones-Index über 1.000 steigen könnte (wie am starken Widerstand bei 1.000 in Abbildung 10.11 zu sehen ist). Aber nur wenige Jahre später waren die Investoren bereit, Handel zu treiben, während der Dow auf fast 2500 gestiegen war.

Abbildung 10.10

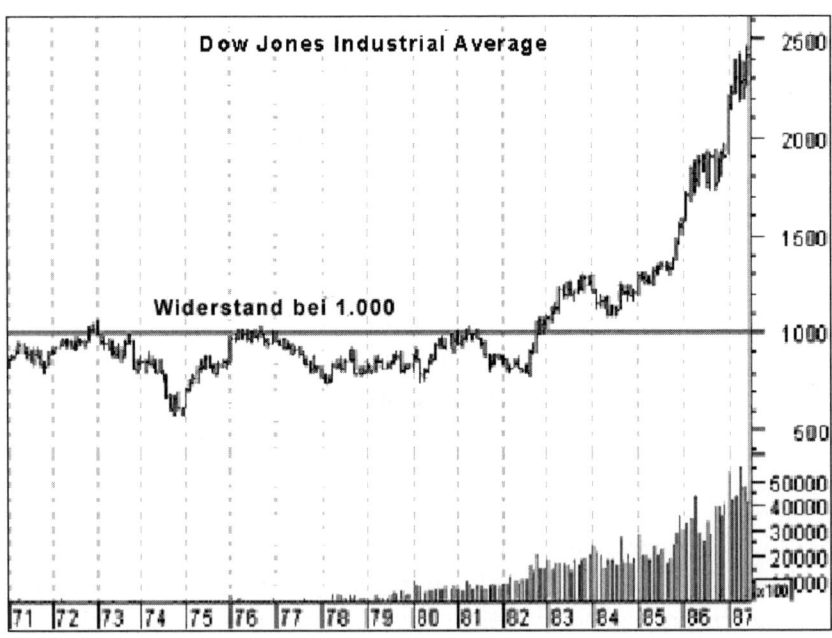

Abbildung 10.11

Wenn sich die Erwartungen der Investoren verändern, dann oft abrupt. Als z. B. der Preis von *Qualcomm* (QCOM) durch den Widerstand brach (siehe Abbildung 10.12), tat er dies deutlich und mit erhöhtem Volumen.

Abbildung 10.12

Als die Investoren erkannten, dass Qualcomm auf einem höheren Niveau gehandelt werden konnte, waren viele bereit, die Aktie zu höheren Preisen zu kaufen, und verursachten einen Anstieg im Volumen sowie im Preis. Entsprechend verhielten sich die Verkäufer: Zuvor waren sie bereit, den Wert um $8 zu verkaufen, aber auch sie erwarteten, dass der Preis weiter steigen würde, und verkauften nicht mehr so günstig.

Die Entwicklung von Unterstützungs- und Widerstandsniveaus ist wahrscheinlich eine der wichtigsten Erkenntnisse, die aus Charts gewonnen werden können. Das Durchbrechen dieser Niveaus kann durch eine Veränderung der fundamentalen Werte (Wechsel im Vorstand, Quartalsergebnisse, Wettbewerb usw.), durch aktuelle Meldungen (neue Produkte, Firmenübernahmen etc.) oder durch „self-fulfilling prophecy" ausgelöst werden. Der Grund ist nicht so wichtig wie die Wirkung – neue Erwartungen führen zu neuen Preisniveaus.

Des Traders Reue

Nachdem ein Widerstand durchbrochen wurde, hinterfragen die Trader meist das neue Preisniveau. Oft scheint den Käufern und Verkäufern die Berechtigung des neuen Preisniveaus nicht ausreichend zu sein und sie verkaufen. Dieses Phänomen ist des Traders Reue, bei dem der Preis nach einem Ausbruch auf den Widerstand zurückfällt.

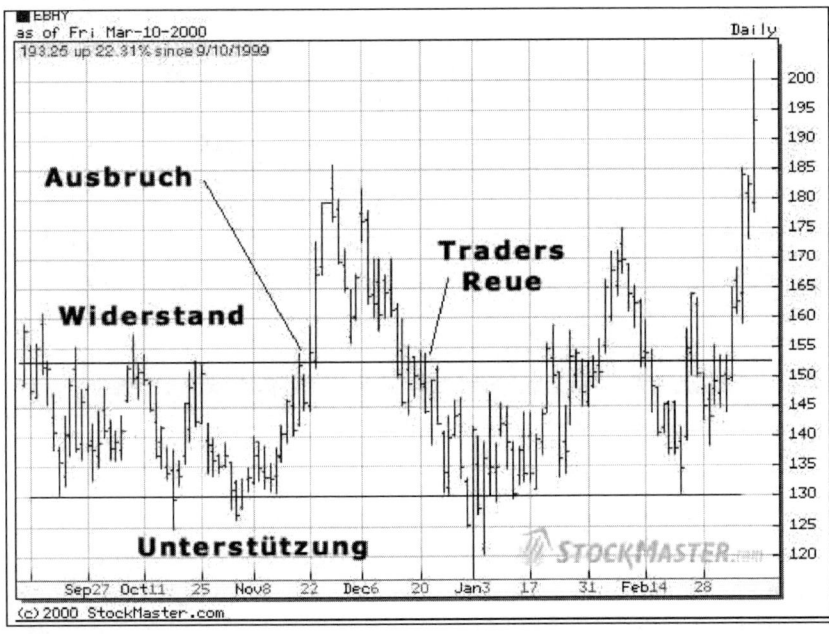

Abbildung 10.13

Am Ausbruch von *Ebay* (Abbildung 10.13) erkennen Sie, wie die Preiskorrektur gleich auf den Ausbruch folgte und der Preis wieder auf das Unterstützungsniveau fiel (sogar leicht darunter).

Das Verhalten des Preises in dieser Zeit ist von größter Bedeutung. Es gibt dabei zwei Möglichkeiten: Entweder man einigt sich darauf, dass der neue Preis ungerechtfertigt ist, dann fällt dieser in den vorherigen Bereich oder sogar darunter zurück, oder die Investoren akzeptieren den neuen Preis, der sich weiterhin in der Richtung des Durchbruchs entwickeln kann.

Wenn nach der Reue des Traders der allgemeinen Meinung nach der neue Preis ungerechtfertigt ist, haben wir eine klassische „Bullenfalle" (oder einen „falschen Ausbruch"). Wie aus Abbildung 10.14 ersichtlich ist, durchbrach der Preis von *Philip Morris* den Widerstand bei ca. $40 und zog eine Herde Bullen an, die ein höheres Preisniveau erwarteten. Dann fiel der Preis unter den früheren Widerstand zurück und die Bullen blieben auf einem Haufen überteuerter Aktien sitzen.

Abbildung 10.14

Ähnlich entsteht eine Bärenfalle. Der Preis fällt lange genug unter das Unterstützungsniveau, um den Bären die Möglichkeit zu geben, zu verkaufen oder short zu gehen. Dann steigt der Preis wieder über die Unterstützungslinie und vertreibt die Bären aus dem Markt. Die zweite Möglichkeit nach der Reue des Traders ist natürlich, dass sich die Erwartungen der Investoren ändern und der neue Preis akzeptiert wird. In diesem Fall bewegt sich der Preis weiter in die Richtung des Ausbruchs.

Abbildung 10.15

Abbildung 10.16

266

Die Erwartungen, die auf einen Ausbruch folgen, können anhand des Volumens eingeschätzt werden. Wenn der Ausbruch von einem deutlichen Anstieg im Volumen begleitet wird und die Phase der Reue wenig Volumen aufweist, deutet dies daraufhin, dass sich die neuen Erwartungen durchsetzen werden. Wenn andererseits der Ausbruch bei geringem Volumen stattfindet und sich das Volumen während der Reuephase steigert, kann davon ausgegangen werden, dass wenige Investoren ihre Erwartungen geändert haben und sich der Preis auf das vorherige Niveau zurückbewegen wird.

Zusammenfassung

1. Der Preis eines Wertpapiers stellt den fairen Marktwert dar, der auf Übereinstimmung zwischen Käufern (Bullen) und Verkäufern (Bären) beruht.
2. Preisveränderungen resultieren aus Änderungen der Erwartungen der Investoren bezüglich des zukünftigen Preises des Wertpapiers.
3. Unterstützungsniveaus entstehen durch die übereinstimmende Meinung, dass der Preis nicht weiter fallen wird. An diesem Punkt gibt es mehr Käufer als Verkäufer.
4. Widerstandsniveaus entstehen durch die übereinstimmende Meinung, dass der Preis nicht weiter steigen wird. An diesem Punkt gibt es mehr Verkäufer als Käufer.
5. Der Ausbruch durch ein Unterstützungs- oder Widerstandsniveau zeigt eine Veränderung der Erwartungen der Investoren an.
6. Mit Hilfe des Volumens lässt sich oft feststellen, wie stark die Veränderung der Erwartungen wirklich ist.
7. Des Traders Reue folgt oft auf den Ausbruch durch ein Unterstützungs- oder Widerstandsniveau, indem die Preise auf den durchbrochenen Wert zurückkehren.

Indikatoren in der Technischen Analyse

Mit Hilfe der Indikatoren der Technischen Analyse bestimmt man den Trend, die Stärke und die Richtung eines Wertes oder Marktes. Manche Indikatoren können in Form einer Gleichung oder eines Algorithmus angewendet werden, andere zeigen sich als Muster. Ein Indikator ist eine mathematische Kalkulation anhand der Preis- und/oder Volumendaten eines Wertpapiers. Das Ergebnis ist ein Wert, der zukünftige Preisänderungen vorherbestimmen soll.

An einem bestimmten Punkt erhält der Analyst ein Signal, das auf einem oder mehreren Indikatoren beruht. Es zeigt dem Analysten eine bestimmte Vorgehensweise an (kaufen, verkaufen, halten). Die Methode, die der Technische Analyst anwendet, sollte genau, objektiv und zuverlässig sein. Es handelt sich dabei nicht um eine mechanische, sondern eine subjektive Methode. Daher erinnert spekulatives Traden auch eher an eine Kunst als an eine Wissenschaft. Die besten Trader bauen sowohl auf technische Indikatoren als auch auf ihre Intuition.

Einer der genannten Indikatoren ist der „Gleitende Durchschnitt": eine Berechnung, die dazu dient, zukünftige Wertentwicklungen vorherzubestimmen.

Moving Average (Gleitender Durchschnitt)

Der Gleitende Durchschnitt ist eines der ältesten und beliebtesten Hilfsmittel der Technischen Analyse. In diesem Abschnitt behandeln wir die grundlegende Berechnung und Interpretation des Gleitenden Durchschnittes.

Der Gleitende Durchschnitt ist der durchschnittliche Preis eines Wertpapiers zu einer bestimmten Zeit. Bei der Berechnung des Gleitenden Durchschnitts legen Sie einen Zeitraum fest, für den Sie den Durchschnittspreis kalkulieren. Wenn sich der Preis eines Wertpapiers verändert, bewegt sich der Gleitende Durchschnitt nach oben oder nach unten.

Die Gleitenden Durschschnitte ergeben sich aus dem Durchschnitt einer bestimmten Zahl vergangener Handelstage und werden in den Chart eingezeichnet. Häufig werden die Werte der letzten 20, 50, 90 oder 200 Börsentage verwendet.

Der einfache Gleitende Durchschnitt wird folgendermaßen berechnet: Addieren Sie die Preise eines Wertpapiers in der Zeit „n" und dividieren Sie das Ergebnis durch „n". Zum Beispiel addieren Sie die Schlusskurse einer Aktie an den letzten 50 Tagen und dividieren die

Summe durch 50; somit erhalten Sie den durchschnittlichen Preis der letzten 50 Tage.

Da der Gleitende Durchschnitt beim Chart in Abbildung 10.17 den durchschnittlichen Preis der letzten 50 Tage darstellt, zeigt er den Konsens der Erwartungen der Investoren in diesem Zeitraum an. Wenn der Preis eines Wertpapiers über dem Gleitenden Durchschnitt liegt, bedeutet das, dass die allgemeine Erwartung der Investoren höher ist als der Preis der letzten 50 Tage; die Investoren werden zunehmend *bullish*. Wenn andererseits der Preis unter dem Gleitenden Durchschnitt liegt, deutet das darauf hin, dass die gegenwärtigen Erwartungen unter dem Durchschnitt der letzten 50 Tage liegen.

Die klassische Interpretation des Gleitenden Durchschnitts liegt in der Beobachtung von Preisveränderungen. Investoren kaufen typischerweise, wenn der Preis eines Wertpapiers über den Gleitenden Durchschnitt steigt, und verkaufen, wenn der Preis eines Wertpapiers unter den Gleitenden Durchschnitt fällt. Vorsicht ist besonders bei Überschneidungen verschiedener Trendlinien geboten. Fällt die 30-

Abbildung 10.17

Tage-Linie unter die 200-Tage-Linie, wird dies als besonders schlechtes Zeichen gewertet.

Der Vorteil des Gleitenden-Durchschnitts-Systems (d.h. kaufen und verkaufen, wenn der Gleitende Durchschnitt durchbrochen wird) ist, dass man immer auf der „richtigen" Seite des Marktes steht – die Preise können nicht weit steigen, ohne dass sie über den Gleitenden Durchschnitt hinausgehen. Der Nachteil ist, dass Sie immer erst spät kaufen und verkaufen werden. Wenn der Trend nicht ausreichend lange anhält (meist doppelt so lange wie der Zeitabschnitt des Gleitenden Durchschnittes), dann werden Sie wahrscheinlich wenig oder keinen Profit mit dieser Strategie erwirtschaften.

Der am häufigsten verwendete Gleitende Durchschnitt ist der *200-Tage-Gleitende-Durschnitt*, da er die beste Auskunft über große und länger anhaltende Markttrends gibt. Der Gleitende Durchschnitt wird manchmal mit Kanal-Linien dargestellt, die es leichter machen, signifikante Abweichungen leichter zu erkennen. Diese Kanal-Linien werden in einem festen Abstand zum Gleitenden Durchschnitt gezeichnet.

Gleitende Durchschnitte können auch für Indikatoren ermittelt werden. In diesem Fall ist die Interpretation ähnlich wie beim Gleitenden Durchschnitt einer Aktie: Wenn der Indikator über seinen Gleitenden Durchschnitt steigt, zeigt dies einen signifikanten Aufwärtstrend des Indikators an (und umgekehrt).

Manche Indikatoren, wie z. B. der kurzzeitige *Stochastische Oszillator*, bewegen sich so schnell und unregelmäßig, dass man oft nur schwer sagen kann, in welche Richtung ihr Trend geht. Mit Hilfe des Gleitenden Durchschnitts des Indikators lässt sich auch der Trend eines Indikators besser erkennen. Wenn Sie in Kauf nehmen, dass Sie das Signal ein wenig später, aber dafür deutlicher erkennen werden, können Sie z. B. mit Hilfe eines kurzen Gleitenden Durchschnitts (2-10 Tage) des Stochastischen Oszillators dann verkaufen, wenn der Gleitende Durchschnitt unter die 80%-Linie fällt, und nicht schon wenn der Indikator selbst darunter liegt.

MACD

Der *MACD* (Moving Average Convergence / Divergence) wird berechnet, indem man den 26-Tage-Gleitenden-Durchschnitt vom 12-Tage-Gleitenden-Durchschnitt eines Wertes subtrahiert. Das Ergebnis oszilliert um 0.

Wenn der MACD über 0 liegt, bedeutet das Folgendes: Der 12-Tage-Gleitende-Durchschnitt liegt über dem 26-Tage-Gleitenden-Durchschnitt. Das ist ein bullishes Zeichen, da es anzeigt, dass die derzeitigen Erwartungen (der 12-Tage-Gleitende-Durchschnitt) höher sind als die früheren Erwartungen (der 26-Tage-Gleitende-Durchschnitt). Das wiederum bedeutet eine bullishe Bewegung des Angebotes und der Nachfrage. Wenn der MACD unter 0 fällt, ist dies ein bearishes Zeichen, da die derzeitigen Erwartungen (der 12-Tage-Gleitende-Durchschnitt) niedriger sind als die früheren Erwartungen (der 26-Tage-Gleitende-Durchschnitt).

Über den MACD wird gewöhnlich ein 9-Tage-Gleitender-Durchschnitt gezeichnet (Signal-Linie), die Kauf- und Verkaufsignale geben soll.

Es gibt drei gängige Anwendungen für den MACD: Überschneidung, overbought/oversold und Divergenzen.

Überschneidung: Die grundlegende Regel des MACD-Trading ist, zu kaufen, wenn der MACD über seine Signal-Linie steigt, und zu verkaufen, wenn er darunter fällt. Oft wird auch gekauft und verkauft, wenn der MACD über oder unter 0 geht.

Overbought/oversold: Der MACD ist als Anzeiger für Überverkäufe und Überkäufe nützlich. Wenn der MACD stark steigt, weist das darauf hin, dass der Preis des Wertpapiers überhöht ist und sich bald auf ein realistischeres Niveau begeben wird.

Divergenzen: Ein Anzeiger dafür, dass sich der gegenwärtige Trend seinem Ende nähert, ist die Divergenz des MACD vom Preis des Wertpapiers. Bei einer bearishen Divergenz fällt der MACD auf ein Tief, ohne dass der Wertpapierpreis einen Tiefstand erreicht. Bei einer bullishen Divergenz steigt der MACD auf ein Hoch, ohne dass der Wertpapierpreis einen Hochstand erreicht.

In Abbildung 10.19 sehen Sie den MACD und seine Signallinie.

Abbildung 10.18

Abbildung 10.19

272

Die „Kauf-Pfeile" zeigen an, wo der MACD über seine Signallinie stieg, die „Verkauf-Pfeile" zeigen an, wo der MACD unter seine Signallinie fiel.

Bollinger Bands

Das Konzept der *Bollinger Bands* wurde von John Bollinger entwickelt. Bollinger Bands ähneln den Moving-Average-Kanal-Linien. Der Unterschied besteht darin, dass die Kanal-Linien des Gleitenden Durchschnitts einen fixierten Abstand zur Mittellinie einhalten, wohingegen die Kanal-Linien der Bollinger Bands mittels Standardabweichungsniveaus gezeichnet werden. Das Standardabweichungsniveau ist ein statistischer Maßstab der Volatilität. Ein hoher Standardabweichungswert wird erreicht, wenn der analysierte Wert (Preis oder Volumen) sich drastisch verändert. Ein niedriger Standardabweichungswert zeigt stabile Preise und gleichmäßiges Volumen.

In Abbildung 10.20 sehen Sie die Bollinger Bands für Qualcomm mit einem 20-Tage-Gleitenden-Durchschnitt. Die Kanal-Linien entfernen sich zu Zeiten hoher Volatilität weiter voneinander und rücken in preis- und volumenstabileren Zeiten zusammen. Die eng beieinander liegenden Bänder deuten auf einen Preisausbruch hin. Je länger die Kanal-Linien nahe beieinander liegen, desto wahrscheinlicher wird ein Preisausbruch.

Führende und folgende Indikatoren

Gleitende Durchschnitte und MACD sind Beispiele für dem Trend folgende Indikatoren. Diese Indikatoren funktionieren wunderbar in Märkten mit längeren Trends. Sie warnen nicht vor Preisveränderungen, sondern sagen Ihnen nur, wie sich die Preise gerade verhalten, so dass Sie Ihre Investmententscheidungen danach richten können. Mit Hilfe trendfolgender Indikatoren kaufen und verkaufen Sie relativ spät, aber als Entschädigung dafür, dass Sie die frühen Gelegenheiten verpassen, wird Ihr Risiko reduziert, indem Sie sich auf der richtigen Seite des Marktes befinden.

Die führenden Indikatoren helfen Ihnen, davon zu profitieren, dass

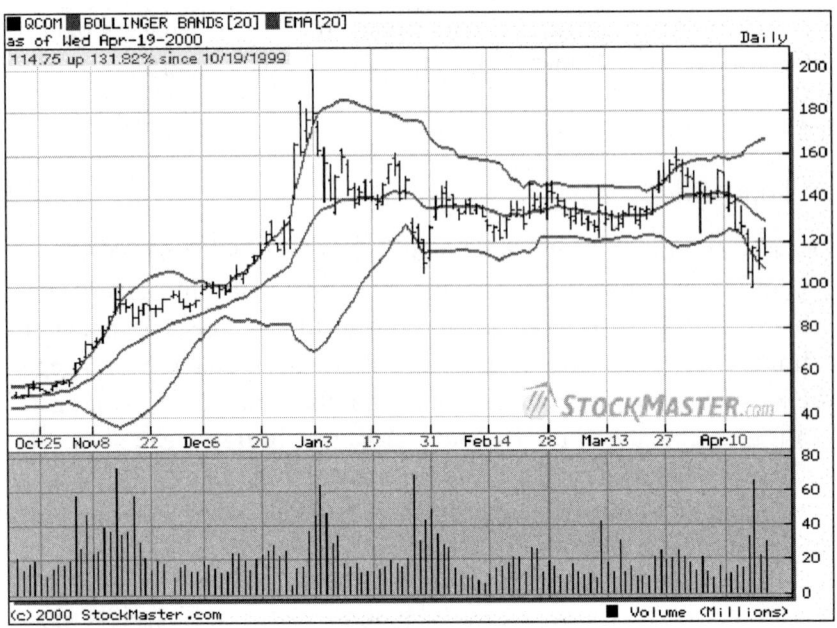

Abbildung 10.20

Sie vorherbestimmen, was die Preise als Nächstes tun werden. Führende Indikatoren machen höhere Gewinne möglich, erhöhen jedoch auch das Risiko. Sie funktionieren deshalb am besten in Märkten, die sich seitwärts bewegen.

Führende Indikatoren bieten einen Maßstab für die Beantwortung der Frage, wie überkauft oder überverkauft ein Wertpapier ist, unter der Annahme, dass ein überverkaufter Wert wieder im Preis steigen wird und umgekehrt.

Welche Indikatoren Sie verwenden, hängt von Ihnen ab. Die Erfahrung zeigt aber, dass die meisten Investoren Trends besser folgen können, als sie vorherzusagen.

Divergenz
Bei einer Divergenz stimmt der Preis eines Wertpapiers nicht mit dem Trend eines Indikators überein. Meist passt sich dann der Preis dem Trend des Indikators an, da der Indikator normalerweise ein besserer Maßstab für die Trendrichtung des Preises ist als der Preis selbst.

274

Abbildung 10.21

Natürlich kann ein so wichtiges und umfangreiches Thema wie die Technische Analyse in diesem Rahmen nicht gebührend behandelt werden. Die Literatur zum Thema ist aber sehr umfassend und für jeden Trader sollten die entsprechenden Bücher von John J. Murphy, Jack Schwager und Erich Florek zur Standardlektüre gehören.

Marktindikatoren

Die bisher besprochenen Hilfsmittel der Analyse bezogen sich alle auf den Preis eines Wertpapiers (Hoch, Tief, Schlusskurs, Volumen usw.). Daneben gibt es eine Gruppe von Analysehilfsmitteln, deren Aufgabe es ist, die Veränderungen der Werte in einem bestimmten Markt zu erkennen und zu beschreiben. Diese Hilfsmittel nennt man *Marktindikatoren*, da sie einen ganzen Markt betreffen und nicht nur einen einzelnen Wert.

Für die Bewertung eines Aktienmarktes steht eine deutlich größere Menge an Daten zur Verfügung als für die Analyse eines Einzelwertes.

Zum Beispiel die Anzahl der Aktien, die an diesem Tage ein Hoch erreicht haben; die Aktien, deren Preis steigt; das Volumen im Zusammenhang mit den Aktien, deren Preis steigt. Marktindikatoren können nur für einen Markt und nicht für eine einzelne Aktie ermittelt werden, weil für Letzteres die erforderlichen Daten fehlen.

Erst die Marktindikatoren verleihen der Technischen Analyse Tiefe, da sie mehr Information beinhalten als nur Volumen und Preis. Meist werden zunächst Marktindikatoren dazu verwendet, die generelle Richtung eines Marktes zu bestimmen, und dann wird mit Hilfe der Preis/Volumen-Information festgestellt, wann ein Einzelwert gekauft oder verkauft werden sollte.

Verschiedene Marktindikatoren

Es gibt drei Arten von Marktindikatoren: monetäre, Meinung und Impuls.

Monetäre Indikatoren beziehen sich auf ökonomische Daten, z. B. Kreditzinsen. Damit kann das wirtschaftliche Klima, in dem die notierten Firmen arbeiten und das als externe Kraft die Wirtschaftlichkeit und den Aktienpreis derselben direkt beeinflusst, ermittelt werden. Beispiele für monetäre Indikatoren sind Kreditzinsen, Inflation, Pro-Kopf-Verschuldung usw.

Meinungsindikatoren beziehen sich auf die Erwartungen der Investoren – oft bevor diese Erwartungen sich im Preis niederschlagen. Bei einem Einzelwert ist der Preis oft der einzige Maßstab der Erwartungen der Investoren. Für einen so großen Markt wie den NYSE gibt es allerdings mehr Meinungsindikatoren, z. B. die Anzahl der *Odd-Lot-Verkäufe* (Was machen die Kleinanleger?), das *Put/Call-Verhältnis* (Wie viele Anleger kaufen Puts oder Calls?), das Verhältnis zwischen bullishen und bearishen Finanzberatern etc.

Contrarians (Gegenteil-Investoren) verwenden Meinungsindikatoren, um herauszufinden, was der Großteil der Investoren von der Preisentwicklung erwartet; dann tun sie das Gegenteil davon. Ihr Hintergedanke ist folgender: Wenn sich alle einig sind, dass der Preis weiter steigen wird, gibt es wahrscheinlich nicht genügend Investoren, die den Preis weiter anheben werden. Diese Annahme hat sich schon oft bewahrheitet – die meisten Investoren sind bei Markthöchstständen

276

(wo sie verkaufen sollten) bullish und bei Markttiefständen (wo sie kaufen sollten) bearish.

Die dritte Art der Indikatoren, der *Impulsindikator*, misst die Beschleunigung bzw. Verlangsamung der Preise. Er zeigt an, was der Preis tatsächlich tut, indem er das Preisverhalten genauer unter die Lupe nimmt. Bei einem Hoch des Impulses mit anschließender Abwärtsbewegung kann davon ausgegangen werden, dass ein Hoch im Markt erreicht wurde. Wenn der Impuls ein Tief erreicht und sich dann wieder aufwärts bewegt, signalisiert dies einen wahrscheinlichen Preisanstieg. Während eines Preistrends bleibt der Impuls flach. Impulsindikatoren sind z. B. die Preis/Volumen-Indikatoren der verschiedenen Märkte (wie der MACD des Dow Industrial), das Verhältnis zwischen den Aktien auf Höchststand und Aktien auf Tiefstand, das Verhältnis zwischen steigenden und fallenden Aktien (Advance/Decline), der Vergleich zwischen dem Volumen im Zusammenhang mit Preissteigerung und Preisrückgang usw.

Die obigen drei Marktindikatoren geben uns also Aufschluss über folgende Faktoren:

1. Die externen monetären Gegebenheiten in Bezug auf die Wertpapierpreise. Dieser Indikator sagt uns, was die Preise tun sollten.
2. Die Meinung der Investoren über bestimmte Sektoren des Marktes. Dieser Indikator sagt uns, was die Investoren von den Preisen erwarten.
3. Der derzeitige Impuls des Marktes. Dieser Indikator sagt uns, was die Preise wirklich tun.

Advance/Decline-Linie

Die Advance/Decline-Linie (A/D-Linie Gewinner/Verlierer-Anzeige) ist ein Impulsindikator, der den Unterschied zwischen gestiegenen und gefallenen Aktien am NYSE zeigt. Dieser Unterschied bildet die Grundlage vieler Indikatoren der Marktausdehnung und stellt die tägliche Stärke des Marktes dar. Die A/D-Linie zeigt diesen Indikator über einen Zeitraum grafisch an.

Viele Investoren sind der Meinung, diese Linie zeige die Stärke des Marktes besser an als allgemein verwendete Indikatoren, wie z. B. der Dow Jones Industrial Average (DJIA) oder der S&P 500. Anhand des

Trends der A/D-Linie können Sie erkennen, ob sich der Markt in einem steigenden oder fallenden Trend befindet, ob der Trend noch anhält und wie lange der gegenwärtige Trend schon vorherrscht.

Darüber hinaus hilft Ihnen die A/D-Linie, auf Divergenzen zum DJIA zu achten. Oft kann ein Ende eines Bullenmarktes vorausgesehen werden, wenn sich die A/D-Linie abwärts neigt, während der DJIA weiterhin neue Höchststände erreicht. Die Börse ist noch im Aufwind, wird aber von einigen wenigen Spitzenwerten angeführt. In der Vergangenheit hat sich bei jeder solchen Divergenz der DJIA zur A/D-Linie hin korrigiert. Die militärische Analogie zu diesem Ereignis sieht folgendermaßen aus: Wir steuern auf Schwierigkeiten zu, wenn die Generäle vorauseilen (der DJIA neue Höchststände erreicht), die Soldaten aber nicht folgen wollen (die A/D-Linie steigt nicht mit dem DJIA).

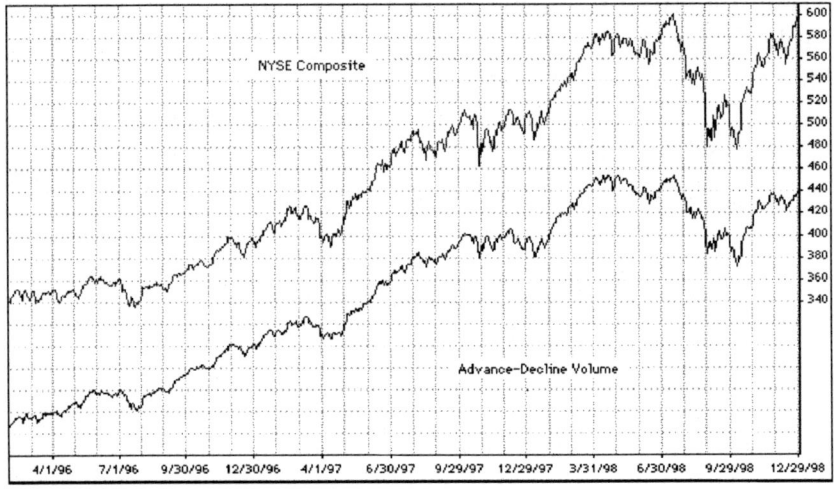

Abbildung 10.22

Der Zeitfaktor

Der Großteil der Technischen Analyse beschäftigt sich mit der Preisentwicklung in einem bestimmten Zeitraum. In Abbildung 10.23 sehen Sie, wie sich der Zeitfaktor auf die Preisentwicklung von *Ballard Power Systems* auswirkte. Die Investoren bestätigten den Aufwärtstrend der Aktie kontinuierlich bis zum Höchststand von über $130.

278

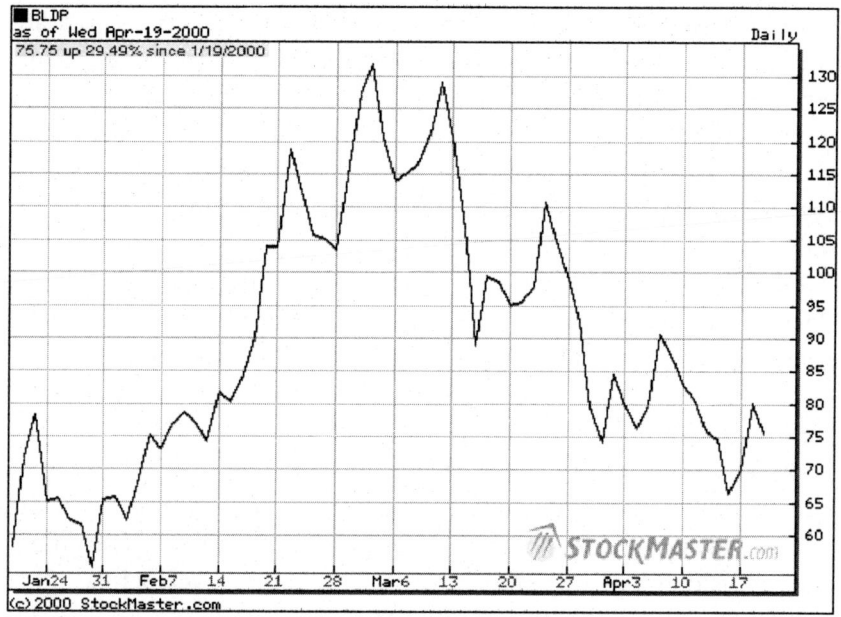

Abbildung 10.23

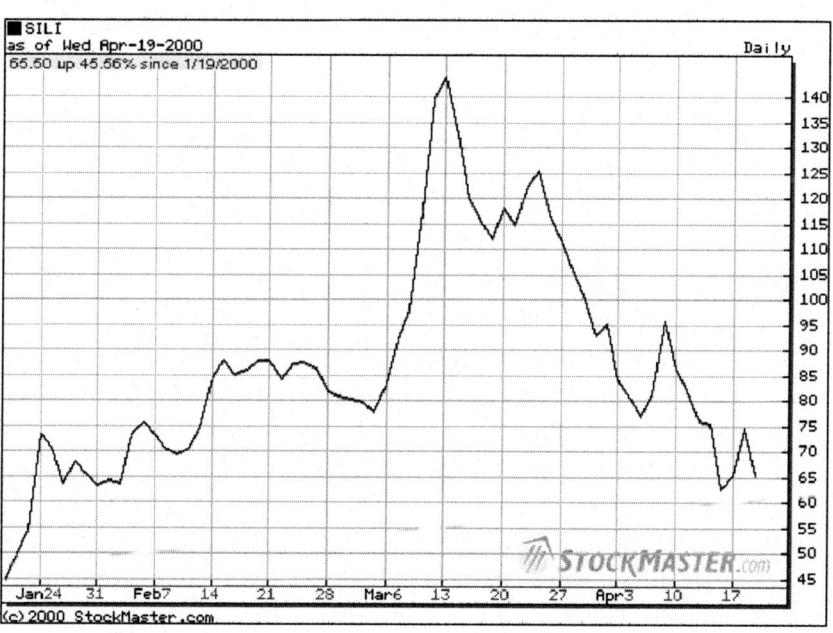

Abbildung 10.24

In Abbildung 10.24 sehen Sie, wie sich der Preis von *Siliconix* auf ein ähnliches Niveau entwickelte. Dies tat er aber in mehreren, deutlichen Bewegungen. Das heißt, dass die Investoren mehrfach der Meinung waren, der Preis würde sich weiter nach oben bewegen. Aber nach der ersten Bewegung mussten sie sich zuerst an das neue Preisniveau gewöhnen, bevor sie bereit waren, den Preis weiter steigen zu lassen.

Die Pause nach dem ersten deutlichen Preisanstieg ist ein typisches Phänomen. Die Investoren sind nicht gerne dazu bereit, plötzliche neue Preise einfach zu akzeptieren, aber mit der Zeit nehmen sie sie an. Was zuvor teuer erschien, sieht plötzlich günstig aus, während sich die Erwartungen der Investoren entwickeln.

Bisher wurden einige grundlegende Hilfsmittel der Technische Analyse behandelt, aber es gibt noch unzählige weitere. Daher ist einer der schwierigsten Aspekte dieser Methode, sich für bestimmte Hilfsmittel zu entscheiden. Wir raten Ihnen daher, Folgendes zu versuchen:

- Stellen Sie die allgemeine Marktlage fest.

  Wenn Sie z. B. Aktien handeln, stellen Sie den Trend der Kreditzinsen, den Trend des NYSE und der Erwartungen der Investoren fest. (Lesen Sie z. B. die Zeitungen.)

- Wählen Sie die Aktien aus.

  Wählen sie Aktien aus einem Sektor, in dem Sie sich auskennen oder der Sie interessiert, oder stellen Sie Ihre eigenen Nachforschungen über Aktienempfehlungen bekannter und vertrauenswürdiger Analysten an.

- Stellen Sie den allgemeinen Trend der Aktie fest.

  Betrachten Sie den 200-Tage-Gleitenden-Durchschnitt des Schlusspreises einer Aktie. Die besten Kaufgelegenheiten bieten sich normalerweise, wenn die Aktie gerade über diesen langfristigen Gleitenden Durchschnitt gestiegen ist.

- Wählen Sie den richtigen Zeitpunkt zum Einstieg aus.

  Kaufen und verkaufen Sie nach Maßgabe Ihrer bevorzugten Indikatoren. Aber beachten Sie dabei immer den allgemeinen Markttrend.

Der Erfolg in der Anwendung der Technischen Analyse kommt mit der Übung. Sie werden mittels der Technischen Analyse nicht den Stein der Weisen finden, denn letztlich treffen immer noch Sie allein die Entscheidung zum Kauf oder Verkauf, aber Sie können mit Hilfe dieser Methode Ihr Risiko verringern und Gelegenheiten erkennen. Mit der Zeit und mit zunehmender Erfahrung werden Ihre Trades besser, fundierter und profitabler werden.

Zum Abschluss der Einführung noch ein paar Tipps, die sich für die meisten Trader als sehr nützlich herausgestellt haben:

- Versuchen Sie nicht, Ihren Verlust zu vermindern, indem Sie bei fallenden Kursen nachkaufen. Widerstehen Sie der Verlockung, zu glauben, dass ein Verlust nicht zählt, bis die Position geschlossen wird – er zählt!
- Wenn Sie eine Aktie im Portfolio haben, fragen Sie sich täglich: Würde ich diesen Wert heute kaufen? Wenn nicht, denken Sie darüber nach, ob Sie ihn nicht verkaufen sollten.
- Lassen Sie sich nicht von den tollen Investitionen anderer Trader ablenken oder einschüchtern. Viele Trader reden nur über ihre Erfolge und schweigen über ihre Verluste. Verlieren Sie dadurch nicht Ihr Selbstvertrauen und Ihre Zielsetzung.
- Gute Investmententscheidungen werden nicht durch Kartenlegen, Sternschnuppenwünsche oder Würfel getroffen, sondern basieren auf einem fundierten Zugang, der das Risiko minimieren und die Gewinnchance optimieren soll.
- Machen Sie sich mit den Grundlagen vertraut. Viele Investoren jagen dem schnellen Geld hinterher, anstatt die Schlüsselfaktoren zu erkennen und zu ihrem Vorteil zu nutzen.

Charts im Internet

Im Folgenden möchten wir Sie noch anhand des Beispiels der interaktiven Charts, die Sie im Internet unter www.clearstation.com finden können, auf die verschiedenen Möglichkeiten bei der Betrachtung von Charts hinweisen.

In folgendem Beispiel, dem 1-Jahres-Chart von Microsoft, können wir die relevantesten Hilfsmittel der Technischen Analyse erkennen. Ganz oben sehen Sie den Preischart mit dem 50- und dem 200-Tage-Gleitenden-Durchschnitt sowie den Bollinger Bands.

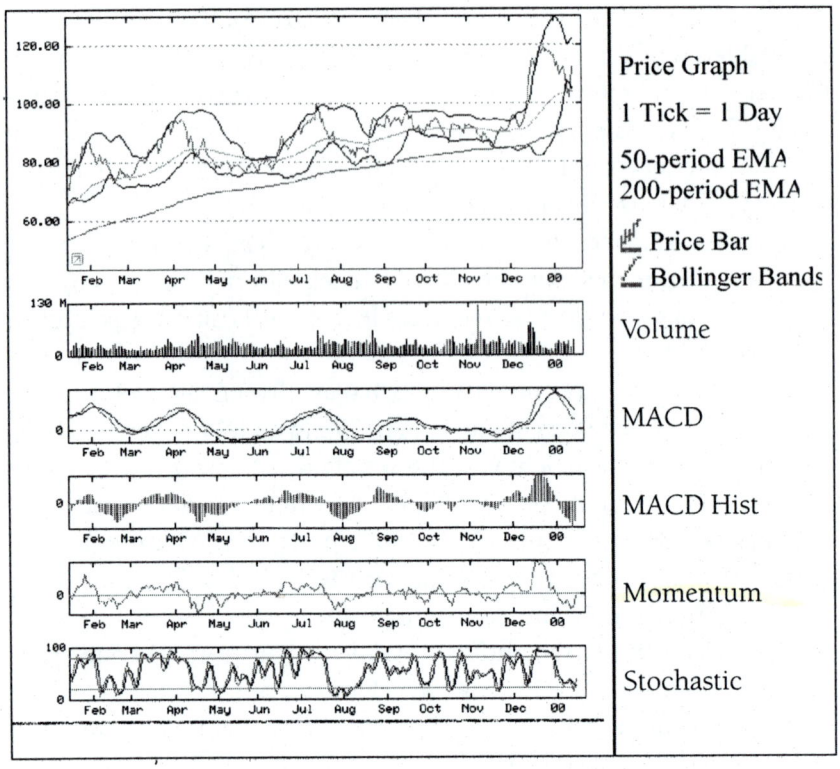

Abbildung 10.25

Die **zweite Grafik** zeigt das tägliche Volumen, wobei blaue Linien bedeuten, dass die Aktie an diesem Tag positiv schloss, während die roten Linien anzeigen, dass die Aktie negativ schloss.

Die **dritte Grafik** stellt den MACD mit seiner Signallinie dar.

In der **vierten Grafik** sehen wir das MACD-Histogramm, das die Relation zwischen dem MACD und seiner Signallinie darstellt. Wenn der MACD (rote Linie) über der Signallinie (blaue Linie) liegt, ist das Histogramm positiv und die Balken liegen über der Mittellinie. Wenn der MACD unter der Signallinie liegt, ist das Histogramm negativ und die Balken liegen unter der Mittellinie. Das MACD-Histogramm wird immer zusammen mit dem MACD verwendet und oft in einer Grafik dargestellt.

Die **fünfte Grafik** zeigt den Impuls an. Dies dient zur Erkennung eines Trends.

282

In der **sechsten Grafik** wird der Stochastische Oszillator dargestellt, der den gegenwärtigen Preis der Aktie mit ihrem Preisbereich in
der Vergangenheit vergleicht. Den Stochastischen Oszillator verwenden wir zur Ermittlung der Stärke eines Trends. In einem Markt, der
sich in einem starken Aufwärtstrend befindet, tendieren die Preise
dazu, nahe ihrem Höchststand zu schließen. Das Gegenteil gilt für
Märkte in stark abwärts tendierenden Märkten. Wenn der Stochastische Indikator nach unten weist während die Preise weiter steigen
(und umgekehrt), könnte das auf eine Trendumkehr hinweisen. Mit
Hilfe des Stochastischen Oszillators können Wendepunkte in der
Fluktuation der Aktienpreise innerhalb der Bewegungen der signifikanteren MACDs festgestellt werden. Er muss immer in Verbindung
mit der MACD angewendet werden. Wenn die MACD einen Trend anzeigt, kann man mittels des Stochastischen Oszillators Trades in der
Trendrichtung zeitlich abstimmen.

Man unterscheidet zwischen *Fast Stochastic* und *Slow Stochastic*. Fast
Stochastic ist empfindlicher als Slow Stochastics und produziert mehr
Signale. Slow Stochastic produziert zwar weniger Signale, ist dafür
aber weniger fehleranfällig.

Weitere Indikatoren sind:

Parabolischer Stop und Umkehr (SAR) – Das Stop-und-Umkehr-System wird verwendet, um die Stops für den nächsten Tag festzustellen. Wenn der Preis unter den SAR fällt, sollte man aus einer Long-
Position aussteigen. Wenn der Preis über den SAR steigt, sollte man
Short-Positionen glattstellen.

Directional Movement Indicator (DMI) – Mit Hilfe des DMI kann festgestellt werden, ob eine Aktie in einem Trend liegt. Wenn der DI+
über dem DI- liegt, kann dies einen Aufwärtstrend anzeigen. Wenn
der DI+ unter den DI- fällt, kann dies einen Abwärtstrend anzeigen.

On-Balance Volume (OBV) – Ist ein Volumenindikator. Wenn eine
Aktie am Tagesende im Preis gestiegen ist, wird das Volumen zum
OBV hinzugefügt. Ist sie am Tagesende gefallen, wird das Volumen
abgezogen.

Relative Internal Strength (RSI) – Ein Impulsindikator, der die relative innere Stärke einer Aktie misst. Meist wird die RSI auf eine Di-

vergenz zum gegenwärtigen Trend untersucht. Wenn eine Aktie im Aufwärtstrend liegt und dauernd neue Höchststände erreicht, die RSI aber nach unten zeigt, könnte das auf eine Trendumkehr hinweisen.

Williams %R – Ein Impulsindikator, der die *Overbought/Oversold-Niveaus* misst. Ähnlich wie der Stochastische Oszillator zeigt der Williams %R einen Oversold-Zustand an, wenn er unter der 20%-Linie liegt, und einen Overbought-Zustand, wenn er über der 80%-Linie liegt.

Weitere Auswahlmöglichkeiten:

Zeitraum

Hier können Sie den Beobachtungszeitraum festlegen.

Skala

Die Skalierung des Charts. Meist wird unterschieden zwischen:
- linear: gleiche Preisunterschiede werden mit gleichen Abständen dargestellt und
- logarithmisch: gleiche prozentuelle Veränderungen werden durch gleiche Abstände dargestellt

Darstellungsart

„Preis" stellt den Chart als Preisveränderung dar, „Prozentuelle Veränderung" stellt den Chart als prozentuelle Veränderung relativ zum Anfangspunkt des Charts dar.

Preisdarstellung

OHLC – Balken mit kleinen seitlichen Linien. Das obere und untere Ende der Balken zeigt das Hoch und das Tief des Tages an; die linke seitliche Linie zeigt den Eröffnungskurs, die rechte den Schlusskurs.

Close – Der Schlusskurs wird zur Darstellung verwendet.

HLC – Wie OHLC ohne Eröffnungskurs.

Mountains – Der Bereich zwischen Preispunkten und der unteren Achse ist ausgefüllt.

Points – Die Preise werden als einzelne Punkte auf dem Chart dargestellt.

Steps – Die Preise werden als kurze horizontale Linien dargestellt.

Candles – Ein japanischer Chartstil, der leere Kästchen anzeigt, wenn der Schlusskurs über dem Eröffnungskurs liegt, und ausgefüllte Kästchen, wenn der Schlusskurs unter dem Eröffnungskurs liegt. Bei leeren Kästchen entspricht die obere Kante des Kästchens dem Schlusskurs und die untere dem Eröffnungskurs. Bei ausgefüllten Kästchen ist es umgekehrt. Die Linien ober- und unterhalb des Kästchens bezeichnen Tageshoch und Tagestief.

Vergleich und Technische Indikatoren

Compare to Index – Die Aktie kann mit den Hauptindices verglichen werden.

Compare to Symbol – Die Aktie kann mit anderen Aktien verglichen werden.

Moving Average – Darstellung des Gleitenden Durchschnittes. Wir unterscheiden zwischen *Exponential Moving Average* (EMA) und *Simple Moving Average* (SMA) für diverse Zeiträume.

SMA – Die Schlusskurse eines Wertes für z. B. 50 Tage werden addiert und dann durch die Anzahl der beobachteten Tage (50) dividiert

EMA – Hier werden die kürzer zurückliegenden Preisveränderungen schwerer gewichtet.

MA Envelops – Über und unter dem Gleitenden Durchschnitt werden Linien gezogen, um auf starke Abweichungen hinzuweisen.

Bollinger Bands – Bestehen aus einer Mittellinie und zwei Kanal-Linien. Die Mittellinie ist ein Gleitender Durchschnitt. Die Entfernung der Kanal-Linien von der Mittellinie richtet sich nach der Volatilität einer Aktie. Der Abstand vergrößert sich in volatilen Märkten und verringert sich in ruhigen Märkten. Normalerweise weist eine Kontraktion der Kanal-Linien auf gravierende Preisveränderungen hin. Wenn sich der Preis außerhalb des Bandes bewegt, kann erwartet werden, dass der gegenwärtige Trend anhält.

Volume by Price – Dieser Indikator zeigt das Volumen der Aktien, die in einem bestimmten Preisbereich gehandelt wurden.

Volume – Die Anzahl aller gehandelten Aktien an einem Börsentag.

Volume + – Die Anzahl aller gehandelten Aktien an einem Börsentag. Wenn eine Aktie negativ schließt, wird der Volumenbalken in Rot dargestellt, wenn sie positiv schließt, ist der Balken blau oder grün.

MACD – Die MACD ist ein Trendindikator, der auf der Interaktion von zwei Gleitenden Durchschnitten beruht.

OBV – Ein Volumenindikator. Wenn eine Aktie am Tagesende im Preis gestiegen ist, wird das Volumen zum OBV hinzugefügt. Ist sie am Tagesende gefallen, wird das Volumen abgezogen.

Momentum – Misst das Ausmaß der Veränderung des Preises eines Wertpapiers in einer bestimmten Zeit.

Williams %R – Ein Impulsindikator, der die Overbought/Oversold-Niveaus misst.

RSI – Ein Impulsindikator, der die relative innere Stärke einer Aktie misst.

Weitere Methoden der Aktienanalyse

Die Dow-Theorie

1897 entwickelte Charles Dow zwei Markdurchschnitte: den *Industrial Average* mit 12 Blue-Chip-Aktien und den *Rail Average* mit 20 Eisenbahngesellschaften. Diese Marktdurchschnitte sind heute als *Dow Jones Industrial Average* (DJIA) und *Dow Jones Transportation Average* bekannt.

Die Dow-Theorie war das Ergebnis einer Reihe von Artikeln, die Charles Dow zwischen 1900 und 1902 im *Wall Street Journal* veröffentlichte. Sie ist der Vorfahre der meisten Prinzipien der modernen Technischen Analyse.

Die Dow Theorie geht von den folgenden Prämissen aus:

Die Durchschnitte beinhalten alles

Der Preis einer Aktie spiegelt alle Informationen wider, die über die Aktie bekannt sind. Wenn es neue Informationen gibt, breiten sie sich schnell aus und der Preis der Aktie passt sich den neuen Gegebenheiten an. Dementsprechend beinhalten und zeigen die Marktindices alle Information, die den Investoren bekannt sind.

Der Markt besteht aus drei Trends

Es gibt drei Kräfte im Aktienmarkt: primäre, sekundäre und geringe Trends.

Der primäre Trend kann *bullish* (steigend) oder *bearish* (fallend) sein. Dieser Trend dauert normalerweise länger als ein Jahr und bis zu mehreren Jahre an. Wenn der Markt nacheinander höheren Höchststände und höhere Tiefststände erreicht, ist es ein Aufwärtstrend. Tiefere Höchststände und tiefere Tiefststände zeigen einen Abwärtstrend an.

Sekundäre Trends sind kürzere, korrigierende Reaktionen auf den primären Trend. Normalerweise dauern sie 1 bis 3 Monate und gehen auf ein bis zwei Drittel des vorhergehenden sekundären Trends zurück.

Geringe Trends sind kurzzeitige Bewegungen, die zwischen einem Tag und drei Wochen dauern. Meist bilden mehrere geringe Trends einen sekundären Trend. Laut der Dow-Theorie können geringe Trends vernachlässigt werden.

In Abbildung 11.1 sehen Sie den Primärtrend A sowie die sekundären Korrekturtrends B, C, D und E.

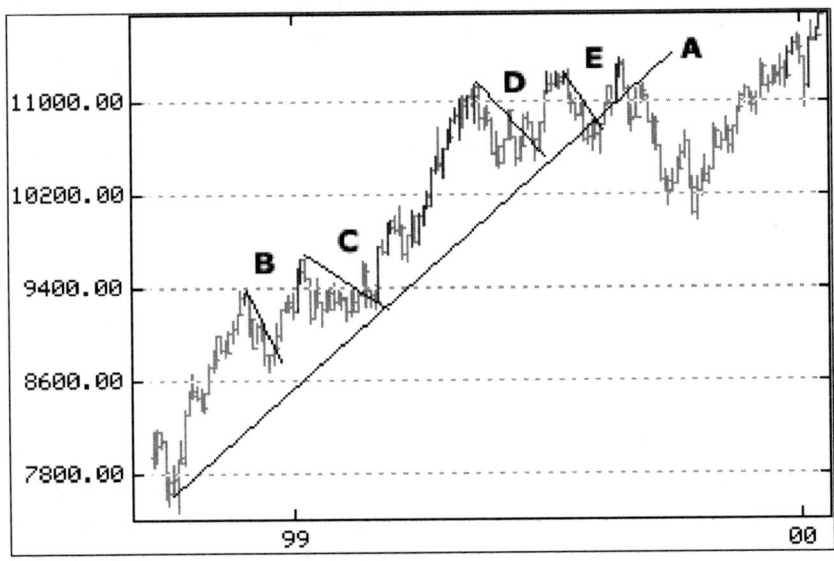

Abbildung 11.1

Primäre Trends bestehen aus drei Phasen

In der ersten Phase zeigen gut informierte Investoren in Erwartung einer positiven wirtschaftlichen Entwicklung ein aggressives Kaufverhalten. In der zweiten Phase steigen die Gewinne der Firmen und die wirtschaftlichen Faktoren verbessern sich. Weitere Investoren kaufen

Aktien. In der dritten Phase erreichen die Gewinne der Firmen in der Hochkonjunktur Rekordgewinne. Jetzt fühlt sich auch die Allgemeinheit sicher genug, um am Aktienmarkt teilzunehmen, in der Erwartung, die Preise würden noch weiter nach oben schießen. Zu diesem Zeitpunkt beginnen die Investoren, die in der ersten Phase aggressiv gekauft haben, ihre Gewinne im Hinblick auf die kommende Abwärtsbewegung zu realisieren.

Die Durchschnitte müssen einander bestätigen

Der DJIA und der Transportindex müssen einander bestätigen, damit von einem echten Trend die Rede sein kann. Beide Indices müssen ihre vorherigen sekundären Höhen (oder Tiefen) durchbrechen, damit ein Trend bestätigt wird.

Das Volumen bestätigt den Trend

Die Dow-Theorie konzentriert sich in erster Linie auf die Preisentwicklung. Das Volumen wird nur herangezogen, um Unklarheiten zu beseitigen. Das Volumen sollte sich in der Richtung des primären Trends entwickeln. Wenn der primäre Trend nach oben geht, sollte das Volumen, wenn der Markt ansteigt ebenfalls aufwärts tendieren. Wenn der primäre Trend nach unten geht, sollte das Volumen bei Marktrückgängen steigen.

Ein Trend bleibt bestehen, bis es ein definitives Umkehrsignal gibt

Wenn der Markt nacheinander höhere Höchststände und höhere Tiefststände erreicht, ist es ein Aufwärtstrend. Damit ein Aufwärtstrend seine Richtung ändern kann, müssen mindestens ein tieferes Hoch und ein tieferes Tief erreicht werden. (Für Abwärtstrends gilt natürlich das Gegenteil.) Außerdem verringern sich die Chancen, dass ein Trend bestehen bleibt, je länger er andauert.

Die Elliott-Wellen-Theorie

Die *Elliott-Wellen-Theorie* wurde nach Ralph Nelson Elliott benannt. Inspiriert durch die Dow-Theorie und Beobachtungen in der Natur, schloss Elliott, dass die Bewegungen des Aktienmarktes durch Beobachtung und Identifizierung sich wiederholender Wellen-Muster vorhergesagt werden können. Tatsächlich war Elliott der Meinung, dass alle menschlichen Handlungen durch solche Wellenbewegungen beeinflusst werden.

Die treibenden Kräfte nach Elliotts Wellen-Theorie sind Auf- und Abbau. Die Grundlagen der Theorie lauten wie folgt:

Auf Aktion folgt Reaktion

Es gibt fünf Wellen in der Richtung des generellen Trends, denen drei Korrekturwellen folgen.

Eine 5-3-Bewegung bildet einen Zyklus. Diese 5-3-Bewegung bildet dann eine Fraktion der nächsthöheren 5-3-Welle. Das grundlegende 5-3 Muster bleibt konstant, aber die Zeiträume sind variabel.

Das grundlegende Muster besteht aus acht Wellen (fünf nach oben und drei nach unten), die in Abbildung 11.2 mit „1", „2", „3", „4", „5", „a", „b" und „c" beschriftet sind.

Die Wellen 1, 3 und 5 werden als *Impulswellen* bezeichnet. Die Wellen 2 und 4 nennt man *Korrekturwellen*. Die Wellen a, b und c korrigieren den Haupttrend der Wellen 1 bis 5.

Die Wellen 1 bis 5 stellen den Haupttrend (nach oben oder nach unten) dar. Die Wellen a, b und c bewegen sich immer in entgegengesetzter Richtung zu den Wellen 1 bis 5.

Laut der Elliott-Wellen-Theorie beinhaltet jede Welle in einem Zyklus eine 5-3 Bewegung im nächstkleineren Zyklus. Die größte Wellenbewegung wird *Großer Superzyklus* genannt. Er besteht aus Superzyklen, die wiederum aus Zyklen bestehen. Diese Einteilung wird von Elliott noch detaillierter fortgesetzt.

Das mathematische Fundament der Elliott-Wellen-Theorie sind die *Fibonacci-Zahlen*. Diese Zahlenreihe wird, von 1 ausgehend, berechnet, indem man die beiden letzten Zahlen der Reihe addiert (1+1=2; 1+2=3; 2+3=5; 3+5=8; 5+8=13 usw.). Die von Elliott definierten Zyklen fallen alle in die Fibonacci-Zahlenreihe. So besteht ein Zyklus aus zwei Primärbewegungen (einer Impulswelle und einer Korrekturwelle), acht Zwischenwellen (die 5-3 Bewegung) und 34 kleineren Wellen. Die Zahlen 1, 2, 3, 5, 8 und 34 sind alle Fibonacci-Zahlen.

Die Anhänger der Elliott-Wellen-Theorie verwenden die Festlegung der Markbewegungen auf Zyklen unter Berücksichtigung der Fibonacci-Zahlen, um den Zeitraum und das Ausmaß zukünftiger Marktbewegungen zu ermitteln. Allgemein stimmen sie darin überein, dass der letzte Große Superzyklus im Jahr 1932 begonnen hat und die fünfte und letzte Welle dieses Zyklus mit dem Markteinbruch 1982 ihren Anfang nahm. Seit 1982 herrscht allerdings einige Unstimmigkeit. Viele betrachteten den Crash im Oktober 1987 als das Ende des Zyklus, mussten jedoch seither, aufgrund der starken Marktentwicklung, das Abzählen der Wellenbewegungen neu überdenken. Darin liegt die Schwäche der Elliott-Wellen-Theorie – ihre Genauigkeit hängt vom exakten Abzählen der Wellenbewegungen ab, und die Entscheidung, wo eine Welle beginnt, kann sehr subjektiv sein.

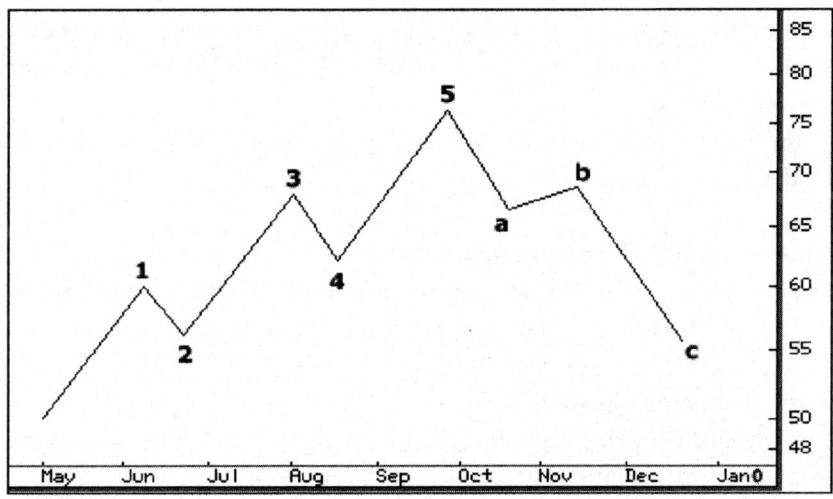

Abbildung 11.2

CANSLIM

CANSLIM ist das Akronym für eine Investitionsmethode, die von William O'Neil entwickelt wurde. O'Neil ist Gründer und Vorsitzende der amerikanischen Wirtschaftszeitschrift *Inverstor's Business Daily* sowie Vorsitzender der Investmentgesellschaft *William O'Neil Company*.

Seine Studie basiert auf der Analyse der besten Aktien der Jahre 1953 bis 1985. Er fand eine Anzahl von Kennzeichen, die von allen diesen Aktien erfüllt wurden. Die Schlüsselfaktoren fasste er in dem Akronym CANSLIM zusammen:

C urrent quarterly earnings per share

A nnual earnings growth

N ew products, New Management, New Highs

S hares outstanding

L eading industry

I nstitutional sponsorship

M arket direction

Obwohl diese Form der Analyse nicht eindeutig technischer Natur ist, kombiniert sie wertvolle technische und fundamentale Konzepte, weshalb sie für Day Trader vor allem bei der Auswahl der Aktien von Nutzen sein kann.

Im Folgenden wollen wir kurz auf die sieben Komponenten dieser Methode eingehen:

Current quarterly earnings per share

Die Einnahmen pro Aktie im letzten Quartal sollten sich um mindestens 20 % gegenüber dem vorjährigen Vergleichszeitraum gesteigert haben.

Annual earnings growth

Die Einnahmen pro Aktie über die letzten fünf Jahre sollten um mindestens 15 % pro Jahr gestiegen sein.

New products, New Management, New Highs

Meist ereignet sich die drastische Preissteigerung einer Aktie aufgrund von Neuigkeiten. Das könnten ein neues Produkt, ein neuer Vorstand, eine neue Technologie oder einfach neue Höchststände sein.

Shares outstanding

Mehr als 95 % der erfolgreichsten Aktien am Markt hatten weniger als 25 Millionen ausgegebene Aktien, was sich nach dem Prinzip „wenig Angebot und gesteigerte Nachfrage" positiv auswirkte.

Leading industry

Obwohl es natürlich bei Aktien keine Erfolgsgarantie geben kann, fand O´Neil heraus, dass man seine Gewinnchancen bei einer Investition erheblich steigern kann, indem man in den Marktführer eines marktbestimmenden Sektors investiert.

Institutional sponsorship

Das größte Angebot und die größte Nachfrage kommen von Institutionen (Fondsgesellschaften, Banken, Versicherungen). Wird eine Aktie von anerkannten Institutionen gekauft, so wirkt dies normalerweise wie ein Gütesiegel.

Market direction

Dieses Element ist das wichtigste. Auch die besten Aktien müssen Preisrückgänge verzeichnen, wenn sich der Markt in einem Abwärtstrend befindet. Ungefähr 75 % aller Aktien bewegen sich in die allgemeine Richtung des Marktes.

Die Theorie des effizienten Marktes

Die Theorie des effizienten Marktes besagt, dass die Preise der Wertpapiere korrekt und fast sofort alle Informationen und Erwartungen widerspiegeln. Sie behauptet, dass man nicht konsistent mehr Gewinne machen kann, als es der Aktienmarkt zulässt, da die Informationen zufällig auftauchen und die Preise sich sofort darauf einstellen. Daher wird angenommen, dass der Markt jede Aktie zu jedem Zeitpunkt korrekt bewertet. Folglich können Aktien nicht lange genug über- oder unterbewertet sein, um davon zu profitieren. Aus diesen Annahmen ergibt sich, dass jede Form der Analyse sinnlos ist, da sich alle Informationen schon im Aktienpreis niedergeschlagen haben. Das

Studium historischer Daten ist der Theorie zufolge wenig nützlich, weil daraus keinerlei Voraussagen auf zukünftige Entwicklungen getroffen werden können.

Ein Problem dieser Theorie liegt darin, dass die Entscheidungen vieler Investoren auf den Daten der Vergangenheit basieren. Und weil die Erwartungen der Investoren die Preise bestimmen, scheint es offensichtlich, dass die Preise der Vergangenheit einen bedeutenden Einfluss auf die weitere Preisentwicklung haben.

Zusammenfassung

Auf den Punkt gebracht ist Day Trading nichts anderes als ein Geschäft. Ein Geschäft, dass wie in jeder anderen Branche nur dann erfolgreich ist, wenn es durch harte Arbeit und eisernen Willen nach den Regeln der Wirtschaftlichkeit geführt wird. Allerdings ist die Konkurrenz in diesem Business grösser als in allen anderen Geschäftszweigen. Machen Sie sich klar, dass bei jedem Trade den Sie eingehen tausende Gegner auf Sie lauern. Viele davon sind blutige Anfänger, viele sind bereits erfahren im Umgang mit ihren Werkzeugen und mit Extremsituationen die tagtäglich vorkommen. Einige aber sind Profis und genau diese werden Ihnen das Geld aus der Tasche ziehen. Und zwar bei jeder Gelegenheit die Sie ihnen bieten. Vergessen Sie nie, die Börse ist ein Nullsummenspiel – für jeden Kauf muss es einen Verkäufer geben und umgekehrt. Jede der beiden Parteien glaubt dabei richtig zu liegen, wirklich recht haben wird aber immer nur einer von beiden. Und genau darum geht es für Sie, öfters recht zu haben als die andere Seite, und früh genug zu erkennen und zu akzeptieren wenn Sie falsch liegen. Dann war ein Anderer eben besser als Sie, akzeptieren Sie das, lernen Sie mit Ihren Fehlentscheidungen umzugehen, es wird immer wieder einen Besseren geben. Nur so werden Sie unterm Strich schwarze Zahlen schreiben können.

Sie haben bereits viel gelernt auf den vorangegangenen Seiten, jetzt liegt es an Ihnen das Gelernte umzusetzen. Wie bei jedem anderen Geschäft müssen Sie nun Ihre Investitionen tätigen, Sie müssen sich die geeignete Hardware anschaffen, ihr Geschäft(-skonto) einrichten und mit Sicherheit Ihr Lehrgeld bezahlen. Aber das ist in Ordnung, denn nur wenn Sie sich mit dem Verlust anfreunden können, sind Sie auch in der Lage zum Gewinn die richtige Beziehung aufzubauen. Übertreiben Sie nicht, vor allem nicht am Anfang. Machen Sie ruhig viele Trades, aber halten Sie Ihren Einsatz dabei bewusst klein. Es ist noch kein Meister vom Himmel gefallen, schon gar nicht im Day Trading. Lernen Sie mit Ihrer Ausrüstung sicher umzugehen, bekommen Sie ein Gefühl für den Markt, versuchen Sie bewusst Ihre Emotionen zu kanalisieren. Simulieren Sie wieder für einige Zeit, wenn Sie merken dass die Sache aus dem Ruder läuft. Zum Glück befinden Sie sich heutzutage in der erfreulichen Lage, über Plattformen zu verfügen die Ihnen diese Möglichkeiten anbieten. Nutzen Sie alle Mittel, die Ihnen helfen, sich weiter zu bilden, lesen Sie alles, was Sie über Day Trading und Chartanalyse in die Finger kriegen können. Nutzen Sie das unerschöpfliche Potential des Internets um sich die neuesten Taktiken und Tricks der besten Trader anzueignen.

Üben Sie sich in Geduld, verbeissen Sie sich nicht in einem Trade, machen Sie Pausen, nehmen Sie sich genug Zeit für andere Dinge, lassen Sie das Day Trading nicht zum Mittelpunkt Ihres Lebens werden. Sie brauchen genügend Abstand davon um sich von der Anspannung erholen zu können, der Sie ausgesetzt waren. Niemand ist in der Lage sich über fünf, sechs Stunden voll zu konzentrieren und laufend fehlerfrei zu handeln.

Nehmen Sie vor allem am Anfang Ihrer Traderkarriere Abstand von extremen Handelssituationen. Sehen Sie sich ruhig an, was an der Börse passiert und analysieren Sie die Vorgänge, aber machen Sie nicht gleich aktiv mit. Sie würden nur mit ausreichend Glück überstehen können. Beginnen Sie dort zu handeln wo Volatilität und Geschwindigkeit in überschaubarem Maße vorkommen, dort werden Sie nicht gleich von den Ereignissen überholt. Beurteilen Sie ihren Erfolg nicht nach den erzielten Gewinnen oder Verlusten, sondern nach der Qualität Ihres Verhaltens und Ihrer Disziplin. Wenn letztere Faktoren stimmen stellt sich der Gewinn von selbst ein.

Wenn wir nun zum Ende kommen, so wollen wir Ihnen alles Gute auf Ihrem Weg zum erfolgreichen Day Trader wünschen, und vielleicht stehen wir uns bald in einem der Märkte gegenüber.

Unser besonderer Dank gilt Susanne Lucas, unserem Freund Dr. Michael Zorn und dem Finanzbuch Verlag München für die Umsetzung dieses Manuskriptes.

Bregenz am Bodensee, 10. 10. 2000

Anhang

GLOSSAR

Analyst Upgrade
Wenn ein Analyst seine Einschätzung einer Aktie positiv verändert
(z. B. von „buy" zu „strong buy").

Analyst Downgrade
Wenn ein Analyst seine Einschätzung einer Aktie negativ verändert
(z. B. von „strong buy" zu „buy").

Advance/Decline Line
Bei diesem Impulsindikator wird Tag für Tag die Differenz zwischen
der Zahl der Aktien mit Kursanstieg und der Zahl jener Aktien, die im
Kurs gefallen sind, festgestellt. Aus der Differenz wird eine Zeitreihe
gebildet, indem täglich der aktuelle Wert zu dem des Vortags addiert
wird. Überwiegt die Zahl der gefallenen Kurse, ist die Differenz vom
Vortageswert abzuziehen

Aktienindex
Ein Index ist eine Kennziffer, die Veränderungen bestimmter Größen
zum Ausdruck bringt. Dadurch werden Vergleiche, insbesondere von
Wertpapier- und Preisveränderungen, zu verschiedenen Zeitpunkten
ermöglicht.

AMEX
American Stock Exchange

Amtlicher Handel
Dieser Markt stellt die höchsten Ansprüche an kapitalsuchende Unternehmen. Bei Börseneinführung ist ein ausführlicher Prospekt mit genauen Angaben über die Gesellschaft erforderlich. Außerdem müssen Zwischenberichte sowie jährlich eine Bilanz in einem Börsenpflichtblatt veröffentlicht werden. Die Kursfeststellung erfolgt durch die amtlichen Kursmakler. Die Auftraggeber haben einen Anspruch auf Ausführung der Aufträge zum festgestellten Kurs. Die meisten Geschäfte werden auf diesem Markt abgewickelt.

AON
Der Orderzusatz „All or Nothing" bedeutet, dass die Order entweder komplett ausgeführt werden soll oder gar nicht. Dieser Zusatz vermeidet Teilausführungen, steht aber nicht an jeder Börse zur Verfügung.

Arbitrage
Als Arbitrage bezeichnet man das Ausnutzen von Preisdifferenzen, die zum selben Zeitpunkt an verschiedenen Handelsplätzen bestehen. Der *Arbitrageur* kauft das Wertpapier an einem Börsenplatz und verkauft es sofort zu einem höheren Preis an einem anderen Handelsplatz. Es sind extrem schnelle Kurs- und Ausführungssysteme sowie eine gewisse Ordergröße nötig, um von diesen minimalen Kursdifferenzen profitieren zu können.

Ask
Der Kurs, zu dem ein Marktteilnehmer bereit ist, ein Wertpaper zu verkaufen, also der Preis, zu dem der Anleger das Papier kaufen kann.

At-the-money-Option
Eine Option bzw. ein Optionsschein ist *am Geld* (at-the-money), wenn der Kurs des Basiswertes dem Ausübungspreis der Option entspricht bzw. nahe daran ist.

Ausgabekurs

Der Kurs, den der Anleger beim Ersterwerb von Wertpapieren zu zahlen hat. In Deutschland dürfen Aktien nur zum Nennwert oder zu einem höheren Kurs ausgegeben werden.

Ausübungsfrist

Zeitraum, in dem die Option bzw. der Optionsschein ausgeübt werden kann (nur für American Style). European-Style-Optionen können nur zum Verfallstag ausgeübt werden. Nach Ablauf der Ausübungsfrist wird die Option bzw. der Optionsschein wertlos.

Ausübungstag

Tag, an dem der Inhaber der Option bzw. des Optionsscheines von seinem Ausübungsrecht Gebrauch macht. Bei European-Style-Optionen bzw. Optionsscheinen ist die Ausübung nur zum Verfallstag möglich.

Ax

Der dominante Market Maker eines Wertpapiers an der NASDAQ. Oft auch „Hammer" genannt.

Baisse

Stärkerer, meist länger anhaltender Kursrückgang an der Börse. (Gegensatz: Hausse.)

Basispreis

Synonym für *Strike-Preis*. Preis, zu dem bei Ausübung einer Option oder eines Optionsscheines unter Berücksichtigung des Bezugsverhältnisses der Basiswert bezogen wird. Man unterscheidet zwischen „Barausgleich" und „effektiver Lieferung".

Basispunkt

Der hundertste Teil eines Prozents (z. B. 0,5 % = 50 Basispunkte).

Basiswert

Titel, auf den sich die Option bzw. der Optionsschein bezieht, z. B. Aktien, Anleihen, Zinssätze, Währungen, Rohstoffe und Indices.

Basket
Portfolio von mehreren Titeln, z. B. Aktien einer Branche oder ausgewählte Währungen.

Bestens
Zusatz beim Auftrag an ein Kreditinstitut, Wertpapiere zu verkaufen; er bedeutet, dass zum höchstmöglichen Kurs verkauft werden soll.

Best Ask
Der billigste Kurs, den ein Trader bei einem Kauf zurzeit erzielen kann, also der niedrigste vorhandene Ask-Kurs. Diesen Kurs findet man im Level II Display immer in der obersten Zeile auf der rechten Seite.

Best Bid
Der beste Kurs, den ein Trader bei einem Verkauf zurzeit erzielen kann, also der höchste vorhandene Bid Kurs. Diesen Kurs findet man im Level II Display immer in der obersten Zeile auf der linken Seite.

Bid
Der Kurs, zu dem ein Marktteilnehmer bereit ist, ein Wertpapier zu kaufen, also der Preis, zu dem Sie als Anleger das Papier verkaufen können.

Blue Chip
Amerikanischer Börsenausdruck für Spitzenwerte unter den Aktien, d.h. Aktien großer, international bekannter und solider Unternehmen. In den USA werden vor allem die Werte als Blue Chips bezeichnet, die der Dow-Jones-Index enthält.

Bollinger Bands
Bestehen aus einer Mittellinie und zwei Kanal-Linien. Die Mittellinie ist ein Bewegungsdurchschnitt. Die Entfernung der Kanal-Linien von der Mittellinie richtet sich nach der Volatilität einer Aktie. Der Abstand vergrößert sich in volatilen Märkten und verringert sich in ruhigen Märkten.

Broker
Angelsächsische Bezeichnung für Personen, die geschäftsmäßig Wertpapiergeschäfte für fremde Rechnung durchführen.

Buchwert
Wert der gesamten Aktien der Investoren, abzüglich der Vorzugsaktien.

Bundesaufsichtsamt für den Wertpapierhandel
(BAWe) Das Bundesaufsichtsamt soll die ordnungsgemäße Durchführung des Wertpapierhandels überwachen. Insbesondere ist es für den Einsatz gegen verbotenen Insiderhandel zuständig.

Call-Option
Kauf-Option = Optionsrecht zum Kauf von festverzinslichen Wertpapieren oder anderen Werten, innerhalb einer bestimmten Zeit zu einem bestimmten Preis.

CBOE
Chicago Board of Options Exchange

CBOT
Chicago Board of Trade – Terminbörse

CDAX
Abk. für „Composite-Dax"; Aktienindex, der im Gegensatz zum DAX alle an der Frankfurter Wertpapierbörse in die Amtliche Notierung einbezogenen Aktien umfasst.

Chart-Analyse
Aus Aufzeichnungen und grafischen Darstellungen (Charts) der bisherigen Kurs- und Umsatzentwicklung, die das Börsenverhalten der Anleger in der Vergangenheit widerspiegeln, werden Kursprognosen entwickelt.

Clearingstelle
Die Clearingstelle (Clearinghaus) ist eine der Börse angeschlossene In-

stitution, über die alle Abschlüsse von Futures und Optionen auf Futures abgewickelt und verrechnet werden. Sie nimmt zu jedem Käufer bzw. Verkäufer die rechtliche Gegenposition ein und übernimmt damit das Bonitätsrisiko der Handelsteilnehmer.

CME
Chicago Merchantile Exchange – Terminbörse.

Covering Shorts
Eine Short-Position glattstellen; eine Aktie zurückkaufen, die man zuvor aus dem Bestand des Brokers ausgeliehen und verkauft hat.

Crossover
Der Punkt auf einer Grafik, an dem sich zwei oder mehr Linien überschneiden; zeigt normalerweise ein Ereignis der Preisentwicklung an.

Daily Trading Volume
Durchschnittliche Anzahl der Aktien, die an einem Tag gehandelt werden. Oft auch als „Avg. Vol." (Average Volume) angegeben.

Day Trading
Als Day Trading bezeichnet man den An- und Verkauf von Papieren innerhalb eines einzigen Börsentages, oft sogar innerhalb weniger Minuten. Der Day Trader versucht dabei, von kleinsten Preisausschlägen zu profitieren. Wird oft auch als *Intraday-Handel* bezeichnet.

DAX
Abk. für „Deutscher Aktienindex"; enthält als gewichteter Index 30 Aktien führender Unternehmen, die an deutschen Börsen amtlich gehandelt werden. Der DAX zeigt Kursschwankungen an hinsichtlich des Zieles, für den deutschen Markt international eine höhere Markttransparenz zu erreichen und zugleich die Basis für Terminkontrakte an der Deutschen Terminbörse zu schaffen. Der DAX startete Ende 1987 mit einem Wert von 1.000.

Dealer Flip

Bezeichnet einen Market Maker, der von Bid zu Ask oder umgekehrt wechselt.

Depot

Einrichtung der Kreditinstitute zur Verwaltung von Wertpapieren für ihre Kunden. Wertpapiere können für jeden Kunden gesondert in einem Streifband (Streifbanddepot) oder mit Zustimmung des Kunden auch bei einer Wertpapiersammelbank (Girosammeldepot) verwahrt werden. Letzteres ist die übliche und kostengünstigere Form. In beiden Fällen werden die Kundendepots von den Eigenbeständen der Bank getrennt gehalten und unterliegen nicht dem Zugriff der Gläubiger der Bank.

Derivate

Bei derivativen Finanzinstrumenten handelt es sich um keine eigenständigen Anlageinstrumente, sondern um Rechte, deren Bewertung vornehmlich aus dem Preis und den Preisschwankungen und -erwartungen eines zugrunde liegenden Basisinstruments, zum Beispiel Aktien und Anleihen, abgeleitet ist. Zu den Derivaten zählen alle Arten von Optionen und Futures.

Deutsche Terminbörse

Abk.: DTB; Vorläufer der 1998 mit der Schweizer Terminbörse SOF-FEX gegründeten EUREX. Vollcomputerisierte Börse, die Anfang 1990 in der Bundesrepublik Deutschland ihre Tätigkeit aufnahm. Die DTB ermöglicht über Bildschirm den Handel mit Derivaten und anderen Anlagemöglichkeiten.

Directional Movement Indicator (DMI)

Mit Hilfe des DMI kann festgestellt werden, ob eine Aktie in einem Trend liegt. Wenn der DI+ über dem DI- liegt, kann dies einen Aufwärtstrend anzeigen. Wenn der DI+ unter den DI- fällt, kann dies einen Abwärtstrend signalisieren.

Divergence
Kommt vor, wenn sich zwei Werte weiter voneinander entfernen oder sich von einem gemeinsamen Punkt aus in verschiedene Richtungen entwickeln.

Dividend Yield
Dividendenrendite. Die Jahresdividende als Prozent des aktuellen Aktienkurses ausgedrückt.

Dividende
Jeder Aktionär hat Anspruch auf einen – der Höhe seines Aktienbesitzes entsprechenden – Teil des ausgeschütteten Jahresgewinns seiner Gesellschaft. Dieser Teil des Gewinns heißt Dividende.

Dow-Jones-Index
Kursindex der New Yorker Effektenbörse. Er wird sowohl gesondert für Industrie- (30 Werte), Eisenbahn- (20 Werte) und Public-Utilities- (15 Werte) Aktien (= Aktien von Versorgungsbetrieben) als auch als Gesamtindex für alle 65 berücksichtigten Titel börsentäglich berechnet.

Downtrend
Die generelle Tendenz eines Wertpapierkurses, fortlaufend unter frühere Preisniveaus zu sinken.

Dually traded stock
Bezeichnet eine Aktie, die an mehr als einem Börsenplatz gehandelt wird, z. B. an der NYSE und einer weiteren Regionalbörse.

Earnings Per Share
Anteil des Profites einer Firma, der jeder Aktie zugeteilt wird.

Earnings Surprise
Wenn eine Firma höhere oder niedrigere Profite erzielt als die Analysten erwartet haben, spricht man von einer Einnahmen-Überraschung.

ECN
Electronic Communication Network, wie z. B. *Island*, *Attain* oder *Instinet*.

Effekten
Bezeichnung für Wertpapiere, die an der Börse handelbar sind.

EMA
Siehe: Moving Average

E-Mini S&P
Der kleine Bruder des S&P500-Futures mit genau ein Fünftel dessen Wertes. Dies entspricht einem Tickwert von $12,50. Großer und kleiner S&P-Kontrakt sind vollkommen gegeneinander austauschbar, so dass ein Trader, der 1 Kontrakt long S&P und 5 Kontrakte short E-Mini S&P ist, keinerlei Risiko trägt – er hat einen „perfect hedge".

Emission
Ausgabe von Wertpapieren durch öffentliches Angebot; geschieht in der Regel durch Vermittlung einer Gruppe von Kreditinstituten (Emissionskonsortium).

EPS
Abkürzung für „Earnings per Share" – Gewinn pro Aktie. Eine der wichtigsten und am meisten beachteten Kennzahlen einer Aktie. Der Gesamtgewinn der Firma durch die Anzahl aller Aktien geteilt.

EUREX
1998 aus der deutschen (DTB) und der Schweizer Terminbörse hervorgegangene paneuropäische Terminbörse. Vollcomputerisierte Börse, die den Handel über Bildschirm mit Derivaten ermöglicht.

European Style
Eine Option bzw. ein Optionsschein ist European Style, wenn er nur am Ende der Laufzeit ausübbar ist.

Fill or kill
Siehe: FOK

Float
Einige der Aktien einer Firma werden von Vorstandsmitgliedern oder anderen Firmenangehörigen gehalten. Andere Aktien werden evtl. in Blöcken über 5 % aller Aktien von' Investoren gehalten. Der Float gibt an, wie viele Aktien nicht zu den gerade genannten zählen, sondern frei gehandelt werden.

FOK
Der Orderzusatz „Fill or Kill" bezeichnet eine Order, die entweder sofort ganz ausgeführt werden soll oder gelöscht wird.

Freiverkehr
Hier werden solche Wertpapiere gehandelt, die weder zum amtlichen Handel noch zum Geregelten Markt zugelassen sind. Die Einbeziehung in den Freiverkehr erfolgt bei den einzelnen Börsen auf Antrag eines Kreditinstitutes. Voraussetzung ist, dass ein ordnungsgemäßer Börsenhandel gewährleistet erscheint. Die Preise werden durch spezielle Makler festgestellt und börsentäglich veröffentlicht.

Frontrunning
Bezeichnet die strafbare Handlung eines Brokers, der bei einem größeren Kundenauftrag – in Erwartung einer Kurssteigerung durch den großen Kundenauftrag – dieselben Aktien für sich selber kauft.

Futures
Börsengehandelte Terminkontrakte

Gap Down
Wenn der Eröffnungskurs einer Aktie tiefer liegt als der Schlusskurs des vorhergehenden Tages.

Gap Up

Wenn der Eröffnungskurs einer Aktie höher liegt als der Schlusskurs des vorhergehenden Tages.

Geregelter Markt

Der Geregelte Markt bietet gegenüber dem amtlichen Handel den Unternehmen einen erleichterten Zugang zum Börsenhandel. Der Börseneinführungsprospekt („Unternehmensbericht") kann kürzer sein. Die Pflichtveröffentlichung muss nicht unbedingt in der Börsenpresse erfolgen, sondern kann auch an den Schaltern der Kreditinstitute zur Einsicht ausgelegt werden. Durch diese und andere Erleichterungen soll vor allem mittelständischen Unternehmen die Möglichkeit geboten werden, kostensparend an die Börse zu gehen. Der Handel folgt den gleichen Regeln wie der amtliche Handel.

Geschäftsbericht

Jährlicher Rechenschaftsbericht einer Aktiengesellschaft über den Geschäftsverlauf und die Lage der Gesellschaft. Im Geschäftsbericht wird außerdem der Jahresabschluss abgedruckt und erläutert. Der Geschäftsbericht steht allen Aktionären zur Verfügung.

Good till cancelled

Siehe: GTC

Going Long

Ein Wertpapier kaufen, aufgrund der Erwartung, dass der Preis steigen wird.

Going Short

Einen Leerverkauf vornehmen, aufgrund der Erwartung, dass der Preis fallen wird.

GTC

Der Orderzusatz „good till cancelled" bezeichnet eine Order, die solange aktiv bleibt, bis sie entweder ausgeführt oder vom Trader gelöscht wird.

Hausse
Stärkerer, meist länger anhaltender Kursanstieg an der Börse. Gegensatz: Baisse.

Hedging
Absicherung von Wertpapierpositionen gegen Kursänderungsrisiken. Dies geschieht häufig mit Hilfe von Futures oder Optionen.

INCA
Level-II-Symbol des Reuters-Instinet-ECNs

Index
Kennziffer, die Veränderungen bestimmter Größen zum Ausdruck bringt und Vergleiche, insbesondere von Wert- oder Preisveränderungen ermöglicht. Ein Aktienindex spiegelt den Kursverlauf eines Wirtschaftszweiges oder eines nationalen Marktes wider. Für den deutschen Aktienmarkt werden Indices u .a. von der Deutsche Börse AG, von einigen Kreditinstituten und von verschiedenen Presseorganen ermittelt.

Initial public offering
Siehe: IPO.

Insider
Im Börsenhandel Bezeichnung für Personen, die wegen ihrer beruflichen Stellung einen Informationsvorsprung haben. Dessen Ausnutzung zum eigenen Vorteil bei Wertpapiergeschäften ist verboten; Verstöße können mit Freiheits- oder Geldstrafen geahndet werden.

Inside Market
Die jeweils besten Bid- und Ask-Kurse eines Wertpapiers. Entspricht auch der jeweils obersten Zeile der Level-II-Anzeige.

Insider Owning
Gibt an, wie viele Aktien von so genannten Insidern, d. h. meist Mitgliedern des Managements der entsprechenden Firma gehalten wer-

den. Wenn eine zu große Anzahl von Aktien von Insidern gehalten wird, kann dies bedeuten, dass das Management keine Veranlassung hat, sich um die Belange der anderen Investoren zu kümmern, und eine sehr gute Kontrolle über den Aktienkurs hat. Außerdem sinkt dann der Einfluss, den die Aktienbesitzer prozentual gesehen in der Firma mit ihren Stimmrechten haben.

Inside Spread
Differenz zwischen BID und ASK am Inside Market, d.h. in der ersten Zeile der Level-II-Anzeige.

Institutional Number of Shares Owned (millions)
Anzahl der Aktien im Besitz von Institutionen (Fonds), die ihre An- und Verkäufe der SEC angeben.

In-the-money-Option
Ein Call ist *in-the-money*, wenn der Kassakurs des Basiswertes über dem Basispreis liegt. Ein Put ist *in-the-money*, wenn der Kassakurs des Basiswertes unter dem Basispreis liegt.

Intrinsic Value
Innerer Wert

Investmentzertifikate
Bezeichnung für Anteilscheine, die eine Beteiligung am Vermögen eines Investmentfonds verbriefen. Zu diesem Vermögen gehören neben Bankguthaben (Liquidität) vor allem Wertpapiere, also je nach Art des Fonds festverzinsliche Wertpapiere oder Aktien, beide in breiter Streuung.

IPO
Initial public offering – Neuemission; der erste Zeitpunkt, an dem ein Wertpapier öffentlich gehandelt wird.

ISLD
Level-II-Symbol des Island-ECNs

Kennzahlen

Zur Beurteilung von Optionen bzw. Optionsscheinen zieht man statische und dynamische Kennzahlen heran. Zu den statischen Kennzahlen gehören: Parität, Break-Even, Aufgeld, Hebel.

KGV – Kurs-Gewinn-Verhältnis

(engl. price-earnings-ratio); Begriff aus dem Bereich der Aktienanalyse. Der Kurs einer Aktie wird dabei durch den auf sie entfallenden Gewinn dividiert. Er gibt also an, mit dem Wievielfachen des Jahresgewinnes die Aktie zurzeit an der Börse notiert wird.

Last Dividend Declared

Die letzte angekündigte Dividende der Firma, die ausgezahlt wurde oder wird.

Last Split Date

Datum des letzten Aktiensplits (siehe: Split).

Last Split Factor

Faktor, um den eine Aktie gesplittet wurde (siehe: Split).

Laufzeit

Die Laufzeit einer Option bzw. eines Optionsscheines ist der Zeitraum vom Tag seiner Begebung bis zu dem Tag, an dem das Ausübungsrecht erlischt.

Leverage

Hebelwirkung, durch die eingesetztes Kapital von der Entwicklung überproportional betroffen wird. Liegt z. B. der effektive Zinssatz für Kredite unterhalb der Verzinsung am Kapitalmarkt, kann der Anleger mit aufgenommenen und wieder am Kapitalmarkt investierten Geldern die Rentabilität seiner Anlagen mitunter erheblich erhöhen. Verkehrt sich der Zinstrend, verliert er dagegen überproportional. Von einer solchen Hebelwirkung mit den entsprechenden positiven oder auch negativen Konsequenzen spricht man auch im Zusammenhang mit Optionsscheinen und Optionen (vgl.: Optionsscheine, Optionen, Hebel).

Limit-Order
Ein Kauf bzw. Verkauf, der von einem Broker zu einem vorherbe-
stimmten Preis ausgeführt wird. Wird die Preisangabe nicht erreicht,
so wird die Order nicht ausgeführt.

Long Close
Der Verdienst oder Verlust, der aus einer langen Position entsteht.

Long-Hedge
Absicherung gegen Preisschwankungen durch Eingehen einer Kaufpo-
sition im Termin- oder Optionsmarkt.

Long Performance
Der Verdienst oder Verlust, der aus einer langen Position entstehen
würde, sofern die Position sofort geschlossen würde.

Long-Position
Besitz eines Wertpapiers und sein Vorhandensein in einem Portfolio;
beinhaltet alle Aspekte des Besitzens (z. B. das Recht, zu verkaufen
oder zu verschenken; das Recht, etwaige Einkommen aus dem Wertpapier zu beziehen; das Recht auf alle Gewinne und Verluste, die aus
dem Verkauf des Wertpapiers entstehen).

MACD
Moving Average Convergence-Divergence; ein Hilfsmittel der Technischen Analyse, das auf dem Bewegungsdurchschnitt beruht und bulli-
sche oder bearische Signale gibt.

MACD-Histogramm
Der Unterschied zwischen der MACD-Linie und der Signal-Linie. Mit
Hilfe des MACD-Histogramms lässt sich das Verhältnis zwischen den
beiden MACD-Linien visuell leichter erfassen.

Makler
Gewerbsmäßiger Vermittler, der für fremde Rechnung Geschäftsab-
schlüsse, zum Beispiel über Wertpapiere, nachweist.

Market Capitalization
Anzahl der ausgegebenen Aktien multipliziert mit dem derzeitigen Preis einer Aktie; der Wert einer Firma aufgrund des Aktienpreises.

Market-Order
Über einen Broker einen Kauf/Verkauf zum gegenwärtigen Bid/Ask an der Börse durchführen.

Margin
Sicherheitsleistung beim Eingehen von börsengehandelten Future- und Optionsgeschäften.

Market Maker
Händler, der ständig Bid- und Ask-Kurse stellt und somit für Liquidität sorgt. Bei Optionsscheinen führt der Emittent dies oftmals selber durch. Bei Optionen wird der Händler von der Terminbörse bestellt.

Momentum
Misst das Ausmaß der Veränderung des Preises eines Wertpapiers in einer bestimmten Zeit. Das Momentum kann als Trendanzeige gesehen werden.

Moving Average (MA)
Ein Bewegungsdurchschnitt beschreibt den durchschnittlichen Preis eines Wertpapiers während einer bestimmten Zeit. Wir unterscheiden zwischen *Simple Moving Average* (SMA) und *Exponential Moving Average* (EMA).
• SMA – Die Schlusskurse eines Wertes für z. B. 50 Tage werden addiert und dann durch die Anzahl der beobachteten Tage (50) dividiert
• EMA – Hier werden die kürzer zurückliegenden Preisveränderungen schwerer gewichtet.

Nachbörse
Wertpapiergeschäfte nach Schluss der offiziellen Börsenzeit.

NASDAQ
National Association of Securities Dealers Automatic System. Wird oft als Kurzform für den *NASDAQ Composite Index* verwendet, ein Index ausgewählter Aktien, die am NASDAQ gehandelt werden.

NEMAX
Aktienindex des Frankfurter Neuen Marktes. Der NEMAX wird sowohl als Kurs- als auch als Performanceindex berechnet. Der „NEMAX All Share" beinhaltet alle Werte, die am Neuen Markt gehandelt werden. Der „NEMAX 50" beinhaltet die bei seinem Start 50 größten Aktienwerte am Neuen Markt.

Nennwert
Auf jeder Aktie ist ein bestimmter Betrag in DM abgedruckt: der Nennwert. Er gibt an, mit welchem Anteil der Aktionär am Grundkapital und damit am gesamten Vermögen seiner Aktiengesellschaft beteiligt ist. Der geringste Nennwert einer Aktie ist nach dem Aktiengesetz 5 DM; alle höheren Nennwerte lauten auf ein Vielfaches davon. Zu unterscheiden vom Kurswert.

Net Income/Employee
Der Nettoverdienst einer Firma dividiert durch die Anzahl der Angestellten.

Nikkei-Index
Bedeutender Aktienindex der Tokioter Börse, umfasst 225 Werte.

Number of Institutions
Anzahl der Institutionen (Fonds), die derzeit in einer bestimmten Aktie investiert sind.

NYSE
New York Stock Exchange. Die wichtigste US-Börse, oft auch „Big Board" oder einfach nur „Wall Street" genannt.

Option

Im Börsenhandel versteht man hierunter das Recht, gegen Zahlung einer Prämie innerhalb einer vereinbarten Frist, z. B. Wertpapiere (Aktien oder Renten), zu einem im voraus bestimmten Kurs zu kaufen oder zu verkaufen, ohne hierzu auch verpflichtet zu sein..

Optionsgeschäft

Besondere Form des Termingeschäfts. Der Käufer einer Option erwirbt das Recht, vom Verkäufer (Stillhalter) innerhalb einer festgesetzten Frist entweder die Lieferung einer bestimmten Leistung (Kaufoption) oder ihre Abnahme (Verkaufsoption) zu einem im Voraus vereinbarten Preis (Basispreis) verlangen zu können. Dafür muss der Käufer eine Prämie (Optionspreis) zahlen. Im Unterschied zu Futures oder anderen Termingeschäften kann die Option ausgeführt werden (muss aber nicht).

Optionspreis / Optionsprämie

Der Preis, der für den Erwerb einer Option bzw. eines Optionsscheines zu bezahlen ist.

Optionsscheine

Das verbriefte, mit der Optionsanleihe ausgegebene Recht auf Bezug von Aktien oder – seltener – von Anleihen (siehe: Optionsanleihe). Optionsscheine können getrennt von der Optionsanleihe an der Börse gehandelt werden. Durch Kauf eines Optionsscheins kann ein Anleger schon mit begrenztem Einsatz an den Kurschancen der Aktie teilhaben; sein Verlustrisiko bleibt auf den Einsatz beschränkt.

Optionstyp

Man unterscheidet zwischen einem Call und einem Put.

On-Balance Volume (OBV)

Ein Volumenindikator. Wenn eine Aktie am Tagesende im Preis gestiegen ist, wird das Volumen zum OBV hinzugefügt. Ist sie am Tagesende gefallen, wird das Volumen abgezogen.

Order

Kauf- oder Verkaufsauftrag, insbesondere für Wertpapiere.

Out-of-the-money-Option

Ein Call ist *out-of-the-money*, wenn der Kassakurs des Basiswertes unter dem Basispreis liegt. Ein Put ist *out-of-the-money*, wenn der Kassakurs des Basiswertes über dem Basispreis liegt.

Oscillate

Das Schwanken eines Wertes innerhalb eines Trading-Bereichs, zwischen einem niederen Unterstützungsniveau, auf dem Trader meist kaufen, und einem höheren Widerstandsniveau, auf dem Trader meist verkaufen.

OTC

Siehe: Over-the-Counter

Overbought

Zustand, bei dem ein Wertpapier oder ein Markt kürzlich einen starken Preisanstieg zu verzeichnen hatte und der Gefahr eines Preisabsturzes ausgesetzt ist, da es nur noch wenige Käufer gibt, die den Preis weiter nach oben treiben können.

Oversold

Zustand, bei dem ein Wertpapier oder ein Markt kürzlich einen starken Preisverfall zu verzeichnen hatte und ein Preisanstieg fällig ist, da es nur noch wenige Verkäufer gibt.

Over-the-Counter

Abk.: OTC; nichtbörsengehandelte Finanzinstrumente

Parabolic SAR

Das Stop-und-Umkehr-System wird verwendet, um die Stops für den nächsten Tag festzustellen. Wenn der Preis unter den SAR fällt, sollte man aus einer langen Position aussteigen. Wenn der Preis über den SAR steigt, sollte man Short-Positionen glattstellen.

Payout Ratio
Prozentanteil der Profite einer Firma, die als Dividende ausbezahlt werden.

P/E Ratio
Preis/Einnahmen-Verhältnis; Aktienpreis dividiert durch die Einnahmen pro Aktie. Abkürzung für „price/earning ratio" – Preis/Gewinn-Verhältnis. Zeigt an, das Wievielfache man für jeden Dollar Gewinn der Firma als Aktienpreis zahlt.

Prämie
Optionspreis

Platzierung
Unterbringung neu emittierter Wertpapiere bei Investoren

Put-Option
Der Halter der Put-Option (Optionskäufer bzw. Optionsscheinkäufer) hat das Recht, nicht aber die Verpflichtung, den Basiswert während der Ausübungsfrist der Option bzw. des Optionsscheines zu dem im Voraus festgelegten Basispreis unter Berücksichtigung des Bezugsverhältnisses, zu verkaufen.

Rating
Standardisierte Risiko-/Bonitätsbeurteilung von Emittenten und der von ihnen begebenen Wertpapiere. In den USA wird Rating von darauf spezialisierten, allgemein anerkannten Agenturen vorgenommen. Bekannte Rating Agencies sind *Standard & Poor's* und *Moody's Investors Service*. Für die Bewertung werden Rating-Symbole verwendet, die von „AAA" (bestens) bis „D" (Zahlungen auf Papiere sind eingestellt) reichen.

Rendite
Bei Wertpapieren der in Prozenten des Erwerbspreises angegebene Ertrag, den das Papier bei Berücksichtigung aller Faktoren (Zins bzw. Dividende, Kurs, Laufzeit etc.) jährlich erbringt. Die Rendite ist also in

aller Regel nicht mit dem Nominalzins oder dem Dividendenprozent-
satz identisch.

Resistance Line
Die Widerstandslinie ist ein Niveau, über das der Preis eines Wertpapiers
derzeit anscheinend nicht steigen kann; wirkt wie eine Decke über dem
Preis, von der der Preis zurückfällt, nachdem er sie erreicht hat.

REX
Der deutsche Rentenindex REX spiegelt den Markt der deutschen
Bundeswertpapiere wider. Er basiert auf einem synthetischen Portfolio
aus 30 fiktiven Anleihen mit festen Laufzeiten von ein bis zehn Jahren
und Coupons der Klassen 6.0 %, 7.5 % und 9.0 %. Die synthetischen
Anleihen werden nach Marktrepräsentanz gewichtet. Im Gegensatz zu
einem Performanceindex ändern sich die Restlaufzeiten der einzelnen
Anleihen nicht.

RSI
Ein Impulsindikator, der die relative innere Stärke einer Aktie misst.
Mittels der RSI wird die Geschwindigkeit, mit der sich der Preis verändert, analysiert. Meist wird die RSI auf eine Divergenz zum gegenwärtigen Trend untersucht. Wenn eine Aktie im Aufwärtstrend liegt und
dauernd neue Höchststände erreicht, die RSI aber nach unten zeigt,
könnte das auf eine Trendumkehr hinweisen.

Return on equity
Oft als *ROE* abgekürzt. Der Gewinn, der von jedem Dollar, der von den
Aktienbesitzern investiert wurde, erzeugt wird.

S&P 500
Der Standard&Poor´s 500 Index besteht aus 500 ausgewählten Aktien
führender amerikanischer Firmen aus diversen Sektoren, die einen re-
präsentativen Querschnitt durch den amerikanischen Aktienmarkt
darstellen sollen.

SEC
US. Securities and Exchange Commission – Unabhängige Kommission zum Schutz der Investoren und zur Erhaltung der Integrität der Wertpapierbörsen. (Nähere Informationen unter: www.sec.gov).

SelectNet
Order Execution System der NASDAQ zum direkten Ansprechen einzelner (SelectNet Preference) oder aller (SelectNet Broadcast) Market Maker.

Shares Outstanding
Die Anzahl der Aktien, die eine Firma herausgegeben hat, abzüglich derer, die sie zurückgekauft hat und im Firmenbesitz hält.

Short Close
Der Verdienst oder Verlust, der aus einer Short-Position entsteht (siehe: Short Sale).

Short-Hedge
Absicherung gegen Preisschwankungen durch Eingehen einer Verkaufsposition im Termin- oder Optionsmarkt.

Short Interest, Current Month (millions)
Gesamtanzahl der Aktien, die von Investoren short verkauft und bisher noch nicht zurückgekauft wurden, um die Short-Position abzudecken (in Millionen).

Short Interest Shares (mil)
Durchschnittliches Tagesvolumen des Short Interest (in Millionen).

Short Performance
Der Verdienst oder Verlust, der aus einer Short-Position entstehen würde, sofern die Position sofort geschlossen würde (siehe: Short Sale).

Short-Position

Der Verkauf einer Aktie, indem man sie aus dem Bestand des Brokers ausleiht und zu einem späteren Zeitpunkt zurückkauft, im Glauben daran, dass der Preis fallen wird (siehe Short Sale).

Short Sale

Eine Verdienstmöglichkeit mit Aktien, deren Preis fällt. Man verkauft die Aktie, die man sich aus dem Bestand des Brokers ausleiht, und kauft zu einem späteren Zeitpunkt zurück, mit der Absicht, vom fallenden Kurs zu profitieren.

SOES

Small Order Execution System

Split

Eine Vergrößerung der Anzahl der ausgegebenen Aktien einer Firma, ohne dabei das Vermögen der Aktieninhaber zu vergrößern.

Spread

Differenz zwischen Bid und Ask

Stammaktie

So nennt man die stimmberechtigten Aktien ohne Vorzugsrechte im Unterschied zu den meist stimmrechtslosen Vorzugsaktien, wenn eine Gesellschaft beide Aktienarten ausgegeben hat.

Stochastic

Der Stochastische Oszillator vergleicht den gegenwärtigen Preis der Aktie mit ihrem Preisbereich in der Vergangenheit. Mit Hilfe des Stochastischen Oszillators können Wendepunkte in der Fluktuation der Aktienpreise innerhalb der Bewegungen des signifikanteren MACD festgestellt werden. Er sollte daher immer in Verbindung mit dem MACD angewendet werden.

Stop-Buy-Order
Kaufauftrag, der billigst ausgeführt wird, sobald der Kurs (Preis) ein gesetztes Limit überschreitet.
Gegensatz: Stop-Loss-Order

Stop-Loss-Order
Verkaufauftrag, der bestens ausgeführt wird, sobald der Kurs (Preis) ein gesetztes Limit unterschreitet.
Gegensatz: Stop-Buy-Order

Strike-Preis
Basispreis einer Option

Support Line
Die Unterstützungslinie ist ein Niveau, unter das der Preis eines Wertpapiers derzeit anscheinend nicht fallen kann; wirkt wie ein Boden unter dem Preis, von dem der Preis zurückspringt, nachdem er ihn erreicht hat.

Terminbörse
Börse, an der Termingeschäfte durchgeführt werden können. Bekannte Terminbörsen sind: Chicago Board Options Exchange (CBOE), London International Financial Futures Exchange (LIFFE) und EUREX.

Terminkontrakt
Finanzterminkontrakte (Futures) sind vertragliche Vereinbarungen, eine bestimmte Menge des Kontraktgegenstandes zu einem bestimmten Zeitpunkt (Liefertag) zu einem bei Vertragsabschluss festgelegten Preis zu kaufen oder zu verkaufen.

Terminhandel
Wertpapiertransaktionen, deren Erfüllung nicht alsbald (Kassageschäft), sondern erst zu einem späteren Termin erfolgt. In der Bundesrepublik findet der Terminhandel an der Deutschen Terminbörse statt.

Tick
Kleinstmögliche Bewegung eines Handelsinstrumentes.

Trending
Wenn Preise über einen Zeitraum kontinuierlich steigen oder fallen.

Trend Line
Eine geneigte Linie, die zwei hervorstechende Punkte eines Charts verbindet.

Trends
Kontinuierliche Veränderungen (nach oben oder nach unten) des Preises oder der Indikatoren.

Uptrend
Die generelle Tendenz der Preise, fortlaufend über frühere Preisniveaus zu steigen.

Verfallstag/Expiration Date
Jede Option bzw. jeder Optionsschein hat eine begrenzte Laufzeit. Der Verfalltag markiert das Ende dieser Laufzeit.

Verkaufsoption
Siehe: Put-Option

Volatilität
Schwankungsbreite

Volumen
Die Anzahl aller gehandelten Aktien an einem Börsentag.

Volume by Price
Dieser Indikator zeigt das Volumen der Aktien, die in einem bestimmten Preisbereich gehandelt wurden.

Vorzugsaktie

Vorzugsaktien haben in der Regel kein Stimmrecht. Zum Ausgleich dafür gewähren diese Aktien ihrem Besitzer andere Vorteile (Mindestdividende, Nachzahlungspflicht für etwa ausgefallene Dividende usw.).

Wertpapierkennnummer

Die „Hausnummer" der Wertpapiere. Jede Aktie, jede Anleihe, jedes Investmentzertifikat und jeder Optionsschein ist durch eine sechsstellige Wertpapierkennnummer (WKN) eindeutig identifizierbar. Um Verwechslungen auszuschließen, sollten Anleger bei jedem Kauf- oder Verkaufsauftrag die WKN des Papiers nennen.

Widerstandslinie

Ein in der charttechnischen Analyse geläufiger Begriff für die Kursregion, in der es einem Wertpapier oder einem Gesamtmarkt besonders schwer gelingen dürfte, sich weiter nach oben zu bewegen. Gegensatz: Unterstützungslinie.

Williams % R

Ein Impulsindikator, der die Overbought/Oversold-Niveaus misst. Ähnlich wie der Stochastische Oszillator zeigt der Williams %R einen Oversold-Zustand an, wenn er unter der 20%-Linie liegt, und einen Overbought-Zustand, wenn er über der 80%-Linie liegt.

Xetra

Abkürzung für *Exchange Electronic Trading*; Das Xetra-System löste 1998 das elektronische Handelssystem IBIS ab. Xetra ermöglicht den elektronischen Handel börsentäglich von 8.30 Uhr bis 17.00 Uhr. Das Produktspektrum reicht von den Werten des DAX 100 über den Neuen Markt und SMAX bis zu den europäischen STOXX-Indices. Darüber hinaus sind auf Xetra alle öffentlichen Anleihen, Jumbo-Pfandbriefe und die an der Frankfurter Wertpapierbörse zugelassenen Aktienoptionsscheine handelbar.

Indices

DJIA-Aktien

Symbol	Firmenname
ALD	ALLIED SIGNAL, INC.
AA	ALUMINIUM CO. OF AMERICA
AXP	AMERICAN EXPRESS CO.
T	AT&T CORP.
BA	BOEING CO.
CAT	CATERPILLAR INC.
CHV	CHEVRON CORP.
C	CITIGROUP INC.
KO	COCA-COLA CO.
DD	DUPONT CO.
EK	EASTMAN KODAK CO.
XON	EXXON CORP.
GE	GENERAL ELECTRIC CO.
GM	GENERAL MOTORS CORP.
GT	GOODYEAR TIRE & RUBBER CO.
HWP	HEWLETT-PACKARD CO.
IBM	INTERNATIONAL BUSINESS MACHINES CORP
IP	INTERNATIONAL PAPER CO.
JPM	J.P. MORGAN & CO.
JNJ	JOHNSON & JOHNSON
MCD	MCDONALDS CORP.
MRK	MERCK & CO.
MMM	MINNESOTA MINING & MANUFACTURING CORP.
MO	PHILIP MORRIS COS.
PG	PROCTER & GAMBLE CO.
S	SEARS, ROEBUCK & CO.
UK	UNION CARBIDE CORP.
UTX	UNITED TECHNOLOGIES CORP.
WMT	WAL-MART STORES INC.
DIS	WALT DISNEY CO.

Symbol	Firmenname
ATHM	AT HOME CP A
AMZN	AMAZON COM
BVSN	BROADVISION
CSCO	CISCO SYSTEMS
CMGI	CMGI INC
CNET	CNET INC
EBAY	EBAY INC
LCOS	LYCOS INC
NETA	NETWORK ASSOC
NSOL	NETWORK SOLUT
RNWK	REALNETWORKS
YHOO	YAHOO INC
COMS	THREE COM CP
ADPT	ADAPTEC INC
ADCT	ADC TELECOMM
ADBE	ADOBE SYS
AMGN	AMGEN
AAPL	APPLE COMP INC
AMAT	APPLIED MATL
BBBY	BED BATH BEYOND
BGEN	BIOGEN INC
BMET	BIOMET INC
BMCS	BMC SOFTWARE
CTXS	CITRIX SYSTEMS
CMCSK	COMCAST A SPCL
CPWR	COMPUWARE CORP
CMVT	COMVERSE TECH
CNXT	CONEXANT SYS
COST	COSTCO WHOLESAL
DELL	DELL COMPUTER
GBLX	GLOBAL CROSSING
INTC	INTEL CORP

KLAC	KLA TENCOR
WCOM	MCI WORLDCOM
MSFT	MICROSOFT CP
MOLX	MOLEX INC
NTAP	NETWK APPLIANCE
NXTL	NEXTEL COMMS A
NOVL	NOVELL INC
ORCL	ORACLE CORP
PCAR	PACCAR INC
PMTC	PARAMETRIC
PAYX	PAYCHEX INC
PSFT	PEOPLESOFT INC
QCOM	QUALCOMM INC
QTRN	QUINTILES TRANS
SIAL	SIGMA ALDRICH
SPLS	STAPLES INC
SUNW	SUN MICROSYS
TLAB	TELLABS INC
XLNX	XILINX INC
ADLAC	ADELPHIA COMMS
ALTR	ALTERA CORP
APCC	AMER POWR CONV
APOL	APOLLO GROUP
AMCC	APPLD MICRO
ATML	ATMEL CORP
CHIR	CHIRON CORP
CIEN	CIENA CORP
CTAS	CINTAS CORP
CEFT	CONCORD EFS INC
DLTR	DOLLAR TREE STR
DISH	ECHOSTAR COMM A
ERTS	ELECTRONIC ART
FISV	FISERV INC
GMST	GEMSTAR INTL
GENZ	GENZYME GEN
MLHR	MILLER HERMAN

ITWO	I2 TECHNOLOGIES
IMNX	IMMUNEX CORP
INTU	INTUIT INC
JDSU	JDS UNIPHASE CP
LGTO	LEGATO SYSTEMS
LVLT	LEVEL 3 COMMS
LLTC	LINEAR TECH
ERICY	LM ERICS TEL
MXIM	MAXIM INTEGRTD
MCLD	MCLEODUSA INC
MEDI	MEDIMMUNE INC
MFNX	METROMEDIA FIB
MCHP	MICROCHIP TECH
NXLK	NEXTLINK COMM A
NWAC	NORTHWEST AIR
NTLI	NTL INC
PHSY	PACIFICARE HLTH
SPOT	PANAMSAT
PMCS	PMC-SIERRA INC
QLGC	QLOGIC CORP
RFMD	RF MICRO DEV
SANM	SANMINA CORP
SDLI	SDL INC
SEBL	SIEBEL SYSTEMS
SSCC	SMURFIT-STONE
SBUX	STARBUCKS CORP
SNPS	SYNOPSYS INC
USAI	USA NETWORKS
VRTS	VERITAS SOFTW
VISX	VISX INC
VTSS	VITESSE SEMICON

Internetadressen

The A Group	http://www.theagroup.net/
Alert IPO	http://www.ostman.com/
	alert-ipo/ai.exe?cobrand=ostman
Alert-Trading	http://www.alert-trading.com/
Analysts Online	http://www.analystsonline.com/
Archipelago ECN	http://www.tradearca.com/
Ask Research	http://www.askresearch.com/
Attain ECN	http://www.attain.com//attainecn.html
Avid Trading Co.	http://www.avidtrader.com/
Bandit University	http://www.banditu.com/
BarChart.com	http://equities.barchart.com/
Bastages	http://www.bastages.com/
Bear Tracker	http://www.beartracker.com/
BearvsBull	http://hometown.aol.com/bear1bull0/
	DayTrading/index.html
Big Charts	http://www.bigcharts.com/
BigReturns.com	http://bigreturns.com/
Bloomberg ECN	http://www.bloomberg.com/
	products/trdbk.html
Bloomberg-Trading	http://www.bloomberg-trading.com/
Board Central	http://www.boardcentral.com/
BRBZ Exchange Wear	http://www.brbzexchange.com/
Broadway Consulting	http://206.252.211.97/
BullRally.com	http://www.bullrally.com/
BullSession	http://www.bullsession.com/
Bull Trade	http://www.bulltrade.com/

Career Day Trader.com	http://www.careerdaytrader.com/
Cents Financial Journal	http://lp-llc.com/cents/
CNNStocks.com	http://www.cnnstocks.com/
Company Sleuth	http://www.companysleuth.com/
CyberInvest.com	http://www.cyberinvest.com/
Daily Stocks	http://www.dailystocks.com/
Dayinvestor.com	http://www.dayinvestor.com/
DayPicks.com	http://www.daypicks.com/
DayStocks.com	http://www.daystocks.com/
Daytrade Learning Center	http://www.daytradelearning.com/
Day Trader Mercantile Company	http://www.daytradermerc.com/
Daytrader News	http://www.daytradernews.net/index.htm
DayTrader1	http://www.daytrader1.com/
DayTraderPro	http://www.daytraderpro.com/
Daytrader's Bulletin	http://www.daytradersbulletin.com/
Day Trader's Den	http://daytrading.about.com/finance/ daytrading/bl_must.htm
Day Traders of O County	http://www.worldwidetraders.com/
Day Traders On-Line	http://www.daytraders.com/
DayTraders.org	http://www.daytraders.org/
DayTradersPicks	http://www.daytraderpicks.com/
Day-Traderz	http://www.day-traderz.com/index2.html
Day Trading Expo	http://www.daytradingexpo.com/
Day Trading Firms	http://www.daytradingfirms.com/
Day Trading Inc	http://www.daytradinginc.com/
Day Trading International	http://www.daytradingintl.com/
DayTradingOnline.com	http://www.daytradingonline.com/
Day Trading Sites	http://www.daytradingsites.com/
Decision Point	http://decisionpoint.com/
Digital Traders	http://www.digitaltraders.com/
Doc 235 Mtrader Help Page	http://www.doc235.com/mtrader/
Doh! Stock Picks	http://www.doh.com/
DreamTrade	http://dreamtrade.com/
Dynamic Daytrader	http://www.dynamicdaytrader.com/
eSignal	http://www.esignal.com/
Elder.com	http://www.elder.com/

Electronic Traders Association	http://www.electronic-traders.com/
Electronic Trading Group	http://www.etgtrade.com/
Electronic Trading Technologies	http://www.e-trade-tech.com/
Elite Trader	http://www.elitetrader.com/
Elliot Wave International	http://www.elliottwave.com/
Equity Alert	http://205.210.134.17/
Equity Analytics	http://www.e-analytics.com/index.htm
EveryTrade.com	http://www.everytrade.com/
Exchange Square	http://www.exchangesquare.com/
Eye On the Market	http://www.thestockwatchers.com/
Fantasy Stock Market	http://www.fantasystockmarket.com/
FearGreed.com	http://www.feargreed.com/
Financial Engines	http://www.financialengines.com/
Financial Web	http://www.financialweb.com/
First Alert	http://www.chartist.com/
First Call	http://www.firstcall.com/
FlexTrader	http://flextrader.com/
Float Analysis	http://www.floatanalysis.com/
The Fly on the Wall	http://theflyonthewall.com/
Focus Stock Charts	http://www.focuscharts.com/index.html
FreeLevel2	http://www.freelevel2.com/
Genesis Trading	http://www.genesistrading.com/
Gravitar Trading Station	http://members.aol.com/piranhaCS/
Green & Company	http://www.greencompany.com/
The Hard Right Edge	http://www.hardrightedge.com/
Hoover's Online	http://www.hoovers.com/
iExchange	http://www.iexchange.com/
Individual Investor Online	http://www.iionline.com/
Inovel	http://www.inovel.com/index.html
Inside Scoop	http://www.insidescoop.net/
Insider Trader	http://www.insidertrader.com/
The Insightful Investor	http://www.insightfulinvestor.com/
Instinet ECN – INCA	http://www.instinet.com/
Intelligent Speculator	http://www.intelligentspeculator.com/
InternetCap	http://www.internetcap.com/
InterNetGains	http://nvo.com/internetgains/door/

331

Morningstar	http://www.morningstar.net/
myTrack.com	http://www.mytrack.com/
NexTrade ECN – NTRD	http://www.nextrade1.com/
NewsTraders	http://www.newstraders.com/
1Jump.com	http://www.1jump.com/
Onlinedaytrader.com	http://www.theonlinedaytrader.com/
Onlinedaytraders.com	http://www.onlinedaytraders.com/
Online Investor	http://192.41.31.102/onlineinvestor/index.html
Online Traders Expo World – Online Trading Expo	http://onlinetradersworldexpo.com/ http://www.onlinetradingexpo.com/
PCQuote	http://www.pcquote.com/
PennyPi.com	http://www.pennypi.com/
Phactor.com	http://www.phactor.com/
PM Traders	http://www.pmtraders.com/
Pocket Change Trader	http://www.betthenet.net/pennytrader.htm
Power Investor	http://powerinvestor.com/
Pristine Day Trader	http://www.pristine.com/
Quote.com	http://www.quote.com/
Raging Bull	http://www.ragingbull.com/
Real Stocks	http://www.realstocks.com/
Realtimetraders.com	http://www.realtimetraders.com/index.html
RealTraders	http://www.realtraders.com/
Redi Plus	http://www.redi.com/rediplus.htm
Right Line Split Report	http://www.rightline.net/
Robert Hall Trading Seminars	http://rhtradingseminars.com/
Rookie Day Trader	http://www.rookiedaytrader.com/
Runawaystocks	http://www.runawaystocks.com/
Scalpie's Trader Targets	http://geocities.com/WallStreet/Market/8358/Scalpie/my_philosophy.htm
Scammer Software	http://stockclub.com/scammer/
Sceptre Trading	http://www.sceptretrading.com/
Sector Play	http://www.sectorplay.com/
Security Trader	http://securitytrader.com/
ShortBoy.com	http://www.shortboy.com/
Silicon Investor	http://www.techstocks.com/

SilverChips	http://www.silverchips.com/
Singer Frumento Securities Lawyers	http://www.singerfru.com/
siXer.com	http://www.sixer.com/
SortWizard	http://www.neo-ips.com/ neopages/sortwiz1.htm
Speer Leeds ECN	http://www.slk.com/redi.html
Stock Cart	http://www.stockcart.com/
Stock Consultant	http://www.stockconsultant.com/
Stock Hunter	http://www.stockhunter.net/
StockJunkie.com	http://www.stockjunkie.com/
Stock Map	http://www.stockmap.com/
Stock-Market-Investing.com	http://members.aol.com/dataminer1/ investing/
StockMaster	http://www.stockmaster.com/
Stockpickcentral.com	http://www.stockpickcentral.com/pages/
StockPickers	http://www.stockpickers.net/
Stock Rumors	http://www.stockrumors.com/
Stocks.com	http://www.stocks.com/
Stockscape.com	http://www.stockscape.com/
Stock Sheet	http://www.stocksheet.com/
Stock Smart	http://www.stocksmart.com/
Stock Sniffer.com	http://www.stocksniffer.com/
StockSqueeze.com	http://www.stocksqueeze.com/
Stock Startpage	http://www.stockstartpage.com/
Stock Talker	http://www.stocktalker.com/
Stock Trader's Tax Companion	http://www.obvioussoft.com/01b.htm
Stock Watch	http://www.speedresearch.com/stockwatch
Stockwave.org	http://www.stockwave.org/
StockWisdom.com	http://www.stockwisdom.com/
Stockz	http://www.stockz.com/
Street Advisor	http://www.streetadvisor.com/
StreetEye	http://www.streeteye.com/cgi-bin/ allseeingeye.cgi
StreetIQ	http://www.streetiq.com/
Strike ECN	http://www.strk.com/
Super Trader	http://www.flairsoft.com/

Swingtrader.net	http://www.swingtrader.net/
Swing Trading Online	http://swingtradingonline.com/
SyeNet Investors Supersite	http://dtrades.com/
TAGuru	http://www.taguru.com/index.html
Taking ProfitsTeachDaq	http://www.takingprofits.com/
TeachTrade	http://www.teachdaq.com/
	http://www.teachtrade.com/
Technimentals	http://www.technimentals.com/
Tech Trader	http://www.techtrader.net/
theLion.com	http://www.thelion.com/
The Online Investor	http://investhelp.com/index.shtml
The Right Edge	http://www.clearstation.com/redge.html
The StockBoys.com	http://www.thestockboys.com/
The Stocks.net	http://www.thestocks.net/
The TradersClub	http://www.thetradersclub.net/
TigerInvestor.com	http://tigerinvestor.com/
Titan Trading Analytics	http://www.titantrading.com/
Tokyo Joe's Societe Anonyme	http://www.tokyojoe.com/
Tools For Traders	http://www.toolsfortraders.com/
Tools of the Trade	http://www.tools-of-the-trade.com/
Townsend Analytics	http://www.taltrade.com/
Trade Cast	http://www.tcast.com/
TradeHard.com	http://www.tradehard.com/
Trade Log	http://www.armencomp.com/tradelog/index.html
Trade Metrics	http://trademetrics.com/index.html
Tradersedge	http://members.xoom.com/Tradersedge/
Traders Exchange	http://home.sprynet.com/~tradex/
TraderSpain.com	http://www.traderspain.com/
Traders Accounting.com	http://www.tradersaccounting.com/
Trader's Digest	http://www.tradersdigest.com/
Traders Edge Software	http://www.pcstartups.com/freesoft.html
Traders Resource	http://www.tradersresource.com/
Traders Status.com	http://traderstatus.com/
Trade Stox	http://www.tradstox.com/
Trade Vision	http://www.tradevision.com/

Trade Wiser	http://www.tradewiser.com/
Trading Camp	http://www.tradingcamp.com/
TradingDay.com	http://www.tradingday.com/
Trading Education	http://www.tradingeducation.com/
Trading-Ideas	http://www.trading-ideas.com/
Trading Summit	http://www.tradingsummit.com/
Trading Tactics	http://www.tradingtactics.com/
Trading Village	http://www.tradingvillage.com/
Tradinvestors	http://www.tradinvestors.com/
TrainToDayTrade.com	http://traintodaytrade.com/train/
Trendline Trading	http://www.daytradingchatroom.com/
TulipsandBears	http://www.tulipsandbears.com/
23 Stock Ave.com	http://www.23stockave.com/
UndergroundTrader	http://www.undergroundtrader.com/
VectorVest	http://www.vectorvest.com/
Wall Post	http://www.wallpost.com/
Wall Street Directory	http://wallstreetdirectory.com/
Wall Street Investor	http://www.thewallstreetinvestor.com/
Wall Street Links	http://www.wallstreetlinks.com/
Wall Street Traders Column	http://wstraders.com/
Wall Street View	http://www.wallstreetview.com/
TheWebInvestor	http://www.thewebinvestor.com/
What's the Buzz	http://www.whats-the-buzz.com/default.asp
Winning Day Traders.com	http://www.winningdaytraders.com/
Wirehouse.com	http://www.wirehouse.com/
WorldlyInvestor	http://www.worldlyinvestor.com/
WSTOnline	http://www.wstonline.com/
Wyse Street	http://www.wysestreet.com/
Xcalibur Trading	http://www.xcaliburtrading.com/
Zack's Investment Research	http://www.zacks.com/